世界文化简史一本通

Shijie Wenhua Jianshi Yibentong

历史大讲堂

何国松◎编著

北京工业大学出版社

图书在版编目（CIP）数据

世界文化简史一本通 / 何国松编著. — 北京：北京工业大学出版社，2012.5

ISBN 978-7-5639-3074-6

Ⅰ. ①世… Ⅱ. ①何… Ⅲ. ①世界史：文化史 Ⅳ. ① K103

中国版本图书馆 CIP 数据核字（2012）第 073908 号

世界文化简史一本通

编　　著：何国松
责任编辑：常　松
封面设计：宋双成
出版发行：北京工业大学出版社
（北京市朝阳区平乐园 100 号 100124）
010-67391722（传真）bgdcbs@sina.com
出 版 人：郝　勇
经销单位：全国各地新华书店
承印单位：三河市腾飞印务有限公司
开　　本：787mm × 1092mm 1/16
印　　张：25
字　　数：425 千字
版　　次：2012 年 6 月第 1 版
印　　次：2021 年 1 月第 2 次印刷
标准书号：ISBN 978-7-5639-3074-6
定　　价：58.00 元

SHIJIEWENHUAJIANSHIYIBENTONG

前言

文化是一个非常宽泛的概念，其本质是指对自然、社会乃至人自身的“人化”和“化人”。“人化”是指按人的方式改造世界，使外界事物带上人文的性质。“化人”是指用改造世界的人文成果来提高人，武装人，造就人，使人的发展更全面，更自由。

广义的文化反映着历史发展过程中人类的物质和精神力量所达到的程度、方式和成果。不同区域有不同的文化特色，对人类文化作出了各自的贡献。其内在矛盾是主体和客体的矛盾，解决主客体之间的矛盾过程，就是自然科学、社会科学、思维科学产生和发展的过程。

文化伴随着人类社会的产生而产生，亦伴随着人类社会的发展而发展。

本书从全球观点出发，系统地论述了世界文化从古至今的发展历程，描述了世界各民族文化发展的共同规律和各自的特点，介绍了各民族的文化特色以及它们对世界文化发展所作出的突出贡献，力图揭示出多元一体的人类文化演变的内在本质。

独具特色的选材，深刻精到的见解，流畅清新的文字，精美而有代表性的图片，使得这部著作处处体现着灵动与厚重。它可以引领我们徜徉历史浩渺长河，追寻先贤璀璨智慧。

由于时间仓促，加之水平所限，本书缺陷和错漏之处难免，诚望批评指正。

目录

目录

目录

目录

文化的起源

人类的起源

地球上有了人，就开始有了人类社会及其历史。原始社会是人类历史发展的第一阶段，也称原始共产主义社会。

大约 4400 万年前，从哺乳动物中产生了一种古猿，即人类的祖先，这种古猿也称攀树的猿群。现知这类古猿的化石，以在缅甸发现的为最早。这些古猿是林栖动物，仍是四足行走，但前后肢已有初步分工，前肢已能攀援、悬挂、摘取果实。在做这些动作时，整个身体已近于直立。这类古猿的觅食等活动，属于“最初的动物式的本能的劳动形式”。

约 1400 万年前至 900 万年前，上述猿类进化为腊玛古猿。它的化石首先发现于巴基斯坦和印度北部的山区。另在我国、土耳其、东非、东南欧等地也有发现。1980 年，在我国云南发现了两个腊玛古猿完整的头盖骨，为研究人类的起源增添了宝贵的资料。腊玛古猿开始能直立行走，并能使用现成的树棍和石块。同时，它的齿床呈弯弓形，已更近于人类。在腊玛古猿之后，又经过南方古猿等一系列中间环节，才进化成人类。最早的人类称为猿人，按时间先后又分为早期猿人和晚期猿人。随后是早期智人和晚期智人。

早期猿人（约从 300 万年前到 150 万年前）虽然已属于人，但还存在一些猿的特征，是人类的童年时代。现已发现的早期猿人的化石，有非洲肯尼亚的 1470 号人（“1470”是肯尼亚国家博物馆古人类化石登记号）、爪哇早期猿人、坦桑尼亚的能人等。1470 号人约生活于 300 万年前。现已发现 1470 号人的一些头骨碎片（合起来成为一个头骨）、腿骨、牙齿和一块左下颌。还在发现遗骨的相近地层发现一些砾石打制的石器。经研究和测定，1470 号人能直立行走，脑容量为 700 毫升左右，可断定其已属于人类。但他们的头骨还有前额后斜、眉脊突出、眼窝内陷等过渡性特征。

晚期猿人也称直立人，其代表是爪哇人、肯尼亚3733号直立人、海德堡人、蓝田人、北京人等。爪哇人生活于150万年前，脑容量在750 ~ 975毫升之间；3733号人也生活于约150万年前，脑容量800 ~ 900毫升；海德堡人约生活于约80万年前，只发现一块下颌骨。

晚期猿人模拟像

早期智人过去曾称为古人、尼安德特人（因1856年在德国尼安德特谷地发现这种人的化石而得名）。这种人可以斯坦海姆人（德国）、斯万胡孔布人（英国）、马坝人、丁村人（中国）以及尼安德特人为代表。早期智人约生活于约20万 ~ 5万年前，脑容量平均在1350毫升上下。

晚期智人过去曾被称作真人、新人。晚期智人的发现在世界各地均有。他们的脑容量一般为1450毫升左右，最大的达1700毫升，其体态和现代人差别不大。

在晚期智人阶段，世界三大人种——蒙古利亚人种（亦简称蒙古人种，即黄种人）、赤道人种或澳大利亚·尼格罗人种（黑种人）、欧罗巴人种（白种人）已有了明显的分化。人种以肤色、发型、身材等为区分的主要标志。这种区分是由长期生活在不同自然环境中所造成的。人种区分与体质、智力的优劣无关。

石器文化

原始人类的首要任务甚至全部追求是生存，即千方百计地获取食物果腹。人类的祖先在体力上并没有太大优势，他们在进化过程中身材变得越来越纤细。不过，脑容量的激增足以弥补身体上的劣势。智力的增长使他们可以制造出各种工具与武器来加强自己的力量，获取丰富的生活资源。生存的需要，对食物的渴望都凝固在他们制作的器具中。简单质朴的原始器物，是人类文化的初萌。

原始人就地取材，主要是以石头来制作工具，所以考古学家把这一漫长的阶段称为石器时代。石器时代基本涵盖了原始社会的基本风貌，又分为旧石器时代、中石器时代、新石器时代三个阶段。时间较长的旧石器时代又可细分为早、中、晚三段。

旧石器时代早期大致是早期猿人和晚期猿人的时候。当时人类主要以天然食物为生，比如果实、树根等，偶尔能捡到的动物残尸上的生肉。他们使用天然工具，如一块石头或者一截树棒，笨拙地挖掘树根，撕扯肉类。1969 年在肯尼亚特卡纳湖东岸，发现了 261 万年前的石器。这种工具只是用砾石粗糙加工而成，没有固定形状，不过远比天然工具顺手多了。

到晚期猿人时期，石器的制作工艺有了巨大的进步。具有代表性的是法国的舍利文化中出现的手斧。手斧的样子呈扁桃形或椭圆形，一端尖锐，一端钝厚，使用时用手握住钝面。舍利文化之后的阿舍利文化时期的手斧，更加小巧、精致，口刃更锋利。手斧可以用来挖掘块根、切削东西、砍砸野兽。这种用途广泛的“万能工具”，从 150 万年前到 10 万年前，始终是欧、亚、非地区最重要的工具之一。同时，各种刮削器、砍砸器和石片依然流行。在中国甚至还发现了用作投掷的石球，这是防身、狩猎的武器，后来发展成为威力巨大的飞石索。

直立人的另一伟大成就是火的使用。人类最早的用火遗迹发现于非洲肯尼亚的切萨瓦尼亚地区，有 40 块烧过的黏土小碎块，应该是 142 万年前的篝火烧成的。人们在法国马赛附近的埃斯卡尔洞穴，发现了 75 万年前的木炭和灰烬。在北京猿人的遗址中，有厚达六米的灰烬层，这证明他们已经非常熟练地使用了火。所以，至少在 40 万年前，直立人已经可以应用火。火的使用大大促进了人的大脑、体质的进化。有了火，人类得以向更加艰苦的生存环境进发，生活的区域大大延伸了。

直立人也在传统的采集生活方式之外，开始了狩猎活动。大约 30 万年前，直立人已经能用火把大猎物驱赶进包围圈，尔后群起而攻之。这种围猎活动是男人们的事情，女人们则从事采集——这仍然是最稳定的食物来源。他们已经有了最初的性别分工。

到了旧石器时代中期，大概是早期智人的时候，石器形状更为规整和多样，制作更为精良。特别是聪明的尼安德特人取得了相当大的进步。他们发明了利用石砧打制石器的方法，先将石核修整出一个台面，然后剥离下石片进一步加工。这样，一块石头可以制成两三件轻巧的石片。他们有了更大的狩猎组织和更有效的狩猎方法，比如将成群的野兽逼上悬崖使它们坠崖而死。人们曾经在欧洲的一些大崖壁下发现成百上千的大型动物遗骨，正是这一时期人类围猎的丰厚收获。尼安德特人已经知道怎样储存肉，他们甚至使用牙签剔牙——这可真是一种文明的创造。他们在洞穴里开始了相对稳定的生活，形成 50 至 100 人的松散的集团组织。尼安德特人还表现出了追求宗教仪式的兴趣。某些人以一种特定的方式埋葬死者，并以食物和用品陪葬，显然是想帮助死者开始来世的旅行。一些人尊崇熊等具有特殊含义的动物。

欧洲的穆斯特文化遗址，代表石器是小型尖状器和刮削器。考古学家们认为，尖状器是男子们使用的工具，可以刮兽皮，削树枝，狩猎。用三角形石片修整成的刮削器主要用作切刀，裁割兽皮，制作衣服。而中国的丁村文化则以大型厚尖状器和砍砸器为主。狩猎大型动物的成功使兽骨成了工具原料的补充，不过数量不多，在法国的多尔道尼曾经发现当时的骨针。晚期旧石器时代，相当于晚期智人阶段。晚期智人掀起了技术革命的风暴，他们发明了钻孔技术、退火法和初步的磨制技术，并善于用狭长的石叶制作工具。石刀加工创造了惊人的效率。他们用较硬的骨质或角质的凿子尖插入石缝，凿出大量的薄石片，锋利异常。此时还出现了用来打磨兽皮的摩擦器、锯形刃锥子、钻、石凿等新式工具。用兽骨、兽角制作的工具，如鱼叉、鱼钩、骨针等，也被普遍使用。

最重要的是复合型工具和武器的广泛传播。复合型工具就是把两种不同材料结合起来制作的工具。比如用树脂做成的胶把石刀安装在木柄上，增强把握工具的力度。还有带柄的石斧，带倒钩的鱼叉等。投矛器也是一个惊人的发明，它是弓箭的前身。它能使两米长的尖利的矛头射向 135 米以外的猎物，而空手投掷，最有力的人连 65 米也投不到。这大大增加了猎人们的狩猎能力，而且可以使人在攻击猎物时离得远一些，从而更好地保护自己。

这一时期，冰河渐渐消退，气候转暖。人们有了更稳固的聚居地，不仅住在山洞中，有时也在平原上建造棚屋。北非、巴勒斯坦、小亚细亚等地区的人已经能用树枝、兽皮架设帐篷，过着流动的采集狩猎生活。捕鱼成为采集和狩猎的重要补充。

旧石器时代向新石器时代的过渡期，被称为中石器时代，大致是 15000 年前到 7000、8000 年前。这时全球气候转暖，冰期时的多雨气候转为干旱气候，不少大型动物减少或灭绝，适于森林草原生活的中小型动物和鸟类繁盛起来。渔猎经济有了很大发展。

根据猎捕对象的变化和特点，细小石器应运而生。石箭头、石刀、雕刻器等，通常镶嵌在复合工具上使用。在欧洲南部的阿齐尔文化（公元前 9000—公元前 8000 年）中，常见带双尖的石叶，带倒刺的鱼叉。北部的马格尔莫斯文化（公元前 6000 年）制造的细石器以斜钝边尖状器为主，还有单列排刺的骨制鱼叉。

石器依据生产的需要，日益专业化并形成了地方特色。欧洲、北非、西南亚和大洋洲，多为几何形细石器，而亚洲东北部和美洲西北部，则属于石叶形细石器系统。

弓箭的发明是中石器时代技术飞跃的主要标志。这种携带方便、命中率高、射程远的武器，使猎人们如虎添翼，大大发展了原始社会的生产力。目前发现的最早的弓箭是一万余年前制造的。另一项影响深远的成就是对狗的驯养。狗不再只是人的猎物，而且也成为人类生活、捕猎的好帮手。

出土的原始石器

新石器时代展示了一种全新的文化，“是迄今世界历史上最有意义的时代”。这一阶段始于8000年至7000年前，明确的终止时间无法确定，因为各地区、各民族的发展状况有很大差异。欧洲大约终止于3000年前；埃及、中东、西亚在 6000 ~ 4000 年前结束；中国和印度，至少在 5000 年前的时候仍然处在新石器文化阶段。而在大洋洲、美洲等一些土著部落中，至今仍旧保留着新石器文化的遗迹。

新石器时代的革命性事件是农业和畜牧业的产生，人类开始了定居生活。这一时期的工具全部整形磨光，表面光滑、刃部锋利。人类制造了一系列适合农业和渔业的生产工具，石锄、石镰、渔网、小船等，其基本造型一直延续至今。

新石器时代除了磨制石器流行之外，陶器也开始使用了。大约 13000 年前，日本南部半定居的人们制造的饰有简单点纹的圆锥形陶罐，是迄今已知最早的陶器。早期陶器用黏土做成陶坯，烧制而成，质地疏松，器形简单。后来发展为轮制，装饰上各种彩色图案纹饰，兼具实用性和美观性。一些地区的人还学会了纺织，有石制或陶制的纺轮。这些技巧丰富了人们的定居生活。人类如此有力地控制了物质生活，摆脱了盲目性和随意性，可以开拓自己蒙昧的心灵世界了。

美国考古学家摩尔根（1818—1881）在他的名著《古代社会》中，依据早期人类文明进化的程度，将人类社会发展史划分为三大阶段：蒙昧阶段、野蛮阶段和文明阶段。整个史前史都处在蒙昧阶段和野蛮阶段。不过，新石器时代末期，出现了金属工具，金石并用时代来临了。人类的一只脚已经迈过文明阶段的门槛了。

原始文化的发展

（一）文字的萌芽

文字是书面的语言，是人们相互交往和帮助记忆的工具。在原始社会里，人类已在寻求便于交往和记忆的手段，并有了一些发明创造。当时，人们已有结绳记事、刻木记事、实物书信等形式，我国古代，也有上古人们结绳记事的记载。斯基泰人在公元前 6 世纪以一鸟、一鼠、一蛙、五支箭送给与其作战的对方，表示要对方像鸟一样飞走，像鼠一样藏于土下，像蛙一样跳入水中，否则对其万箭齐发，这就是一种实物书信，这些都还不是文字，但已向创造文字接近，是文字的前驱。原始社会后期，文字萌芽了。图画文字是文字的萌芽形态。古代苏美尔人在公元前 4000 年创造了图画文字，差不多与国家产生的同时，正式文字产生出来。刚产生的文字形式是象形文或线形文，古代埃及、中国及苏美尔人，在国

原始人结绳记事模拟图

家产生时曾创造出象形文字，古代印度人、克里特人在国家产生时曾创造出线形文字。

（二）科学知识的萌芽

原始社会的人们在生产和生活中，初步懂得了一些科学知识。人们为便于农业生产，开始观察天象，天文学随之萌芽。苏美尔人的图画文字，已有星字。人们一般只知道一到五的数，更大的数以多来表示。当时多以肘和指作为长度单位的名称。原始医术也有一点成就，当时的人们经过口尝植物，发现了一些植物药类，我国及美洲印第安人都有这类传说。这与迷信和巫术没有什么关系。

（三）原始宗教观念

宗教是支配人们生活的外部力量在人们头脑中的幻想的反映，在这种反映中，人间的力量采取了超人间的力量的形式。原始社会初期，只有自然力量在人们头脑中变成幻想的反映，当时人们对雷、电、动植物繁衍和死亡等自然现象不理解，把它们人格化，以为它们有某种神力在支配。这就是万物有灵观念或自然神观念。这种观念存在了很长时间，至今还有其影响。

母系氏族产生后，血缘亲属关系的重要性更为人们所重视，祖先在组织生产和生活中的作用受到尊重，从万物有灵观念中，发展出了祖先崇拜。女祖先成为崇拜的对象。与此同时，当时人们以为自己的氏族产生于某种动物或植物，又产生了图腾崇拜（图腾，源于印第安语“他的亲族”的音译）。这种崇拜在世界各地相当普遍。熊、虎、狼、蛇、鳄鱼、土豆，等等，都曾是不同氏族的图腾。图腾被分别做成各种形式，以作为氏族的标志。这种崇拜既是迷信，又在氏族中起过维系集体、统一意向、统一行动的积极作用。

父系氏族产生后，因私有财产和阶级关系的出现，崇拜对象和宗教观念也带上社会力量的内容而复杂起来。在这个阶段，出现了对父系祖先的崇拜。在苏美尔埃利都遗址中，发现了一个男性雕像，属于公元前4000年，原雕像为直立裸体，头呈蛇头状，两肩有若干泥丸，左手执小杖，小杖象征其首长的权力，泥丸约代表其所管氏族或家族的数量。类似这一情况，如部落或部落联盟首长被当神来崇敬，或被说成神的儿子，或被描写为可以通神的人，在这一阶段是相当普遍的。

原始艺术的发轫

如果说制造工具使人类早期物质生活变得丰富多彩，那么原始艺术则将早期人类精神生活推向最高峰。原始艺术具有一种拙朴之美。关于它的作用人们做出了多种猜测：有人认为原始艺术具有审美功能。不过这应该不是原始艺术的主要目的，否则原始人就不会刻意把壁画绘制在黑暗陡峭之处了；有人认为原始人利用壁画、雕塑教授后代捕猎的知识，所以原始艺术主要具有教育功能；还有一种得到普遍认同的说法，认为原始艺术是宗教礼仪的一部分，比如图腾崇拜和交感巫术中使用的壁画等。可以肯定，原始艺术和原始宗教有着非常密切的关系。

早期对称的石器已经显示出艺术的雏形。约5万年前，尼安德特人已经用赤鹿的趾骨、狐狸的犬齿和牛肩胛骨串成坠饰，用手在石板上涂抹红色纹饰。这可能是人类最早的艺术品。1931年从德国西南部出土的象牙雕刻“小马”，体现了3万年前的原始艺术家的高超技艺。小马的总长度只有4.18厘米，脖子被拉长成拱形，头部的眼睛、耳朵、嘴巴、鬃毛刻画精微，生动传神。令人迷惑的是，马的身上被凿出一些小点，臀部还发现一个记号，可能原始人曾将一些巫术的仪式加在它的身上。早期用兽骨、石头雕刻而成的小型艺术品，的确是相当精美，只是保存下来的却极少，真正能代表原始艺术高峰的是岩画。

旧石器时代晚期，原始艺术繁荣起来，原始人在山崖之上、洞穴之中绘制了大量栩栩如生的艺术形象。著名的法国拉斯科洞窟壁画，距今大约1万至2万年。在长达180米的洞壁上绘有白、黑、红、黄等颜色的图画，主要是牛、马和鹿等动物的形象，规模宏大，线条粗犷。壁画的作者，克罗马农人，对色彩有着强烈的感受能力，生动表现出了动物奔跑跳跃的动态，线条流畅而优美。

西班牙的阿尔塔米拉洞窟壁画距今约15000年，在长约14米的洞壁上有红、暗红、黑、黄四色的野牛、野鹿、野猪等动物画150余幅。动物的体态及运动形象描绘得异常准确。其中《受伤的野牛》图中，野牛的受伤部位的确是要害之处，令人惊叹。

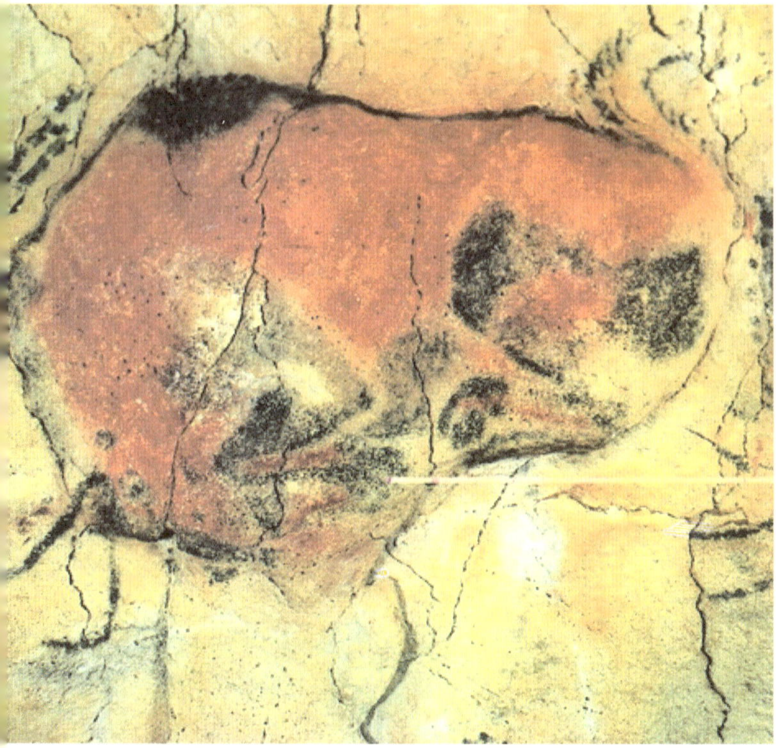

西班牙阿尔塔米拉洞窟壁画《受伤的野牛》

除了在法国、西班牙之外，在北非、大洋洲、美洲、亚洲各地，都发现了大量类似的洞穴壁画和岩画。世界大部分地区的早期人类，都选择了这种视觉表达方式。目前所知的最古老的岩画创作于约四五万年前。原始艺术家们没有描绘大自然的壮丽风光和人类自己的形象，他们更多地再现了狩猎中常遇到的动物——野牛、马、山羊、野猪等。他们强调的是运动感，几乎所有的壁画描绘的都是骄傲的兽类在奔驰、跳跃、腾挪。原始艺术家们加绘线条以突出动物的四肢或头部运动的区域，利用岩壁表面的自然隆起和凹痕自然地创造出立体效果，出神入化地表现各种动物瞬息变化的神态，画面里弥漫着狂野的紧张氛围。在澳大利亚西部印度洋沿岸的底普奇岛上，有一个刻着许多浮雕的“画廊”，其中有众多的飞鸟走兽的形象和原始社会生活的情景。不过，原始人似乎并不想让人们欣赏这些伟大的作品，壁画通常绘制在洞穴最黑暗、最难接近的地方；而且，经常漫不经心地将新的作品叠加在旧壁画上，全然不珍惜这些消耗掉作者巨大体力和智力的杰作。

如果不是为了感观的审美，那么这些史前奇迹的目的何在？一些学者认为洞穴画家是早期的社会哲学家，他们通过岩画象征性地解释深奥的人类关系，借此应付社会结构的需求。这种说法看起来很牵强，为什么原始人在描述人类现实的时候不直接画人而画动物呢？最有说服力的解释就是，洞穴艺术是一种交感巫术。交感巫术相信，模仿期望得到的结果就会出现那种结果。所以，原始画家们描绘中箭的野牛，以为这样可以确保箭真的射中野牛。描绘大量生机勃勃的猎兽，是希望猎人真的发现猎兽遍地，满载而归。考古学家们在某些绘有壁画的洞穴中发现了仪式活动的迹象，有可能原始人在绘画的同时也举行祭典活动并诵念咒语，也有可能所有这些巫术活动都是在狩猎过程中进行的。可见，原始艺术对旧石器时代的人来说，乃是一件关乎生存斗争的大事，其重要性不在于完成的作品，而在于绘制的过程和仪式。

除了绘画，雕刻也是一种古老的艺术形式。一些原始雕刻品是用雕刻器，在石板、饰物等上面刻画线条状图案或符号。1873 年，在法国南部地区的洛利特洞窟发现的旧石器时代晚期的雕刻品，是较早期的作品，人们称为《渡河的鹿群》，是用阴线刻画的 3 匹冰鹿和 4 条鲑鱼图案。不过，原始时期的雕刻作品，最多的还是用石头或象牙刻成的女性雕像。这些小雕像突出女性特征，丰乳肥臀，是母系氏族公社时期人们心目中的“维纳斯”，反映了妇女在当时社会中的特殊地位。经常出现的怀孕的女子雕像，可能表现出一种生殖崇拜，是原始人对繁衍的祈望。动物雕像也很常见。

新石器时代，雕像制作达到了新的高峰。新石器时代晚期，还出现了“巨石群雕”，或纵立，或并列，或呈环状排列，还有巨石桌，有盖的隧道巨石群。这些形式的巨石群在西欧、北非、亚洲等地区都大量出现，可能是原始人举行宗教仪式时用的。太平洋复活节岛上的石雕巨人像，共 600 余个，3 ~ 6 米高，背部刻有记号，神态庄严神秘，可能具有某种宗教性质。

最初的音乐可能只是人们在劳动中，自觉或不自觉地发出有节奏的呼号，后来才有了旋律。随后，器乐也出现了。乐器中，最先出现的可能是打击乐器，比如鼓。目前所知的最早的乐器是在乌克兰发现的 6 支用兽骨制成的管乐器，属于新石器时代。

舞蹈是原始人生活中不可缺少的活动，狩猎、出战前常常跳舞激励士气，节日庆典中欢跳起舞，巫术中更少不了舞蹈。最初的舞蹈主要是模仿动物的动作，如大洋洲的袋鼠舞，北美的熊舞等，可能是希冀狩猎成功或是某种图腾崇拜的仪式。原始乐舞是原始人的集体活动，承载着原始人的某种集体思维，独舞几乎不存在。

旧石器时代晚期，人类已经知道装饰自己。原始人中普遍流行文身，有的在身体上涂颜料和花纹；有的用贝壳在胸部、背部刻画图案；用穿孔的石珠、兽牙串成项链、手镯，更是妇女们常见的装饰。装饰最直接地表现了原始人几乎是与生俱来的审美情趣。

高超的原始艺术对于现代人一直是一个谜，它们留给我们的疑问比它们给我们的答案多得多。高水准的艺术作品，显示了原始人心智的成熟。文明的火种已经在孕育着人类历史上最早的文化中心了。

中国原始文化的发展

考古学研究证明，东亚地区人类的历史可以上溯至180万年前。在中国山西省南部芮城县西北隅的中条山阳坡上发现的一批石器，年代也在180万年前，但遗憾的是，在这里并未发现人骨的残骸。年代比此稍晚，距今约170万年前的中国云南元谋上那蚌遗址，既发现了人骨也发现了石器，证明了中华文化的古老。

在中国境内发现的旧石器时代遗址，数量众多，时间序列完整，如在云南、贵州、四川、山西、陕西、河南、湖北、河北、安徽、宁夏、内蒙古、北京、辽宁、吉林、广西、广东、浙江等省市都有重要发现。

中国的旧石器时代早期的考古学文化，已经可以区分为以西侯度文化为代表、以北京周口店第一地点为代表和观音洞文化为代表的三个不同区域。旧石器时代中期的考古学文化，明显继承了这种区域性特征，很明显，许家窑文化就是从早期的北京人文化发展来的，而丁村文化则是由匼河文化发展来的。到了旧石器时代晚期，考古学遗址发现更多，其地方性也更加明显。中国新石器时代的考古学文化从一开始就具有明显的地域性，是出于对旧石器时代这一特点的继承。在旧石器时代，以黄河流域为中心的北方和以长江流域为中心的南方的差异也表现得越来越明显。

西藏地区的旧石器发现范围虽然很广，但就目前的发现而言，多属于旧石器中、晚期，距今约5～1万年之间。但这一时期的西藏考古学文化已经具有自己的特点。此后，青藏高原的细石器已经可以分为南北两个系统，标志着西藏地区正在走上独特的文化发展之路。但不可否认的是，西藏地区的旧石器时代考古证明，最晚从这一时期开始，西藏就已经与中国的中原地区保持着密切的联系了。有史以来的记载证明，西藏文明一直存在东向发展的趋势，最终使其成为中国不可分割的组成部分，应该说，这种趋势在旧石器时代就已经初现端倪。

进入新石器时代后，中国原始文化有了进一步的发展。中国的新石器时代是原始社会氏族公社制由全盛到衰落的一个历史阶段。它以农耕和畜牧的出现为划时代的标志，表明已由依赖自然的采集渔猎经济跃进到改造自然的生产经济。磨制石器、制陶和纺织的出现，也是这一时代的基本特征。因而，新石器时代在中国历史上是古代经济、文化向前发展的新起点。

中国新石器文化主要有以下一些：

（一）仰韶文化

距今约 7000 年至 5000 年，1921 年首次发现于河南渑池仰韶村，分布于黄河中下游。其生产工具有磨制的刀、斧、锛、凿等，骨器精致，日用陶器以细泥红陶和夹砂红褐陶为主。经济生活以农业为主，渔猎为辅，饲养猪、狗等家畜。属母系氏族社会的繁盛期。由于遗物中常有彩陶，所以也曾被称为“彩陶文化”。仰韶文化的一个重要遗址在西安东郊的半坡村。1958 年在遗址上建立了半坡博物馆。

仰韶文化遗址

（二）河姆渡文化

1973年首次发掘于浙江余姚河姆渡村东北，距今六七千年，分布于长江中下游地区。其生产工具有伐木用的石斧、石凿，农耕用的骨耜和狩猎用的骨镞等。陶器为黑陶，纹饰多为绳纹和刻画动植物的花纹；有大量稻谷遗迹和猪、狗、水牛等家畜遗骨；采用木结构的干栏式建筑。这说明与黄河流域的仰韶文化同期，在长江流域也有灿烂的原始文化。

（三）大汶口文化

1959年首次发现于山东宁阳堡头村和泰安大汶口一带，距今约6000年，分布于鲁西南和苏北的黄河下游地区。其生产工具以磨制石器为主，骨、角、牙器多而精致，陶器以灰陶为主、红陶次之。

（四）屈家岭文化

1954年发现于湖北京山屈家岭，分布于江汉平原。以薄如蛋壳的小型彩陶、

龙山文化遗址

彩陶纺轮、长颈圈足壶为主要特征。经济生活以农业为主，种植粳稻，饲养猪、狗家畜。年代晚于仰韶文化，与早期龙山文化相当。

（五）龙山文化

新石器时代晚期距今4000多年的一种文化。1928年首次发现于山东章丘龙山镇，分布于黄河中下游。其生产工具有磨制的石镰和蚌镰。陶器以灰陶为主，黑陶次之，开始用轮制，出现卜骨。该文化以农业为主，畜牧业发达，属父系氏族社会时期，因遗址发掘出黑陶，又称“黑陶文化”。

此外还有河南新郑裴李岗、河南舞阳贾湖、甘肃秦安大地湾、湖南澧县城头山、内蒙古赤峰兴隆洼、陕西临潼姜寨、四川巫山大溪、河南陕县庙底沟、山东章丘城子崖、浙江余杭良渚、湖北天门石家河、甘肃临洮马家窑、辽宁凌源牛河梁、山西襄汾陶寺、香港马湾岛东湾仔北、台湾台北圆山，等等，都是著名的新石器文化遗址。

这些新石器文化遗址分布广泛，基本遍及今天中国领土所有省份，考古学家将其概括为“满天星斗”。这表明，中华先民在新石器时代就已广泛活动在东亚大陆及周边岛屿。其生活样态、物质和精神成果，在享有共性的基础上又具有相当的差异性。

古代西方文化

爱琴文化

爱琴文化是以爱琴海为中心的文化，也称多岛海洋文化，主要由克里特文化（公元前20—公元前12世纪）和迈锡尼文化（公元前15—公元前12世纪）组成。爱琴文化是希腊文化的源头。

（一）克里特文化

克里特岛是爱琴海的第一大岛，它如长船般横亘于希腊与北非之间，东西长约 250 公里，南北宽约 12 ~ 60 公里。克里特岛位置优越，海运方便，成为南连埃及、北通希腊的枢纽，是地中海地区最为活跃的商路汇合之地。在各民族的贸易中，它的文化得到了传播和借鉴。

爱琴海风光

克里特文化是希腊最早的文化，其时期大约为公元前 20—公元前 12 世纪。它是英国学者伊文思根据克诺索斯王宫的传说于 1900 年发现的。被发现的克里特文明显示，约公元前 2000 年，克里特出现了最初的国家，其中以克里特岛中部北岸的克诺索斯最强盛。按希腊神话，克里特岛有米诺斯王的传说，学者们遂称克诺索斯的王朝为米诺斯王朝，克里特文化亦名米诺斯文化。反映米诺斯文化成就的文字是“线形文字 A”，它类似于埃及的象形文字，由一种非希腊语音节所构成。这种文字由线条组成，复杂难懂，至今仍未被释读。大约在公元前 15 世纪又逐渐出现了“线形文字 B”，它是从线形文字 A 发展而来的，20 世纪 50 于年代被成功释读，专家们认为这种文字已经属于希腊语文字。

考古发掘显示，米诺斯的王宫建筑非常宏伟华丽，宫室有三四层之高，占地两万平方英尺，有许多房间、通道、楼梯，此外还有浴室、仓库、庭院和排水系统等。宫内富丽堂皇，有多种装饰的壁画、雕刻，而且有作为陈设的象牙、青铜器、彩陶等精美工艺品。青铜、金银制品极其精美。陶器制作水平极高，能烧制出薄到一毫米的所谓蛋壳陶瓶。彩陶生物惟妙惟肖，有的考古学家甚至将陶制的螃蟹误认为是化石。这些说明米诺斯王宫极盛时期处于青铜时代。

古希腊史学家希罗多德在《历史》中称米诺斯为海上统治者，说他“是一个征服了许多土地并且是一个在战争中经常取得成功的国王”。修昔底德则在《伯罗奔尼撒战争史》中指出：“根据传说，米诺斯是第一个组织海军的人，他控制现在希腊海的大部分。”米诺斯海上霸权的意义就在于它控制了东部地中海的海运贸易网，它的势力范围形成了一个以克里特为中心，东达罗德斯岛、西连伯罗奔尼撒半岛的环形带，这些地区和更远的欧洲内陆作为待发展地区都迫切需要和地中海东岸的文明古国，特别是当时最富裕的埃及进行交往，而克里特控制的环形带正好处于两者之间，各方海运皆受其控制，从而使它得以攫取欧、亚、非三大洲的资源。公元前1450年前后，克诺索斯王宫被来自希腊半岛的迈锡尼人占领，克诺索斯王宫及其他各地王宫遭到破坏。克里特文明从此迅速衰落，爱琴文明转入以迈锡尼文明为主的阶段。

（二）迈锡尼文化

迈锡尼文化是希腊本土的青铜文化，集中于迈锡尼、科林斯等地。迈锡尼文化是希腊语人的一支——阿卡亚人创造的，其时期约为公元前1500—公元前1200年。迈锡尼城位于伯罗奔尼撒半岛东北部，这里山脉纵横、丘陵起伏，是1876年德国考古学家谢里曼在迈锡尼进行考古时发现的。

考古发现的迈锡尼遗址主要是古墓、随葬品和国王居住的城堡。古墓有竖井墓和石砌圆顶墓，圆顶墓被认为是国王的墓，处于青铜器的繁荣时期。城堡的城墙用巨石环山建成，厚达5米，高8米，和克里特王宫建筑全无防御设施迥然有

迈锡尼遗址

别。城堡有宏伟壮观的“狮门”（以刻有双狮拱卫一柱的浮雕得名），城内建豪华王宫。城堡下面平川地带有广阔的市区，富商大贾和百业工匠居住其间，其繁荣富庶当不下于克里特的克诺索斯。在海外贸易方面，迈锡尼较克里特也是有过之而无不及。埃及、叙利亚、腓尼基、塞浦路斯以及意大利南部、利巴拉群岛等地都有迈锡尼陶器出土，数量皆超过各地曾发现的克里特陶器。在爱琴海地区和希腊本土，迈锡尼文明的分布也较克里特文明广泛、众多，现已在当地发现多处大大小小的迈锡尼文明遗址。

迈锡尼文化在充分吸收克里特文明的同时，也具有自己的特点。“米诺斯文化更多的是女性气质，迈锡尼人的随葬品中有大量的武品，武器常常饰以精美的金银镶嵌，可见迈锡尼人对武器的珍爱。青铜宝剑上的剑身上饰有猎狮纹样，线条遒劲，作风刚健，显示出一种与米诺斯完全不同的风格。”迈锡尼人的城堡坚固、陆战力强，喜用马拉战车，尚武精神突出等。迈锡尼文化作为爱琴文明的一个组成部分，蒸蒸日上，有取代克里特而后来居上之势。到公元前 1450 年，迈锡尼人可能通过联姻继承等和平方式，得以入主克诺索斯王宫，这是迈锡尼文化发展的关键一步。迈锡尼统治克里特后，既承袭了克里特掌握的爱琴海商业贸易网的控制权，也全面吸收了克里特文明的遗产。克里特原有的线形文字，现在被用来书写迈锡尼语言，形成了迈锡尼线形文字（学术界通称前者为线形文 A，后者为线形文 B）。此后从公元前 1400—公元前 1200 年，迈锡尼达到其文明的繁盛期。

迈锡尼的线形文字 B 自 1952 年已被成功释读，证明迈锡尼语言是古希腊语的一支。现存的线形文字 B 的材料绝大多数都是王室经济文书，提供了经济方面的珍贵信息，对政治历史揭示的却不多。迈锡尼文明从公元前 1200 年以后渐呈衰败之势。古希腊的神话传说曾模糊提及此时王朝更迭频繁，战乱相继；考古材料也反映陶器质量下降，生产萎缩，而“海上诸族”的骚扰更使其国际贸易大受打击。经济衰落可能迫使统治者依靠武力掠夺，于是各国各城之间的战争也愈演愈烈，其中最著名的一次大战便是希腊同盟与小亚细亚富裕城市特洛伊的战争。此战打了十年之久，最后希腊联军虽攻下特洛伊城，实际上却是两败俱伤。得胜的希腊各国（以迈锡尼为首）无不疲惫不堪，元气大伤，北方的多利亚人乘机南下，攻城略地，逐步征服了雅典以外的中希腊和伯罗奔尼撒各国，迈锡尼文明灭亡。

古代希腊文化

自公元前 8 世纪起，希腊社会结构发生变革，从原来的农村公社向城邦制度转变，各个部族与民族开始重新组合，经过吞并与联合，形成了多个以城市为中心、周边是农村的城邦社会。

希腊城邦较早推翻王权，实行民主制度，大多数城邦是共和制，基本上没有出现君主专制。由于思想政治领域十分活跃，哲学、历史、文学艺术、科学技术繁荣，使希腊人创造了当时世界上最发达的文化之一。希腊城邦林立，却并没有产生分裂与割据，各城邦之间虽然也有战争，如最大的城邦雅典与斯巴达之间就曾经发生过著名的伯罗奔尼撒战争，但是并没有达到征战不息、烽火连天的地步。

希腊人有基本相同的宗教信仰，有共同的文化，有共同的民族。希腊人信仰德尔菲阿波罗神庙的神谕，使用共同的希腊语言文字，这种文字的字母原本是腓尼基人创造的，被善于学习其他民族长处的希腊人改造后，成为希腊人通用的文字。长期共同的生活，使他们形成共同的民族性格与民族心理。希腊人崇尚勇敢，热爱自由，敢于为自由而战。他们鄙视怯懦与盲目屈从，激烈反对奴役与专制。他们虽然有宗教信仰，但并不迷信，而是尊重理性，推崇科学。他们重视体育，全体希腊人都参加奥林匹克运动会，他们相信，没有健全的身体就不会有健全的精神。他们自称为“希腊人”，把其他民族称为“异邦人”。这种文化认同，使希腊人保持了民族统一，成为希腊文明崛起的基础。

公元前 8 世纪之前，希腊文明的中心在爱琴海，以后随着城邦的兴起，希腊文明向周边扩张，并且带动了整个地中海文明的兴盛。这里，我们有必要把地中海及希腊与周边国家的交通联系进行简要介绍。

地中海是世界上第二大内陆海，东西长度达到 4000 公里，南北相距最远的地方达到 1800 公里，面积约 250 万平方公里，平均水深 1600 米，最深的地方达到 4000 米以上。它地处亚欧非之间地理位置非常重要，所以地中海文明可以影响到这三个大洲。

在地中海北岸有三个大的半岛向南方伸出，形成了爱琴海、亚得里亚海与利古里亚海。这里的气候主要随南北方向的气压带移动而发生变化，夏季当副热带高压位于地中海上空时，天气干热少雨，冬季则刮西风而且温热多雨，这就是著名的“地中海气候”类型。

随着希腊各个城邦的兴旺发达，希腊文化向周边地区扩散，它的影响范围沿黑海海岸扩展到遥远的北方，东到与中国相接的中亚地区，南达埃及，西到大西洋沿岸，遍及亚欧非三大洲。从此，原本以爱琴海为中心的希腊文化扩展开来，成为一个包括了整个地中海及周边地区的、名副其实的“地中海文明”。

（一）古希腊的主要城邦

从公元前 6 世纪到公元前 4 世纪，希腊进入城邦社会的兴盛时期。一般的城邦人口仅有几万，地域不超过百里，但是各自独立，被称为城市国家或是城邦，希腊人称为“波里斯”（Polis）。城邦形式多样，以民主政治为基本特色，又各自具有民族文化特性。在众多的城邦中，最具特色的当属：斯巴达与雅典，它们是希腊两种城邦、两种社会政治类型的典型代表。

斯巴达城遗址

斯巴达城邦是多利亚人于公元前 9 世纪建立的。斯巴达土地面积约为 8500 公里，是全希腊所有城邦中最大的。这里以农业经济为主，物产丰富，基本上可以自给自足。除斯巴达人之外，城邦中的奴隶被称为希洛人，是不同时期被征服的民族沦为奴隶后的总称。斯巴达人与其他城邦特别是雅典城邦不同，雅典城邦注重工商贸易，民族性格开放，较早实行民主政治制度。而斯巴达人则以农业经济为主，重农抑商，规定斯巴达人不得经商。在斯巴达经商的是皮里阿西人，这是除奴隶身份的希洛人之外的一个第三等级，他们没有公民权，社会地位远远低于斯巴达人。斯巴达国家在经济与政治上封闭自守，王权统治时期较长，以后则以贵族寡头政治为主，对外实行军事扩张。

斯巴达早期统治者来库古曾经建立了全面的法律制度，并且在公元前 9 世纪的前 25 年间推行了政治改革。据说来库古从德尔菲神谕中获得启示，要求为宙斯和雅典娜建立神殿，要组成新的部落和选区，建立包括两个国王在内的 30 人议事会，按季节召开公民大会。议事会向大会提出建议并且宣布休会。全体公民都有权利参加大会并且有表决权。可以看出，以上这些内容除了双王制度之外，与其他城邦并没有大的区别。虽然有公民大会，但是这种公民大会在斯巴达政治中并不是最高权力机构，它只能就贵族的提案进行表决。所以，政权主要由贵族掌握，实行土地与奴隶国有制度。斯巴达有严格的军事制度，成年男子要接受军事训练，60岁以后可以解除兵役。

斯巴达的军事力量相当强，它基本控制了伯罗奔尼撒半岛。公元前6世纪后期，斯巴达组织伯罗奔尼撒半岛上的科林斯、麦加拉等城邦，成立了“伯罗奔尼撒同盟”。斯巴达人以这个同盟与以雅典城邦为首的提洛同盟相对抗，以反对雅典的霸主地位。伯罗奔尼撒同盟是维护斯巴达利益的军事同盟，在内部，它是一个不平等的同盟，斯巴达人是实际上的盟主，有权召开同盟的会议，不过决议要经过同盟的大多数人同意才能生效。斯巴达文化落后，在哲学、诗歌、戏剧与艺术领域都没有重要贡献，与同时期的雅典城邦不可同日而语。斯巴达城邦所代表的是希腊人精神的另一个侧面，即生活朴素，英勇善战，在战争中无所畏惧，视死如归，这种精神已经成为斯巴达人的社会风气。当斯巴达战士出征时，母亲送儿上战场，妻子送郎去杀敌的情景十分常见。每当临别之际，母亲就要指着战士的盾牌说：如果不是你带着盾牌得胜回来，就让这个盾牌抬着你回来。如同赞颂中国古代守卫边防的将士的诗中所说，“誓将马革裹尸还”。我们从这里可以看到的不仅仅是斯巴达人的民族心理，也是整个希腊人的性格特点。

雅典是与斯巴达相对的另一种典型，如果从历史发展的总体进程来说，以工商经济与民主政治为主要特色的雅典城邦是希腊文化的杰出代表，雅典人在政治思想、哲学理论、文学艺术等方面的才能得到充分发挥，成为古代世界的典范。

公元前8世纪时，阿提卡半岛的4个小城邦联合起来，建立了雅典城邦，成为希腊的核心。雅典是古代希腊最大最繁荣的城邦之一，但是它的规模也很有限。《剑桥古代史》中认为，到伯罗奔尼撒战争之前，雅典城中也不过只有公民14万至17万人，当然其中不算外邦人。

作为古代奴隶制度国家，雅典制定了维护其统治的法律，划分了城邦居民的阶层。居民分为三大阶层：贵族、农民与手工业者，规定只有贵族才可以从事政治，充当政府官职。这也就意味着早期的国家已经出现。恩格斯指出，雅典是国家形成的“最典型”与“最纯粹”的形式，它是直接地而且主要地从氏族社会自身内部发展起来的。

在社会各个阶层中，社会地位最低的是奴隶，除了奴隶之外，所谓“异邦人”地位也不高。奴隶的数量大约在14万到15万左右。据有关记载，奴隶们生活状况差异较大，一般的城市中奴隶生活条件尚好，但是农村中奴隶生活较差。雅典公民生活简朴，贫富差异不太大。他们饮食十分简单，食物主要是鱼、洋葱和大麦饼，这可能与希腊农业和渔业生产虽然还算发达但物产并不太丰富有关。希腊的纺织业也不太发达，多数人只使用布和粗糙的毛纺织品。服饰的样式比较单一，主要是将长布围在身体上，宽大舒适，也易于保暖，但是显得比较简单。雅典人的精神生活十分丰富，他们经常举行戏剧大赛，著名的希腊三大悲剧家埃斯库罗斯、索福克勒斯和欧里庇得斯都曾经在戏剧大赛中获奖。城市中经常举行大型戏剧表演，政府鼓励市民观剧，一旦上演新戏，往往是人山人海，市民们如同过节日一般兴高采烈，结伴前往观剧。雅典社会思想活跃，产生了一大批杰出的哲学家与思想家，苏格拉底、柏拉图、亚里士多德等哲学家在生前就已经名满天下，他们聚徒授学，创办学校，写下了大量传世之作。

雅典人积极参加各种文化活动，将相当多的时间花在公共活动上，流连于集

雅典城遗址

会与市场。但这并不意味着雅典人堕落或是懦弱，在波希战争中，雅典人为民主而战，勇气惊人。公元前478年到公元前477年，建立了以雅典为中心的提洛同盟，这一同盟组织希腊各城邦，共同抗击波斯人。公元前449年，波斯人被迫与提洛同盟签订了卡利阿斯和约，雅典人取得了波希战争的胜利。此后，希腊文明进入最兴盛的阶段。如果说波希战争开始了希腊文化的兴盛时代，那么是另一场战争，这就是伯罗奔尼撒战争。公元前432年，伯罗奔尼撒同盟向雅典提出，要求解散提洛同盟、放逐伯里克利，遭到雅典方面的拒绝。次年，两个同盟之间爆发战争，公元前405年，雅典战败。这场战争象征着雅典城邦与整个希腊文明的衰落。

（二）古希腊的海外殖民与希波战争

古代世界中，由于交通不发达和人类认识能力的局限性等原因，古代民族大多数都存在着地域上的局限性。希腊人与世界其他民族一样，自认为是世界的中心。在希腊人开拓海外殖民地的扩张过程中，希腊人与其他民族特别是东方民族之间产生了复杂的联系。虽然希腊人可以说是从政治与经济上左右了殖民地的发展，但是对于希腊本身的地理位置与希腊民族在世界文明中的地位也有了新的认识。在希腊城邦的对外联系中，有两个大的历史事件对于希腊和世界都产生了深远的历史影响，这就是希腊的大殖民运动与希腊—波斯战争（简称希波战争）。

从公元前8世纪到公元前6世纪，希腊各城邦纷纷开拓海外殖民地，史称“大殖民”运动。由于希腊城邦经济繁荣，人口增长迅猛，而希腊地区土地狭窄，山地多而适于耕作的平原少，所以形成了地少人多的局面。希腊社会中，各个阶层之间的矛盾加剧，农民失去土地的情况严重，社会经济发展受到严重制约。于是，希腊的各个阶层向周边地区与远方寻求新发展，形成以移民为主要形式的“大殖民”。移民成分复杂，主体是流离失所的农民，城邦中各个阶层人士也纷纷参加，包括政治上失败的贵族、贫困的市民和雄心勃勃而企图借机开拓海外市场的商人们，都成为大殖民运动的推动者。希腊人的殖民方式主要是移民，以较发达的希腊文化对殖民地进行教化，从事垦殖与开拓活动。在长达两个世纪的时间里，向南北西三个方向建立了100多个海外殖民地，参加殖民活动的希腊城邦多达40多个。新建立的殖民地沿用城邦制度，相对独立，并不附属于原来的希腊城邦。不过，这些新城邦受到了希腊城邦的社会制度与生活方式的影响，扩大了希腊人的势力范围。这些新城邦同时又在建立更新的城邦，并且在这一过程中，有力地传播了希腊文化。殖民地城邦最集中的地区是意大利南部与西西里岛，这里几乎成为新的希腊。除此之外，南到埃及、利比亚，西到意大利南部、高卢与西班牙东海岸地区，北面一直到黑海和色雷斯地区，都建立了大批的希腊殖民地，其中包括叙拉古、那不勒斯、拜占庭等地。历史上有一个人所皆知的比喻：地中海好比是一个大池塘，众多的希腊殖民地如同生活在大池塘周围的青蛙们，发出共同的蛙鸣。这个比喻形象地说明了希腊大殖民运动产生的文化影响，这也是以后历史上著名的“希腊化”时代之所以能形成的原因之一。

海外殖民使希腊人直接进入北非、西亚、中欧与西欧等地成为殖民者，雅典城邦与这些地区建立了更为密切的多重联系。经过这一时期的殖民扩张，希腊经济文化的影响范围扩大，从地中海到黑海沿岸，从亚细亚、非洲到中欧大草原，建立起了一个地域广袤、经济类型多样、交通方便的大经济共同体。大殖民运动也在历史上第一次实现了东西方文明之间的大规模交流，这种交流是双向的，在希腊文化影响其他民族的同时，希腊社会出现了“东方化”的热潮，古老的东方文化影响了希腊，希腊人从中学习到了丰富的科学文化知识。大殖民给希腊城邦带来的不仅仅有经济利益，也有政治上的收获。大殖民运动使得城邦的经济与政治压力减轻，参与大殖民活动的工商业主们获得经济与政治上的利益，他们在城邦中的地位得到巩固，这种形势有利于民主力量的加强，而对贵族们是不利的。

希腊的大殖民运动，如果从性质上分析，与近现代西方资本主义的殖民是不同的。希腊殖民以移民活动为主，最初目的是减轻城邦内部压力，寻求经济发展的新途径。资本主义殖民活动则是一种以侵略与掠夺为目的的活动。希腊殖民地不是原城邦的附属地，没有形成政治上的统治与被统治的关系，也没有经济上的不平等关系，这也与以后的殖民主义有所不同。资本主义殖民地一般没有主权，被殖民国家人民遭受到压迫与剥削。但是，也无可否认，希腊大殖民运动并不是一般意义上的民族大迁徙，它毕竟是一种带有殖民性质的活动，而且是一种文化的扩张。通过大殖民，希腊文化建立了在地中海及周边地区的领导地位，以雅典为首的提洛同盟诸城邦共同建立了霸权，希腊人获得了海外市场，各殖民地城邦的生产原料与产品通过各种渠道进入希腊，对希腊经济发展起了重要作用。通过大殖民的成功，鼓舞了希腊人海外冒险的勇气，形成了进行海外冒险与殖民的传统，这种传统对于西方文化不能说完全没有影响。

从东西方文化关系而言，对希腊人产生最大影响的是希腊与波斯之间的战争。

西方电影中的希腊与波斯战争场景

公元前6世纪后期，东方的波斯帝国相当强大，并且开始向外扩张。波斯人的势力深入到小亚细亚与爱琴海，这一地区原本是希腊文化的中心地带。公元前500年，亚细亚地区的城邦米利都发生反抗波斯人的起义，雅典与爱勒多里亚城邦派军支援，但是，起义最后被波斯人血腥镇压，米利都陷落，雅典人受到挫折。从此，希腊与波斯之间进行了长达半个世纪的战争。通过这场战争，希腊人对于东西方文化以及它们之间的关系有了更加明确的新认识，希腊历史学家希罗多德的名著《历史》一书，就是以希波战争为内容的。希罗多德关于希腊与波斯关系，关于东西方文化关系的看法，代表了希腊人当时最普遍的观点。

马拉松战役是希腊人取得的一次重要胜利。公元前490年，大流士一世派遣的波斯军队大约二万人渡海作战，占领了爱勒多里亚，并且在中希腊的亚提加半岛东北部沿海登陆，准备进攻雅典。雅典统帅米太亚率领12000人迎战，战斗之前，米太亚发表著名演说，他说道："雅典是戴上奴隶的枷锁，还是永远保持它的自由，关键就在于你们。"双方在距离雅典42公里的马拉松（Marathon）平原上激战，希腊人奋勇无比，跑着冲向波斯军队，几乎是两倍于希腊人的波斯军队终于不敌拼死作战的希腊勇士，扔下6000多具尸体，落荒而逃。为了将胜利的喜讯传给雅典，希腊战士菲迪皮茨从马拉松飞跑回雅典城，当他向雅典人传达了捷报后，当场力竭而死。为了纪念这场战役与这位英勇的战士，雅典人将马拉松长跑定为古奥林匹克竞技项目。

希波战争过程中，双方各有损失，长期对峙，难以决定胜负。公元前 480 年，波斯新国王薛西斯登位后，立即率领 50 万大军再征希腊。在中希腊的温泉关与希腊军队展开了一场惨烈的战斗，希腊军队英勇迎战，虽然大量杀伤敌人，但温泉关最终寡不敌众而失守，希腊守军全部阵亡，波斯军队攻入雅典。不过，随后的萨拉米海战中，希腊人击沉波斯 300 艘战船，自己不过损失 40 艘战船，大获全胜。萨拉米战役后，战争从陆战转为海战，希腊人的海上优势再次体现出来，逐渐掌握了战争的主动权。

公元前 478 年到公元前 477 年，雅典为了组织所有城邦共同抗击波斯，在提洛岛上创立了由全体希腊城邦共同参加的“提洛同盟”。雅典是同盟的主导，战争局势向有利于希腊方向发展。公元前 449 年，波斯提出求和，双方签订卡利阿斯和约，这场东西方之间的第一次大战才宣告结束。

从大殖民运动到希波战争，希腊的对外关系发展进入新阶段，希腊文化远播海内外，成为最有影响力的文化类型。

希腊文明兴盛并不是永恒的，公元前 431 年到公元前 404 年间的伯罗奔尼撒战争宣告了这一伟大文明古典时代也是它最兴盛时代的终结。这场战争是希腊人内部的战争，战争的双方是斯巴达与雅典。斯巴达原本是希腊诸城邦中的霸主，但是，希波战争之后，雅典的威信大增，作为提洛同盟的首领，雅典工商业发达，拥有巨大财富，已经成为希腊诸城邦中最富有与最强大的城邦。雅典与斯巴达的城邦类型不同，双方政治立场、经济发展形态等方面都不相同，产生对立是难免的。

公元前 432 年，伯罗奔尼撒同盟向雅典提出：放逐伯里克利并且解散提洛同盟。雅典拒绝之后，翌年春，斯巴达人进攻雅典，双方正式开战。在战争进行中，雅典突然受到瘟疫的袭击，雅典居民 1/4 病死，就连斯巴达人所要求放逐的伯里克利也未能幸免。公元前 421 年，双方缔结了和约。公元前 415 年，雅典大将亚西比德率军进攻西西里岛失败，斯巴达则拥有了希腊最强大的军队。公元前 405 年，在羊河战役中，雅典海军被斯巴达海军击败，雅典人被迫求和。公元前 404 年，双方缔结和约，提洛同盟被解散，雅典只保留了少量的军事力量，连城市的防御工事也被拆除。

伯罗奔尼撒战争给世人以反思，从表面上看，实行民主政治的雅典被实行贵族政治的斯巴达所战胜，令许多历史学家难以接受。但是，如果结合双方的历史环境来看，事情远不是那样简单。雅典人战胜波斯人时，民主政治曾经是鼓舞雅典人浴血奋战的精神力量。但是在伯罗奔尼撒战争期间，雅典已经不再是当初兴旺发达的民主制度下的城邦，伯里克利病逝后，雅典陷入一片混乱，野心家与政治流氓利用民主派的势力，陷害战争中建立功勋的将军，致使军心涣散，士无斗志，最终失败。这场战争使整个希腊元气大伤，城市被破坏，自由民大批破产沦为奴隶，经济生产进入低谷。以后又爆发了城邦之间的内战，波斯人利用城邦之间的矛盾，各个击破，几乎所有城邦都不同程度地遭受了损失。

公元前 4 世纪初期，位于希腊北方的马其顿逐渐兴起，国王腓力二世进行的国家改革，使得马其顿成为一个军事强国，希腊人错误地把振兴希腊的希望寄托在马其顿身上。公元前 338 年，马其顿在喀罗尼亚战胜了希腊军队，第二年在科林斯召开了泛希腊会议，决定了马其顿的领导地位。公元前 336 年，腓力二世被刺身亡，亚历山大即位，这位亚里士多德昔日的学生野心勃勃，立即准备远征东方。公元前 334 年到公元前 325 年，经过十年征战，亚历山大终于建立了庞大的帝国。但亚历山大很快于公元前 323 年病亡，年仅 33 岁。

亚历山大死后，庞大的帝国分裂为三个国家，不复有昔日的霸气。公元前 2 世纪中期，罗马人征服希腊，原属于马其顿的希腊城邦从此归属罗马帝国。这时的希腊已经全无当初的气象，城邦老旧，毫无生气，人类文明史上的奇葩——古代希腊文明——已经开始凋谢了。

《荷马史诗》

《荷马史诗》相传是在许多民间行吟歌手集体口头创作的基础上，由盲诗人荷马加工整理而成。长期以来它被认为是古希腊最伟大的作品，也是西方文学中最伟大的作品。

荷马生于公元前 8 世纪后半期的爱奥尼亚，是古希腊最著名、最伟大的诗人。《荷马史诗》展示了从公元前 12 世纪至公元前 9 世纪希腊人的社会状况以及希腊人从氏族公社进入奴隶制社会的过渡形态。从《荷马史诗》中，我们能够看到古希腊在从氏族公社向奴隶制国家转变的过程中，并没有受到来自外部或内部的暴力干扰，古希腊国家完全是通过私有财产的产生和阶级分化而直接从氏族公社中建立起来的。《荷马史诗》语言质朴多姿、比喻奇特生动、情节波澜起伏，堪称世界文学的经典之作和远古社会生活的百科全书。它在西方古典文学史上占有无可取代的地位。

《荷马史诗》包括《伊利亚特》和《奥德赛》两部分，各24卷。《伊利亚特》共计15693行，《奥德赛》有12110行。《伊利亚特》记述了古希腊人征服特洛伊人的经历，着重描写了阿喀琉斯的愤怒以及战后51天内发生的事情。《奥德赛》则描写了参加特洛伊战争的奥德修斯在回国途中被海神捉弄而迷失道路、辗转回乡的经历以及他在沿途的所见所闻。

《荷马史诗》追述的是迈锡尼时期英雄们的故事，而其背景描写多是此后的“黑暗时代”的史实。如史诗中对战争的描写，提到战车只是用来把士兵运到战场，作战时士兵们不用战车；又如史诗经常提到以铁为奖品，这也是“黑暗时代”才出现的，等等。因此，学者们通常认为史诗中的故事经过世代口述相传，最终于公元前8世纪时才形成文字，由荷马最终完成。然而，史诗中提到的一些典型器物在迈锡尼考古过程中都有所发现，如黄金面具、大盾、酒杯等，证明史诗中的背景描写交织着迈锡尼时代与“黑暗时代”的史实，当然，还是以后者为主。

《荷马史诗》的故事围绕希腊各邦与位于小亚细亚的特洛伊城之间所发生的冲突展开，而这些冲突所发生的时代大约就是迈锡尼文明的晚期。根据古代作家的记述，特洛伊城约在公元前1184年被攻陷。考古学家也发现了特洛伊城的遗址，不过在遗址中，从属于这一时间段的那一层（第7层）来看，当时的特洛伊城只是一个人口稀少而不甚发达的小城。与荷马所描述的强大的特洛伊城不符；属于第6层的更早时候的特洛伊城在规模上与史诗所描述的相符，但这一层明显是毁于强烈的地震而不是人为的破坏。这个疑问至今仍没有解决。

荷马史诗是古代希腊从原始公社制向奴隶制

荷马像

过渡时期的产物，同时，它也极其广泛而生动地反映了这一时期希腊社会的政治、经济、军事、风尚习俗等各方面的情况。

荷马时代的希腊，由于财产和社会地位的差异，居民中已有贵族、平民和奴隶的区别。史诗中所写的“王”就是军事首长和各部落的显贵。贵族们过着奢华的生活，但并不完全脱离劳动（如奥德修斯做床，珀涅罗珀织布，瑙西卡公主洗衣等）。奴隶已经出现，但主要是为主人从事家务劳动和豢养牲畜的家奴。随着一夫一妻制的确立，妇女的地位大大降低，从社会风尚上，要求妇女重视贞操，绝对忠于自己的丈夫。因此，史诗歌颂珀涅罗珀而谴责海伦。

尽管如此，荷马时代的希腊还不是奴隶制社会，古代的氏族组织还保持相当的活力。部落中最高权力属于公民大会，一切重大问题都要在公民大会上讨论决定。史诗中所写的各路英雄，都是部落的首领，不是统治者。阿伽门农就是联军的统帅。他们的权力受到公民大会的限制，不过，公民大会的作用已经很小，贵族起着决定作用。

按照当时希腊人的思维方式，现实与历史都与神话紧紧地结合在一起。荷马史诗以一个历史事件为基础，通过广阔的社会画面，全面地反映了一个时代的社会生活，而这一切又都带有神话色彩，这正是古代史诗的特点。那时候，社会生活比较简单，人们的意识形态受到神话观念的支配，艺术创作又是以人民口头集体创作的方式进行的，这正是产生荷马史诗一类作品的历史条件。当人类社会进一步发展，这些未成熟的社会条件不再存在的时候，像荷马史诗这样的艺术作品就不可能再产生，史诗也就成为一种不可重复的艺术珍品而永远保留着它的价值。

古罗马文化

古罗马人在广泛吸收邻近各族优秀文化成果的基础上，根据当时的国情和社会发展的需要，创造了自己独特的文化，为世界文化谱写了新的篇章。

（一）早期的罗马共和国

罗马的居民是大约在公元前1000年移民到意大利的印欧人。他们逐渐适应农业生产，直至大约公元前800年，他们与遥远南部的希腊殖民者建立了联系。罗马一度被埃特鲁里亚人统治。埃特鲁里亚人设立了有权威的国王、强有力的政府和组织严密、善于使用马匹和两轮战车的军队。大约这一时期，罗马人已经改编了希腊字母而形成了自己的拉丁字母，在今天的整个西欧和美洲，拉丁字母还一直被使用。

后人推测罗马建立于公元前753年4月21日，但罗马建城纯粹基于神话传说。据说，意大利当地国王努米托尔的王位被他的弟弟所篡夺，努米托尔之女西尔维亚也被迫当女祭司而不得婚配。但西尔维亚与战神马尔斯结合后，生下了双胞胎罗慕路斯和勒摩斯。但篡位者发现两个孩子后，将其投到台伯河中任其漂流，结果被一头母狼相救并抚养长大。长大后两人杀死篡位者，但在建立新城时发生了争执，罗慕路斯杀死了勒摩斯，在台伯河东岸建立了罗马方城，并用锄头在帕拉丁山上划界，由此而建成了以他的名字命名的罗马城。以此传说为起点，罗马开

西方影视作品中的罗马军队

始成为古代西方世界最重要的城市，并最终发展成为当时最强大的帝国。

罗马最早到来的时代是“王政时代”，该时代实行君主政体，国王既是立法者、军队首脑也是最高审判官和最高祭司。但是当时的君主制度是家长式的，君主和臣民之间有相互的义务，君主的绝对权力为民众、战争和习俗所制约。君主之外，还有元老院和公民大会。元老院由各个氏族的长老组成，有权选举国王，也有权评判立法和国王的行为是否合法和符合传统习俗，负责批准国王所决定的事项。公民大会由罗马所有男性公民组成，主要功能是把经过元老院批准的权力赋予国王。

随着罗马的力量日益强大，财富开始聚集到少数人手里，社会分化为贵族和平民。罗马的强大，也引起了北方强大的埃特鲁里亚的注意，后者在公元前 6 世纪中叶统治了罗马，罗马的君主成了埃特鲁里亚人，罗马人对此非常愤懑。最后，当埃特鲁里亚的一位君主塔克文强奸了一位贵族的妇女鲁克丽霞后，罗马人起来反抗，在公元前 509 年推翻了塔克文的统治。从此以后，罗马人彻底放弃了君主制度，建立了共和国，开始了地域拓展和文明扩张。

共和国时期主要由元老院和公民大会进行统治，但仍然保留了王政时代君主的传统，赋予官员很大的权力。其中共和国有两名执政官，分别由两个被选出的贵族担任，任期一年。执政官起草立法，担任军事和司法长官及国家的最高祭司。但是执政官的权力受到很大的限制，他们不但任期很短，同时由于退职后要进入元老院，所以必须与元老们合作。在执政官之下还衍生出两名财政官、一名司法官、监察官等。很明显共和国的统治权完全操纵在贵族手里。贵族的专权很快引起平民的不满，两个阶层的矛盾日趋激化。公元前 494 年平民退出罗马并占领了圣山，另立政府，组成了部落公民大会，由保民官领导，并宣布保民官可以否决罗马政府做出的任何决定，并能否决元老院的任何立法。面对平民的撤离运动，贵族被迫让步，公元前 471 年认可了他们的保民官和公民大会。贵族和平民斗争的另一个结果，是在公元前 450 年制定了《十二铜表法》，将过去不成文的法规、条例和习俗法典化。公元前 445 年平民获得了与贵族通婚的权利，公元前 367 年还获得了担任执政官的权利。其中，李锡尼—塞克图斯法案要求执政官中必须有一名平民。到了公元前 300 年，平民已经可以担任政府的各级职务。公元前 287 年，平民会议所作出的决定开始对所有的罗马公民具有法律效力。

罗马共和国在改革政府的同时，也开始了征服事业。罗马的最初征服并没有什么计划和目的，主要是出于防御。罗马驱逐塔克文招致埃特鲁里亚人及其联盟的进攻，罗马为了消除外部进攻的威胁，开始寻求控制邻近的地区。

其第一个目标是埃特鲁里亚人。罗马人与其他拉丁人和希腊人联合，很快就将埃特鲁里亚人赶出了意大利半岛，埃特鲁里亚文明就此结束。在公元前5—公元前4世纪，罗马人征服了埃特鲁里亚人的所有地盘。但是罗马人的征服活动，为高卢人的入侵所阻遏。高卢人是凯尔特人，是好战的游牧民族。在公元前387年，他们进入意大利，很快将罗马军队打败，占领并焚烧了罗马。但是他们并不想在意大利定居下来，而只是想掠夺财富。在劫掠了财富和接受了贡金后，他们便返回了家乡。经历了这场入侵后罗马变得很虚弱，原来被罗马征服的民族也开始趁机进攻罗马。但是到公元前350年罗马成功地稳固了自己的统治。面对罗马同盟的反叛，罗马将他们夷为平地，面对要求独立的拉丁人城市，罗马人用了两年的时间进行镇压，在公元前338年，罗马摧毁了拉丁同盟，控制了整个拉丁姆地区。

迦太基著名军事家汉尼拔雕塑

公元前295年罗马开始与居住在亚平宁山脉中的拉丁民族萨莫奈人作战，当时与后者结盟的有残存的埃特鲁里亚城市、高卢部落和反叛的意大利城市，结果在公元前280年，罗马控制了整个中部意大利。然后将眼光转向南部的希腊城市，并很快将后者制服。到公元前3世纪中叶，罗马控制了整个意大利半岛。

古代历史上最司空见惯的是征服者难以保住所征服的土地，罗马人似乎找到了利用宽大政策和武力镇压控制所征服土地的办法。罗马并不毁坏所征服的城市，而是给予它们某些权力，有些城市甚至可以获得完全的罗马公民权，同时，罗马还将士兵安置在所征服的土地上作为服役的报酬。为了巩固这种殖民，罗马人开始了庞大的筑路工程，方便把士兵和供应及时送达叛乱地区。这些措施保证了罗马在意大利半岛创建一个持久和平的帝国。

然而，在征服了整个意大利之后，罗马开始面对地中海对岸的另外一个强大国家迦太基，接下来的历史就是这两个强大国家之间的冲突的历史。双方进行了三次布匿战争，其中在第二次布匿战争中，迦太基的著名军事家汉尼拔（公元前247—公元前183年）曾一度令罗马岌岌可危。但最后迦太基失败了，罗马成了整个地中海的主人。

罗马的扩张也必然同东方另一个强大帝国希腊发生冲突。罗马长期以来并没有把希腊看成自己的威胁，但是在第二次布匿战争中，马其顿王国的国王菲利普五世与迦太基结盟，希腊因此成为罗马实在的威胁，双方的冲突和战争也在所难免。从公元前215年到公元前168年，双方进行了三次马其顿战争。最终，罗马胜利并控制了希腊及其联盟。

长期的战争为罗马带来了大量土地，使罗马从一个小城邦发展成为一个大国。但是战争也为罗马带来很多国内问题。战争迫使很多农民抛弃土地，逃亡到城市，结果造成小农大量破产，土地落入大地产主阶层手中；战争使大量奴隶进入罗马，经济转变成了奴隶制经济。到公元前2世纪末，意大利的大多数人口都是奴隶，反而造成了大量罗马穷人出现。穷人和富人之间的矛盾又趋尖锐，并在公元前133年酿成了内战。这一年提比留·格拉古（公元前163—公元前133年）被选为保民官，他试图将地主的土地数量限定为640亩，超过部分由国家没收分给穷人。他的政策遭到元老和富人的反对，他在争取第二次连任保民官时被暗杀。公元前123年，盖尤斯·格拉古（公元前154—公元前121年）当选为保民官，继续进行改革。他一方面对谷物的价格进行限价，一方面拟将公民权授予所有意大利人。他的政策同样遭到元老的反对，甚至也遭到罗马公民的反对，公元前121年元老院命令执政官宣布盖尤斯·格拉古为国家公敌，盖尤斯被迫自杀。格拉古兄弟改革最终以失败告终。

此后不久罗马开始发动与努米底亚国王朱古达的战争，历史上称为“朱古达战争”。但在这次战争中军队毫无士气，罗马人民对元老院产生了质疑。公元前107年，盖尤斯·马略（公元前157—公元前86年）当选为执政官，并被派往努米底亚。马略富有智谋，很快就打败了朱古达。针对当时的军队状况，马略进行了军事改革。他通过招募志愿者，并由国家出资装备武器和发放军饷的政策，改变了军队的基本构成，使大量穷人进入军队之中。这些士兵不仅对国家忠诚，而且对作为庇护人的将军充满感激。马略的改革解决了兵源的不足，并提高了军队的战斗力。但是公民兵的职业化，也造成了军人和将军的专横。马略通过改革，获得了极高的威望，成为出身贫困而身居高位的“新人”，颇受民主派拥戴。

公元前 90 年末，意大利同盟者因为公民权问题而爆发了“同盟战争”，这场战争造就了苏拉（约公元前 138—公元前 78 年），他在公元前 88 年当选为执政官。苏拉坚决站在贵族一边，并与马略发生了矛盾。他改革了政府，恢复了元老院的权力，取消了公民会议，并利用自己的军队镇压反对者。在这场内争中，马略失败而逃往北非。苏拉的改革招致了强烈反抗。在苏拉死后,元老院面临着武装反叛。公元前 73—前 71 年，爆发了大规模的斯巴达克起义。起义被镇压后，出现了两个非常有野心的人物，即克拉苏（公元前 115—公元前 53 年）和庞培（公元前 106—公元前 48 年）。他们当选为执政官，与保民官和已没有影响的公民大会联手对抗元老院和贵族。最终三个最有权势的人物恺撒（公元前 102—公元前 44 年）、克拉苏和庞培结成了“前三头同盟”，控制了罗马政府。由此开始，罗马进入了恺撒独裁和屋大维（公元前 53—公元前 14 年）建立元首制的时期，罗马共和国逐步走向灭亡。

（二）罗马法的制定

罗马不但用军事征服了世界，同时也注重依法治国，给后人留下了宝贵的法律遗产，奠定了现代欧洲法律的基础。

罗马法发展的历史贯穿古代罗马的各个发展时期。按照罗马政治制度发展的历史，我们可以把罗马法的发展分为四个阶段。第一个阶段是从罗马城建立到《十二铜表法》的颁布，第二阶段是从《十二铜表法》到阿克兴之战，第三个阶段是从阿克兴之战到戴克里先继位，第四个阶段是从戴克里先到查士丁尼去世（公元 565 年）。这四个阶段可以分别比作罗马法律的婴儿期、青年期、成熟期和衰落期。

关于第一阶段的法律状况，主要是根据后来的文献所推测的。罗马的历史开始于神话传说和寓言，然后经历了一个夹杂着神话和历史事实的时期，此后开始有了真正的历史。罗马法的历史，与那些小的部落团体和一些位于从属地位的民族并没有多大关系，这些团体最终都被吸收进拉丁人、萨宾人和埃特鲁里亚人之中，正是随着这三个民族的不断发展，罗马开始了其法律的历史进程。在这三个民族中埃特鲁里亚人拥有较高的文明，有明确的宗教和政治机构。从所流传下来的埃特鲁里亚的神谕中，我们了解到他们已经承认财产权，并通过神的发怒和惩罚对财产权利进行保护。早期的历史时期存在着某种法律，比如严格的父权观念以及债权人对借贷者的强势权利等，但在最初的时期习惯法是唯一的法律。公元3世纪的罗马法学家庞波尼乌斯就曾说过：在罗马城建立之初，人们在没有固定法律和固定权利的情况下生活，所有的事情都由国王说了算。由于缺乏对权利的精确界定，进入共和国之后，平民往往受到很大的伤害。因此在公元前461年左右，执政官特伦提留斯·阿萨提议任命负责法律的官员，编写成文法。在罗马城建立三百多年后，即公元前450年左右罗马成立了十人委员会，成立后的第一年里委员会便就十表的法律内容达成了一致，第二年又加上了两表的内容，从而形成了《十二铜表法》。《十二铜表法》的第一、二表主要是关于诉讼的程序和法庭的规则；第三表关于债务；第四表关于父权；第五表关于监护和遗嘱；第六表关于契约；第七表关于土地；第八表关于伤害；第九表关于公法；第十表关于神圣法；第十一表关于婚姻法；第十二表关于诉讼的补充规定。尽管平民试图将所有的阶层融合为一个阶级的政治目标并没有达成，但是他们的私人权利有了明确的形式。《十二铜表法》所提出一些基本法律内容，构成了未来私法体系的基础。

罗马法发展的第二个阶段是从《十二铜表法》到阿克兴战役，这段时期是罗马共和国的扩张时期。随着罗马地盘的不断扩大和文明的发展，罗马法也在不断丰富。但是这一时期法学家还没有通过立法来发展法律的权利，法律的不断丰富源于对《十二铜表法》的不断解释。法学家们解释《十二铜表法》的活动，是丰富私法的最重要的要素，他们的劳动成果也以指称《十二铜表法》的名词“市民法”来表示。那些真正拥有司法权力的行政长官，尽管最初很谨慎地使用法律权利，但最后也开始在某些案例中通过补充市民法中没有涉及的内容，实施公正平衡的裁判。这

《十二铜表法》拓片

些长官谨慎从事，以理性为基础，不致因在某个特定案例中变动法律而引起混乱。公元前 367 年，罗马设立了裁判官，以接替执政官审判权中民事司法权的部分，负责处理罗马市民的民事纠纷。裁判官有权力发布文告，而且所颁布的文告也变得越来越重要，逐渐发展成一个体系。裁判官的文告和罗马的其他高级官吏或长官）如执政官、监察官、市政官和总督颁布的文告积累而形成的法规，总称“长官法”或“荣誉法”。但执政官的谕令多属政治性的，只有裁判官的文告构成罗马私法的重要渊源。裁判官也非常谦恭地对待《十二铜表法》，然而由于他有在起草政令时不受市民法约束的权利，因此，裁判官有力量将来自“万民法”的新观念和新原则灌输到罗马法中。随着罗马的不断征服，罗马国家的人口构成发生了很大变化，在罗马有许多非公民身份的人，还有许多非罗马的人。为了更好地处理这些关系，公元前 242 年又设立外事裁判官，这样原来的裁判官便被称作内事裁判官。外事裁判官处理问题基于一系列对所有人都一致的原则。这些原则具有所有人都认可的合理性和公正性，故而被称作“万民法”。“万民法”与“市民法”有很大的不同，由此开始法律观念逐步拓宽，罗马法也获得解放，变得更加自由。但是在这一时期“万民法”的影响还没有超过“市民法”。

第三个阶段是罗马法的兴盛时期，也称罗马法的“古典时代”，法律科学渐臻完善。这个时期真正的法律很少，通常是公共政策措施，附带一些私法的内容。一些立法措施主要针对婚姻和奴隶的解放。相反，元老院决议变得越来越重要，尽管最初这些决议的法律性受到质疑，但是后来被完全认可为法律。法律的其他来源是皇帝敕令，通常是文告、命令、政令、诏书等。此时，由于裁判官和行政长官们的长官谕令浩如烟海，而且其中很多文告已经与变化了的法律和形势不再协调，所以哈德良（公元 117—公元 138 年在位）皇帝任命大法学家优利安努斯（公元 100—公元 169 年）对此进行修正和编集。在这些修订中，许多法学家都加进了自己的评论。奥古斯都授予最杰出的法学家以权力，使他们可以给出在法律上约束法官的法律意见，这些意见在传达给法官之前，以书面的形式写就，并密封起来。在当时杰出的法学家中，卡皮托和拉比奥各自自立门户，相互争论。其他法学家包括优利安努斯、塞克图斯·庞泼姆斯等。他们丰富的法学内容，大都被收录到后来的《法学汇纂》中。在公元 2 世纪出现了著名法学家盖尤斯，他编纂了《法理概要》，查士丁尼时代的《法理概要》基本上是对盖尤斯著作的修订。3 世纪的“法学之王”帕比尼安、乌尔比安和鲍卢斯都是最伟大的法学家。后来的《法学汇纂》中将近有六分之一的内容来自乌尔比安，鲍卢斯的法学也被收录了 2000 多个片段。最后一位是莫德斯蒂努斯。这些人的著作手稿有些保留了下来，有些被收录进查士丁尼的《法学汇纂》中。

第四个阶段是从戴克里先到查士丁尼（公元 526—公元 565 年在位）。这一时期罗马君主的王座从罗马转移到了君士坦丁堡，帝国分裂成东西两个部分。这一时期建设性的法学已经寥寥无几，法律被埋没在君主的意志之中。私法经过长时期的积累，已经变得非常庞大和复杂，早已失去了进一步发展的动力。那些由古代的法学家们解释《十二铜表法》而形成的市民法，出自各类行政长官的荣誉法，早期帝国的公共法案，大量的皇帝敕令以及古典法学家们的作品，形成了庞杂的法律素材，呼唤着系统法学的诞生。在公元 5 世纪早期已经开始尝试构建能够有效使用的法律体系，通过颁布《引证法》，以法律的形式认可了古典法学家们的权威。盖尤斯、鲍卢斯、乌尔比安、帕比尼安和莫德斯蒂努斯被公认为最具权威的五大法学家，只有在他们同意的情况下才能引证其他法学家们的法学解释。在这期间也开始编辑皇帝敕令，编辑的成果分别命名为《格里哥安法典》和《狄奥多西法典》。最后，为了简化困难的法律状况，东西罗马帝国的皇帝同意相互沟通自己的法律设计，在两个帝国同时刊布，这些未来的法律设计后来成为《新律》的主要内容。

东罗马帝国的查士丁尼皇帝统治时期，主要有两大法律来源，一是皇帝的敕令，一是通过引证法而运作的古典法学。在查士丁尼看来，法律的状态仍然是比较混乱的，因此着手使这些庞大的法律素材变得更加容易利用，更加适合帝国的实际需要。他任命了以特里波尼安为首的委员会，第一项任务就是编辑皇帝的敕令，以《查士丁尼法典》的名字刊行。然后查士丁尼指导把过去的法律片段和古典法律作品汇编成大全，命名为《法学汇纂》。在完成《法学汇纂》后，查士丁尼也对法律教育产生了兴趣，命令删减《法学汇纂》形成教育读本，这就是查士丁尼的《法理概要》，盖尤斯的《法理概要》成为编纂教育读本的重要模本。这两本《法理概要》直到今天都是最基本的法律入门书籍。法典的初稿完成后又进行过修订，在修订稿刊行后，查士丁尼宣布任何新的帝国法令都成为新律，其中他自己也颁布了大量的法律。查士丁尼时代所编纂的所有法典统称为《民法大全》，其中《法理概要》4 卷，《法学汇纂》50 卷，《查士丁尼法典》12 卷，还包括大量的《新律》。

至此罗马法自身的发展告一段落。罗马法从习惯法开始，经过简单的成文法典而最终成为系统完备、内容丰富的法律体系。罗马法的发展反映了罗马依法治国的观念，反映出罗马人崇尚法治的意识以及罗马人变通务实的精神。罗马法不但在治理古代罗马，协调各种社会关系方面发挥了重大作用，而且罗马法确立的一些基本原则，在不同程度上为近代资产阶级国家所接受和承袭，对现代社会产生了重大的影响。

（三）罗马经济和社会结构的演变

罗马经济和社会发展的几个基本特征和早期希腊的模式十分相似。当地的农业经济产生了贵族和自耕者两个社会集团，城市和商业的发展使它们变得日益复杂。

与早期希腊城邦一样，在共和国的最后几个世纪里商人阶级发展起来。许多商人是外国人，因为罗马人并不擅长远航，他们只建造笨拙的近岸航行的小船。从希腊和中东来的商人扮演了重要的角色，但本国的商人集团也迅速地壮大起来，其声望高于古代希腊的商人集团。在共和国末期，商人获得了在罗马元老院的政治发言权，尽管他们的声望从来不能与贵族的相比。

罗马和其他帝国城市一样出现了大型工匠和店主团体，以及大量时常闹事的无产者下等阶层。

与古希腊和所有重要的古代文明相似，罗马的家庭结构也趋向于强有力的集权体制。家庭组织完全是父家

查士丁尼像

长制的。有关家庭的艺术创作揭示了这一点。罗马法规定：“丈夫是他妻子的法官。假如妻子犯了错误，丈夫可以惩罚她；假如妻子喝醉了酒，丈夫可以谴责她；假如妻子犯了通奸罪，丈夫可以杀了她。”后来，丈夫的权力有所改动，对妻子的处理要得到由夫妻双方家庭所有成员参加的家庭法庭的批准才生效。假如因为通奸而离婚，罗马妇女将失去其财产的三分之一，而且必须穿一种特殊的服装，使她像妓女一样和其他人不同。不过，罗马对妇女的压制没有希腊和中国那样苛刻。许多身为妻子和母亲的罗马贵族妇女通过她们的丈夫行使着政治权力。妇女们可以自由地出入公共场合，参加重要的娱乐活动。还是有一些妇女接受教育，尽管不如同一阶层的男人普遍。

一般地说，在农业社会，妇女的状况日趋恶化。社会繁荣使很多上层家庭把妻子当做装饰品；国家强盛则促使对妇女的非正规政治权力加以限制。罗马虽然实行了严格的家长制，但它却是这一大趋势中的一个例外。之所以如此，一个可能的因素是罗马早期条件极端恶劣。求助于法律来调解纠纷，帝国对秩序和防止家庭仇怨的渴望，这些都有助于限制身体暴力和家族内惩罚。不过，男人与妇女之间的不平等在帝国的最后阶段又有所增长。

1. 罗马的奴隶制度

在社会存在着不平等的地方是无进步可言的。罗马奴隶制度的发展进一步促进了共和国末期和帝国初期自耕农的衰落和罗马与众不同的军国主义。奴隶的叛乱虽然并不常见，但也要求军事力量的存在。落难的意大利农民很快在军队里找到了长期的职业，在那里，他们能获得报酬并且有机会像老兵一样获得资产。最明显的是，军事扩张是奴隶补充的一个重要来源，因为罗马的奴隶本身并不繁殖。这和中国与印度形成鲜明的对比，在中国和印度，扩张主义的对外政策并不是劳动力供应的主要来源。毫不奇怪，无论是在奴隶和他们的主人之间，还是在自由人的不同阶层之间，奴隶制度都造成了罗马社会内的紧张局势。例如，在公元61年，罗马城的行政长官被他的一名奴隶谋杀。按习俗规定，这一家的每400名奴隶中要有一个被处决，作为报复。这一不公平的做法使许多无辜者发动了暴动。最后，元老院决定执行对那些奴隶的处决，罗马皇帝不得不沿着被判决的奴隶经过的道路布置军队，维持秩序。

不过，对罗马奴隶制度需要做细致的解释。作为一名奴隶，其生活状况也许并不一定是最糟糕的。一些人把收买奴隶作为一种进入更富有的家族或离开乡村到城市里去的手段。许多人认为，一名在乡村工作的自由人的状况通常比一名奴隶更糟糕。这在一定程度上反映了贫穷的普遍性，经济保障似乎比自由更重要。这也反映了奴隶状况的差异性。许多奴隶，尤其是在城市里的奴隶，拥有行动上的自由并从事有趣的工作。一些人能买到或者赢得自由。像在讨论历史上其他形式的不平等一样，这里很重要的是，不将现代的标准强加到过去的复杂实际情况中去。

但是奴隶制度本身会改变，在罗马它既有社会影响也有个人影响。自从公元前2世纪，随着罗马农业变得日益商业化，奴隶制稳步发展。许多新奴隶被用于体力劳动，奴隶们在矿场和采石场恶劣的条件下工作。他们也和一些带薪的劳动者、佃农一样，很快成为大庄园中的主要劳动成员。与早期希腊相比，罗马经济更多地依靠奴隶劳动。谷物供应和其他的农业产品也都依赖于他们的劳动。这一形式是自16世纪以后美洲商业种植园大量使用奴隶的前例，在这种模式中，奴隶劳动提供了经济所依赖的产品。但是这种模式在古典世界是不常见的。

最后，在罗马发展的高峰期，奴隶的广泛使用有助于解释罗马的制造业和农业在生产技术上为何停滞不前。罗马人在他们的大楼、道路和市政建设上表现了非凡的建筑天赋，但是他们很少在意粮食生产供应和制造业技术。庄园农业与政府组织的港口和市场，而不是生产方法，占据着经济的中心地位，而充足的奴隶劳动力是这种体制的重要组成部分。少数工程设计制定出来，但弃置不用，人们没有兴趣去建造或者使用它们。一些手工业以水轮为动力，在公元 2 世纪，这种技术使用很广泛。即使如此，罗马时代还是很少有新的发明创造。

进一步的后果是，罗马因为在复杂的制造业方面的落后使其在经济上远不及印度和中国。罗马上等阶层狂热地购买丝绸和经过特别加工的一些产品，这些产品来自亚洲，经长途陆地运输，穿越中东，到达地中海。作为回报，罗马人输出的产品有：非洲的动物、皮革、黄金，然而这些并不是他们自己的产品。

2. 罗马的经济结构

罗马帝国没有单一的经济和社会模式。意大利的社会组织特征并不是在整个罗马帝国通行的模式。自然环境对罗马农业需求的影响也是不同的。罗马在西班牙、法国和英国建立了充满生机的城市，将士兵家属移民于此，让他们同当地的妇女结婚。然而，农民逐渐地、部分地向地中海北部的欧洲发展。一些当地的农民继续从事农业生产，甚至以打猎来维持生活。全新的罗马化的城里人与那些普遍对拉丁文一无所知的文盲一样的乡下人之间的差距经常是很大的。在北非的一些地区，罗马人推行一种无情的经济剥削政策。在埃及和北非的其他地区，农民被强制生产谷物以供应意大利市场，大庄园很快占据了主导地位。最后，生产的压力破坏了这一地区的环境。在罗马帝国及其以后的一段时间，农业过度开发导致土壤贫瘠和沙漠化，甚至到了今天也难以恢复。帝国的第二块特别行政区位于希腊及西亚地区，在那里，非常活跃的商业和大型的商人集团保留了前罗马传统，比西部帝国的商人控制着更多的财富。

由于古代地中海社会在区域、阶级和性别上的差异性，要想对社会的整体成就作出概括绝非易事。一位公元 18 世纪的英国历史学家称 180 年之前为罗马帝国的高峰期，人类历史上的这一时期“是人类生活最幸福、最繁荣的时期”。但是，考虑到中国和印度的技术成就，这句话就值得怀疑了。当然，许多奴隶、妇女和贫穷的农民也不会赞成这种说法，就是地中海世界本身的人们也不一定赞同。更进一步说，地中海社会像大多数古代文明一样，大体上被分成上层阶级、城市平民和乡村大众几个部分。许多农民继续做着他们祖先所做的事情，使用相同的工具，处于同样的贫穷状况，除非战争侵袭到他们的家园，他们通常远离国家大事与城市的喧嚣。

（四）罗马文学的“黄金时代”

共和国末期屋大维统治时期被称为罗马文学的“黄金时代”。出现了许多文化名人，这些人或直接身处政治斗争的旋涡之中，运用自己的才能影响着政治的进程，或者从一个学者的角度对政治现实进行观察和思考。他们留下的著作对后世产生了极大的影响。

首先我们要提到的是西塞罗。共和国末期，政治斗争，尤其是贵族派和平民派之间的斗争异常激烈，这些因素促成了雄辩术的发达，正是西塞罗把古代雄辩术推向高峰。西塞罗是罗马著名的政治家和演说家，被人们推崇为最伟大的拉丁演说家和散文家。他一生都身处政治高位，他的诸多著作都是在政坛起起伏伏的过程中完成的。

西塞罗雕塑

他于公元前 106 年出生于阿尔皮努姆（Arpinum），根据普鲁塔克的记载，他早年非常聪颖，良好的学识曾经引起整个罗马的关注。他尤其喜欢诗歌。在公元前 89—公元前 88 年，他曾经在执政官斯特拉波和苏拉的军队中服役，但他并不怎么喜欢战争。他对希腊情有独钟，甚至在遗嘱中表明自己希望被埋葬在希腊。他离开军队后，积极参加各种诉讼、集会和研究，充分发挥自己的雄辩才能。公元前 81 年，西塞罗开始了律师生涯，并在一些案件中崭露头角。公元前 79 年，他离开罗马前往希腊，在那里聆听了著名希腊哲学家以及雄辩术大师的课程，结识了一些著名的哲学家和雄辩家，使自己的演说风格更加完善。公元前 76 年，西塞罗当选为行政官，并在公元前 75 年被派到西西里的西部地区担任财政官。任职期满后他离开西西里回到罗马，进入了元老院，一方面重操律师旧业，一方面广泛结交上层社会名流，从此在政坛上平步青云。公元前 66 年，他当选为大法官，公元前 63 年当选为执政官。

他当选为执政官后，在政坛上发生了一件重大的事件。最初在竞选执政官时，有一位竞争者喀提林，因为最后竞选失败而心怀不满，便纠集一帮党羽试图通过武力夺取权力。西塞罗发现了这一阴谋便向元老院揭露，连续发表了四篇揭露喀提林阴谋的演讲，最终促成喀提林被驱逐出罗马，这些演说成为西塞罗演说词的名篇。但是留在罗马的喀提林的死党继续活动，试图在内部进行叛乱，配合喀提林在外部的武力进攻。最终西塞罗派人伏击了叛乱者派往高卢部落的使团，让这些叛乱者在元老院坦白了自己的罪行。元老院商讨了对这些叛乱者的惩罚，但是由于元老院是行政机构而不是司法机构，所以这方面的权力有限。西塞罗害怕单纯的软禁或流放并不能排除对国家的威胁，最终促使元老院做出了对叛乱者施以极刑的决定，叛乱者被绞死。由于成功镇压了叛乱的阴谋，所以西塞罗获得了“祖国之父”的尊号。但是这种未经审判便将叛乱者处死的做法，也为西塞罗以后遭到厄运埋下了伏笔。

在“前三头”同盟缔结之后，由于西塞罗拒绝加入这一同盟而得罪了恺撒，恺撒便在公元前 58 年指使保民官克劳狄乌斯（PubliusClodiusPulcher）通过了一个法律，宣布将未经审判而处死罗马公民的人予以流放，矛头直指西塞罗。西塞罗寻求不到支持，被迫离开意大利，在被流放期间他着手将自己的演讲词整理成文。在给他的朋友阿提库斯的信件中，西塞罗始终认为元老院由于嫉妒他的成就而不愿从流放中解救他。几个月后西塞罗从流放中归来。他支持保民官米洛（Milo）与克劳狄乌斯作对。后来，克劳狄乌斯被米洛的格斗士杀死。米洛因谋杀罪而受到审判，西塞罗为米洛作了强有力的辩护，但最终失败，米洛被流放。随着庞培和恺撒之间的斗争日趋激烈，西塞罗站在庞培一边，但避免使恺撒成为永久的敌人。当恺撒在公元前 49 年攻入罗马后，西塞罗逃出罗马。公元前 48 年，西塞罗回到罗马，他开始在政治上保持沉默，将大部分精力用在著述上。

公元前 44 年，恺撒遇刺身亡。西塞罗又开始在政坛活跃，与恺撒的下属安东尼一起成为罗马的主要领导人。西塞罗作为元老院的发言人，而安东尼担任执政官和恺撒遗嘱的执行人。但是两人的关系很快恶化。当恺撒的继承人屋大维于 4 月到达意大利后，西塞罗制订了反对安东尼的计划。在 9 月他发表了一系列的演讲攻击安东尼，这些演讲被称作《反腓力辞》（Philippics），同样是他的演说名篇。西塞罗赞扬屋大维，联合元老院攻击安东尼。这时期西塞罗成为毫无争议的民众领袖。但是在与安东尼激烈的斗争中，西塞罗最后落败，在逃亡中被安东尼派去的刽子手抓获并杀害，他的头和双手被割下来，钉在罗马广场上示众。

西塞罗是罗马历史上著名的政治家，也是多产的作家。一类著作是他大量的书信，其中包括给他的好朋友阿提库斯、他的弟弟昆图斯、同谋者布鲁图斯以及形形色色的人的书信。这些书信反映了罗马的生活和政治模式。他也写过许多关于哲学和伦理学的著作，其中包括《论责任》《论老年》《论友谊》《论目的》《论神的本性》等著作。在这些著作中，他对人生中一些重大的问题作了非常透彻和系统的分析，语言华丽清新，是罗马散文的典范之作。代表他的政治思想的著作是《论国家》《论法律》等。在这些著作中，西塞罗指出了共和国是大多数人利益所系，是避免沦为暴政的理想政体。同时在《论法律》中，他依据斯多噶派的观点，强调了理性和自然法，提出了在法律面前人人平等以及法律不受任何外力影响的观点，对后世的政治和法律思想有很大影响。西塞罗的修辞学著作包括《论演说家》《布鲁图斯》，等等。他最著名的作品是他的演说，如反对喀提林的演说，以及反对安东尼的《反腓力辞》，等等。他的演说按照修辞程式组织材料，词汇丰富，句法考究，在句尾特别注意音调的抑扬顿挫，被称为西塞罗式的句法。

维吉尔雕塑

屋大维时期另一重要的文化名人是维吉尔（PubliusVergiliusMaro，公元前70—公元前17年）。他是古代罗马最著名的诗人之一，一生中创作了《牧歌》（Eclogues）、《农事诗》（Georgics）和《埃涅阿斯记》（Aeneid）等著名的诗歌，其中12卷本的英雄史诗《埃涅阿斯记》成为罗马帝国的民族史诗。

维吉尔生于阿尔卑斯山南高卢曼图亚附近的安得斯村。他的祖先并不是意大利人。维吉尔从5岁开始在家乡接受早期教育，然后前往罗马学习修辞学、医学和天文学，但不久他放弃了这些科目而转向哲学，在一个伊壁鸠鲁学派中学习。

公元前42年，在镇压了刺杀恺撒的布鲁图斯和卡西厄斯之后，复员的士兵们便定居在没收的土地上，其中维吉尔家乡的领地也被没收，对此维吉尔一直耿耿于怀，他在《牧歌》中多次表达了这种情绪。《牧歌》是在希腊田园诗影响下写成的，由十首短歌组成，采用牧羊人对歌或独歌的形式。很快，维吉尔便成为梅塞纳斯（Maecenas）圈子里的人，后者是屋大维的外交官和顾问，致力于吸引罗马的文人站到屋大维一边，而减少对安东尼的同情。在这一时期，维吉尔与罗马的其他著名文人有了广泛的联系，其中包括贺拉斯（Horace）和瓦留斯（VariusRufus）。在完成了《牧歌》之后，维吉尔在公元前37年至公元前29年，受梅塞纳斯之命，完成了《农事诗》的创作。《农事诗》共四卷，每卷500余行，分别写种谷物、橄榄、畜牧、养蜂等农事，目的是吸引农民回到农村。诗人同情并肯定劳动，描写了一年四季的自然景色和动植物的习性，保存了一些当时的农业知识。屋大维在公元前31年的阿克兴战役中打败了安东尼，而且4年后元老院授予屋大维“奥古斯都”的称号。屋大维授意维吉尔创作一部史诗来歌颂他的统治。

维吉尔在他生命的最后10年撰写了英雄史诗《埃涅阿斯记》。这部史诗的前6卷讲述特洛伊的英雄埃涅阿斯从特洛伊的陷落中脱身，踏上了前往意大利的行程。但在途中，暴风雨将他带到了迦太基。在那里，他受到了迦太基女王狄多的热情款待，并在神的影响下陷入了与女王的爱情之中。然而，朱比特神召唤埃涅阿斯履行自己的使命，他离开了迦太基，导致狄多女王自杀。到达意大利的库迈（Gumae）后，他请教库迈的女巫，后者引导他进入冥府，父亲向他揭示了自己的命运：埃涅阿斯将成为罗马帝国的创立者。这部史诗的前6卷以《荷马史诗》的《奥德赛》为原型，后6卷则是回应《伊利亚特》中。后6卷描述埃涅阿斯与拉丁努斯国王的女儿拉维尼亚订婚，但后者已经许配给了当地部落的首领图尔努斯。于是图尔努斯发动了战争，埃涅阿斯和图尔努斯进行了决斗，最后埃涅阿斯将图尔努斯杀死。

在创作尚未完成时，维吉尔与奥古斯都一起前往希腊，患上高烧，返程途中病逝于意大利的布伦迪西姆港。他死的时候曾经希望将自己的诗歌全部烧毁，但是奥古斯都命令维吉尔的遗嘱执行人瓦留斯和图卡将其手稿修改后出版。无论

《埃涅阿斯记》完成与否，都很快被公认为是一部杰作。其中描绘了罗马帝国的使命，描绘了为罗马帝国的建立而受难的人，描绘了埃涅阿斯作为英雄的美德和虔诚，也描绘了埃涅阿斯作为一个人所有的内心矛盾。维吉尔虽然是罗马时期的诗人，但是他的名声远远超越了罗马帝国。

第三个应该介绍的是奥古斯都时期的伟大史学家提图斯·李维（TitusLivius，公元前 59—公元 17 年）。他是北部意大利帕多瓦地方的人。生活在屋大维建立帝制、罗马统一之后。李维生活的时代是个激变的时代，他亲眼看到罗马由分裂走向统一，整个地中海世界都屈服在罗马的武力之下以及共和制的灭亡。自公元前 29 年起，李维开始撰写他的历史著作，穷毕生之精力，写成一部具有通史规模的《罗马史》，自神话中的埃涅阿斯起，止于奥古斯都时代的晚期。此书共有 142 卷，叙述了罗马城的建立、罗马早期的扩张，第一、第二、第三次布匿战争的经过，庞培的“武功”，前三头、后三头以及奥古斯都的活动。李维的著作虽然大部分都完成于奥古斯都时期，但是他经常认同罗马共和国，并希望恢复共和国。但他的观点究竟如何，还很难定论，因为他讨论共和国灭亡和奥古斯都兴起的部分现在没有留存下来。李维的这部著作最初一直保存到公元 7 世纪都没有残缺，但公元 7 世纪以后，由于兵祸和其他的原因，散失很多，目前仅存 35 卷以及陆续发现的少数残篇。从李维开始，西方才开始真正有了通史的体例。

（五）古罗马美术的成就

古罗马美术非常繁荣的时期，大约在公元前 1 世纪至公元 3 世纪，就是共和末期到帝国后期前一阶段。

古罗马美术是延承古希腊美术发展而成的。当罗马人侵占了希腊领地时，他们对希腊的文化艺术产生了浓厚兴趣，因而奉为至宝。他们把大量希腊艺术品掠到罗马，进行大规模仿造。同时，希腊的艺术家也有不少到了罗马。这一切都使罗马的艺术大大地浸染了希腊色彩。

古罗马美术的突出成就，集中体现在建筑、人像雕刻和壁画等方面。

1. 建筑

罗马对欧洲造型艺术最伟大和最不朽的贡献是建筑艺术。那些规模浩大的道路、桥梁、排水系统、广场、剧场和公共浴池等，都具有较强的实用性。除此，还有纪念战功的凯旋门和纪念柱。相对而言，在此前建筑史中地位十分突出的神庙或其他宗教建筑，现在变得不那么重要了。

罗马建筑结构中最重要的特点是券拱技术与建筑柱式的密切结合。其中，柱式来自古希腊；券拱技术最先由两河流域人发明，后来又被伊达拉里亚人广泛采用。用一块块楔形石头拼成拱形是一种颇为困难的技术，一旦掌握了这项技艺，建筑者就能用它组成越来越大胆的设计。罗马人不仅可以建造拱形桥梁和输水道，而且还用这个方法造成拱状屋顶。他们把艺术感觉和精良技艺结合起来，创造了关于建筑质量和空间的全新观念。

“适用、坚固、美观”，这便是罗马人最早提出的建筑三要素。

迦德大桥是一种典型的券拱结构。它是当年奥古斯都的部将阿格里巴督造的。大桥离地面最高处有 49 米，最大的券拱度达 24.5 米。它以三层拱状结构组成一个单纯而有变化的序列。整座大桥完全用光洁的石头修建，保证了它的耐久性，它的适用功能与艺术感觉有机统一，无论以古代或现代标准看，都是建筑史上的杰作。

科洛西姆竞技场是罗马城遗留下来的帝国前期建造的椭圆形竞技场，是存留下来的古罗马圆形剧场当中最宏伟的建筑。它体现了古罗马建筑的典型特色。

科洛西姆竞技场

竞技场面积很大。它的椭圆形长轴为 188 米，短轴为 155 米，竖立的壁面高 48.5 米。内部可容纳 5 万多名观众。60 排逐级上升的观众席，分为五个区域：紧靠着表演场地的座位被称为荣誉区，它由大理石制成，供较有声望的上层人物使用；最后两区是下层群众的席位，它是用木料制成的；中间则是骑士们的席位。观众必须严格地按等级分别就座，体现出奴隶专制制度的等级观念。

剧场的外围共有四层，建有三层拱门，第四层是饰有半圆柱的围墙。它们一层压一层地承载着巨大圆形剧场内部的座席。拱门之间的外墙上，富有节奏地装饰着希腊的三种典型柱式：底层用敦厚的多利亚柱式，第二层用雅致的爱奥尼亚柱式，第三层用华丽的科林斯柱式，顶上一层也以科林斯式壁柱来分割墙面。这样，整个外墙就被带有韵律的水平线和重复的垂直线所贯穿、提示，进一步增强了外形的丰富变化，虚实、明暗、方圆的对比极其多样。那浑然而无始终的椭圆形所具有的几何形体的单纯性，与外部有规则的光影变幻的活泼情调相交织，形成了壮丽的乐章。

万神庙这座宏大的神庙兴建于公元 2 世纪的帝国前期。它在建筑设计上完全有别于希腊的神庙建筑。因为希腊人的神庙往往以壮观的外形取胜，而这一建筑恰恰相反。它的外观由两部分组成：一部分是传统的长方形庙前门廊，门廊前矗立着粗大的花岗岩石柱；另一部分则是一个巨大的圆顶大厅，看上去显得封闭而沉闷，可是，如果深入到圆顶大厅的内部，就会感到似乎进入天体般浑然的无垠之中，从而体验到莫名的兴奋。在那巨大的穹顶中央，有一个直径为 9 米的圆形开口，从开口可以望见天空。圆顶大厅没有窗户，光柱从开口处均匀地投射下来，造成一种静谧和谐的气氛。每当阳光缓慢地移动，总会带来内壁阴影的渐变，加上气候影响也会造成光线强弱的变幻，于是，那巨大的穹顶好像是一个天穹。这一宏伟的创意，对后世西方宗教建筑产生的巨大影响是不言而喻的。用圆顶式穹隆作为天堂的象征，是基督教堂的基本特征。

凯旋门

罗马帝王在征服了一个国家或地区以后，为了纪念战争的胜利，通常要在罗马军队胜利归来的必经之路上修建一座凯旋门，既用来壮大罗马军队的声威，又可以为自己的战功留下永久的丰碑。早在共和时期，建造凯旋门便有先例。到了罗马帝国时期，这种风气更加盛行。

罗马人在意大利、法国、北非和亚洲到处建立凯旋门，几乎遍布整个帝国。至帝国末年，仅罗马城周围就有64座云石凯旋门。其中，早期的提度凯旋门和晚期的君士坦丁凯旋门是较有代表性的作品。

君士坦丁凯旋门建于公元315年，它是为了纪念君士坦丁于公元312年战胜麦可森蒂而匆忙修建的。这是一种三跨式标准模式，筑有1个中央门洞和2个较小的旁门洞。两边还有4根科林斯式高基座圆柱装饰，柱基和门墙上布满装饰浮雕，有的浮雕是从古代建筑上取下来凑成的。门额上部刻有歌功颂德的铭文。这些铭文粗放、清澈、简洁，完满地体现了罗马戒律严格的秩序和严谨的态度。整个建筑物几乎遍体都由浮雕装饰，虽有过分堆积之感，但因安排有序，无损于整体效果的壮丽辉煌。

罗马人纪念性建筑中的又一项独特创造是纪念柱。它的历史意义甚至胜过凯旋门。留存至今的图拉真纪念柱是这种建筑的首例。

这座纪念柱是为公元2世纪初帝国元首图拉真率兵侵入达契亚（今罗马尼亚）而建造的。高达27米的纪念柱，外表为大理石浮雕饰带所覆盖，浮雕饰带长达200米，23圈，螺旋般环绕着柱身。连续的浮雕画面，按编年史的方式历述图拉真在达契亚作战和获胜的历程。自下而上，可以看到象征着多瑙河的巨人从波涛中升起，他目送着英勇的罗马军团出征；看到罗马将士在登船、安营和战斗……全部浮雕共刻画了2500多个人物形象，运用从希腊艺术中学到的写实技法准确地表现全部细节，以使后人永世不忘当年罗马军队在最高统帅的指挥下英勇战斗的历史壮举。

整个纪念柱的造型仿效了希腊柱式，基座是爱奥尼亚式的，柱头则是多利亚式。最初在柱顶上安放着图拉真的镀金铜像（现在上面是公元 16 世纪换上去的圣彼得像）。雄浑的图拉真纪念柱高耸入云，它显示出当年罗马帝国的盛景。

2. 绘画

古罗马时期所遗留下来的绘画作品，主要是起建筑装饰作用的镶嵌画和壁画。著名的庞贝壁画是古罗马绘画艺术的一个缩影。公元 79 年，由于维苏威火山爆发，火山灰掩埋了包括庞贝在内的三个意大利城市。直到公元 18 世纪，庞贝城才被发掘出来，它令人人震惊。其中的建筑镶嵌画与壁画手法多样，题材广泛，可让世人一睹古罗马庞贝城当年建筑装饰艺术的壮丽景观。在那众多的建筑装饰画中，给人印象最深的要算巨幅壁画《狄奥尼索斯的秘仪图》和巨幅镶嵌画《伊苏斯决战》。

镶嵌画

3. 雕塑

古罗马的雕塑艺术虽总体而言不能与古希腊雕塑艺术相媲美，但它在肖像雕塑上却有独特的成就。这突出地表现在：古罗马肖像雕塑非常注重对人物个性的刻画和内心世界的揭示。在绝大多数情况下，为了更真实地表现对象，那些肖像很少有美化成分。如果说希腊艺术家最为关心的是这个人应该怎样，那么古罗马艺术家感兴趣的是这个人实际上是怎样。这种偏爱个性真实的特点，自然与古罗马人的传统习俗有着某种内在的联系。据说公元前 2 世纪时，就有一种直接从死者面部翻模制作蜡像以供子孙后代供奉的社会习俗。那种极端自然主义的雕像，虽然谈不上很高的艺术性，但却也体现出古代罗马人极端个性化的雕塑传统。只是到了共和末期罗马人征服希腊后，希腊理想化的雕塑吸引了相当多的罗马人。许多首脑人物希望雕刻家以希腊神像作为范本来创作他们的肖像，强调他们有神一般的容貌和力量。这就使往昔极端个性化的雕塑传统受到了强大的冲击。自此，罗马肖像雕刻的发展便出现了理想化和个性化两种倾向。它们或者此消彼长，或者互相融合，使帝国时期的雕像艺术出现了风格多变的特点。

（1）罗马共和国时期的雕塑。罗马共和国时期的雕塑是在希腊和伊特鲁里亚雕塑艺术的影响下发展起来的。这一时期最发达的雕塑形式是肖像雕塑。罗马人几乎完全被希腊雕塑的美所征服，罗马的雕塑家认真地模仿了希腊的雕塑品。

罗马最初几乎没有自己的雕塑家。共和国初期，罗马曾聘请维爱城的伊特鲁里亚工匠为他们制作朱庇特神像，安放在首府山的神庙里。共和国时期罗马不断对外发动战争，进行扩张，同时他们将希腊和其他地区的雕塑作为战利品运回罗马，并将各地雕塑家，尤其是希腊雕塑家召集到罗马，为罗马创作和复制雕塑。古罗马共和国末期帝国初期，拿不勒人帕西泰勒首创了专门复制希腊雕塑的作坊，以满足罗马贵族对希腊雕塑的大量需求，罗马的贵族富人通常用这些希腊雕塑来装饰花园和大厅。而被征服的希腊雅典也有一个新阿提克派，专门仿制公元前5—公元前4世纪的希腊雕塑，用以满足罗马人对希腊雕塑的热衷。后来许多希腊雕塑的原作失传，而只有罗马的复制品传世。

罗马人崇拜祖先，很早就开始用石膏或蜡从死人脸上翻下模子，并绘彩制成真实感很强的面具，安放在家中。并有在举行新的葬礼时将所有的祖先肖像都搬出来参加仪式的习俗。从死者脸上拓制面具的做法始于古埃及，可能是伊特鲁里亚人将这种做法传给了古罗马人。现藏罗马市政博物馆的等身大石雕《手捧祖先遗像的罗马贵族》是公元30年左右的作品，这件雕刻从一个侧面反映了古罗马人制作肖像雕塑的风俗。古罗马人特别是罗马贵族通过制作面具表达对祖先的怀念和尊敬，这是古罗马肖像雕刻发达的根本原因之一。

古罗马第一批青铜肖像是运用翻铸青铜技术直接根据面具制成的。这种肖像缺乏艺术创造的成分，但是它具有神似的特点，这种传统使古罗马人的肖像雕刻特别注重人物性格特征的刻画。古希腊雕塑特别重视塑造人体姿态和动作，而古罗马雕塑的精彩之处集中在雕像的面部，观赏古罗马的人像雕塑，如果除掉它的头部，雕塑会显得索然无味，而古希腊雕塑即使只有断臂残躯也有一种特有的美感。

共和国末期罗马统治者极力炫耀个人权威、制造个人崇拜。这是当时肖像雕塑发达的另一个重要原因。共和国末期，罗马雕塑艺术逐渐由肖像雕塑发展为胸像，这样的发展过程在希腊和伊特鲁里亚也出现过。罗马的胸像以浮雕的形式刻在圆形的金属或石块上，用来挂在室内作装饰和纪念祖先。在庞培壁画中可以见到这样的情形。

青铜胸像《布鲁图》、青铜全身像《演说家》、青铜胸像《恺撒》等是共和国时期肖像雕塑重要的代表作。青铜胸像《恺撒》是公元前1世纪的作品。恺撒是古罗马统帅、罗马第一位独裁者，也是古罗马历史上最有影响的人物之一。这件胸像以朴实无华的手法来表现这位叱咤风云的人物，他紧蹙的双眉、咄咄逼人的眼睛充满了威严。这件雕刻同后来的帝王肖像相比似乎更具有真实性，较少美化的成分，反映了罗马肖像雕塑着力于写实、逼真地描绘模特的外形，而不是对模特进行理想化的特点。

罗马早期几乎每个家庭都有自己的家神和神像。比如拉勒斯是家庭祖先之神，珀那特斯是护仓之神，韦斯塔是炉火之神，等等。此外每个城市也都有自己的保护神，如朱庇特是罗马的保护神，朱诺是地位最高的女神和妇女的保护神。共和国时期的罗马神像雕塑也很丰富，注重实际的罗马人常常将希腊的神罗马化，赋予其较强的军事色彩，表现手法也较为质朴。如罗马的智慧女神就携矛披甲，穿着罗马式的长袍，头戴护盔。

（2）罗马帝国时期的雕塑。罗马帝国时代的雕塑主要被用来歌颂王权和帝国的赫赫武功。罗马皇帝的肖像雕塑很多。在《奥古斯都自传》中奥古斯都提到仅在罗马城他就为自己塑造了各种造型的银制雕塑八十余座。而帝国时代最重要的雕塑作品——凯旋门和纪念柱上

青铜像《恺撒》

的浮雕，都是歌颂王权和帝国威力的作品。

奥古斯都统治时期倡导一种官方样式的雕塑，风格威严。现藏罗马梵蒂冈的奥古斯都大理石全身像高 204 厘米，作于公元前 20—公元前 19 年。这件雕像将罗马的第一位皇帝奥古斯都塑造成一位身材伟岸、具有英雄气质的年轻统帅。奥古斯都身穿雕饰着华丽图案的铠甲，他的胸甲上有人物图案的浮雕，浮雕寓意着罗马统治全世界。奥古斯都左手持权杖，右臂挥起指向空中。他的左腿向前跨出一步，似乎在向欢呼的群众答礼。右腿边有罗马神话中的小爱神丘比特扯着他的衣角，寓意着这位无敌的统帅为小爱神所倾心热爱，丘比特的幼小和顽皮衬托了奥古斯都的伟岸和威严。而实际上，奥古斯都本人身材较为矮小，相貌平常，同雕像威武雄健的身姿相距甚远，雕塑家显然是运用了理想化的表现手法来创造奥古斯都的英雄气质而在对雕像面容的塑造上，雕塑家又追求同屋大维本人的神似。雕像的额头宽阔，双颊消瘦，眼窝深陷，下颌尖窄，这些都是奥古斯都本人的特征。另外在这件雕刻中罗马雕塑家显示了他们高超的石雕技艺和善于驾驭材料的本领。雕像中奥古斯都的身体、具有一定色泽和硬度的铠甲、柔软的内衣和围在腰部斗篷上密集的褶纹等，质感都非常鲜明。

《马可·奥利略骑马像》青铜雕塑，高 424 厘米。马可·奥利略是公元 2 世纪的罗马皇帝。在这座雕像中他蓄着希腊式的胡须，举起右手，似乎是在向等待他检阅的千军万马致意。这座雕像原来竖立在罗马莱特兰宫前，1538 年被迁至罗马市政广场。

《卡拉卡拉像》（作于公元 211—公元 217）大理石雕刻，高 28 厘米。卡拉卡拉是一位暴君，这件雕刻以高度的写实技巧表现了卡拉卡拉凶狠、残暴、冷酷的性格特征。这件作品现藏罗马康塞费利美术馆。

帝国时期的罗马皇帝崇武尚兵，他们为了宣扬自己的“英雄史迹”，让雕塑家们制作了大量的史诗般的纪念性浮雕，用以装饰皇室建筑。而同时代的奴隶主生活极尽豪华奢侈，在他们的住宅中也有大量装饰性浮雕。

在这些纪念性浮雕中，有三件最杰出的代表作品：《阿拉·巴希斯的浮雕》《提图斯的凯旋》和《图拉真纪念柱浮雕》。《阿拉·巴希斯的浮雕》作于公元 13 年，是为纪念奥古斯都远征高卢和西班牙取得胜利而建立的和平祭坛的侧面装饰。提图斯凯旋门是罗马时代建筑艺术的杰作。凯旋门浮雕也是罗马浮雕艺术的杰作。凯旋门一边表现的是提图斯皇帝亲自驾驶战车进攻，一边表现的是提图斯凯旋。凯旋浮雕，精彩地描绘了公元 71 年，提图斯作为皇太子击败耶路撒冷的犹太人，焚毁了那里的神殿，劫掠了那个所谓圣中之圣、宝中之宝的“七支烛台”之后，大胜而还的空前盛况。图拉真纪念柱是为纪念图拉真皇帝的伟大业绩而建，耸立在图拉真广场的中心。纪念柱的外壁浮雕盘旋而上，共计缠绕了23圈，长达200米。带状浮雕的下部宽度为89厘米，愈往上愈宽，顶端达到了125厘米，这样的设计可以矫正由下向上望时产生的视差。

这件浮雕记录了图拉真皇帝在公元101年和公元105年先后两次在中欧同达契亚人战斗的情况。浮雕的最下层是一个象征多瑙河的半身人像，他从波涛中涌起，仿佛是在目送即将出征的罗马大军，而他的身边还漂浮着运送给养的船只。此外还有罗马军队出征前的宗教仪式，临战前战士的训练及罗马部队在登船、安营、战斗和凯旋等不同情节。整个画面上有近二千五百个人物，图拉真皇帝则在不同场合，以不同姿态出现了二百多次。浮雕对于对阵双方的服饰、武器及风土人情都作了写实性的、细致的描绘。

哈德良大帝的时代，土葬逐步流行，石棺出现。石棺上装饰着繁复的浮雕和植物纹样，与希腊传统程式化造型的棕榈和莨菪叶子不同，罗马装饰性的浮雕用写实的手法表现叶子、花朵和果实，成为一种新的雕刻形制。公元2世纪后的石棺上都雕刻着图案，其题材内容也愈加丰富；到了公元3世纪，石棺雕刻几乎成为雕刻潮流的主要体现者。

4. 庞贝壁画

公元79年8月24日，几百年来处于寂静状态的维苏威（Vesuvius）火山突然爆发，倾盆而泻的熔岩和火山灰瞬时将附近的赫库兰尼姆（Herculaneum）和斯塔比（Stabiae）两个小城毁灭，而将距火山口稍远的庞贝城埋没。1748年，当地农民在挖掘葡萄园时，偶然发现刻有“庞贝”字样的石块，人们才发现庞贝古城的遗址。经过200余年的艰苦发掘，使这座尘封1600多年的文化古城重见天日，它像一个巨大的历史博物馆，向人们诉说着古罗马文明的沧桑历程。

庞贝（Pompeii）城位于意大利半岛南部，濒临地中海，终年阳光明媚，气候宜人，颇具南国风光。远在公元前6世纪，这里既已形成城镇。公元前82年，庞贝被罗马人占领，从此成为罗马奴隶主贵族游乐消闲的胜地，许多奢华的宅第和别墅应运而生。这些建筑物的墙面上装饰有丰富多彩的壁画，所使用的颜色多数取自意大利本土的矿物质颜料，如朱砂、赭石、锡耶纳（Siean）土色等。黏合剂一般采用生石灰，有时也用蛋黄、蛋清或乳浆。庞贝壁画虽然多为希腊作品的模作或模拟希腊风格的作品，但从反映罗马生活的内容、严格的写实作风、强

庞贝古城遗址

烈的装饰意味，以及有力的线条、表现光色的笔触等技法因素上，也能窥见罗马自身的绘画面貌。在缺乏古代绘画实物资料的情况下，保存较好的庞贝壁画无疑弥补了这方面研究的不足。

19 世纪下半期德国艺术史家奥古斯特・马耶（A.Mau）曾把庞贝的壁画装饰划分为 4 种样式，这种分法虽未必十分恰当，但却是对罗马壁画艺术研究作出的一项重要贡献，从而有助于我们理清和把握庞贝壁画发展的基本脉络及其主要风格。

第一样式又称镶嵌式，流行于公元前 2 世纪至公元 80 年左右。这种样式的墙面无壁画装饰，而是用石灰浮雕模造各种彩色大理石板，并镶嵌成简单的图案，故称贴面风格。在墙面的各部分之间隔有凹沟，以避免墙面的单调感。此装饰样式带有希腊化时期壁画风格的强烈影响。赫库兰尼姆城发掘出的“萨姆尼特（Samnite）之家”的壁画是这方面的代表性例证。

第二样式又称建筑式，流行于公元前 1 世纪至公元 1 世纪。它用古典柱廊结构作画框分割画面，然后在框内以色彩绘制各种建筑细部，并通过透视法的巧妙处理，使有限的室内空间产生更为宽敞的视觉效果。在墙面的中央部位，往往安排场面较大的神话题材或日常生活等情节性绘画。代表作品有庞贝的《狄奥尼索斯秘仪图》、埃斯奎林（Esquiline）山的《奥德赛风景画》、罗马利维亚（Livia）皇后别墅的《花园》等。《狄奥尼索斯秘仪图》绘于庞贝的“神秘之宅”（“秘仪庄”），因所画内容是祀奉酒神狄奥尼索斯的一种秘密宗教团体仪式而得名。这幅高达1.85米的壁画，环绕着“神秘之宅”的一间房屋内壁中央连续展开。画中以清晰的明暗造型描绘出众多的人物形象，其中除酒神及其妻阿里阿德涅（Ariadne）、带翅膀的女神和山林神萨提洛斯（Satyrus）外，还有幼童、老妇、少女等。他们的动态各异，很有立体感与节奏感。绿色的地面与猩红色的背景形成强烈的对比，加之黑色的间隔，更显得气氛肃穆而神秘。壁画的题材及人物动态仍受到希腊艺术的影响，但在构图的安排和色彩的运用方面，则体现了罗马艺术独特的装饰手法。

第三样式又称华丽式，流行于公元1世纪左右。因这一样式的壁画中出现了埃及艺术某些因素，比如狮身人面像及埃及图案等，故也称为埃及式。作为一种纯粹的室内装饰，这种样式主要强调墙的平面感，喜用华丽的似金属烛台的细柱图案作装饰，壁画正中多用小幅神话题材、牧歌式风景、日常生活景况、喜剧性场面和精致的衣冠静物等点缀，具有更加优美和奢华的效果。庞贝博斯科特莱卡塞（Boscotrecase）别墅壁画和阿格里帕·普斯图姆斯（Agrippa Postumus）别墅壁画是这一样式的代表作。两幅壁画都是在鲜红的底子上用非常精细的植物图案略作装饰，中间衬一幅色彩清淡典雅的风景画或神话故事场面，构图十分精致，色彩对比鲜明，犹如一首优雅的随想曲。

第四样式又称复合式，流行于公元1世纪。因与欧洲公元17世纪风行一时的巴洛克艺术有某些相似之处，故也称“庞贝的巴洛克式”。这种样式追求画面的繁复华丽，所描绘的景象层层叠叠似真似幻，既表达出较为丰富的光色效果，又体现出明显的空间感和运动感。它是一种早期成分与新成分相混合的绘画形式。这方面的代表作有庞贝维蒂（Vettii）之家的壁画、斯塔比别墅的壁画等。

上述4种样式展示了庞贝壁画装饰演变的轨迹，但这种装饰风格并不仅仅限于庞贝城，除邻近的赫库兰尼姆和斯塔比两个小城外，在罗马的各个属地也有类似的样式出现，如在帕加马就曾发现过镶嵌式和建筑式。另外，这4种样式大致是按时间的先后产生和发展的，其中华丽式明显地是对建筑式的反驳，它那华丽奢侈的装饰手法，仅仅服务于奴隶主上层阶级的豪门贵胄，而复合式则适应了罗马一般贵族和市民阶层的需要，所以能够迅速地取代先前的各种样式而普遍流行。

除以上4种样式外，庞贝还有其他一些重要壁画，如《伊菲革涅亚（Iphigenia）的献祭》《欧罗巴（Europa）被劫》《训诫小爱神》《维纳斯的诞生》《美惠三女神》，等等。尤其值得注意的是许多幅肖像画的发现，说明画像在当时已成为一种主要的艺术形式，这方面的典型作品有《少女读书》和《面包铺夫妻像》等。《少女读书》是庞贝壁画中的一种小型肖像画（31.5cm×31cm）。画中少女一手拿书，一手执笔沉思，性格娴静，姿态高贵，笔触柔和细腻，色彩素雅和谐，具有高度的写实技巧，同时也揭示出这位贵族少女的社会身份及心理活动。《面包铺夫妻像》发现于一家面包铺工厂的墙壁上，由于画中人物来自社会底层，故人物形象粗放质朴，神态生动自然，笔触拘谨，色彩凝重，体现出较强的立体感。这类肖像画与罗马的肖像雕刻相比，具有异曲同工之妙。

总之，庞贝古城的发掘，使我们对罗马绘画艺术的基本面貌有了较为清晰的认识。并使我们明确地感知，公元前1世纪以后带有自身特点的罗马绘画，正是在希腊化时期的绘画基础上发展起来的。它与罗马的建筑、雕刻艺术一样，在继承和保存希腊和近东美术遗产方面，以及对后来的欧洲各国美术的直接或间接的影响方面，其意义都已超出罗马美术自身的价值和成就。“地中海文明的各种风格、形式与观点都是经过罗马之门而传于后世。罗马人经过有选择地广采博收并配合自己的创造而形成独具一格的文化。在东方，他经过拜占庭的新罗马首都，在西方则经过拉文纳（Ravenna）而传于中世纪文化。当罗马已不再是世界帝国首都时，他仍然一直是基督教世界的首都。他的建筑、雕刻和文学纪念物始终是人们朝拜的对象，对各个时代的统治者、普通百姓和艺术家都有巨大影响。由于在其后的西方文明的各个阶段它都拥有这种优先地位，可以说西方任何一个重要城市都可找到某些罗马的东西。因此，罗马过去曾被恰当地称为永恒之城，直到今天他仍能当之无愧地拥有这个光荣称号”（威廉·弗莱明《艺术与观念》）。

（六）古罗马戏剧

古罗马在公元前146年征服了古希腊，结束了古希腊艺术的辉煌。骁勇善战的罗马人在战争中所向披靡，在艺术上却无法像希腊人那样有幸获得艺术女神的垂青，因此，古罗马人在征服希腊的同时，也被古希腊的辉煌艺术成就所征服。在很长时期内，古罗马的艺术家在崇拜中模仿着古希腊艺术，其中包括古希腊的戏剧艺术。

1. 古罗马喜剧与悲剧

古希腊的艺术成就令当时的罗马人惊叹不已，古罗马戏剧艺术在模仿古希腊戏剧艺术的过程中虽也产生出一些剧作家，但至今值得提及的只有喜剧家普劳图斯、泰伦提乌斯以及悲剧家塞内加。

普劳图斯（约公元前254—公元前184）的戏剧具有新喜剧的风格，吸收了意大利民间喜剧特点。普劳图斯擅长爱情婚姻题材，留存在世的喜剧共21部，其中有《孪生兄弟》《撒谎者》《一坛黄金》《俘虏》等。其中的许多作品内容启发了后世的剧作家。《孪生兄弟》写一对孪生兄弟出生在一个西西里的商人家中，其中一个孩子自幼被人窃走，另外一个长大后寻找自己的兄弟。他来到兄弟居住之所，被兄弟的妻子误认为自己的丈夫，从而闹出许多的笑话。后来莎士比亚以此剧情节为基础，写成了《错误的喜剧》。

《一坛黄金》说的是一个吝啬的老人害怕自己的金子被人窃去，终日疑神疑鬼，最终那坛黄金还是被人发现偷走了的故事。普劳图斯对老人性格的刻画非常准确、传神。这个人物后来成为莫里哀的喜剧《悭吝人》中的原型。普劳图斯的作品诙谐机智，故事情节曲折生动，情境设置巧妙，显示了他的喜剧才华。

《诗艺》剧照

泰伦提乌斯（约公元前190—公元前159）留传后世的剧作共有6部，其中包括》《安德罗斯的妇女》《婆母》《阉奴》和《两兄弟》。与普劳图斯作品中的平民气质不同，泰伦提乌斯的作品追求优雅，具有贵族气息。文体端庄优美，没有一般喜剧中那些为了追求喜剧效果而制造的粗俗内容。

2. 贺拉斯的《诗艺》

《诗艺》是罗马帝国时期，贺拉斯（公元前65—公元前8）就戏剧问题给他的朋友皮索父子写的一封信。后来人们给这封信加上了题目，这就是今天我们看到的《诗艺》。

贺拉斯在《诗艺》中主张古罗马戏剧以古希腊戏剧为师，但是又要“敢于不落希腊人的窠臼，并且歌颂本国的事迹，以本国的题材写成悲剧或喜剧”，为古罗马戏剧的发展起到了指导作用。

贺拉斯在《诗艺》中强调戏剧艺术要寓教于乐，要求剧作家“到生活中到风俗习惯中去寻找模型”，然后进行创作。他又提到在舞台演出中，那些过于血腥刺激的情节不应被观众看到，只需要演员叙述交代给观众就可以了。贺拉斯强调塑造人物个性，区别不同身份、年龄、职业、生活环境和性格特征，强调运用不同的人物语言。贺拉斯的这些戏剧理论，对于后来文艺复兴时期以及公元 17 世纪古典主义的戏剧理论产生了深远的影响。

古代埃及文化

埃及位于非洲东北部，尼罗河的下游。东临红海，西与利比亚毗连，南至尼罗河第一瀑布与努比亚（今苏丹与埃塞俄比亚）为邻，北接地中海。其内部，南自努比亚边界到孟菲斯有一狭长的河谷，通称上埃及，长七百多公里。自孟菲斯以北至地中海岸为三角洲，通称下埃及。古代埃及人称这块土地为“克麦特”，意为黑色的土地。

埃及常年雨量稀少，气候炎热干燥，发展农业生产全靠河水的灌溉。尼罗河在每年 7 月雨季到来时开始泛滥，带着矿物质和淤泥的洪水流经埃及境内，淹没了河谷两旁的土地。至 10 月泛滥期过后，生活在河谷两岸的居民便开始排除积水，在松软的沃土上播种谷物，开始了农耕生活。埃及是世界上最早的农业区之一。

最早生活在这里的居民，有东北非的土著哈姆（含）人和来自西南亚的塞

壁画中的哈姆（含）人

姆（闪）人，其语言属于塞姆·哈姆语系。

约在2万年前，古代埃及人已生活在尼罗河两岸的高地上，过着采集、狩猎的氏族部落生活。在公元前5000年左右，他们逐渐由高地向尼罗河谷地转移，向定居的农耕生活过渡。考古学家在距今开罗不远的梅利姆地方发掘出他们用土砖和芦苇建筑的住宅遗址；用木石材料制作的工具和陶器；保存下来的谷粒和猪、羊、牛等动物骨骼。这都说明了河谷居民生活上的巨大变化。至公元前40世纪中期，他们的社会进步更明显了。在格尔塞（地名）文化遗址里，有用纯铜制造的刀、钻、锛、匕首等金属工具和武器，还有反映他们从事犁耕、兴修水利及战争场面的绘画，标志着社会生产力的提高。从他们的墓葬情况看，有的死者被埋在一个很小的土穴里，只有几件粗糙的器具作为殉葬品；而个别的大墓室里，死者的殉葬品多达几十件，而且都比较精致。从这些死者的生活差别可反射出当时的贫富阶级分化的一般情况。氏族贵族已开始使用奴隶，奴隶首先来自战俘。战俘奴隶在古代埃及语中被称为“活着被打死的人”。

随着私有制、阶级的产生，埃及人的氏族部落已被破坏，代之而兴起的是按地域划分的农村公社。这些公社由于发展水利灌溉工程协作的需要，或因争夺水源、土地的战争，合并成为“斯帕特”（埃及语，亦译“塞普”）。在公元前4000年，上、下埃及有三十几个“斯帕特”。每个“斯帕特”均有自己的名称、保护神、设防中心、军队、管理机构和首长，其名称有鹰、兔、蛇、黑牛等。首长称“阿得希—米尔”（埃及语，意为渠道官），希腊人称为“诺姆尔赫”。首长的主要职责是管理灌溉工程，同时掌握军事、司法和祭祀。“斯帕特”开始是氏族、部落向国家转变时的社会组织形式，后来转化为城市国家。埃及形成统一国家后，“斯帕特”成为地方组织，希腊人称为“诺姆”（意为省、区），汉译为州（州数及其范围常有变动。埃及古王国四、五王朝时为37个，上埃及22个，下埃及15个。以后增加到42个）。

“斯帕特”出现后，相互之间为争夺土地、奴隶、财富和水源，经常发生战争。结果上下埃及分别建立了两个奴隶制王国。上埃及王国以涅赫布特州为统治中心，下埃及王国以布托州为统治中心，开始向统一的国家过渡。在公元前3100年左右，相传由上埃及国王美尼斯征服了下埃及，自称“天下四方之王”，开创了埃及早期王国的第一王朝，完成了埃及的统一。美尼斯起初以他的故乡阿拜多斯附近的提尼斯为首都，后在下埃及的孟菲斯另建新都，又名“白城”。在第一王朝统治时，国王的权力不断扩大，他不仅派员赴尼罗河第一瀑布去观测和记录水位，同时下令向人民征收赋税。为了保证国家的财政收入，他们规定每年要对全国的人口、土地、牲畜和其他财产进行一次清查，按清查的数字来确定税额。古代埃及的统一，有利于奴隶制经济的发展。

埃及统一后的历史已开始有文字记载。根据古埃及编年史家、祭司马尼托（公元前3世纪）的记载，从美尼斯统一埃及起至公元前525年埃及被波斯帝国征服止，先后经历了26个王朝的统治。目前国内外的史学工作者，以马尼托的分期为基础，结合新的考古成果，将古代埃及的历史划分为早期王国、古王国、中王国、新王国和后期王国几个时期。以后古代埃及长期丧失独立，先后被波斯、希腊和罗马所统治。上述的早期王国（约公元前3100—公元前2686年）包括第一、二王朝。

古王国时期（约公元前2686—公元前2181年），包括第三至第六王朝，是古代埃及奴隶制生产关系进一步确立，中央集权君主专制制度日益完备的时期。这个时期的社会经济有较大的发展，在农业上已广泛使用牛拉的木犁耕地，用铜制的镰刀收割。保存至今的官僚贵族的墓画上，常常画有耕耘、播种、收割和打谷的场面，说明了农业生产的重要意义。手工业进一步从农业中分离出来，出现冶炼、制陶、采石、木作、皮革、纺织和造船等多种手工行业。为了获得奴隶和手工原料，法老经常组织和派遣武装商队去各地从事贸易，从黎巴嫩攫取木材，从西奈半岛获得铜，从努比亚得到黄金、象牙和奴隶，等等。如第四王朝法老斯涅夫鲁在一次远征努比亚的过程中，就掳掠人口 7000，大小牲畜 20 余万头。这种远征有力地促进了古王国奴隶制经济的发展。

古代埃及的法老，对全国的土地享有最高的支配权。他们不但自己占有很多土地，而且还将大片土地赏赐给他的亲属、官吏和神庙。在《巴勒摩石碑》的铭文里，有多处提到这种赐赠，其中一次法老赏赐的土地即达 1700 斯塔特（一斯塔特合 2735 平方米），使王室、官吏和神庙经营的庄园迅速发展起来。在这些庄园里，一般是采用奴隶劳动，但也利用农民为他们服役。对农民，继续保留了公社的份地制度，由公社的管理者负责统计户口、丈量土地和定期分配土地，获得耕地的农民每年要将五分之一的收获物交给国家作为赋税。奴隶的主要来源是战俘，在古王国的许多墓画上，经常出现成群的被绑着双手的俘虏，可作为例证。这些“掳获物”同样由国王支配，可作为家奴、国奴赏赐其臣属，然后被应用于农业、手工业等部门。

从第三王朝开始，古代埃及已基本形成中央集权君主专制制度，由法老独揽全国政治、经济、军事、司法和宗教等大权，可随意发号施令。其下设有宰相（维西尔）。宰相通常由王太子或王室亲属担任，由法老直接任命，辅佐法老处理政务。同时，在中央还设有财政、水利、司法等大臣，协助法老分管各项事务。地方（州）设州长，亦由法老直接任命。州长负责为国家征收赋税、分派劳役和征召军队，是法老在各地的代理人。地方最基层的单位是农村公社，公社的管理者是官僚体系中最低级的官员。

至第四王朝统治时，专制王权已很强盛，并将王权加以神化。国王自称是太阳神——拉（Ra）之子。在保留下来的一份纸草文书上，把第五王朝的头三个法老说成是拉祭司的妻子同太阳神秘密婚媾生育的，是太阳神的后裔，借此说明法老的统治源于神的意志。同时，法老还大规模兴修神庙，赏赐土地、奴隶给神庙，并给僧侣们以担任国家官职和豁免赋税等特权。僧侣贵族集团的势力随之发展起来，成为法老统治的重要支柱之一。

古王国中央集权君主专制加强的另一具体表现，是法老不惜一切代价来兴建金字塔。金字塔是法老在生前为自己修建的陵墓，在古埃及称“庇里穆斯”（即“高”的意思）。其底座为正方形，愈上愈窄，顶部尖立，远看很像我国汉字中的“金”字，故汉译为金字塔。最早修建的是第三王朝法老乔赛尔的层级金字塔，高 61 米。至第四王朝时期，金字塔愈修愈多，愈修愈大。在今尼罗河下游西岸的基萨一带矗立着大小 100 多座金字塔。其中最大的一座是第四王朝法老胡夫（齐阿普斯）的金字塔，高达 146. 5 米，塔基底边各长 230 米，沿金字塔绕一圈约合 1000 米。据统计，建造这座金字塔用了平均 2. 5 吨重的石块共 230 万块。据游历过古代埃及的希腊历史学家希罗多德记载，修建胡夫的金字塔，采取轮换劳动制，经常保持 10 万人工作，共费时 30 年。胡夫的儿子哈佛拉的金字塔虽已缩小，但在塔旁增加了一座巨大的狮身人面像，高 22 米，长 57 米，用一整块巨石雕成。金字塔内有甬道、走廊和墓室，室内有各种绘画、雕刻等装饰品。它是古代建筑史上的一大奇观，也是古代埃及劳动人民智慧和血汗的结晶。

埃及金字塔

法老们的穷奢极欲，大批浪费人力物力，加重了人民的负担。从第四王朝后期起，国内阶级矛盾逐渐激化。希罗多德写道，当时埃及“人民处于水深火热之中……想起这两个法老（指胡夫和哈佛拉）就痛恨，甚至不屑提到他们的名字”。

另一位历史学家狄奥多拉也写道："由于这些国王做了许多残忍凶暴的事，人们满怀怒火地起来反对那些使自己受苦的人……撕碎他们的尸体……把他们抛出陵墓之外。"可见，在古王国后期奴隶和贫民举行过种种的反抗斗争。从第五王朝起，法老的金字塔已越修越小，反映了中央集权君主专制已开始削弱。到公元前22世纪第六王朝时，各州州长和僧侣贵族势力割据一方，州与州之间互相攻伐，古王国终于崩溃。

古王国崩溃后，埃及长期处于分裂割据状态。七至十王朝，统一王国瓦解，各州战争频繁，缺少历史记载。史学界称它为"第一中间期"（约公元前2181—公元前2040年）。

在此期间，一般认为在公元前2100年左右，爆发了一次大规模的奴隶、贫民起义。反映这次起义的文献有《伊浦味箴言》和《聂非尔列胡箴言》等，伊浦味和聂非尔列胡站在奴隶主贵族的立场上分别叙述了起义的一些情况。聂非尔列胡在谈到起义时写道："土地缩小了，（但）它的行政人员却很多；土地荒凉不毛，（但）它赋税却很重；谷物无几，但量斗却很大，而且量时总是满得上尖。"伊浦味和聂非尔列胡对起义表示惶恐和不安，都说"大地倒转了"，人民已拿起武器，"血染遍了大地"，说明这次起义来势凶猛。不久，起义者从四面八方赶到了埃及的国都，把国王、官吏和一些大奴隶主围困在城里。经过战斗，奴隶和贫民们终于占领了它。伊浦味说："王都立刻被占领，国王为穷人所捉，大臣被逐出王宫，官吏被杀，文书被劫夺了。"宫廷中的税册，被起义者所烧毁。与此同时，起义群众还没收了富人的许多财产，分给了穷人。贵族奴隶主有的被杀、有的逃亡，被捉的贵妇人在推磨。伊浦味把这些天翻地覆的变化比拟成"大地像陶轮一样地翻转过来"，进一步说明了这次起义的意义和作用。据推算，这场大起义延续了几十年。起初是一些零星的、分散的暴动，后来便汇合成全国性的大起义。这次起义是人类进入文明以来最早的一次有文字记载的大规模的阶级斗争，具有重大的历史意义。

公元前21世纪晚期，底比斯的一个统治者孟图赫特普一世建立了第十一王朝，初步击败地方割据势力，恢复了埃及的统一，建都于底比斯，开始了中王国（约公元前2133—公元前1786年，包括十一、十二王朝在内）的历史。

新王朝建立后，法老为加强中央集权，同地方贵族展开了长期斗争。到阿明尼赫特三世（约公元前1842—公元前1797年）统治时，已消除了地方割据势力。为加强王权，法老又进一步把王权加以神化，将阿蒙神从底比斯的地方神提高为全国的最高神，并在底比斯兴建神庙。从十二王朝开始，法老加紧了对外的侵略和扩张，对努比亚、西奈半岛、叙利亚和巴勒斯坦等地发动了多次掠夺性的战争，使奴隶制经济得到了发展。

在中王国时期，埃及已广泛使用铜器，并已出现青铜器。从当时的壁画上可看到，这时发明了一种新的提水工具叫“沙杜夫”（和我国古代发明的桔槔相似），减轻了劳动负担，扩大了耕地浇灌面积；在手工业方面，使用一种新的平式织布机，麻纺手工业较前有了进步和发展。同时，埃及人发明了烧制玻璃的技术，以后传播到世界各地，为人类作出了贡献。这一时期社会经济发展中最突出的一项，是对发雍地区的开发。十二王朝时环绕美利多湖筑堤造田，排泄了湖泊四周沼泽的积水，扩大耕地面积达 2500 公顷之多。在湖岸还兴建了一座卡呼恩城，作为十二王朝的新都。城内筑有富丽堂皇的宫殿和神庙等建筑，结构复杂，希罗多德称之为“迷宫”。

中王国的阶级关系也有变化。“涅捷斯”意为“小人”或“庶民”，原来属于小生产者、平民阶层。这时他们中的一些人因充任国家军政官吏或经营工商业而发财致富，变成了新兴奴隶主，称为“强有力的涅捷斯”。但也有不少的小生产者经济地位下降，成了“贫穷的涅捷斯”。这说明自由民中的贫富分化已很剧烈。对卡呼恩城考古发掘所得到的资料，充分反映了当时贫富悬殊的状况。这座城市的东部是一座座高大宅院，每个宅院有 60 ~ 70 间房屋，内分餐厅、卧室、库房、厨房等，这可断定是富人的住宅区。而在城的西部，一块长 200 米、宽 105 米的地方，却有 200 ~ 250 间小房屋，这无疑是穷人的生活区。此外，还有一些介乎这两者之间的住宅，可能是手工业主、商人和小官吏的庭院。

中王国时期的奴隶制亦有发展。在有关文书里，已把奴隶当成“牲畜”，按“头”计算数量。在十二王朝的一份纸草文献中，记载了一个官僚奴隶主给其妻子 95 个奴隶的名单，现只保留下 83 人的名字，其中 33 名是埃及人，49 名是亚细亚籍的奴隶，一人籍贯不明。这些奴隶的职业是多种多样的，包括家仆、厨师、教师、酿酒工、皮鞋工、纺织工、理发师、花匠，等等，说明奴隶主已经把奴隶应用于生产生活的许多方面。

在十二王朝后期，由于统治者的腐朽，法老的权势削弱了。这时，来自亚洲的希克索斯人乘虚侵入了埃及。希克索斯，意为“牧人之王”，是生活在西亚的一个游牧部落，使用马拉的战车作战。他们到处烧杀掠夺，占领了埃及的大片土地（南部一部分除外），统治埃及达 150 年之久（中间包括埃及人建的十三、

十二王朝时期的奴隶主雕塑

十四王朝，希克索斯人建的十五、十六王朝）。从第十三到十七王朝（公元前1786—公元前1567年），是古代埃及史上的“第二中间期”。

希克索斯人的残暴统治，激起了埃及人的反抗。公元前16世纪初，属于埃及人建立的十七王朝的统治者阿赫摩斯一世（约公元前1750—公元前1546年）领导了这一斗争，把希克索斯人驱逐出埃及。胜利后，阿赫摩斯建立了第十八王朝，以底比斯为国都，开始了埃及的新王国时期（约公元前1567—公元前1085年，包括十八、十九、二十王朝）。它是古代埃及在军事、政治、经济和文化等各个方面最强盛的时期，历史上也称“帝国”时期。

十八王朝的法老，在反希克索斯人统治的斗争中加强了军事力量，从希克索斯那里学会养马和使用战车，增加了战车兵等兵种，培养了一批新兴的军事贵族。依靠这些军事优势，发动了对外侵略战争，曾多次南犯努比亚，北侵叙利亚和巴勒斯坦。这种侵略活动，在图特摩斯三世（公元前1504—前1450年）统治时达到了顶点。他先后17次出兵叙利亚和巴勒斯坦等地，终于把它变成了埃及的属国。新王国的统治版图向南推进到尼罗河第四瀑布，往北到达叙利亚，成了强大的军事帝国。对努比亚，由法老任命总督进行统治；对叙利亚和巴勒斯坦，利用当地小王公建立傀儡政权，迫使他们称臣纳贡。

对外的掠夺战争，促进了新王国奴隶制经济的发展。这时不但王室、神庙拥有大批奴隶，一般的中小奴隶主也有几个、几十个奴隶。每次战争获得的俘虏，法老都将一部分赏赐给自己的亲属、官吏、军官和神庙。例如，图特摩斯三世一次就赠送给阿蒙神庙1578个叙利亚人作为奴隶。他的一个桡夫长亚赫摩斯因作战有功，得到的犒赏是男奴9人，女奴10人，还有黄金、份地等。

奴隶进一步被用于农业、手工业、公共建筑和家庭的劳动。同时，奴隶主还将奴隶出租，从中获得租金，产生了租佃奴隶的剥削方式。有的奴隶主还出租土地给奴隶，领取份地的奴隶可独立从事耕作，向主人交纳一定的地租。这些剥削奴隶新方式的出现，是奴隶制进一步发展的表现。

新王国的社会经济呈现繁荣景象。这时，埃及已普遍使用青铜器，铁器也已出现，生产技术出现不少革新。在农业上使用一种梯形把手的新式犁和骡马等畜力；在手工业上，用脚踏风箱代替过去的吹管冶炼，提高了熔炉的温度；在纺织业方面，发明了一种悬式纺锭和立式织布机，促进了麻纺手工业的发展。另外，还出现了彩色玻璃、彩陶等新的手工业产品。生产力的提高，促进了国内外的贸易。努比亚和彭特（红海西南沿岸一带）的金、银、象牙、香木，叙利亚的木材，巴比伦的织物、油类、马匹和奴隶，等等，都是当时埃及人输入的货物。同时，法老的商队还远渡重洋，进入爱琴海地区从事商业活动。近代考古工作者已从克里特岛、希腊半岛南部的迈锡尼发掘出新王国时期的黄金、象牙和陶器等手工业品。但新王国的商业仍以金属块为交换媒介，还没有发明铸币。对外贸易主要由国家控制，商业的目的，主要还是为了满足王公贵族奢侈生活的需要。

随着奴隶制经济的发展，新王国的阶级分化也加剧了。在这一时期的壁画上，经常出现赤身裸体的奴隶在手持棍棒的监工驱使下从事繁重的劳动，还有惨遭毒打的各种场面，说明奴隶的境况更加恶化。长期的对外战争，农民负担兵役、徭役和沉重的赋税，使更多的自耕农沦为佃农和债务奴隶。土地、财富和奴隶更加集中于少数贵族奴隶主手中。尤其是阿蒙神庙的僧侣贵族，因长期受到法老们的宠幸，得到恩赐的土地和财物不可胜数。这时底比斯神庙拥有奴隶 8．6 万多名、土地 2000 平方公里、大小牲畜 42 万多头。他们不但直接经营农业、手工业，还出租土地和奴隶，在经济上成为强大的社会集团。同时他们还享有担任国家重要官职和豁免赋税的特权，在政治上也是举足轻重的势力。至十八王朝法老阿蒙霍特普四世统治时（公元前 1379—公元前 1362 年），他们公然与王权相抗衡，威胁到了法老的统治。在此情况下，阿蒙霍特普四世依靠新兴的军事贵族和其他中小奴隶主，与阿蒙僧侣贵族展开了一场斗争。他宣布只有“阿吞神”（太阳神）才是全国唯一的神，实际上是废除对阿蒙神的尊崇。这立即遭到阿蒙僧侣贵族的反对，他们在各地组织骚乱。接着，阿蒙霍特普四世与阿蒙祭司集团决裂，将国都迁出底比斯，在今天的泰尔·埃尔·阿玛尔那建立新都，取名“阿赫塔吞”，意为“阿吞的境界”，他自己也改名为“埃赫那吞”（意为“有益于阿吞者”）。同时，他还下令没收阿蒙神庙的财产，分给新建的阿吞神庙及新提拔的文武官员。这更加激怒了阿蒙祭司贵族，发生了刺杀阿蒙霍特普四世（未遂）的事件。他的这次改革，是一次披着宗教外衣的社会政治改革，实质是以法老为首的一部分军政官员与僧侣贵族、地方贵族势力的矛盾和斗争，但也反映了十八王朝后期阶级矛盾的激化、新王国统治的危机。

由于在这场改革中法老只依靠少数中小奴隶主出身的军政官员的力量，缺乏广泛的群众基础，最后以失败而终结。阿蒙霍特普四世的继承者吐坦哈蒙和僧侣贵族妥协，恢复了对阿蒙神的崇拜，返都于底比斯，归还了没收的一切财产。吐坦哈蒙夭亡无嗣，老将霍连姆海布建立了十九王朝。

宗教改革失败后，埃及统治集团内部的斗争更加激烈。在十八王朝后期，一个强悍善战的赫梯民族出现在小亚细亚，并向叙利亚推进，威胁到埃及的属国。阿蒙霍特普四世在世时，曾多次接到告急文书，但他无力北顾。十九王朝法老拉美西斯二世（约公元前 1317—公元前 1251 年）即位后，为巩固亚洲属地，亲自率兵 3 万赴叙利亚与赫梯人作战。公元前 1312 年，双方于奥伦特河畔的卡叠什城郊会战，拉美西斯二世轻敌冒进，差点被俘。后援军赶到，也未能攻下卡叠什。此后十六年，战端频起，双方都无法取得决定性的胜利。公元前 1296 年，埃及与赫梯订立和约。和约规定把叙利亚主要部分划归赫梯；确定互不侵犯并结成军事同盟以对付共同敌人；互相引渡政治亡命者及逃亡奴隶等。这份和约的原文完整地保存至今，是现知国际关系史上最早的一份内容比较规整的停战和约。

拉美西斯二世死后，埃及更趋衰弱。国内阶级矛盾重新激化，在它统治下的属国不断掀起反抗。在十九王朝后期，爆发了叙利亚籍奴隶伊尔苏领导的起义。他们夺得了政权，没收富人的财产分给穷人，给新王国的统治以有力的打击。至二十王朝拉美西斯三世统治时（约公元前 1198—公元前 1166 年），在首都底比斯又爆发了造墓手工业者的罢工斗争，他们冲进神庙控诉统治者说：“我们来到寺庙……不仅仅是由于饥饿”，而是因为“罪恶就产生在这些地方”。在内外矛盾的交迫下，新王国在公元前 11 世纪瓦解了。

埃及后期王国（约公元前 1085—公元前 525 年）包括二十一至二十六王朝。前 5 个王朝是由僧侣贵族利比亚人和努比亚人建立的，始终未能统一。其中，亚述人曾入侵统治埃及达 20 年之久。后来，三角洲赛易斯城的统治者普萨美提克（约公元前

拉美西斯二世的头像

664—前 610 年）领导埃及人把亚述人赶了出去，建立了二十六王朝，重新统一了埃及。后期王国的社会经济在继续发展，他们已掌握冶铁技术，铁器被广泛使用，农村公社进一步瓦解。在二十六王朝法老尼科（约公元前 610—公元前 595 年）统治时期，埃及人民挖通了尼罗河与红海之间的运河，促进了农业与商业的发展。据希罗多德记载，尼科还曾令腓尼基水手绕非洲航行，经三年胜利返航。但二十六王朝的统治维持不久，至公元前 525 年终于被波斯帝国所灭，埃及沦为波斯帝国统治下的一个行省，从此长期丧失独立。

古代埃及人在长达 3000 多年的奴隶社会里，文字、文学、艺术、天文历法、数学和医学等都有一定的成就，为人类文化的发展作出了重要贡献。

（一）文字与文学

公元前 4000 年，古代埃及已有了象形文字。它很像实物，如“太阳”是画一个圈，中间加上一个点；如“水”画出三条波形的横线。后来，出现了表示音节的符号，在古王国时代便演化出 24 个辅音字母。这些字母，对后来腓尼基人字母文字的创立有很大影响。古代埃及的文字，大多写在纸草上。纸草是用一种像芦苇似的植物薄片压制成的，晒干后当做纸。人们用芦管做笔，用烟渣调水当墨汁，书写成各种古代文献。埃及的纸草，后来流传于地中海东部一带。

古代埃及的文学发展也很早，题材多样。有反映当时阶级斗争的《伊浦味箴言》一类的作品，也有反映古代埃及对外交往的《辛努哈特历险记》《船舶遇难记》等夹杂神话的故事。这些作品渗透了宗教迷信和统治阶级的思想意识。但也出现了一些反映劳动人民生产和生活的作品，如《一个能言善辩的农夫》（或译为《乡民与雇工》）、《打谷歌》等。《打谷歌》说：“打谷为自己，打谷为自己，啊——公牛啊，给自己打谷吧！打下麦秆来好给自己当饲料，谷子都要给你的老爷。”

（二）建筑和艺术

古代埃及的建筑以规模宏大为特点，除金字塔外，还有宫殿、神庙、贵族宅第等，都用巨石建成。例如，拉美西斯二世时建筑的阿蒙神庙主殿，总面积达 5000 平方米，有 134 根圆柱，中间最高的 12 根圆柱高达 21 米，说明古代埃及人民在建筑方面有很高的技巧。金字塔被誉为古代世界的七大奇观之一。古代埃及雕刻、绘画很有特色。法老等统治人物的雕像大都形象呆板，但一些建筑的大型石雕比较生动，留存下来的绘画主要是神庙、墓室中的壁画。新王国以前的壁画简单，表现人物亦多呆板，但以农民耕作、动物形象为题材的作品相当生动。阿蒙霍特普四世改革时期的雕刻品多生动活泼，其中王后涅菲尔泰蒂的头像，为雕刻艺术史上的珍品。

（三）科学知识

生产和生活实践使古代埃及人积累了不少科学知识。马克思在《资本论》中指出：在古代埃及，“计算尼罗河水的涨落期的需要，产生了埃及的天文学”。古代埃及人把尼罗河水开始泛滥的时候定为一年之始，他们把一年分为 3 季，每季 4 个月，每月 30 天，年终加 5 天为节日。这是世界上最早的一种太阳历。埃及的历法后来为罗马人所采用并加以修订，成为欧洲和现在国际通行的公历的源头。

古代埃及人在数学方面也获得很多成就。他们已能计算三角形、长方形、梯形以至圆的面积，推算圆周率为 3.16。

在医学方面，由于制作木乃伊（希腊语，意为“被保存下来的尸体”），开始了对人体构造的了解。在医疗实践中，积累了内、外、妇、眼等科的初步知识，并已了解心脏与血液循环的关系。

亚历山大东征和托勒密王朝的统治

马其顿位于希腊北部，文明发展的步伐远远落后于埃及。腓力二世统治时，马其顿的国力开始强大起来。腓力二世加强王权，发展军队，逐渐称霸于希腊北部。公元前 337 年，希腊各城邦在科林斯举行的泛希腊会议上承认马其顿的霸主地位。公元前 336 年发生宫廷政变，腓力二世被刺身亡。随后，由他年仅 20 岁的儿子亚历山大继承王位，即亚历山大三世。

亚历山大三世 13 岁时，曾拜希腊哲学家亚里士多德为师，学习伦理学、哲学、地理学、医学等知识，接受了良好的希腊文化教育。他非常喜欢读《荷马史诗》，把诗中的英雄阿喀琉斯视为榜样。他喜好军事兵法，努力向父亲腓力二世学习军事战略和战术。从 16 岁起，亚历山大就随父亲四处征战，积累了丰富的作战经验。

亚历山大初登王位时，面临着国内外混乱动荡的政治局面，他凭借出众的才智和卓越的能力迅速稳定了各地的局势。然后，他开始进行长达 10 年之久的军事征服。

公元前334年，亚历山大率领人数仅为对方1/4的军队打败了波斯大军。接着，他沿腓尼基海岸南下，占领了所有的海港，夺取了波斯海军的全部基地。

公元前332年冬，亚历山大占领埃及。由于埃及人长期遭受波斯人的压迫，因此将亚历山大视为救星。他们恭敬地迎接他进入埃及，拥戴他为“埃及的法老”。亚历山大也特别注意笼络埃及的祭司，慷慨赐赠。为了表示对埃及神的尊崇，他不顾危险穿越茫茫沙漠，特地以隆重的仪式拜谒了西瓦绿洲的阿蒙神庙。亚历山大的西瓦之行使埃及祭司十分感激，称他为“阿蒙神之子”。据说，阿蒙神曾谕示亚历山大将战胜一切敌人，成为世界之上，更为其增添了一层神秘的光环。亚历山大还亲自在尼罗河口选择城址，建立了一座新城，并用自己的名字命名为“亚历山大”。亚历山大城是他在东方建立的第一座城市，直到今天仍是埃及的第二大港。

公元前331年，亚历山大从埃及出发，继续向东方进军。他穿过叙利亚向美索不达米亚进发。在尼尼微附近的高加米拉，亚历山大的军队与波斯军遭遇，双方展开激战。当时波斯的步兵骑兵共计30万人，而亚历山大只有不到6万士兵。但波斯军队战斗力较弱，国王大流士三世又指挥无术，所以亚历山大取得了战斗的胜利。之后，亚历山大继续东进，很快就占领了波斯首都巴比伦和苏萨。接着，他又占领波斯的旧都波斯波利斯，掠夺大量金银，并放火烧毁了这座城市。公元前330年，大流士三世在东逃途中被巴克特利亚总督伯索斯杀死，波斯帝国宣告灭亡。

西方影视作品中的亚历山大东征场景

亚历山大灭亡波斯之后，在公元前329年进攻中亚各国。他侵入帕提亚、巴克特利亚、索格地安那。当地人民奋起抵抗，亚历山大的军队经过激烈战斗，才得以越过奥克萨斯河，经过马拉坎到达查克萨提河。在奥克萨斯河附近，索格地安那部落屡次打败亚历山大的军队，战斗延续两年之久。中亚人民的顽强抵抗使亚历山大只能占领一些据点，而无法控制成片领土。

在向北方扩张受挫之后，亚历山大便转向东南方。公元前327年，他入侵印度河流域，利用当地各诸侯国之间的矛盾，逐一将他们击破，强大的波鲁国王也战败投降。亚历山大仍不满足，还企图征服恒河流域。但是士兵苦于连年征战，厌战情绪滋长，再加上当地的酷暑、暴雨及热带病的袭击，亚历山大被迫从印度河撤军。公元前325年，他回到新都巴比伦，结束了东征。

经过东征，亚历山大建立起一个地跨欧、亚、非的空前庞大的帝国。它东至印度河流域，西起希腊、马其顿，南括埃及，北抵多瑙河。为了统治幅员广大的领土，亚历山大继承了波斯的统治方法和行政制度。他在地方设立行省，由总督管理民政，军事长官控制军事，另设财政官负责本省赋税。为了缓和帝国内的民族矛盾，亚历山大还委任一些当地贵族统治地方，鼓励军队将士与波斯妇女通婚。但是，亚历山大帝国仍然是不巩固的军事行政联合，内部缺乏联系，没有自己的经济基础。

公元前323年，威震四方的亚历山大大帝突然病逝，年仅33岁。他所建立的帝国随即分裂，由他的部下各据一方。经过公元前301年的伊普斯战役之后，帝国分裂为三部分：马其顿的安提柯王朝、原波斯疆土上的塞琉古王朝、埃及的托勒密王朝，形成了三足鼎立的局面。

亚历山大死后，帝国分裂。他的部将托勒密占据了埃及，巩固了对埃及的统治，建立起以希腊—马其顿殖民者为主要统治力量的托勒密王国。从此，埃及长期处于外族统治之下，失去了独立地位。公元前3世纪，托勒密王朝达到全盛。它的领土不仅包括埃及，还囊括了昔兰尼加、塞浦路斯、巴勒斯坦、叙利亚南部、小亚细亚西部和南部、爱琴海诸岛及爱琴海北部沿岸地区，面积约为15万平方千米，首都在亚历山大里亚。

在政治上，托勒密王朝结合马其顿具有军事民主制遗风的君主制与埃及古老的法老专制，建立了以国王为首的中央集权制。国王是最高统治者，掌握全国的行政、司法、财政和军事大权。国王自称为神，生前就在寺庙中被奉作神明受人崇拜。国王是国家的化身，他的意旨就是法律。根据同国王的亲疏关系，托勒密王朝的官吏分成不同的品级。如“王亲国戚”、王的“知己”、王的“朋友”分别属于第一、二、三品。财务大臣相当于宰相，不但主理财务，还掌管行政。

托勒密王朝的地方机构与原来的设置基本一致。全国仍及以亚历山大里亚为中心。上下埃及大约分为40个诺姆。中央以下依次是州、县、村社，各级官吏都由中央委任。州的长官为将军，起初只握有军事权，后来也行使行政和司法权。州的财政官权力很大，而军事长官的地位也很重要。

起初，托勒密王朝的各种官吏几乎都由希腊、马其顿人担任，后来，由于马其顿的武将不善管理当地民政，因此马其顿的军事贵族与当地大贵族逐渐合流。

古埃及的僧侣阶层一向力量强大，托勒密王朝的统治者为了巩固自己的统治，也一直注意对埃及祭司阶层的拉拢和利用。但是这个时期，埃及祭司集团的地位大大下降了。国王成为神的全权代理人，神庙的土地被收归王有，神庙的一切活动也必须在国王及其行政官员的监督下进行。

国王是最高立法者。托勒密王朝的国内有两种民族并存，所以实行两种法律。一种适用于希腊人，一种适用于埃及人。对于涉及双方的案件，要组成混合法庭。国王及王室仍然讲希腊语，穿希腊服装，不与埃及人通婚。这个时期埃及出现了一些希腊化的城市，如亚历山大里亚、诺克拉第斯和托勒密迈伊等。这些城市享有自治权，实行类似希腊城邦的政治体制，居住在这些地方的希腊商人和殖民者享有免税和担任官吏的特权。不过这些自治城市不是独立的城邦，仍然受到中央集权专制王权的控制。

出土的古埃及僧侣石像

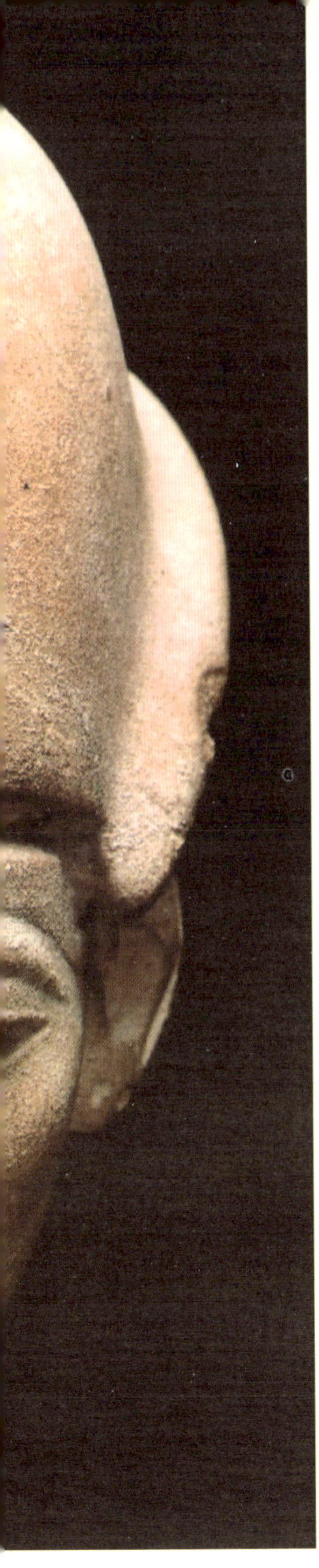

埃及全部土地都属于托勒密国王，他把一部分土地收归王室经营，称为“王田”；其余的或赠予神庙，或赐给官员，或分配给军人作为份地，这些统称为“授田”。王田由国王决定种植的作物品种，王田农夫是王田的实际耕种者。他们短期租借一块王田，交纳实物佃租，国王向他们提供种子，收割后归还。虽然王田农夫不是奴隶，是佃农，但他们未经许可，不许离开村庄。他们还要服许多劳役，交纳名目繁多的苛捐杂税，租税总额达到一年收成的一半以上。神田和赐田上的耕种者可能也是类似于王田农夫的农民。军人份地数量不等，他们的境况比王田农夫稍好，平时种地，以服兵役代租，但仍须交纳各种税收。到公元前 2 世纪末，埃及人开始作为军人领有份地。

托勒密王朝主要采取税收和垄断两种手段控制经济。这个时期的税收多如牛毛，无孔不入，估计种类在 200 种以上。土地、房屋、园圃、家禽、牲畜、奴隶、人头、财产继承、买卖交易、关卡交通等各种物品和活动都在纳税之列。

此外，国家还垄断或控制了纺织、皮革、矿业、盐业、钱庄，甚至印染、皮毛、香料、化妆品、玻璃、陶器、酿酒等行业。严密的税收制度与严格的垄断经营，使托勒密王朝搜刮了无数财富。

托勒密王朝时期的对外贸易也比较发达，与地中海、南阿拉伯和印度的贸易往来频繁。托勒密二世修通了连接红海与尼罗河的运河，他还派人开发非洲东海岸，建立了一连串远达索马里的据点，派出海军、卫戍部队，以保证商路的安全。埃及大量输出谷物、亚麻布、玻璃和奢侈品，金属、木材、大理石、紫色染料、药物、香料等则源源不断地流入埃及。

为称霸东地中海，托勒密王朝不断进行扩张战争。自公元前 3 世纪起，长期与塞琉古王国和安提柯王国展开激烈的角逐，消耗了国力。同时，托勒密王朝内部的民族矛盾、阶级矛盾日益尖锐，埃及人民奋起反抗外族统治者。奴隶、农民和手工业者都大规模地逃亡。后来，土著的埃及士兵也因生活所迫和不公平的待遇经常发生暴动。从公元前3世纪末叶起，托勒密王朝进入了衰落时期。埃及全国范围内频繁发生人民大起义，起义军袭击希腊士兵和殖民者的驻地，破坏他们的土地，冲击神庙，反对埃及的僧侣和贵族。虽然起义最终被统治者镇压下去，但托勒密王朝的统治因此受到严重冲击，渐趋瓦解。公元前30年，托勒密王朝被罗马灭亡。

公元前48年，罗马执政官恺撒为了追踪他的死敌庞培来到埃及的亚历山大里亚。当时托勒密王朝发生王位之争，在恺撒的支持下，埃及艳后克娄帕特拉七世登上王位。后来两人结婚。恺撒被刺身亡后，罗马发生争夺继承权的斗争，逐步确立了安东尼、雷必达和屋大维“后三头同盟”的统治。三人划分了势力范围：安东尼统治东部地区，屋大维统治意大利及西部地区，雷必达统治非洲。公元前37年，安东尼与克娄帕特拉七世结婚。公元前32年，他与罗马方面正式决裂。次年，安东尼和克娄帕特拉的联军同屋大维的军队在希腊阿卡那尼亚西海岸的亚克兴海角进行会战。

由于女王率领部分舰队突然逃走，安东尼闻讯放弃作战而尾随追赶，其军队因此惨败。后安东尼和克娄帕特拉在亚历山大里亚双双自杀。公元前30年，托勒密王朝灭亡，埃及并入罗马版图。

屋大维把埃及严格置于自己的直接管辖之下，埃及成为他的个人财产。他直接任命埃及的各级地方长官，并向埃及派驻了大量军队维持治安和修复疏浚水利设施。埃及的宗教也被屋大维控制，他曾被誉为许多神庙的建立者。屋大维制定的统治埃及的政策，为后世提供了借鉴。

罗马统治下的埃及中央政府仍然设在亚历山大里亚。罗马帝国的皇帝直接委派罗马公民担任所有的官职。地方上的行政单位还是州，但这时罗马帝国不再向埃及的地方政府提供经费，而是分配一定的采邑。罗马皇帝还采取分而治之的措施，恢复了希腊人的特殊地位，使埃及人丧失了权利。

相对而言，在初期的百余年里，罗马统治下的埃及比较安定繁荣。公元130年和公元131年，罗马皇帝哈德良和妻子到埃及旅行。他修复了遭受战争破坏的亚历山大城，还为了纪念宠臣安蒂努斯建造了安蒂诺波利斯城。

在罗马帝国的掌控下，埃及由一个独立国家变成了帝国的一个行省。罗马皇帝无条件地掠取埃及的粮食，把埃及作为帝国的粮仓，而埃及却得不到任何实质性的补偿。罗马平民因得到了从埃及征调的小麦而支持帝国和皇帝，埃及的农民和小土地所有者却因此日益贫困。而且，埃及人也没有罗马人的权利。因此，罗马和埃及之间始终处于紧张状态。公元 212 年，罗马皇帝卡拉卜拉颁布了一部宪法，规定凡居住在帝国范围内的人都是公民，终于消除了罗马人和埃及人之间的鸿沟。然而，之后的叛乱和腐败导致埃及经济受到沉重打击，从 2 世纪起，埃及作为罗马帝国粮仓的地位被阿非利加取代。

公元 395 年，罗马帝国分裂为东部的拜占庭帝国和西部的西罗马帝国，埃及成为东罗马帝国的一个行省，长期受到强大起来的阿拉伯帝国的觊觎。642 年，阿拉伯人占领了埃及。从此，埃及进入了一个新的历史时期。伊斯兰文化取代了埃及的古代文明和基督教文明。

古代两河流域文化

西亚的幼发拉底河和底格里斯河流域（简称“两河流域”），是人类文明的发祥地之一。希腊语称两河流域为“美索不达米亚”，意为两河之间的地方。两河发源于今土耳其境内亚美尼亚山地，从西北流向东南注入波斯湾。在古代，两河流域北部称亚西里亚，亦称亚述（得名于“亚述城”），南部称巴比伦尼亚（得名于“巴比伦城”），亦称示拿。巴比伦尼亚又以尼普尔（今“努法尔”）为界分两部分，南部称苏美尔（得名于“苏美尔人”），北部称阿卡德（得名于“阿卡德人”）。

西亚的幼发拉底河

两河流域雨水稀少，但两河在每年3～7月定期泛滥，为经营农业提供了条件。两河流域的地势，大体北部丘陵地带较高，富有石料、木材、矿藏等资源；南部较低洼，近波斯湾处多沼泽，芦苇、椰枣、鱼类、黏土等资源丰富。

两河流域是西亚的走廊，古代居民成分复杂。其中主要为两大支。一支为苏美尔人，他们在公元前5000年已住在两河流域南部。两河流域的上古文明，就是由他们创造的。另一支为塞姆（又译“闪米特”）人，他们有许多分支。其中在两河流域先后建立过国家的，为阿卡德人、亚述人、阿摩利人、迦勒底人等。此外，两河流域东部的埃兰人、西北部的加喜特人，西部草原塞姆人中的迦南人、希伯来人等，也曾进驻两河流域。

从公元前5000年中后期到公元前3000年左右，是苏美尔人从原始社会向阶级社会过渡的时期。当时苏美尔人已发明铜、银等金属的热工冶炼。农业从原始锄耕发展为犁耕，种植大麦、小麦、芝麻、豆类。人们开凿沟渠，兴建堤坝，利用河水进行人工灌溉，初步形成灌溉系统。在畜牧业方面，苏美尔人先后驯养了羊、猪、驴、牛。此外，当时苏美尔人已掌握了纺织、轮制陶器和制造车、船的工艺。这一时期遗留下来的文物，可见到当时已发生阶级分化。从出土的石膏瓶浮雕中，可看到九个裸体者向穿袍的神、祭司、贵族奉献祭品的场面，祭品包括羚羊、果品、蔬菜等。已出现奴隶但为数不多。奴隶来源于战俘和以收养名义变相买来的孩子（多为女孩），女奴称“吉姆”，意为“从山地里来的女人”；男奴称“乌鲁”，意为“劫掠来的人”。有的奴隶以“不抬眼的人”的图画文字表示。

公元前3000年左右，苏美尔开始出现城市国家。从这时到公元前2371年，是苏美尔城市国家统治并互相争霸的时期。先后出现的重要城市国家有乌尔、乌鲁克、基什、拉格什、苏路巴克、乌玛、尼普尔等。

这些城市国家一般以其首脑机关、寺庙的所在地为中心，连同统治者的住宅，构成一个不大的城市。加上周围的一些农村公社，构成一个国家。国家领土一般为方圆一二百里，人口少者二三万，多者十几万。例如，著名的乌尔，初期由3个城镇和若干村庄组成，面积不过90平方公里，人口只有约6000。国家的统治阶级是氏族贵族奴隶主，被统治阶级是奴隶、公社公民、手工业者等。国家首脑称为“拍达西”或“恩西”，原意是“带领大家从事建筑的人”，转而具有“首领”的意义。有的首脑自称“卢伽尔”（原意为“大人”，转意为“君主”）。只有强大国家的统治者或霸主，才有资格称卢伽尔。拍达西的权力受到贵族会议的限制。

有时由拍达西召集人民大会讨论和决定国家大事。各国之间为争夺财富、土地和奴隶，先后发生了一系列争霸战争。

公元前 27—公元前 2600，乌尔比较强盛，史称乌尔第一王朝时期。考古学家发掘了这个城市的废墟和成千的墓葬，从中发现了一批泥板文书、金头盔、嵌着人的群像和驴拉四轮战车像的军旗，以及用金和天青石制作的公牛头等艺术珍品。在一部分墓室中，有一些人殉，几人、几十人不等，最多的达 74 人。人殉多的显然是一些显要人物的坟墓。存在大量人殉的事实，说明奴隶制还很不发达，生产事业还不能利用较多的奴隶。

在苏美尔各城市国家中，历史比较清楚一些的是拉格什。公元前 28 世纪，拉格什与乌玛发生了战争，基什的首领麦西里姆作了调解。在这一时期，苏美尔社会阶级分化加剧。约在前公元 27 世纪末，拉格什出现了土地买卖的现象。公元前 26 世纪中叶，乌尔·南歇成为拉格什的拍达西，建立起乌尔·南歇王朝，一度在苏美尔称霸。在卢伽立安达统治时，拉格什的领土约 1330 平方公里，人口约 15 万，其中奴隶 2 万多人。当时拉格什有 21 个神庙。神庙在社会政治、经济生活中处于重要地位。巴乌（女神）神庙拥有相当一大片土地，为之劳动的公社成员、依附者、奴隶 1200 余人，其中奴隶一度为 443 人，还有专管商业的人员。神庙经济既为僧侣上层人物所掌管和占有，又带有全体自由民共同体经济的成分。当时拉格什的军队有重装兵，由贵族子弟组成；有轻装兵，由公社成员（“苏不路伽尔”）组成。泥板文书中的“依吉路都”，大多为奴隶。

卢伽立安达的统治暴虐，贪婪。最中在一次人民起义中，他的统治被推翻了，乌鲁卡其那（新译乌鲁依尼姆基那，公元前 2378—公元前 2371 年）成为拍达西。

乌鲁卡其那（意为“满是诚实人的城市”）执政后，雷厉风行地实行社会改革。现存记载这次改革的铭文，是现知世界上最早记载社会改革的重要文献，同时是现知世界史上最早的立法性质的文献。乌鲁卡其那改革的内容是：撤除了卢伽立安达派往各地的监督和税吏；发还了被卢伽立安达强行据为己有的神庙土地和财产；解散重装兵；保护私有财产。规定长官要买公社成员的房屋、驴，必须付好银子；规定僧侣不得强取公社成员的树木、果品；规定公社成员养的鱼，他人不得捞取等。这是以国家立法，给正在发展的私有制“盖上社会普遍承认的印章”。这对当时稳定社会秩序、保护生产的发展，有巨大的积极意义，打击了滥用职权的贵族当权集团。另外，还取消了以“生命借贷”（铭文原文）的制度，可能是取消子债务奴隶制。这些改革顺应当时的历史潮流，有利于社会进步。此外，乌鲁卡其那还开凿了新的河渠，有利于农业生产。改革铭文记载，乌鲁卡其那改革时期，自由民男子扩增为 3.6 万人（此前为 3600 人）。

乌鲁卡其那执政的第二年，乌玛再次入侵，被击退。公元前 2371 年，乌玛与乌鲁克联合进攻拉格什获胜。此后，战胜拉格什的乌玛统治者卢伽尔札吉西征服了苏美尔多数城市，统治 25 年，俨然有统一苏美尔之势。

正当苏美尔内部争霸剧烈时，在其北部兴起了阿卡德王国（约公元前 2371—公元前 2191 年）。这个王国的创立者是萨尔贡一世（约公元前 2371—公元前 2316 年）。他率兵击败了卢伽尔札吉西，统一了巴比伦尼亚，结束了城市国家并立的局面。接着，他又四处征战，东侵埃兰，北征苏尔巴图（亚述），并曾出兵叙利亚、腓尼基、巴勒斯坦和小亚细亚。通过一系列战争，他已握有一支 5400 人的常备军。对被征服的城市国家，他派遣阿卡德人去当总督，并将各地的神庙经济置于王室统一管理之下。在他执政期间，还下令兴修水利，统一度量衡制度，这些措施对经济发展起了推动作用。这时，农业、手工业均有所发展，对外贸易最远达到印度河流域。同时，村社农民的处境日趋恶化。萨尔贡的儿子玛尼什吐苏留下了一块方尖碑，碑上的铭文反映出他大肆兼并土地。他买地 8 次，其中 7 次即合 3000 多公顷。从当时买卖奴隶的泥板增多，可见奴隶制较前也有所发展。在萨尔贡晚年及其后继者统治时期，国内不断爆发人民起义。公元前 2191 年，阿卡德王国被东北方山区来的库提人所灭。

库提人对苏美尔的统治比较薄弱。公元前 2150 年，乌鲁克兴兵赶走了库提人。同时，南方的乌尔兴起，建立了乌尔第三王朝（约公元前 2113—前 2006 年）。乌尔第三王朝的创建者乌尔纳姆及其后继者统一了巴比伦尼亚。乌尔纳姆编订了第一部通行全国的法典，《乌尔纳姆法典》是现知世界史上最早的一部成文法典。

乌尔第三王朝时期王权进一步加强。国王自称为神，直接任命各城总督。扩大了常备军，配备有弓、矢、矛、盾等武器的轻装步兵成为军队的主要兵种。各城神庙和原拍达西的经济逐渐为王室所吞并，它占有全国五分之三以上的土地，王室经济在全国占优势地位。公元前 27 世纪在苏美尔出现的青铜器，这时已广泛使用，水利灌溉网进一步扩大，椰枣的种植已经普及。在交换中，银块的使用范围扩大。与此同时，阶级分化日益加剧，奴隶的处境更加悲惨。在集中女奴隶劳动的一个场地中，185 个女奴隶及其子女，在一个月之内就死去 57 人。

公元前约 2006 年，乌尔第三王朝在阿摩利人和埃兰人的夹击下覆亡，两河流域又陷入分裂局面。

（一）古巴比伦王国

乌尔第三王朝灭亡后，南部两河流域又分裂为伊新、埃什努那、玛里等几个小国。公元前1894年，阿摩利人的首领苏姆阿比以巴比伦为中心建立了一个重要王国，史称古巴比伦王国第一王朝（约公元前1894前1595年）。巴比伦（意为“神之门”）城位于幼发拉底河中游东岸，处于两河流域的中心，扼守西亚商路的要冲，具有极为有利的战略地位和经济地位。起初，这个国家比较弱小，到第六代王汉谟拉比时期（公元前1792—公元前1750年）才强大起来。汉谟拉比使用远交近攻的手段，经过35年的征战，统一了两河流域。

汉谟拉比在统一两河流域的过程中，建立了强大的中央集权君主专制的国家。他宣称自己是受神之命来统治世界，是“诸王之王”；他把全国的行政、军事、立法、司法、祭祀等大权集中在自己的手里，直接任命中央各级官吏、地方长官和下一层地方官吏（“拉比阿努木”）；他亲自下令开凿运河、沟渠，处理用水纠纷。汉谟拉比执政的40余年，是古巴比伦王国第一王朝政治、经济、军事和文化最兴盛的时期。

汉谟拉比勤于治国并有显著的政绩，是上古帝王中卓越的政治家、军事家。他重视兴修水利，发展农业生产。在即位后的第8年、第9年和第33年都曾开凿运河，其中最大的一条名为“汉谟拉比渠”。这条运河可为尼普尔、埃利都、乌尔、拉尔沙、伊新等地区提供充足的水源，使农业得到发展，提高了古巴比伦的物质文明，增加了国家的赋税收入。他十分重视军队，优待自己的士兵。国家发给士兵每人一份服役份地，平时务农，战时出征。为使军队效忠于国家，汉谟拉比还进一步规定，士兵的土地不得自由买卖；军官不得侵占士兵的土地和其他财产，否则处以死刑。这些措施，加强了他的军队，使军队成为国家政权的有力支柱。

汉谟拉比加强统治的另一重大措施，是重视和实行法制，编制了古代史上著名的《汉谟拉比法典》。法典对诉讼、盗窃、军人份地、租赁和雇佣关系、商业高利贷关系、婚姻、遗产继承、奴隶买卖及处罚等都有明确的规定。法典分前言、正文、结语三部分，正文共282条，刻在一个玄武岩石柱上。这一石柱于1901年被法国考古队在古埃兰的首都苏撒（现伊朗西南部）发现，现存于巴黎卢浮宫博物馆。

《汉谟拉比法典》是古代第一部完整保存下来的成文法典，相当全面地反映了古巴比伦王国的社会经济、政治状况和阶级关系，是研究古巴比伦王国历史的珍贵资料。

汉谟拉比所建立的统一国家并不巩固。在他死后，由于奴隶逃亡、贫民斗争和外族入侵，国势渐衰。公元前 1595 年，北方新兴的奴隶制国家赫梯攻克了巴比伦城，消灭了古巴比伦第一王朝，但赫梯人劫掠一番后旋即退走。同年，南方沿海伊新城的伊路买鲁建立了巴比伦第二王朝（海国王朝，公元前 1595—公元前 1518 年）。公元前 1518 年，东北部山区的加喜特人入侵，灭海国王朝，建立了巴比伦第三王朝（约公元前 1518—公元前 1204 年）。

加喜特统治者把所占的土地分赐给官僚贵族，形成大土地占有制。分赐土地的界石称“库都路”，上面有关于赐地和免除义务的记载。给寺庙和巴比伦、尼普尔等城市免除赋税、徭役和兵役的特权；把农民组织在“比图”（农村公社）中。在加喜特人统治下，新旧奴隶主逐渐合流。加喜特人将马带进两河流域，对当地的生产、生活发生一定的影响。公元前 13 世纪末，巴比伦第三王朝在亚述、埃兰人的打击下灭亡。不久，巴比伦第四王朝（公元前 1165—前 689 年）兴起。进入公元前 1000 年，亚述帝国兴起。公元前 729 年，亚述国王提格拉特帕拉沙尔三世成为巴比伦国王。公元前 689 年，巴比伦第四王朝被亚述人灭亡。

（二）亚述和新巴比伦

1. 亚述帝国

亚述位于两河流域北部底格里斯河中游地区。居民主要为亚述人，另有一部分是胡里特人。亚述国家以位于底格里斯河中游西岸的亚述城为中心，于公元前 3000 年末逐步发展起来。阿卡德王国和古巴比伦王国征服过这块地方。公元前 15 世纪后亚述曾一度兴起，向南远征过巴比伦地区，向西攻占地中海东岸，和埃及新王国为同时代的大国，但不久受外族进攻再度衰落。公元前 10 世纪，两河流域进入铁器时代，亚述的生产力有了很大的提高。同时周围的几个大国相继衰落或灭亡，亚述乘机崛起，建立起一个空前庞大的亚述帝国。

帝国早期的对外扩张主要是为了抢劫，他们采取了极其野蛮的抢尽烧光的政策。这种政策遭到各族人民的强烈反抗，也非常不利于奴隶主阶级的统治和剥削。后来随着奴隶制经济的发展，国王提格拉特帕拉沙尔三世（公元前 745—公元前 727 年）改变了政策。他将被征服地区的居民，除少数认为没有多大危险的编入亚述军队或留居原地外，其余强制迁移，分散安置，让他们每家分得一小片土地，为国家或奴隶主耕种。他们必须缴纳沉重的租赋，并应召从事各种劳役，且没有人身自由。他们本身和土地一起，或直接归国家所有，或由国王赐给神庙、大臣，或卖给奴隶主个人。这实际上是在亚述帝国的特定条件下的一种剥削奴隶的方式。这种制度一直实行到亚述帝国灭亡。

提格拉特帕拉沙尔三世壁画

公元前8世纪到前公元7世纪前期是亚述帝国国力强大、文化昌盛的时期。国王提格拉特帕拉沙尔三世实行募兵制，建立起一支由国王直接控制的强大军队。军队除战车兵、骑兵、重装步兵及轻装步兵外，还新设了工兵等兵种。这是人类历史上第一次出现专业的工兵。军队的装备由王室供应，配备有铁制的盔甲、武器和战马，还备有攻城用的冲城器和投石机。每次攻城不仅用投石机向城里发射石弹和燃烧着的油罐，而且在铁甲的掩护下，冲城器会一直被推到城垣下进行冲击，以打开缺口；有时还开掘地道以攻入敌城。这在当时是最优良的军事体制和技术。亚述利用它和有利的国际环境，先后征服了小亚细亚东部、地中海东岸的许多地方和两河中下游地区，一度征服埃及，消灭埃兰。其疆域东临伊朗高原，西濒地中海以至埃及，北及南高加索，南至波斯湾，成为铁器时代第一个奴隶制大帝国。

在统一帝国的广大领土上，到处存在着征服者与被征服者、压迫者与被压迫者的斗争。随着帝国的扩张与统一，奴隶制经济发展起来，工商业奴隶主的力量逐渐壮大，他们要求给神庙（工商业中心）和城市以各种特权和自治权，而反对军事贵族集团的黩武政策。工商业奴隶主同军事贵族之间的矛盾加深，从内部削弱了帝国的统治力量。帝国后期国际情况也发生了变化。公元前655年埃及首先独立。公元前626年迦勒底人占据巴比伦城建立新巴比伦王国，后又与伊朗高原北部的米底结成联盟，共同进攻亚述。公元前612年新巴比伦和米底联军攻陷亚述帝国首都尼尼微，帝国崩溃。

亚述帝国时期，首都尼尼微设立了规模宏大的国家档案库。内藏公文、经济表册、历史记录、天文、医学文献以及神话、诗歌等文学抄本。近代考古发掘，已发现泥板文书两万多块。国际学术界将对上古两河流域历史和文化的研究称为“亚述学”。

2. 新巴比伦王国

新巴比伦王国又称迦勒底王国（公元前626—公元前538年）。迦勒底人约在公元前1000年初进入两河流域南部，后来逐渐成为一支新的强大力量。联合米底灭忘亚述帝国后，占有两河流域南部、叙利亚以及地中海东岸大部地区。

尼布甲尼撒二世在位期间（公元前604—公元前562年），是新巴比伦王国最强盛的时期。尼布甲尼撒二世与米底公主结婚，巩固了与米底的联盟。后出兵击退了埃及对叙利亚和巴勒斯坦的争夺。公元前586年，攻陷耶路撒冷，消灭了

古巴比伦“空中花园”

犹太王国。第二年，尼布甲尼撒又领兵侵入埃及，大掠而归。他为了防止米底人的突然袭击，在巴比伦尼亚北部兴筑一道横跨两河平原的长城。他扩建巴比伦城，使之一时成为西亚最壮观的城市。为了取悦米底籍王后，他还在首都高110米的土山上筑起一座“空中花园”。花园以多根大石柱（最高的25米）支撑，上铺石板、铅板，铅板上敷土种花。白天阳光耀眼，故看去花园有凌空悬存之感。后来腓尼基学者称其为古代世界七大奇观之一。

新巴比伦王国时期奴隶制私有经济有了很大的发展。尼布甲尼撒统治时，依靠的是军事奴隶主集团和兼营手工业、商业、高利贷的祭司集团。后者经济实力雄厚。他们享有种种特权，除从世袭的神庙职务中获得收入外，还买卖土地和奴隶，收买水渠和池塘，迫使用水的农户纳租。新巴比伦时期的奴隶主常常采用种种让奴隶独立经营的剥削方法。在农业方面，奴隶主常把土地分成小块，交给奴隶自己耕种，奴隶每年不仅要交一定的地租，还必须交一定的“人身租”。有的奴隶主让自己的奴隶学习某种手艺，然后让其独立经营工商业以至开钱庄，他们必须逐年向主人交纳“人身租”和利润。有时“人身租”高于奴隶的身价。奴隶主有权收回他的全部财产，包括奴隶本人。新巴比伦时期手工业和商业达到两河流域历史上的最高水平，巴比伦城成为西亚最繁荣的商业中心。

在统治阶级内部，随着祭司兼工商业奴隶主地位的加强，国王与祭司集团之间的裂痕也越来越深，斗争日益激烈。尼布甲尼撒死后，祭司集团屡次发动政变，在六年中废了三个国王。公元前555年，那波尼德即位，企图摆脱对祭司集团的依赖。但这时国际形势紧张，波斯人崛起于伊朗高原，并对外扩张。公元前538年，波斯人兵临巴比伦城下，祭司集团主动替侵略者打开城门，从此新巴比伦王国被并入波斯帝国。

（三）古代两河流域的文化

两河流域最先创造文字的是苏美尔人。约在公元前40世纪中期，苏美尔人创造了图画文字，以表示简单的意思，基本上是一符一意。后来发展为象形文字，包括把两个或两个以上的图形结合起来表示一个意思。随着生产的发展和人们交往增多的需要，字符不断增多。为了书写和记忆上的方便，象形文字逐渐发生变化：一是图形简化，用原来图形的一部分来代表整体，如用“牛头”的符号代表“公牛”。二是用同一个图形表示几个有关联的意思，如“犁”的符号除表示犁外，还有“耕耘”、“耕作者”的意思。这种符号叫做表意文字。三是同声的词往往合用一个字符。这种字符叫做偕声文字。后来又创造了指意符号。如在犁的符号上加指意符号“木”，就是指犁的本意等。这样，苏美尔文字就逐渐形成一个体系。

楔形文字

苏美尔人的文字主要用“笔”压在半湿的泥板上。削尖的木棒、芦苇秆就是笔。由于落“笔”处印痕较为深宽，提“笔”处较为细狭，每一笔画的形状都很像木楔，故称为楔形文字。楔形文字的发明是苏美尔人对人类文化的一大贡献，为以后的阿卡德人、巴比伦人、亚述人、迦勒底人和赫梯人以及波斯人所采用，他们在继承时只略加改变以适合各自语言的要求。这种楔形文字一直使用到公元元年前后。

古代两河流域留下了种类数量丰富的文学作品，有神话故事、史诗、对话、寓言等。最著名当属史诗《吉尔伽美什》。这部史诗可说是古代两河流域的神话传说和英雄故事的总集。它来源于人民的口头创作，以被神化了的乌鲁克国家的首领吉尔伽美什为中心人物，形成了一整套故事，经过世代传诵、锤炼和加工，最后成为一部完整的史诗。史诗在苏美尔时期已具雏形，至古巴比伦时代最后编定。尽管它经过祭司们的篡改，渗进不少宗教迷信内容，但其中仍保留了英雄吉尔伽美什反抗神权的主题思想。这部史诗还第一次描写了洪水的故事，叙述了众神会议决定以洪水毁灭人类和一切生物，只有虔诚奉神的赛苏陀罗根据梦中得到的慈善之神埃阿的劝告，造了一艘大船，带着全家和多种成对的动物上了船，没有被洪水淹没。这个故事就是后来犹太人《圣经》中洪水和诺亚方舟神话的蓝本。其实犹太并无洪水之灾，只不过吸取了这个故事，把苏美尔的神换作耶和华，把赛苏陀罗改为诺亚罢了。这个故事被编在《旧约·创世记》中。

古代两河流域的人们在农业生产中，为了准确地掌握农时，很早就设立观象台观测天象。观象台一般设在庙塔的顶部平台上，由祭司专门负责。祭司们虽不能摆脱宗教观念的束缚，但长期观测积累下的丰富资料，发展了天文学，并取得了杰出的成就。在他们的天象记录中，有日、月食，有行星的出没，有偶见的彗星和流星，以及虹、地震、台风发生的时间和地点等。他们逐渐掌握了星体运行的周期，发现每过223个朔望月，日、月和地球三者又回到原先的相对位置，一个周期以前的日、月食又再次相继出现；还知道火、水、木、金、土五大行星回到原来位置的大致周期。到新巴比伦时期，天文学家据此已能预测到日、月食和行星的会冲现象。古代巴比伦的天文学成就，后来为希腊人所继承。希腊人从巴比伦人那里接受了黄道12星座的划分法和一些星座的名称，如狮子座、双子座、天秤座、天蝎座、巨蟹座等，这些名称迄今仍为欧洲天文学所沿用。

早在苏美尔城市国家时代，苏美尔人就根据月亮的盈亏，制定了太阴历，把两次新月出现的期间作为一个朔望月，这样每月就包括29或30天，12个月为一年，每年354天。这比地球绕太阳一周的时间差11日5时48分46秒，他们用闰月来弥补。在亚述帝国和新巴比伦时期，人们还根据月相的变化，将每月分为4周，每周7天，分别冠以7个行星的名字，表示每天由一个星神主管，太阳神管星期日，其他各神依次管其余6天。这种7天一星期的制度后来影响到世界各国，至今沿用。他们还按黄道12宫把一昼夜分为12个时辰，每个时辰又分为30分钟。这就是现代昼夜分为24小时、一小时60分钟的雏形。

古代两河流域在数学方面也有很大成就。原始时代人们多用手指计数，所以古代运算一般取10进位法。但古代两河流域人除10进位法外，还创造了60进位法。他们用60进位法计算时间和圆周。他们还发明了表示数字位值的方法，同一数字在数的序列中位置不同而其值亦不同，这使他们可能用较少的数码来写较大的数目（如：/表示1，〈表示10，如/后有〈，则/加大60倍为60），这在数学上是一个重要的贡献。此外，古巴比伦人还掌握了算术四则和分数的演算方法，为代数学奠定了初步基础，已能求平方根和立方根，能解有3个未知数的方程式。在巴比伦的石碑中曾发现乘法表、平方表和立方表。在几何学方面，他们已能运用勾股定理，推算出圆周率为3，并已能够求出不规则的多边形的面积和截顶角锥体的体积。

古代东方文化

中国古代文化的繁荣与昌盛

（一）“百家争鸣”的活跃

诸子百家中的商鞅雕塑

春秋是我国奴隶制瓦解和封建制形成的时期，战国是封建社会的开端。春秋战国经历着剧烈的社会变革，阶级关系发生了很大的变动。反映在意识形态领域，出现了“诸子百家”和“百家争鸣”的盛况。“诸子”，是指春秋战国时期思想领域内反映各阶级、阶层利益的思想家及其著作。“百家”是表示著名的思想家很多。主要有老子、孔子、墨子、杨朱、许行、商鞅、申不害、孟子、荀子、庄子、韩非子、惠施、公孙龙、田骈、慎到、宋钘、尹文、关尹、邹衍、张仪、苏秦、吕不韦、孙武、吴起、孙膑等。“百家争鸣”是指春秋战国时期错综复杂的阶级斗争在思想战线上，反映出群星灿烂的各种不同流派的学说，互相争辩的异常活跃局面。

在春秋战国的“诸子百家”中，存在着极为错综复杂的关系。各家之间，互相驳难，既有思想交锋，又有思想融合，因而形成“百家争鸣”的局面。那种把“百家争鸣”曲解为儒法之争，或以儒家及其同盟军为一个阵营和以法家及其同盟军为另一个阵营之争的说法，是不符合历史事实的。因为当时“诸子百家”不是每一家代表一个阶级，更不是凡属儒家就代表奴隶主阶级，也不是凡属新兴地主阶级的思想家就是法家。历史的事实是，在当时的意识形态领域里，从“诸子百家”学术发展的源流看，在春秋战国各阶段,因阶级斗争形势不同,斗争的中心也有所不同。在春秋末期,主要是儒、墨学说的对立和斗争。在战国早、中期，则出现了儒、墨（子）、杨（朱）三家鼎立的局面。战国早期，在齐国稷下，以黄老之学为主的稷下学派发展起来，但在当时道家势力并不大。只是到了战国中期比孟子稍晚的庄子的出现，才把老子学说加以发展，使道家有较大的起色。当时的早期法家李悝、吴起、商鞅等，主要是在政治经济领域从事变法改革，他们对儒家思想的斗争不是没有，但理论并不完整，在思想意识形态领域所占的地位并不重要。因此，孟子主要论辩的对手是杨、墨两家。到了战国后期，韩非总结了商鞅的“法”、申不害的“术”、慎到的“势”,才使法家的理论趋于完善。法家对儒家比较系统的批判是从韩非开始的。可以说在这时的儒法斗争才具有相当的规模。

不过,我们也要看到,虽然在“百家争鸣”过程中有过儒、墨之争,儒、法之争,儒、道之争,等等,他们的观点互相对立,进行激烈的辩难。但这只是“百家争鸣”的一个方面。在“百家争鸣”的过程中,各家还有相互影响的一方面。班固在《汉书·艺文志》中说，诸子百家“其言虽殊，辟犹水火，相灭亦相生也。仁之与义，敬之与和，相反而皆相成也”。这是说，各家主张虽然各不一致，相互如水火一样不相容；但是并非毫无关系，往往是相灭又相生，相反又相成。在学术发展过程中往往互相补充。比如，老子首先提出“道”这个抽象概念，认为“道”是万物的本原。这种客观唯心主义哲学，片面地强调了抽象思维的作用。墨子在认识论上特别强调经验，即重视感性认识在认识中的重要作用。这就克服了老子哲学强调抽象思维的片面性。荀子吸取了墨子重视感性认识的长处，建立了他的唯物主义的认识论，同时又吸取了宋钘、尹文的唯物主义的认识论，给理性认识以一定的地位。因而荀子的认识论在前人的基础上大大提高了一步。又比如，老子强调天道无为，忽视了人的主观能动作用。儒家纠正了老子这一弱点，强调了人的主观能动性。但是，孟子又过分强调人的主观能动性，陷入了主观唯心主义。荀子批判了孟子的主观唯心主义哲学，吸取了他重视人的主观能动性的合理部分，继承了历史上的唯物主义思想传统，形成了他的唯物主义思想体系。

在“百家争鸣”中各家的相互影响，还表现在思想资料的继承关系上，并不局限于某家只继承某家，而是各家之间互相吸取营养。比如，法家韩非批判继承了老子的一些思想资料，他作《解老》《喻老》两篇，把老子的唯心主义的“道”，改造为唯物主义的“道”，吸收到他的唯物主义思想体系中去。又比如，荀子本是儒家，但他改造了儒家的“礼”，给“礼”赋予“法”的内容，以适应新兴地主阶级的需要。而著名的法家韩非、李斯都是儒家荀子的学生。可见，儒法两家并非壁垒森严，处于绝对斗争之中。历史的事实倒是与此相反，儒法两家逐渐合流。这种趋势是从荀子开始的。所谓“荀、孟之争”，并不是儒法斗争，而是儒家内部的派别之争，是荀子对孟子思想的批判改造。这种批判改造正是儒法合流的先声。因此，荀子是儒法合流的关键人物，也是开始总结“诸子百家”的第一人。韩非对儒家的批判也不是什么两条路线的斗争，因为他不仅批判儒家，同时也批判墨家、杨朱学派和道家等，这是在荀子的基础上进一步总结诸子百家。正是在这一过程中，韩非完成了法家理论的系统化，成为先秦法家集大成的人物。

到了战国晚期，吕不韦主持编纂《吕氏春秋》，“兼儒、墨，合名、法”，使“诸子百家”融合在一起。这是政

孔子像

治上由封建割据走上全国统一的趋势在思想意识形态领域的一种反映。

总之，春秋战国“百家争鸣”局面的出现，对我国古代学术思想的繁荣有重要作用。它是我国学术思想史上一个重要的发展阶段。

1. 孔子的学说

孔子（公元前551—公元前479年），名丘，字仲尼，鲁国陬邑（今山东曲阜东南）人。孔子是我国历史上伟大的思想家和教育家，儒家学派的创始人。孔子的言论和思想主要记载在《论语》一书中，这是我国最著名的儒家经典著作。孔子的思想自汉代以后成为我国古代社会的正统思想，历时达两千多年。孔子不仅是中华文化史上最重要的人物，也是世界文化史上最重要的人物之一。

孔子生活在“礼崩乐坏”的春秋晚期，他探究过夏、商、周三代因革的历史，得出“殷因于夏礼”“周因于殷礼”的结论。他非常崇拜周公的政治，主张“天下有道，则礼乐征伐自天子出”，“天下有道，则政不在大夫”，“天下有道，则庶人不议”。在孔子看来，实现这一目的的有效手段，是“正名”。所谓“正名”，就是以“周礼”为准则，正定名分，即君臣父子各安其位，遵守自己的本分，不越位，不僭礼。怎样实现“正名”呢？孔子认为不能单靠政治手段，在“政”“刑”之外必须借助“德”“礼”，而且把“德”“礼”视为首要的统治手段。他说：“道之以政，齐之以刑，民免而无耻；道之以德，齐之以礼，有耻且格。”在孔子看来，从政的人如果真正能以“德”治国，就犹如北极星受众星拱卫一样，将得到人民的拥护。所以，孔子是希望用法先王、行德治的方法，使当时动乱的社会恢复稳定，人民所受的痛苦得以减轻。

孔子认为，要实现“德治”（礼治），必须提倡“仁”学，即通过各人内心修养，形成“仁”这个无美不备的德性。“仁”是孔子伦理思想的核心。究竟“仁”的具体含义是什么呢？孔子从各种不同角度对“仁”进行解说，“仁者爱人”“克己复礼为仁”就是他给“仁”所下的两个最主要的定义。

“仁”从人从二，指人与人的关系，“仁者爱人”，就是这种关系的体现，孔子把“能近取譬”和“忠恕之道”都当做“为仁之方”。他要求作为一个仁者，在消极方面要“己所不欲，勿施于人”，在积极方面要“己欲立而立人，己欲达而达人”，这是对统治者相互间的要求。进而推广到被统治阶级，他主张统治者要“节用而爱人，使民以时”，“博施于民而能济众”，那就是“仁”的极致，甚至可以称之为“圣”了。因此，孔子认为从政者要做到“因民之所利而利之”。孔子主张“爱人”，这实际上是做不到的。不过，在人民大众受压迫被剥削的阶级社会中，孔子提出“爱人”的思想，一定程度上反映了对人的重视，有利于缓和社会矛盾，实现社会的稳定，毕竟是有进步意义的。他这种思想，承继和发展了西周以来重民重人的思潮。

孔子提倡“仁”的终极目的还在于“克己复礼”。他说：“克己复礼为仁。”“克己复礼”的意思是要克制自己，使自己的行为符合周礼的规范，一切非礼的视、听、言、动都必须加以克制，这就算有了仁德。做到这一步，统治阶级的内部矛盾就可以得到缓和，人民也因受统治阶级的所谓恩惠而消解其反抗的斗志。所以孔子倡导的“仁”学，是以调整阶级关系为出发点的。他把伦理范畴的“仁”和政治范畴的“礼”密切结合在一起，形成了不可分割的统一体，由此而形成的伦理政治对后世的影响是深远的。

孔子宣扬天命，但是对鬼神却持存疑态度，所谓“子不语怪力乱神”“敬鬼神而远之”，都反映了这种思想。这种现象是与他的政治立场分不开的。在孔子看来，天命在天上就是“上帝之命”，在人间就是周天子之命，至于鬼神则不是“正宗”，敬而远之也就可以了，而对于怪力乱神那就不屑一提了。

孔子大半生的时间从事教育活动。他以礼、乐、诗、书教育学生，由于长期从事教学，在教育思想和教学方法方面，总结了很多有益的符合认识规律的东西，值得加以批判地继承。

在教育对象上，孔子倡导有教无类。他推广私人讲学，对打破“学在官府”、贵族垄断教育是有贡献的。他在实践中，破除了等级、地域和种族的界限，接收贾人、贱人和农家的子弟入学，提出了“有教无类”的主张。这是学术下移、庶人议政历史趋势的必然结果，而这一口号的提出，又进一步促进了这一历史趋势的发展，其意义是不能低估的。在一定程度上说，孔子促使“私学”走向兴盛，并为战国社会的变革奠定了人才基础。

孔子在教学实践中重视启发学生学习的自觉性、主动性，强调实事求是的学习态度。他曾说：“知之者不如好之者，好之者不如乐之者”，他反对不懂装懂，认为“知之为知之，不知为不知，是知也”。因此，他主张学习要有“多闻阙疑”“多见阙殆”的精神，即是要多听多看，有怀疑的地方不轻易下判断，要持存疑态度，主张“毋意（不凭主观臆测）、毋必（不武断）、毋固（不固执己见）、毋我（不唯我正确）”。孔子还重视相互学习，取长补短，教育学生要“不耻下问”，孔子对于自己不懂的东西就经常请教别人。学生称颂他是学无常师。在他的影响下，学生曾子提出了“以能问于不能，以多问于寡”的见解。

在教学方法上，强调学与思的关系、学习与复习的关系。他认为“学而不思则罔（诬罔，即受欺），思而不学则殆（疑惑）”，这是学与思结合求得知识的必要方法；复习也是巩固知识、增长新知所不可少的，“学而时习之”“温故而知新”、“告诸往而知来者”就是这个意思。知识的获得建基于经常的练习与复习，这无疑是正确的。启发学生的积极性和独立思考是孔子教学方法的重要特点。他主张“不愤不启，不悱不发”，就是说，学生不到急于求知的时候，不去开导他；不到想说又说不出来的时候，不去启发他。孔子要求学生做到“举一反三”，融会贯通。他用“能近取譬”的比喻法，帮助学生理解困难问题。

孔子还善于“因材施教”，在教学中坚持对不同对象施以不同的教育，所谓“中人以上，可以语上也；中人以下，不可以语上也”。这是就程度说的。具有中等以上水平的人，给他讲授高深的知识，水平不及中等的人，就不要把难于理解的知识传授给他，还应针对各人的个性特点施以不同教育。孔子培养了“德行、言词、政事、文学”等方面各具专长的人才，就是因材施教的结果。

在培养目标上，孔子倡导“仕而优则学，学而优则仕”。这就打破商周以来选才任官上的贵族性宗法性，为广大学有专长的下层人士参与国家管理开辟了道路；同时主张出仕后还要不断学习，提出了终身受教育的思想。这是春秋后期社会下层人士参与国家政治生活的反映。在我国教育史和选官制度变革上，具有划

孔子讲学图

时代的进步意义。

为了教学的需要，孔子以《诗》《书》《礼》《乐》《易》《春秋》作为教材。这些文献大部分经过他收集、整理、删定或改编。《史记·滑稽列传》引孔子的话说："六艺于治一也。礼以节人，乐以发和，书以道事，诗以达意，易以神化，春秋以义。"说明孔子把六经当做从教治国的重要工具。这些文献现在仍是研究古代典章制度和社会经济、政治、文化状况的宝贵资料。孔子在整理、保存我国文化遗产方面是有功绩的。

两千多年来，孔子倡导的和谐、友爱、克己、为人、团结、凝聚的群体主义伦理道德，孔子倡导的三大教育观，在中国历史上起了巨大影响。孔子已被国际学术界尊为世界古代十大思想家之首。

孔子的思想主要体现在《论语》中。《论语》是儒家最重要的经典著作之一，由孔子的弟子和后学根据孔子的言行记录整理而成，大约成书于战国初期。

在中国思想史、文化史、政治史和教育史上，《论语》都有着重要的地位。其开创的儒家思想成为中国2000年来的统治思想和文化正统。在2000多年的历史中，《论语》的浸润和积淀，对中国人的素质修养、道德观念、心理结构和社会习俗，也都产生着深刻的影响。同时，《论语》对朝鲜、日本、越南等亚洲国家的思想文化和社会发展也影响颇深，并且成为西方国家了解中国文化的重要媒介。

2. 老子的学说

老子又名老聃（dān）（公元前约571—公元前471年），中国道家学派的创始人。

（1）老子的哲学思想。老子的哲学思想，是以“道”建立起来的、完整的智慧哲学体系。早在《周易》《左传》《国语》中，就有“道”这个词。“道”可以解释为人走的道路，或者是思想行为所要遵循的道理（如，先王之道、君子之道、人生之道等），也可以理解为当今所言的“客观规律”性。

老子的“道”，和现实世界的天，合在一起称为“天道”。这是老子提出的关于世界“全新的本体论（本源）依据”（或叫命题）。这个本体论就是老子认为：“道比天”更根本，天悬出于道（天大、地大、人亦大、道更大）。此说强调了“道”是天地万物的本原，也是上帝和神存在的本源。老子这一高妙思想，可称得上是一种“哲学的自觉”。

老子像

（2）老子朴素的辩证观。老子的辩证法思想强调：

①矛盾的普遍存在。他认为事物的矛盾，是一种在自然社会和人生当中存在的普遍现象。如：有与无，

难与易，长与短，前与后，荣与辱，愚与智，柔与刚，是与非，胜与败，治与乱，强与弱，轻与重，黑与白，生与死，多与少等。这种矛盾的普遍观念，确立了中国“思维论”中一些根本性的思想原则。

②矛盾会互相转化。老子认为任何事物都是正与反，肯定与否定的，这些矛盾彼此对立，又相互关联和依赖（“相生相成”，“相形相亲”，“相和相随”）。矛盾着的双方，按自然法则，必然有两个结局：

一是转化对立。事物矛盾着的两个方面，遵循“物极必反”法则，相互转化。即：“祸与福”相伴，“败与胜”相连，“刚与柔”互补。那种绝对的胜败、刚柔、损益是没有的，不含对立面的事物是不存在的。

“飘风不终朝，骤雨不终日。孰为此者？天地。天地尚不能久，而况于人乎。”老子认为明白这个道理，就可使人不被表面现象和片面感觉所误导，对事物的转化，保持清醒的头脑，永远“防盈戒满”，否则“祸兮，福之所倚；福兮，祸之所伏”；“多藏必厚亡”。

二是调和统一。要注意维护总体生命的和谐统一，矛盾的双方就是如何对待和谐的关系，这也是一个相互依存的关系。

“有无相生，难易相成，长短相形，高下相倾，音声相和，前后相随。”明白这个道理，矛盾最终会通过和谐的方式解决。这种以和谐作为逻辑终点的辩证法，避免了矛盾的极端化。这正是老子的卓越贡献，也是他“乐天精神”的哲学依据。中华民族承继、吸取了老子这种“尚中”的辩证思想，从而形成民族特有的“助人为乐、自得其乐、知足常乐”的乐天精神，总结出“知足不辱，可以长久”的道理。

③矛盾转化是从量变到质变的。老子强调事物的转化并非一蹴而就，要经过量变到质变的过程，即：“合抱之木，生于毫末；九层之台，起于累土；千里之行，始于足下。”当量变达到事物发展的顶点时，它就会一落千丈，从“有”转化为“无”，即：“揣而锐之，不可长保，金玉满堂，莫之能守。”为此，老子强调要防止事情达到“最高点”或“临界点”，要永远保持在临界点的“安全阈限”之内，这样，就尽可能阻止向事物的反面转化。

④要从反面透视正面。老子认为在矛盾的双方，要关照“负面”，以显示正面的内涵。就是说要从反面去透视正面的内容，“曲则全，枉则直。”意思是弯的是向好的倾向发展，人必须委屈自己，才能保全。这也是我们常说的“夹着尾巴做人”，不要太张扬，多点谦虚、谨慎，戒骄、戒躁。

可以说，老子的辩证观，是他悟道后，达到个体直观智慧的神秘飞跃。5000余字的《老子》(又名《道德经》)，虽非全是老子所著，但却记载了他的学术思想和政治态度。

从16世纪开始，西方学者就已经把道教的经典著作《道德经》译成拉丁文、德文、法文、英文等。据西方学者统计，从1816年至今，各种西文版的《道德经》就已有250种之多。时至今日，几乎每年都有新的译著问世。老子早已成为西方人最感兴趣的哲学家之一。据联合国教科文组织统计，被译成外国文字发行量最多的世界文化名著，除《圣经》之外，即为中国的《道德经》，发行量居世界第二。

但是，老子的朴素辩证观，忽视了矛盾转化的前提条件。在他之后的庄子继承并发展了他的思想。

3. 庄子的学说

庄子（公元前约369—公元前286年），战国时期著名的思想家、哲学家、文学家，道家学派的代表人物，老子哲学思想的继承者和发展者。后世常将他与老子并称为“老庄”，他们的哲学被称为“老庄哲学”。

庄子的思想包含着朴素的辩证法因素。庄子认为，是与非，长与短等，其性质和差异都是相对的。这些性质差异和矛盾关系，都是不断变幻的，都处在循环无尽的圆圈运动之中。由此庄子得出“万物齐一”，“道通为一”的结论（事物从一到二、到三、到万物，最终又回到一）。

（1）个体价值与精神自由——走进庄子的“反文化”（即反儒家）。在先秦诸子中，老子最早认识到“人”在自然界中的重要地位。但是真正从人的本性意义上，突出个体的地位、尊严、价值的人，却是庄子。从现存《庄子》33篇中看，庄子思想是老子思想的发展。

春秋战国时代，物质文明在迅速发展，导致了财富、享受、欲望和野心、权势、罪恶同步增长。这种文明进步与道德沦丧，越来越尖锐地刺激着思想家，他们提出许多改变现状的主张。如果说，儒家是试图从“调节人际关系”入手，来阻止社会的日益堕落。那么道家，尤其是庄子，则强调从“个体自身的价值”入手，来呼唤人性的复归。因此庄子不承认任何的绝对权威，这点很像西方思想家尼采的观点：“上帝死了，一切价值都需要重估。”庄子对现存的一切制度的怀疑、批判与否定以及追求绝对自由的精神，成为庄子学说的一大特点。他说：“牛马四足，是为天，络马首，穿牛鼻，是谓人，无以为人乐天。”就是说，牛马四足是天生成，而装饰马头，穿绳于牛鼻子，这都是人做的，不要以人为的道德观念，去破坏一切自然的天性。

庄子认为，人的自然本性，被外在的物（名利、家族、事业、死亡等）所掩盖，所扭曲，所伤害。而这些外在之物，恰恰都是没有意义、没有价值的。只有超越这一切的束缚，复归人的自然本性，才是人价值的真正实现。如何超越？庄子认为要彻底回到“民知其母，不知其父，与麋鹿共处”的原始社会。但是社会的发展是不可逆转的，于是庄子便逃离现实的物质世界，到纯粹的精神世界去寻求自由。

庄子追求的精神自由，主要是通过“内省”实现的。具体方式是“心斋与坐忘”。即，不要粮食，保持心灵的空寂，摒除情欲，虚静端坐，彻底忘掉一切，让精神离开肉体的躯壳，在宇宙中作“逍遥游”（自由自在地遨游于“无功、无名、无自己”的一个绝对自由的境界）。庄子这种做法，在他人看来“形如槁木，心如死灰”（《庄子·齐物论》），是个活死人，庄子却认为，这才是获得了真正的幸福和自由。

（2）庄子的全生避害“三世”说。人毕竟不可能终日在精神领域里生活。道家的天道无为（历史观），朴素辩证法与相对主义（认识论），个体价值与精神自由（理想的价值观），这些都不是一个纯理论的问题，更有一个如何实践，如何落实到立身处世的实际问题。正如哲学大师冯友兰说：“道家的中心问题，本来是全生避害，躲开人世的危险。”全生避害的基本方针，就是以超然的态度，来对待尘世的纷争。

庄子像

道家视功名如粪土，视帝王如秕糠。庄子非常厌恶“窃钩者诛，窃国者为诸侯”的黑暗现实。同时又反对儒家为改变这一切，而强加给人民什么仁智礼义、修齐治平的精神枷锁。

人们通常称儒家为“入世”，称道家为“出世”。老子身体力行，为后世树立了“出世”的楷模。庄子将出世思想加以丰富，展开为“超世、顺世、游世”三种境界，以便让立足于出世的人们，从不同角度的价值选择，得到不同层次的心理满足，这又是庄子的天才创造。

①超世。庄子的愤世嫉俗情怀，表现为超世的孤傲独行。这种超世主义，后来为“不事权贵，不媚时俗”的刚直不阿之士们，无数次地仿效。但是一味地愤世嫉俗，并不能改善社会政治的一丝一毫，精神自由的肥皂泡沫，在冷酷的现实中碰得粉碎，于是超世主义便转化为顺世。

②顺世。顺世主义在中国，几乎成了超时空、超阶级的自我解脱的精神法宝。其高雅者有如陶渊明，其低贱者有如阿Q。单纯的超世主义，难免于冻馁灾祸；单纯的顺世主义，又必然导致人的自然本性的失落。如何才能“顺人又不失己”？庄子提出了最高境界的“游世”说。

③游世。即寓身仁义，位居高官，也可以不为世俗所累，仍能游心于尘世之外。从此，后世的士大夫们，在志得意满时，无不以“治国平天下”为己任，出将入相。在心灰意冷时，又可以毫无梗介地皈依老庄隐居山野。这种仕途上的进退自如，正是以心理上的儒道互补为思想基础的。

正是在这一层意义上，道家以独特的超逸之风，给中华民族，尤其是士大夫阶层的文化心理，以深刻影响至今。

4. 墨子的学说

墨子（公元前468年—公元前376年），战国时期著名的思想家、教育家，创立墨家学说，并有《墨子》一书传世。

在百家争鸣中，墨家是儒家最大的反对派。在战国中期之前的百家争鸣中，与儒家形成两大派。墨家的严谨务实与儒家的淳厚仁爱的社会理想形成了鲜明的对立。

（1）严明的军事团体作风。墨家有严密的组织、严格的纪律，强调：“言必信，行必果。”提倡简朴、实用。所以，后世之墨者，多“以裘褐为衣，以跂蹻为服，日夜不休，以自苦为极”（《庄子·天下》），陶冶舍己为人的情操。

（2）严密的“天志”观。墨家的“天”，是经过改造后的下层劳动者理想的天。因而“天志”也不再是传统意义上的神秘天命，而是下层劳动者利益与愿望的神圣“外化”。墨家借助天志的吓人权威，在《墨子》书中提出了：尚贤、尚同、节用、节葬、非攻、兼爱、非乐，希望人与人“兼相爱”。这就比儒家的“爱人”具体。

儒家不言利，提出“见利思义”，墨子重利，提出“交相利”（今日说的互利）。墨家还反对侵略。这些政治主张，都反映出下层群众的强烈意愿。正因此，后世的农民起义所提出的纲领、口号，总是与墨家的思想息息相通。

甚至在两千年后爆发的太平天国运动，在那“八面威风的天父上主皇上帝”身上，我们还隐约可见墨家“天志”的影子，如：“天下多男人，尽是兄弟之辈，天下多女人，尽是姊妹之群”；“天必欲人之相爱相利，而不欲人之相恶相贼也”；“今天下无大小国，皆天之邑也。人无幼长贵贱，皆天之臣也。”这种绝对的平均主义何其相似！正说明，虽然“至西汉，儒复兴，而墨竟绝”，但植根于封建小生产经济土壤的墨家思想，已经深深地积淀在中华民族，尤其是下层群众的心中。

（3）注重亲知与实证的知识论。墨家非常重视生产实践，由于贴近“民事劳作”，所以墨家的知识论以“实证”（客观实际是认识之源）为特色。判断一个人仁与不仁，不能只看衣着，只听语言，要看行动，只有这样，才能做到“名与实”相符。这正和儒家用概念、名称去规范客观，是相反的。墨家提出著名的“三表”说（真理的标准）：一要有前人的间接经验。二要有今人的直接经验。三更要看这经验在实施过程中，是否对国家、百姓有利。强调：“凡天下群百工……使各从事其所能（引文均见《墨子》）。”

墨子雕塑

由于墨家重视生产实践，讲求科学，因此《墨子》一书中记载了关于几何学、力学、光学、

工艺、军事等多方面的知识，反映出墨家学派私学教学内容切合生产日用的特征，在我国古代的自然科学与工艺技术发展史上占有一席之地。

5. 韩非子的学说

韩非子（公元前约281年—公元前233年），战国时期著名的哲学家、思想家、政论家和散文家，中国古代法家思想的集大成者。

法家既是“百家争鸣”中一学派，也是在与旧势力斗争中产生的新兴政治势力。

儒家力图以血亲人伦来淡化、美化、融化社会矛盾；墨家借“天志”的名义，向统治者呼吁兼爱；道家则企图超越时代，返归人的古朴本性。这一切，在人欲横流，争战日烈的现实面前，都成为不同程度的空想。唯有法家对现实政治有着特殊的深刻理解。构成法家“冷峻”特色的是：冷眼静观的理智态度，冷冰冰的人际利害关系的算度，冷酷无情的利己主义。其代表人物是韩非子。

（1）对社会世象的冷静分析。法家从“财有余，故民不争”，而“货财寡，故民争”之论，深入到人际关系中去，撕去蒙在社会秩序、道德观念、行为规范、人伦情感之上的一切温情脉脉的面纱，揭示了在面纱掩盖下的赤裸裸的利害关系。儒家将父子血亲作为一切人伦关系的范本。法家则从父子关系上开刀说：“父母之于子也，产男则相贺，产女则杀之，此俱出于父母之怀衽，然男子受贺，女子杀之者，虑其之长利也。”以此说明父母对子女不一定都是“亲”。至于君臣之间也不可能有什么“君使臣以礼，臣事君以忠”的和谐关系。因为“爱臣太亲，必危其身，人臣太贵，必易其位”。

（2）进步的历史进化观。法家用发展的眼光看历史，认为古今形势不一，就要因时变法“世异则事异，事异则备变”。法家以冷静的历史、社会、政治分析为依据，昂扬着革新、奋发、创造的力量，集中体现了新兴地主阶级的蓬勃朝气和开拓进取精神。这种“法后王”的主张，成为历代有为统治者“革新除弊，厉行新政”的常用常新的有力武器；在封建社会的岁月里，一再起到推动历史前进的进步作用。为争霸当强国，法家提倡“农战”。“禁游宦之民，而显耕战之士”，提高耕战者（指平日种田，战时打仗的人）地位。特别是荀子发展经济的《富国》说，提出：“强本节用、开源节流。”成为2000年来，封建社会治国理财的金科玉律。

（3）政治学说的“三要素”。荀子冷静的世事分析，进化的历史观，并不等于强有力的行政力量，还不能驾驭政治机器的有效运转。对此韩非子依据

“当今争于气力”，“力多则入朝，力寡则朝于人”，“严家无悍虏，而慈母有败子”，证明“威势之可以禁暴，而德厚不足以止乱”。他赤裸裸地鼓吹暴力专制主义的强权政治，总结前代法家人物的思想，进行综合改造，提出政治学说的三要素，即：

① 法。要有统一的法令、政令，提出“不务德，而务法”，此为“治之本也”。

② 术。要有策略，只讲法不讲术，自己会落得粉身碎骨。但君王要“藏权术于心中，玩臣下于股掌”，以防止臣下“蔽君之明，塞君之听，夺之政，而专其令”。

③ 势。权势也。要“赏善罚恶”，才能建立权威，统一天下。

韩非子像

韩非子集前代法家思想之大成，提出三要素统一的政治学说，“法、术、势”三者的有机结合，构成了诸子百家中最为切实有效的政治理论。他说，法、术、势“皆帝王之具”。这区区五个字，准确地道出法家政治学说的全部内容。的确，只有法家学说才能在巩固、强化封建帝王专制统治中，发挥巨大作用（其思想均见后人编辑的《韩非子》）。从“政治学”原理的学术意义上去探讨法家的卓越文化贡献，它强调的要有健全的法律制度（法）；要有正确的政治方略（术）；要有领导集团的权威（势），这三点，至今都是任何一个希望“安定发展”的社会所孜孜以求的。

6. 孙武的学说

孙武，生卒年不详，春秋末期兵家的代表，字长卿，齐国乐安（今山东惠民县境内）人。据《史记·孙子吴起列传》记载，他曾以兵法13篇见于吴王阖闾。阖闾曾说：“子之十三篇，吾尽观之矣。”这即是传世的《孙子兵法》13篇，也说明当时孙武的著述已流传较广。阖闾欲试其治军才能，令孙武“小试勒兵”，他以宫女180人分二队操练。初始，宫女皆嬉笑不听军令，在三令五申后，依然如故，为严明军纪而斩“左右队长”，宫女皆听令而行，“中规矩绳墨”。“于是阖闾知孙子能用兵，卒以为将。西破强楚，入郢，北威齐晋，显名诸侯，孙子与有力焉。”

《孙子兵法》13篇，具体篇目为《计篇》、《作战篇》、《谋攻篇》、《形篇》、《势篇》、《虚实篇》、《军争篇》、《九变篇》、《行军篇》、《地形篇》、《九地篇》《火攻篇》、《用间篇》。《孙子兵法》是我国古代最著名的军事著述，也是世界上最古老的兵书，在我国古代军事学术史及世界军事学术史上占有突出地位，对后世影响久远而深广。孙中山曾给予高度评价，认为《孙子兵法》首创了中国的军事哲学。《孙子兵法》于公元8世纪开始传入日本、朝鲜，渐次传遍世界，已被译成日、英、俄、法等十几国文字，目前仍是国内外研究的热点之一。

孙武像

《孙子兵法》来源于战争实践，是在战争实践基础上的理论升华，其论述充满了朴素唯物主义和辩证法的精神，语言简练概括，为人们所熟知并运用。孙武认为：“兵者，国之大事。”他强调“知己知彼，百战不殆”，注重了解情况，全面地分析敌我、众寡、强弱、虚实、攻守、进退等矛盾双方，并通过对战争客观规律的认识和掌握来克敌制胜。他还提出“兵无常势，水无常形，能因敌变化而取胜者，谓之神”。他同时也特别强调了战略战术上的“奇正相生”和灵活运用。此外，在具体的战略战术、作战原则、方式方法及选将、用兵、用谋等方面，均有精辟论述。《孙子兵法》历代注本不断，较完善的注本为《孙子十家注》。

（二）多姿多彩的中国古代艺术

先秦的艺术主要表现在四个方面：雕塑、绘画、书法和建筑。雕塑包括青铜雕塑、陶塑、玉石雕刻和木雕。青铜器发端于黄河流域，早在新石器时代晚期的龙山文化和齐家文化阶段，已出现黄铜或红铜煅打的工具及青铜铸造的铜镜。青铜是铜锡合金，较之铜有熔点低和硬度大的优点。由形制、花纹、雕塑、铭刻结合而成的青铜艺术可以说是当时匠心凝聚的最高艺术表现，彝器（青铜器礼器通称彝器）在政治、社会方面所发挥的功能是青铜艺术发展的原动力。先秦具有圆雕性质的青铜雕塑，包括铜铸人像和鸟兽形铜尊卣，其艺术成就十分引人注目。玉石雕刻在商代就十分发达，其特点是：造型简洁，讲究对称，结构紧凑，立体感很强。春秋战国的玉石雕刻向精雕细刻方向发展，神秘色彩减弱；夔龙形玉佩多数饰有蟠虺纹及涡云纹，形式多种多样，造型矫健自如。安徽寿县朱家集出土的战国石卧牛，呈扭头蜷腿打滚状，标志着战国雕刻已突破商代左右对称的呆板造型。

先秦绘画主要包括先秦壁画、青铜器上的纹饰图案、战国帛画。1975 年冬，在殷墟小屯曾发现建筑壁画残块，以红、白两色在白灰墙的表面绘出卷曲对称的图案，颇有装饰趣味。春秋战国时代，壁画创作更加兴盛。大多数公卿祠堂及贵

春秋时期的兽形铜尊卣

族府第都以壁画作为装饰。《庄子》说“叶公好龙，室屋雕文，尽以写龙”。东汉王逸《楚词章句》称“楚有先王之庙及公卿祠堂，图画天地山川神灵，琦玮僪诡，及古圣怪物行事”。屈原仰见图画，呵而问之，才成《天问》之作。青铜器上的纹饰图案商代青铜器纹饰以饕餮纹（又称兽面纹）为主。西周礼制的宗教色彩减弱，逐步走向仪式化，因此纹饰删繁就简，兽面纹已衰退，凤纹渐多，出现如“∫”或“∪”的波曲纹、动物纹、鳞带纹。西周晚期则出现重叠交叉（如龙相交缠）的纹饰或较复杂的四方连续动物纹。这种风格一直发展至春秋时期。战国时期，生活气息浓郁的狩猎、习射、采桑、宴乐、攻城、台榭等图案纹饰，广布于青铜器上。战国帛画以长沙楚墓先后出土两幅旌旛性质的战国帛画为代表。先秦书法，商、西周的文字已具备用笔、结体和章法等书法艺术的三个要素，标志书法已初步形成。商代、西周时期的书法主要是甲骨文和金文。春秋末年和战国时期，金文产生了地方风格，北方晋国出现尖头肥腹的笔形书法文字，即所谓的蝌蚪文，例如《智君子监》；南方江淮一带的文字，笔画多曲折，有的以鸟形和点子作装饰，这种很像图案的文字常在兵器上看到，应是所谓的鸟书。

（三）先秦科学技术的发展

中国先秦时期的科学技术在世界科技发展史上占有极其重要的历史地位。

商周在科学技术方面，以青铜冶炼技术的纯熟掌握和应用最为突出。如今能见到的商周时代的青铜器还有万件之多。记载周代手工业生产技术和经验的著作《周礼·冬官·考工记》，介绍了“攻皮”、“设色”、“刮摩”、“搏埴”等技术经验。《墨子》记载了许多科学知识和生产技术，包括对力学、光学、几何学等的很多现象都形成了一定的认识，并进行总结，上升为理论。这是古代生产力发展的结果，显示了我国先秦时期科学发展的水平和成就。

农业是中国古代社会的主要生产部门，而天文历法与农业有着密不可分的关系。中国对天文历法的研究自石器时代就开始了。周烈王时，即公元前 370 年左右，我国出现《四分历》，包括《颛顼历》和《殷历》。《四分历》规定一年为 365 又四分之一天，十九年之中置七闰，是当时世界上最精确的历法。公元前 46 年，古罗马曾创造《儒略历》，与我国的《颛顼历》相似，但要晚 300 多年。

经过夏、商、周三代的发展，到春秋战国时期，我国古代科学技术进入全面奠基时期，同时也是第一次大发展时期。由于新兴的封建制度优于奴隶制度，其成就不仅赶上而且超过了早期科学技术最为发达的古希腊。

春秋末期出现了炼铁渗碳钢技术，战国时期又出现了白口铁处理技术。冶铁技术的发明是社会进步的一个突出标志，正是它大大促进了农业和手工业的发展。在农业方面形成了以精耕细作为主要内容的中国传统农业。战国末年写成的《吕氏春秋》，其中的《上农》《任地》《辩土》《审时》等篇称得上是这种农业科技的成文理论的开端。战国时期都江堰、郑国渠两个大型灌溉工程的兴建，标志着古代水利工程设施的空前发展。《考工记》是我国古代第一部工程技术知识的总汇，其中对生产工具、建筑、交通运输、皮革制造、染色、乐器、玉器等 36 项专门的实用工艺的记述，显示了这一时期手工业内部分工的细密化及其技术的规范化、科学化程度已达到相当高的水平。

今日都江堰水利工程

天文学、地学、医学等在这一时期都有了广泛的发展。有关天象观测的记载详尽准确，即使在今天仍不失为天文研究的宝贵历史资料。在地理方面，《山海经》《禹贡》《管子·地员》等著作的出现，标志着人们的地理知识已从对地理资料的简单积累，上升到进行某种形式的综合论述与区域对比，以适应当时政治、经济的需要。医学方面，以《黄帝内经》等著作为代表，以人体器官整体观、阴阳五行论与脏腑经络学说为理论基础，以人体解剖、生理、病理、病因诊断等的研究与实践为重点，兼及针灸、经络、卫生和保健等诸多方面，构成了我国特有的医学体系的最初基础，并在临床上作了杰出的贡献。

我国数学的产生也很早，今天通行的九九乘法口诀和十进制数字，相传在伏羲时代就有了。汉武梁祠画像有伏羲手执规，女娲手执矩的形象。规和矩都是日常生产和生活中应用数学里作圆画方不可缺少的工具。又传说黄帝使隶首作数，开始创造出了数目字。这都反映了一定的历史事实。因为在仰韶文化的陶片上，就发现了许多刻画符号，如“Ⅰ Ⅱ X 入十”诸形和商朝甲骨文中的二五六七等数字的写法差不多。在甲骨文中，我们可以看到当时的记数法是严格地按照十进制的方法记数的。甲骨文中已有从一到万的数字。十以上都用合文，有关商朝的文献资料上，不仅也有从一到万的数目字，而且还有万以上的亿、兆等数目字的使用。

在周朝，贵族子弟上学要学习礼、乐、射、御、书、数六艺，其中的数就是数学课。而开始口诀，即《周礼》一书中说的“九数”。可见，那时已把数学作为一门独立的必修课设置在贵族子弟学校了。由于当时对数学学科的重视，所以到春秋时期，它就更加发展起来，并把这门科学推上了一个新的高度。据载，公元前 510 年（周敬王十年），各国诸侯派人为周王筑城。晋国的士弥牟在施工前预先把王城的长、宽、高，水沟等需要的土方石方材料、人工以及各国人工往返路程和需要吃的干粮都计算得一清二楚。这说明当时数学已相当发达。

到了战国时期，数学的计算方法上，也有了新的创造。我国古代劳动人民独创的筹算，大概就产生于春秋时代，而完成于战国。这是和当时的生产发展、科学和技术的进步相联系的。根据对考古和文献材料的研究，筹算是以筹——一种用竹或骨做的一根根小棍做工具，把它摆成横式和纵式两种数，来进行加、减、乘、除等计算的。由于算筹的发明与运用，就有可能对复杂的数学问题进行计算了。这不仅在数学计算上大大向前发展了一步，而且，还为后来的珠算发明作了准备，是当时数学发达与进步的重要表现。数学的发达与进步，还突出地表现在数学理论著作的出现。有名的《周髀算经》，就成书于战国时期。《周髀算经》假托周公与商高的对话，对战国以前的数学成就作了很好的科学总结。举世闻名的商高定理，就是在这部书中提出来的。商高定理又叫勾股定理。用现代数学上的一般讲法就是：直角三角形斜边的平方等于其他两边的平方和。在西方，一般把它叫做毕达哥拉斯定理。

由以上的介绍，我们可以看到：在先秦时代我们的祖先已经在天文历法、数学等多个方面取得了相当大的成就，对世界科学技术的发展作出了伟大的贡献。

古代印度河文化

1856年英国人在今巴基斯坦境内修建从卡拉奇至拉合尔的铁路时，在一个叫摩亨佐·达罗（Mohenjo-Daro，意为“死者之丘”，今巴基斯坦信德省拉尔卡纳县）的荒凉之地发现了一堆破砖块。当时谁也不知道这是一座四五千年前的城市遗址，筑路工便将砖块捣碎成石渣铺在铁路枕木下面。在此之前，英国考古学家卡宁汉就曾注意到位于巴基斯坦旁遮普省哈拉帕地区的古文化遗址，并作了小规模的发掘。1920年，考古学家拉·班纳吉曾在摩亨佐·达罗作了初步发掘。1922年，约翰·马歇尔又在哈拉帕和摩亨佐·达罗两地进行了发掘，随后向世人公布了一个惊人的消息：这是一处湮没了3000多年的古代文化遗址。这个文化叫“印度河文化”。由于这一文化首先是在哈拉帕发现的，故又称“哈拉帕文化”。经碳14测定，这个文化的上限大约为公元前2500年。印度河文化遗址的发现被认为是20世纪最重要的考古发现之一。

经过不断地发掘与研究，人们对印度河文化的知识越来越丰富。在此以前，人们只知道雅利安文化（吠陀文化）是次大陆最古老的文化。吠陀文化最早只可追溯到公元前1500年左右。而对印度河文化的发掘表明，早在雅利安人来到次大陆1000多年前，这里就已经存在过相当发达的文化。虽然目前关于印度河文

印度河文化遗址

化同后来雅利安人的文化之间的关系还未搞清楚，但许多学者都认为二者之间是有一定联系的。这样，印度文化的历史一下子提前了1000多年，上推到与古埃及文明、亚述文明和巴比伦文明同样古老的年代。

印度河文化遗址出土的文字尚未解读，该文化的确切年代尚难断定，因此对印度河文化还不十分清楚。不过，通过对摩亨佐·达罗和哈拉帕出土的文物进行细心的考察，人们还是可以对该文化作出一些推测的。现在我们大体知道，这个文化是在相当长的时期内，经过了许多迂回曲折才发展起来的。其中心区域的文明延续的大体年代为公元前2500年—公元前1700年，上限比中国有文字记载的夏朝还要早几百年。但在中心区域兴起以前，这一文化已有发展，被史学家和考古学家称为“前哈拉帕文化”。印度河文化的范围很广，北起喜马拉雅山南麓，南至纳巴达河，西自伊朗的莫克兰海岸，东达恒河平原，总面积比中亚的两河文明要大得多。

印度河文化是一种城市文化。这些城市规模宏大，严格地遵循着统一的格式。建造的时候显然经过了精确地丈量，甚至连建筑物砖块的形状和大小也有一定的规格，可见当时城市的修建有周密的规划。摩亨佐—达罗城市房屋的主要街道笔直，宽约3.12米。房屋由砖块砌成，而不用石头做建筑材料。烧制这些么多的砖块需要大量的柴薪，由此可以推测当时这里雨量充沛，长有大量的草木，与现在这里的贫瘠荒凉的生态环境大不相同。另外，还发现了长达318米的灌溉设备，这也表明当时的雨量确实很充沛，可能后来由于季风发生变化，雨量也减少了。

城市各家的房屋，既有两间的小房，也有堪称为宫殿的宽敞房子。每间房子都砌有厚厚的砖墙，居室也用墙壁隔开。各家都备有水井、浴室和厕所，甚至还有下水道，直通大街上的排水渠。印度河文明排水系统的完备给人以深刻的印象，由此推测，当时的人们很可能已经知道使用简陋的自来水之类的设备。在古代文明中，在罗马文明出现之前，西方人是不知道使用下水道设施的。考虑到印度和中国多数农村至今尚无这样的设备，这种成就尤其令人惊叹。

在这些城市中，没有发现大规模的宫殿和寺院，却有规模巨大的浴室。摩亨佐—达罗的浴室为长方形，长55米，宽33米，外墙厚2.4米，四周有走廊和房间。中心是一个巨大的浴池，长12米，宽7米，深约2.4米。两端都有阶梯，方便上下。用水来自附近一间房屋里的水井。洗浴后的水是由一条巨大的下水道排泄出去的，这条下水道有用砖石支撑的顶盖，高约1.8米。大浴室经历了近5000年的岁月仍能保存下来，说明它的构造非常坚固。

城市中市民的住宅坚固而漂亮，这在古代城市中可说是独一无二的。古代埃及和美索不达米亚文明把钱财都用在建造寺院、宫殿、坟墓上，一般民众的房屋简陋而矮小，而印度河文明中的一般居民的建筑却很出色。有的学者们据此推测，印度河文化不是以国王或贵族为中心的文化，而是以一般市民为中心的文化。不过，后来的发掘表明，这种推测过于理想化了。印度河城市都有坚固的城堡，摩亨佐—达罗和哈拉帕都在城市的西边筑有堡垒。这是人工建造的长椭圆形的高台，高度为 9 米至 15 米，长 360 米，宽 180 米，周围有带枪眼的城墙，中间有公共建筑物，城墙外面的下方有下城，面积约 1 平方英里。由此推测，当时的城市还要抵抗外来者入侵。这样的工作似乎是由一个统一的中央集权的国家领导的。能实现如此井然有序的城市规划，也说明当时已有一个有效的权力集团的存在。这样看来，这些城市并非是一些自由的城邦，也不是一个没有阶级分化的平等社会。在这些城市之上可能还有国家，与之相联系，也可能存在着一个统治阶层。而且，修建规模如此宏大的城市，还很容易使人想到当时曾使用过奴隶。有的学者这样推测，当时的社会是由祭司兼国王的人物统治着的。

这个文化的一个显著特点是它惊人的保守性。印度河水常常泛滥，城市经常被淤泥埋没。而每次洪水过后，总是在同一地点，在被埋没的城市上面又建造起几乎完全相同类型的新城市。在摩亨佐·达罗，从地面到地下共发现了九层城市，虽然千余年过去了，但城市主建筑的方式仍完全相同，文字也没有改变。

从城市的遗物上看，大麦和小麦是当时居民的主要食粮，除此之外还有胡麻、豆、枣及椰子果实等。当时人们还吃狩猎得到的鸟兽肉，并知道钓鱼或用渔网捕鱼的技术。家畜种类有牛、水牛、羊、象、骆驼。牛主要供使役用，还用来牵引两轮车。由此推测，当时居民中有相当一部分从事农业和畜牧业。

当时的商业也很发达。从这些城市遗址中出土了为数众多的刻有各种图案的印章，一些学者认为，这些印章可能用来作为财产所有权的标记。也有的学者不同意这种看法，认为它只是普通人带在身上的护身符。不过，有一个不容忽视的事实，即印度河印章也在底格里斯下游和美索不达米亚被发现。合理的解释可能是：当时商人们与相当遥远的国家进行着贸易，这些印章是用做打印商品标记的。城市中还发现了铜制的棒，有人推测这是当时的货币。如果真是这样的话，应当是世界上最古老的金属货币了。此外，还发现了许多颈环、胸饰、臂腕的环镯、指环、足镯，等等。由此可见，当时必定已有许多出色的工匠，专门加工金、银、

出土的印度河印章

象牙等产品。当然，当时还使用石器，但已经达到了使用青铜及黄铜工具的阶段，创造了发达的铜器时代的文化。

除了使用印章外，当时的印度河城市已开始使用文字。这些文字主要刻在印章上，迄今出土的铭文与图画并见的印章总数达2500余枚，文字符号419个，其中基本符号62个，这说明当时的居民使用同一种文字。这些文字具有象形文字的特点，文字符号一般用线条组成，字体清晰。每个文字一般由两个或两个以上的符号组成。有的符号表示概念，意义和数字，有的符号则表示音节，并在其上加上短画表示重音。铭文很短，一般为5个至7个符号，最多不超过26个，多为单行，由右到左。这些印章的用途可能有两类：一类是用于宗教，表示对神的崇拜和作避邪用的护身符，上面刻有三面神兽主的像、十字、同心圆、车轮等图像的印章；另一类似乎是作为私人名字用章或商业机构的印鉴。

由于没有发现与这种文字有联系、可以互为印证的其他材料，缺乏解读的线索，故印度河文字至今仍未能解读。自发现这种文字以来，不断有热心的研究者声称破译了这种文字，但多不可靠。其中，较为可信的是捷克学者赫罗兹尼的研究。他声称已破译出125个文字符号。他认为印度河文字与古代中亚的赫梯象形文字类似，大量吸收了苏美尔文化和伊朗文化。他以此为线索试行解读，并推断创造印度河文化的民族属印欧民族系统。印度学者S. R. 拉奥称他已辨认出1800枚印章中的近500条铭文。他认为，这种文字原来由62个基本符号组成（其中包括由图形组成的混合文字），后来演变为22个，是一种由缀音文字向字母文字过渡的表音文字。他认为哈拉帕文字属于古印欧语系的前雅利安语，对后来的吠陀梵语有很大的影响。不过，也有学者提出了不同的看法。以约翰·马歇尔为首的多数学者认为印度河文明时代的语言属达罗毗荼语。近些年，法国、东欧、北欧一些学者借助电子计算机研究，也获得大体相同的结论。美国学者沃尔特·费尔塞维斯从研究印度泰米尔地区的古代民族达罗毗荼的方言入手，对哈拉帕印章的每个文字和音节寻踪觅迹，初步破译出419个符号中的100个。他认为哈拉帕文字的语言为古达罗毗荼语，主张创造印度河文明者乃达罗毗荼人。不过从这些遗址发现的头盖骨进行的研究，可知存在着好几种人种类型，如蒙古人种、阿尔卑斯山人种、地中海人种和原始澳大利亚人种。这说明，这个文明是由几个种族交流混合而形成的。也有人推测，最初这里由原始澳大利亚人种居住，后来地中海人来到这里，并取得了优势。不过，关于印度河文字，至今没有一种被普遍接受的看法。

这个时期已创造出许多精美的艺术品。如用冻石刻成的印章、彩色的壶、各种陶像、许多精制的装饰品等。不少学者认为，在大体处于同时代的苏美尔艺术品上，也可以看到同样的艺术风格。由此人们推测当时这两个古文明中心之间存在着密切的来往。有的学者甚至把这时期的印度艺术称作“印度—苏美尔型”艺术。在这一时期的许多艺术品已达到较高水平。如著名的青铜舞女像，身材苗条，右手叉腰，撑在臀部。两腿微向前倾，似乎正合着音乐节拍起舞。雕像神态安详，线条流畅，姿势优美。

艺术品中还有一个刻着三个小猴子的珠子，形体很小。一猴前肢抱住另一猴的腰，三猴抱在一起，刻画得精巧生动。此外，出土品中还有妇女梳妆用品，如青铜镜，盛香粉、口红、眼膏用的化妆盒，穿耳针、耳构、镊子、三件一套的化妆用具，剔刀及大量其他装饰品。装饰品的形状和图样种类繁多，有的还非常精美。在哈拉帕发现的少数石雕像，使人想起古希腊雕像的那种完善优美的形态。这表明当时人们的审美意识已很发达，雕刻艺术已有高度的发展。

在他们的遗物中，没有看到武器一类的东西。因此，一些学者认为，这些城市的居民大体过着和平的生活。维持这一文明的力量不是权势和武力，而是精神力量，即宗教起了主要作用。当时的统治阶级把宗教灌输到民众中去，利用宗教的力量，建立起对民众的控制，所以祭司可能统治着当时的社会。不过，没有发现武器并不等于说就没有武力，利用宗教统治民众并不等于说排斥其他方式统治。当时的统治阶级很可能既利用宗教也利用权势来进行统治。

在印度河文化遗址中，没有发现像古埃及和中国那样的规模宏大的帝王陵墓，甚至也没有发现帝王崇拜的痕迹，这是值得注意的。印度后来的一些帝王，喜欢把身穿盔甲、手执武器的帝王像刻在货币及印章上，而在印度河文化的遗物中却看不到这类东西。印度河出土的印章的图案，描绘有动物，有植物，有器具，也有神像，但没有帝王形象，可见当时的王权还不怎么强大，对人们的生活影响较小。城市的居民总体上过着较和平的生活，对于其他民族的入侵，他们似乎总是设法避免直接抵抗。这同后来印度文化的传统十分相似。

当时究竟流行一种什么样的宗教尚不清楚。遗物中有一些神像，其中有的很像印度教神明的偶像。对“母神”的崇拜当时似乎已很流行，已发现了这个“母神”的一些小雕像。这种崇拜同后来印度教中的性力派（Sakti）并不完全相同，但基本观念是一样的，即都相信女性的生殖能力是万物之本源。

除了“母神”之外，还有一个男神的雕像。该神的一些特征十分类似印度教的湿婆大神：他双眼微闭，凝神冥思，似乎正在修炼瑜伽或禅定，而湿婆神据说就是一位练瑜伽者，有“伟大的瑜伽行者”的称号，印度教中瑜伽修行的做法很可能起源于此时。这位男神高耸的头饰两边还长了两只角，他的周围雕有一些动物，这与湿婆神被称为“百兽之王”或“兽主”相一致。他长有三面看得见的脸，三只眼和手持三叉戟（Trisula）。湿婆也有三张面孔和多种形象，也是三只眼睛。这么多的相似之处可能不是偶然的，它表明当时的宗教信仰与后来出现的印度教（婆罗门教）有某种联系。此外，在摩亨佐·达罗城市遗址中发现了湿婆林伽（Linga，男根）的石头断片，很可能当时已流行男根崇拜。而这种崇拜在后来的印度教中也是较流行的。

印度河文明的中心城市摩亨佐·达罗，大约到公元前1750年前后突然衰落。关于印度河文明衰落的原因，学者们有种种推测。有的人认为它是为后来到达次大陆的野蛮民族（雅利安人）摧毁的，有的认为它毁于洪水、地震、旱灾等自然灾害。也有的认为是它内部阶级矛盾及争霸斗争造成的。其中，日本学者中村元指出：“利用宗教而不凭借武器进行统治，这在属于同一文明、信奉同一宗教的人们之间是有效的，但对不信奉这一宗教的野蛮民族就不起作用了。因此，他们对从西方侵入的野蛮民族（也许是雅利安人）就完全无能为力。随着使用精良武器、英勇善战的野蛮民族的侵入，印度河文明也就脆弱地彻底崩溃了。”考古学方面的证据是：摩亨佐—达罗城最上层，发现城市街道房屋被烧毁，街巷、井边及房屋内外有居民被砍伤的骸骨。此外，后来的吠陀文化的重要典籍《梨俱吠陀》的颂诗中提到，雅利安人在战神因陀罗与火神阿耆尼的援助下，在一次战斗中摧毁了黑皮肤的达萨人（敌人）的90座城市。《梨俱吠陀》中还提到火神阿耆尼烧毁了那弥尔，这个那弥尔很可能就是摩亨佐—达罗。

印度历史学家罗米拉·塔帕、沃尔塞维斯及日本学者小西正捷提出了较有说服力的看法。他们认为印度河文明不是突然衰落而是逐渐衰落的。原因是由于生态环境遭受破坏所造成的一系列严重后果，即滥伐森林造成的水土流失；水利工程失修引起的洪水泛滥淹没了摩亨佐—达罗城市；河流改道、淤塞，河床升高，海水后退，造成港口城市交通困难，贸易衰落；雨量减少，连年遭受旱灾；沙漠扩大，土壤日益盐碱化，侵蚀了大面积的耕地，导致粮食歉收。这种生态危机迫使印度河流域的大批居民放弃居住的中心城市，向东南迁徙到恒河流域温湿地带，开垦森林以种植水稻。晚期印度河文化也随之扩散到这些地区。在扩散过程中，这个文明的城市特征也逐渐消失，城市文化退化为非城市文化。“4200 年前在黑海以东的大草原上，气候的突然改变使得一切变了样，这个地区的放牧者由于他们的家乡变成了沙漠，便不得不骑上马、坐在牲口拉的车里到处流浪。随着沙漠延伸，放牧人流动范围也在扩大。”“大约在同一时期，古埃及的王国崩溃了，印度河流域的哈拉帕城市也荒芜了。”环境的破坏可以毁灭一个文明。印度河文化的灭亡给今日的人类提供了重要的教训。

印度河文明的中心城市摩亨佐—达罗遗址

印度河流域文化与后来发达起来的印度—雅利安人的吠陀文化之间究竟有怎样的联系？这是一个尚未搞清楚的问题。两者之间有很大的差异，可以说是两种不同的文化，但的确也存在许多相似之处。例如印度历史学家 D. D. 高善必就认为二者之间有很大的联系。他认为，摩亨佐·达罗的遗址中的大规模公共浴场，是后来印度教圣池（Puskala）的原型。印度教徒有在人工修建的水池中沐浴的习惯，在许多印度教寺庙中，一般都附设着浴池。在其中洗浴，不单单为了卫生，

还有宗教上的含义，即洗涤罪孽、清除污秽。这种习惯很可能起源于印度河文化时期。印度河文化中对一些吉祥符号的崇拜，如十、车轮、太阳、菩提树、牛、虎、蛇等，被后来的吠陀文化所吸收。蓄须男祭司石雕像的姿势及沉思的表情是后来吠陀文化的宗教艺术典型。在罗塔儿墓葬中发现的男女成对排列的尸骨可能是后来印度教“萨提”（Sari，寡妇随夫殉葬）习俗的开端。有的研究者指出，印度河遗址中发现的农具和车子同古代佛教雕刻中反映的农具和车子，以及现在印度农村正在使用的农具和车子有着惊人的相似性。另外，古代印度钱币的造型和钱币上各种符号也可以看到印度河印章图案的影响。有的学者甚至提出这样的看法：印度河文明是一种城市文明，城市文明的基础一般比较脆弱，在外来入侵民族的暴力打击下城市文明的基础被破坏了，但在城市周围的农村社会，是很难破坏的。所以印度河文明并没有灭亡，而是“非城市化”了。后来的雅利安人在与土著人的接触、融合过程中，吸收了印度河文明的某些文化要素。上古印度文化史，可以说实质上就是印度河文化与雅利安文化的相互斗争、相互融合的历史。其结果形成你中有我、我中有你的局面，虽说是两种传统，却成为一个整体。文化的发生和发展都是要借鉴的，印度文化的产生和发展从印度河文化中继承了一些要素并不是不可能。

最近，美国学者乔治·费尔斯丁在一部名为《寻找文明的摇篮》的书中提出了惊人的观点：①哈拉帕文化是后来的梨俱吠陀文化的故乡；②没有发生过雅利安人摧毁土著人的事；③印度河文明的灭亡是由于自然灾害；④印度河文化是人类最古老的文化。

由于印度河文字尚未解读，目前关于印度河文明仍有一大堆不解之谜。印度河文化与已知的印度文化之间的关系究竟如何，人们只能作出一些猜测，还无法下明确的结论。许多问题要等到印度河文字完全解读后才能弄明白，一些推测还需要今后的考古发现来证明。不过，印度河文化与印度文化之间存在着相似之处，则是事实。通过对印度河文化的研究，过去那种认为吠陀文化是印度所有后期文化唯一源头的看法，似乎是站不住脚的。印度河文化对于印度文化的成长与发展具有重要影响看来是可以肯定的。

印度文化的传播

世界上有几大文化圈，印度文化圈是其中之一。这个文化圈不仅包括整个次大陆，也影响到亚洲其他地方。

（一）南传：斯里兰卡和东南亚

阿育王统治时代，佛教传到斯里兰卡（古称锡兰）。据说阿育王曾派其子（一说是弟弟）率领传教团，远去锡兰传播佛教。佛教传到斯里兰卡后，比在印度本土还受欢迎，很快得到统治阶级的信任而获得统治地位。12世纪，佛教的上座部大寺派被定为锡兰的国教，在社会各个方面都保持强大的影响，以至于该国形成了这样的传统：国王必须是佛教徒，必须护持“三宝”（佛、法、僧）。至今佛教在斯里兰卡仍有强大的影响。这个岛屿上的早期艺术发端于佛教庙宇达果巴（Dagobas）。在古城Anuradhapura可以看到一些规模宏大的佛教寺庙遗址。最著名的佛教庙宇是位于古城康提市的“佛牙庙”。该庙始建于15世纪，后经历代国王修缮扩建，供奉国宝佛牙舍利。据传，4世纪初，印度羯陵迦国的国王将佛陀的一枚牙齿赠给狮子国（斯里兰卡的古称）国王，此为世上仅有的两枚佛牙之一（另一枚供奉在中国北京西山佛牙塔内）。此物被视为狮子国第一国宝，遂修建佛牙寺供奉。该庙规模宏大，建筑结构复杂。至今，每年的7月、8月份，都要在这里举行大规模的庆祝活动。斯里兰卡各地还有一些雕刻精美的佛像。后来，印度教也传至岛上，出现了一些印度寺庙和雕像。两种宗教构成今日斯里兰卡的思想和文化基础。

印度与东南亚的关系可追溯到史前时期。在《本生经》《故事海》《罗摩衍那》以及其他一些佛教经典中，提到东南亚的一些地名，也常常谈到印度的商人到黄金地—对东方国家的通称—的航行，说印度和东南亚商人利用孟加拉湾的季风，来往贸易，商人从黄金地的国土满载财富而归。从 2 世纪起，东南亚一些地方的记载就出现了印度人的名字以及由他们统治的许多王国。

2 世纪至 5 世纪，在马来半岛、苏门答腊、爪哇、巴厘岛和婆罗门洲等岛屿上，相继建立了受印度文化影响的王国。这些王国的详细情况虽不太清楚，但通过这些国家发现的梵文碑铭以及汉文文献可知，这些地区曾盛行婆罗门教（主要是湿婆教派）。在爪哇，不仅流行印度教，印度的艺术和文学也很繁荣。至今还存在许多印度教庙宇遗址，也有以梵文为根据的许多手抄本文学书，《罗摩衍那》和《摩诃婆罗多》在人们中间广为传诵。土著接受了印度教文化。印度教徒的风俗习惯在这些地区发生了某种程度的改变，但在将近 1000 年的时间里，印度文化的基本面貌在这些地区仍保留着。

在马来半岛和印度洋群岛，历史上曾出现过一个庞大的印度教帝国，即 8 世纪的夏连特拉（Shailendra）王朝。该帝国拥有马来半岛以及包括苏门答腊、爪哇和婆罗门洲在内的几乎整个印度洋群岛。这个帝国的统治者喜欢称“摩诃拉贾”（伟大的君王），而这个称号是印度统治者喜欢使用的。据史书记载，印度和中国的统治者都很尊重这位印度教大王：“伟大的国王被称为摩诃拉贾，即王中之王。他住在海岛上，因此被人认为是印度众国王中的最伟大者。没有别的国王比他更富有，更强大，有更多的收入。”夏连特拉帝国下属的国王们都是大乘佛教的信徒，同中国和印度有密切的来往和文化交流。夏连特拉王从孟加拉聘请了佛教徒当国师，并按这位国师的指示修建了华丽的寺庙。位于爪哇岛中部的著名佛塔建筑婆罗浮屠（Borobudur，意为“多佛”）就是这个王朝的杰作。全塔坐落于一矩形山丘上，原高 42 米，塔基为一方形平台，占地面积 1. 26 万平方米。共有 10 层，每一层都比下一层缩进一些。塔顶为佛坐禅处，共 432 个佛龛，每龛内有一莲花宝座，和一尊等身大的佛像。全塔共 505 尊佛像，形象生动，神态庄严。平台四面有 2500 幅浮雕，多取自佛的传说故事。整个建筑气势宏伟，被喻为建筑奇迹。佛教和婆罗门教也影响了印度尼西亚。7 世纪，印尼佛教极为繁盛，曾一度是东南亚的重要佛教中心。后来伊斯兰教传入这些地区，但印度文化的影响仍未消失。在将近 1500 年中，从苏门答腊到新几内亚的印度洋许多岛屿，其宗教、社会风俗习惯、语言和文字都受到印度文化的影响。因此或可把这些国家看成印度文化上的“殖民地”。历史学家称东南亚受印度文化影响的时代为“印度化时代”。

爪哇岛中部的著名佛塔建筑婆罗浮屠

在印度支那的本土上，古代有两个受印度文化影响的王国，即占婆王国（越南古国名）和甘孛智王国（柬埔寨古国名）。占婆国的一些国王，显然是印度教徒。中国的史籍曾这样描述该国属下的一个王国："从印度来的一千多名婆罗门留住该国。人民信奉他们的教义并将女儿嫁给他们为妻。他们日夜诵读他们的圣书。"现在留下的大批碑铭是用梵文写成的，还留下了许多瑰丽的印度教和佛教庙宇等遗址。甘孛智也由印度教徒统治过。该国的版图最大时包括今日的柬埔寨、老挝、泰国、缅甸等国。后来，佛教从斯里兰卡传到东南亚地区，对缅甸、泰国、柬埔寨、老挝等国的文化产生了巨大影响。佛教在这些国家至今仍有很大的影响。

大约 3 世纪，佛教传入泰国。泰国北部和中部流传大乘佛教，11 世纪以后缅甸和斯里兰卡的上座部佛教传入泰国。13 世纪，泰国宣布上座部佛教为国教，一直延续至今。泰国是目前世界上唯一以佛教为国教的国家，泰王国三色旗上的白色就是代表佛教。全国有百分之九十五的居民信奉佛教。上自国王，下至百姓，几乎人人都参加佛教仪式。每个男子一生必须剃度出家一次，才能取得成人的资格，就连国王也不例外。僧侣具有很高的地位。一年到头与佛教有关的节日不断，佛教寺庙遍布全国城乡，被称为"佛教之国"、"黄袍佛国"。

5 世纪佛教从斯里兰卡传入缅甸，此后获得很大发展。现在全国五分之四的居民信奉佛教。全国有寺院 2 万多座，佛塔 10 多万座，其中的仰光大金塔世界闻名。

公元前3世纪至前2世纪，佛教上座部和婆罗门教同时传入柬埔寨，3世纪又从中国传入大乘佛教。4世纪以来，从泰国传入上座部佛教，此后佛教成为柬埔寨国教，全国百分之九十以上的居民信佛教。柬埔寨著名的吴哥窟，被誉为世界八大建筑奇迹之一。它原是供奉毗湿奴的神龛，耸立在一个台阶建筑物的最高处。每层台阶都构成一种饰满各种雕刻物的有顶的走廊，用阶梯通往上一层的高台。有许多尖塔和塔楼。这座建筑是印度教与佛教融合的艺术结晶。爪哇的婆罗浮屠和柬埔寨的吴哥窟，都远远超过了印度本土的同类建筑。柬埔寨的另一个印度式建筑是吴哥通城。这是古代一位信奉印度教的国王建立的都城。该城呈正方形，每边长2英里（3.21千米）多。城市周围有一道宽300英尺（91.44米）的护城河，并被一道高石墙所环绕。城市中央有庄严的寺庙，呈金字塔形，共有3层，有近40座高塔点缀其间。建筑物上都有精美的浮雕，所描绘的是《摩诃婆罗多》和《罗摩衍那》中的故事，也有佛教观世音菩萨。在该寺院周围，有其他几座宗教性和非宗教性的宏伟建筑。每道城门都是堂皇的建筑物。总之，一切都是根据宏伟的规模设计的，布满了精美的浮雕，表现了印度教建筑气势宏伟的风格。它是当时全世界最宏伟的城市之一。

柬埔寨的吴哥窟

（二）北传：中亚和远东

据说，阿育王时代曾派人到中亚地区传播佛教。从那时起，佛教开始流传于阿富汗、伊朗北部以及中亚各地。贵霜王朝的统治者出身于中亚，故这个时代佛教对中亚地区的影响更大。玄奘的《大唐西域记》对此有记载，对中亚的考古发掘也证明了这一点。从土耳其斯坦的沙地里掘出的数百卷佛经，表明在迦腻色迦时代，此地佛教文化十分繁荣。一方面是由于佛教僧侣的宣扬，另一方是由于贵霜人的政治努力。自贵霜王朝以后，佛教几乎成为居住在里海海岸和中国万里长城间的辽阔区域中各游牧民族的共同信仰。考古学家奥勒尔·斯坦因等在这个荒凉的地区进行考古发掘时，发现了许多佛塔和寺院遗迹、佛教和婆罗门教神像以及用各种印度语言和字母书写的抄本和简短的文书。斯坦因曾说，这些偏僻的移民居留地的印度化是如此的彻底，以至于当他在这些从地下发掘出来的地区行走的时候，好像自己是处在旁遮普一座古代城市熟悉的环境中。甚至迟至7世纪，玄奘通过中亚前往印度和从印度回国途经该地区时，注意到佛教和印度教文化在这一辽阔的区域仍居于优势地位。后来，伊斯兰教传播到这一地区，佛教完全衰亡了。

尼泊尔深受佛教和印度教文化的影响。佛教创始人释迦牟尼即诞生于迦毗罗卫的兰毗尼（今尼泊尔的南部），这里一直是佛教徒朝圣的中心。5世纪前后，印度教传入尼泊尔，受到以国王为首的统治阶级的崇奉，并向全社会传播推广。但同时，统治者也尊重佛教，在各地修建了一些佛寺和佛塔，出现了佛教与印度教并行、混合的情况。后来印度教势力日益占优势，佛教逐渐混合于印度教中。尼泊尔主要流行三个印度教教派：毗湿奴派、湿婆派和性力派。7世纪，出现了崇拜毗湿奴的化身——鱼和野猪——的现象。10世纪后，毗湿奴的10个化身已在尼泊尔全部出现。位于今帕坦市中心的克里希那神庙（建于17世纪），供奉着吹笛的克里希那塑像，殿堂四壁有10幅毗湿奴化身浮雕。湿婆派大约是5世纪至6世纪传入尼泊尔的，如今在尼泊尔仍存有一些湿婆教派的碑碣、寺庙和湿婆神的化身形象。性力派在中世纪传来，它后来居上，其影响超过前两派，至今崇拜女神的习惯在许多地方盛行，如对暴戾女神杜尔迦（难近母）、卡利的崇拜，对温柔女神雪山神女、拉克希米（吉祥天女）、娑拉斯瓦蒂（辩才天女）的崇拜，以及对性爱女神古亥斯瓦利和乌玛的崇拜等。今日尼泊尔信仰活女神（Kumari）的习惯则是性力派的一个变种。尼泊尔的雕刻艺术也主要是以这三个教派为题材。

位于帕坦市中心的克里希那神庙

大约在贵霜王朝时代，大乘佛教从西域通过丝绸之路传到我国的新疆，于两汉之际传入内地。佛教的传入对中国的思想、文学艺术等领域均产生了广泛的影响。经过长期的砥砺磨合，佛教已成为我国文化的一个重要组成部分。

1. 哲学思想方面

佛教初传入中国，其严密而深邃的业报轮回理论使中国人叹服，中国人很快接受了这一理论，并将其加以改造。佛教的其他一些思想，如不杀、修功德、解脱等，也熔铸到中国人的思想之中。佛教的空宗与老庄思想的结合，以及禅宗与儒学的结合所产生的宋明理学，都大大丰富了中国人的哲学思想。

2. 文学方面

大量佛经的翻译，为中国文学带来了形式和内容两方面的变化。从形式上看，佛教对于律体诗和俗文学（包括说唱、通俗小说、戏剧等）产生了直接的影响，给中国文学带来了新的文体。大量佛教词汇丰富了汉语词汇。从内容上看，主要是增添了两种新的变化：第一，为文学开拓了新的意境。唐代以前的文学作品多注重人事，缺乏超越。而唐代以后的一些文学作品，扬善抑恶，因果报应之说，多了许多超越的成分，诗歌中多了一份禅意。中国六朝时代的志怪小说、唐朝的山水田园派诗歌以及传奇故事等，如脱离了佛教背景，几乎无法理解。第二，佛教为中国固有文学增添了绮丽的幻想和无穷的浪漫。受中国文化注重实际的影响，中国固有文学较缺乏想象力。后来受道教的影响，中国文学作品中也有神仙鬼魅出现，但仍显得单调拘谨。而佛教的思考不受时空的限制，如上有三十三重天、下有十八层地狱的说法等，从而推动了中国浪漫主义文学的发展。

3. 绘画、建筑、雕刻

佛教建筑有寺院和佛塔两类。在中国，佛教的庙宇比孔庙多，也比道观多。在雕刻方面，中国的三大石窟（敦煌、龙门、云岗）直接受印度佛像雕刻的影响。另外，佛教对中国的绘画、音乐、舞蹈也产生了极大的影响，限于篇幅，这里从略。

4. 学术

我国古代无音韵学，对生字只靠直字注音。佛教传入后，受印度古代梵语音韵学的影响，中国创造了反切注音法，并进而分辨了汉字的四声，从此推动了律诗的发展。唐代名僧守温参照梵文，仔细分辨汉语音素，创制了36个字母，中国的音韵学由此发展起来。中国古代的逻辑学也不发达。随着佛教的传入，印度古代的逻辑学（因明学）知识也传到了中国，大大丰富了中国的逻辑学知识。另外，在医学、天文学、数学等领域，受印度的影响也相当大。

佛教对其他东亚国家的文化也产生了巨大的影响。佛教于4世纪经中国传入朝鲜半岛，7世纪中叶和8世纪形成众多的派别。14世纪后因统治阶级崇儒抑佛，佛教有所衰落。在现在的韩国，佛教是一个影响很大的宗教，佛教徒约占宗教信徒的一半。佛教在6世纪从中国传入日本，成为日本的主要宗教，对日本的政治、哲学、文学、艺术、民俗等产生了广泛影响。现在日本佛教派别众多，拥有近10万座寺庙或传教场所，8000多万信徒。

（三）印度文化向外传播的特点

各种文化向外传播都有自己的特点和途径。古代印度文化向外传播有以下几个特点：

第一，印度文化在古代世界的传播主要是靠和平方式而不是战争方式，是智力征服而不是武力征服。传播的途径主要是商业贸易、印度教徒移居海外和外国人直接到印度学习。传播者主要是僧侣、商人和学者而不是军队，靠的是印度思想自身而不是武器。没有记载说明印度文化在向外传播过程中，发生过像古代基督教的“十字军东征”那样的迫害异教徒的战争，或是有过像伊斯兰教征服南亚次大陆那样让土著人在剑和《古兰经》之间作出选择的事。这是非常值得注意的。

日本寺庙

第二，印度文化在印度以外的地方传播，既有印度教文化，也有佛教文化，但佛教文化比印度教文化传播得更广。原因主要有两个：一是因为，印度教因种姓制度而较难为外国人所接受；二是因为，古代印度佛教的信众主要是刹帝利和商人，而这两个阶层较有进取心，刹帝利到遥远的地区定居和建立统治，商人有很大的流动性，他们贸迁有无，足迹所到之处也把佛教带到那里。这些是佛教文化得以在印度以外广泛传播的一个重要原因。

第三，以佛教为代表的印度文化在向外传播过程中，都结合当地的文化风俗，同当地的文化发生了很好的融合。在融合过程中没有发生大的冲突，作为代价，佛教也大大改变了自己的性格。经过融合，佛教成为亚洲许多国家各具特点的意识形态。古代印度成为亚洲许多重要思想的一个渊源，佛教成为亚洲国家的精神纽带，这是印度文化对亚洲同时也是对世界的一个巨大贡献。

古代朝鲜文化

朝鲜为是位于东亚地区朝鲜半岛上的国家，西滨黄海与我国山东半岛相望，东临日本海，南与日本的对马岛相距约 55 公里，北以鸭绿江和图们江与我国为邻，在东北部有 16 公里与俄罗斯接壤。全岛北部多山，南部多平原，总面积约 22 万余平方公里。古代朝鲜与其他国家和民族一样，经历了原始社会与奴隶社会的时代。

根据考古发掘，已发现的旧石器时代遗址较少，但新石器时代遗址有一定规模。

在新石器遗址中发掘出大批磨制石器，如石刀、石斧、石犁、石锯等；也有骨角器，如骨钩、骨针等；与此同时，还有牛、马、狗的骸骨出土，亦有土器与陶器等器物。从发掘中还发现了土室群，呈圆形或椭圆形，四周挖有基柱坑，近旁有土器及骨器等生活用品。《三国志·魏志·东夷传》中记载说："形如冢，其户在上。"文献记载与考古发掘基本一致。朝鲜西南与我国山东半岛相望的庆尚道与全罗道的东南沿海发现了巨大的"石棚"，而"石棚"的形状又与我国山东荣成、淄川所发现的"石棚"相似。

韩国全罗道的"石棚"

综上所述，可以确定当时为原始社会时代，并可得知中朝人民之间的文化交流，已有相当悠久的历史了。

公元前 5 世纪，朝鲜进入金石并用时代。到公元前 3 世纪已有铁刀、铁犁以及我国的“明刀”，从而可知当时已是铁器时代。

公元 1—4 世纪，朝鲜先后建立起几个国家——新罗、百济、高句丽，三国鼎立的局面一直延续到公元 7 世纪，这段历史在朝鲜史上被称为“三国时代”。

三国时代的社会性质，一般认为是奴隶社会，因为记载奴隶问题的材料颇多，并多半散见于我国史书之中。

在《晋书》与《后汉书》中有关于我国北方的奴隶市场贩卖高丽奴的记载；《梁书》和《旧唐书》中也有关于朝鲜在四五世纪时向中国输出奴隶的记述；在《旧唐书》中还载有关于百济国的刑律：“杀人者以三名奴隶赎罪。”

在考古发现的广开土王碑——“好大王碑”（也称好太王碑）中，记载了 391 年高句丽国王广开土王的战绩，说他 391 年北伐契丹，虏男女 500 人；396 年攻百济，百济献生口千人，细布千匹；又袭新罗，获男女 300 余人。

此外，还有关于国家明令禁止以奴隶殉葬的规定。这一切，都说明奴隶确曾大量存在的事实。

在三国纷争中，高句丽联合百济，共同击败了新罗，迫使新罗寻求外援，因而发生了中国唐王朝的两万名军队应邀入朝之事。唐军与新罗军联合，于 660 年灭亡百济，668 年灭高句丽，使三国统一在望。但唐军却在平壤驻扎下来，并设立了安东都护府，成为当地的统治者。唐王朝的统治，引起朝鲜人民的愤怒。新罗军和人民义兵于公元670年推翻了唐军在百济和高句丽的统治。675年和676年，新罗经过同唐军的多次激战，收复了百济旧地和高句丽在朝鲜半岛旧地的大部分，逐出了在高句丽的唐朝驻军。676 年，唐朝被迫将安东都护府迁到辽东（今辽阳县），新罗遂统一了大同江以南的朝鲜半岛。一般认为，新罗统一朝鲜标志着朝鲜已由奴隶社会转变为封建社会。735 年，唐朝正式承认与新罗国以大同江为界，新罗的统一更加巩固。

新罗统一朝鲜后，逐步建立了一些仿唐的新制。公元 687 年，对文武官员正式实行食邑制，以邑田收入作为官吏的薪俸。此外，还赐田给一些功臣和寺庙。这些土地在后来实际变为私有。公元 722 年，又实行“丁田制”。政府给 16 岁以上的丁男授田，丁男承担国家的徭役，缴纳实物地租，即负担租庸调。丁男 60 岁时国家将田收回。公元 788 年，新罗实行科举制，使官吏选拔制度较前大大提高了一步。

新罗封建制度的形成，促进了经济、文化的发展。但由于官僚、贵族、寺庙势力日益膨胀，削弱了王权。他们兼并农民丁田，阶级矛盾逐渐激化。9世纪，全国爆发多次大规模农民起义。9世纪末10世纪初，先后出现了“后百济”和后高句丽，加上新罗，史称“后三国”时期。公元918年，后高句丽武将王建自立为王，建高丽王朝。公元935年和936年，高丽先后灭新罗和后百济，朝鲜重新统一。

高丽王朝建立后，向中国吸取了不少先进经验。首先，在经济上确定土地国有，除寺庙土地享有免税特权，少量“功荫田柴”是享有世袭权利的“私田”外，绝大多数属于公田。国家按官员（直到士兵）的等级、品位授予数量不等的土地。官员以土地收入作为俸禄。当时将文武官员分为两班，两班各列79品，第一品分田、柴各110结（每结约合生产两石稻谷的土地），最低品分田、柴各21结。这部分土地不得世袭。这种土地制度，在朝鲜史上称为“田柴科”。田柴科意味着朝鲜封建土地国有制在全国土地关系中占着主要的地位。朝鲜封建社会的重要特点是仍然存有大量奴隶。这些奴隶主要不是用在农业生产上，而是一个作为家庭奴婢存在的社会阶层，他们和农民一起，共同遭受封建统治阶级的剥削。

朝鲜画家绘制的江原道农民起义画

田柴科从一开始就存在着自身的矛盾。田柴科是以土地国有制为基础、以大量公田的存在为前提的。然而，早在977年，国家就承认“功荫田柴”及寺院土地等私田的合法存在，因此，在分田的过程中，不可避免地发生侵吞公田的现象，两班文、武官员占有私田越来越多，公田却逐渐减少。发展到1076年以后，田柴科基本上废止，因为已经几乎没有公田可供分配了。私田扩充、公田锐减，削弱了高丽王朝中央集权的力量，国家分崩离析，两班为土地你争我夺，封建统治的秩序紊乱，内战连绵不断，广大农民群众陷入水深火热之中。

从12世纪开始，朝鲜各地起义此起彼伏，参加者包括被剥削的各个阶级，既有单纯的农民起义，也有奴隶暴动，还有奴隶与农民的联合起义形式多种多样。主要有：1176年公州鸣鹤所的贱民在亡伊领导下举行的大起义；1177年平壤的城市贫民起义占领并坚守西京平壤数月；1193年，庆尚南北道分别爆发了农民大起义；1199年，江原道农民起义军同庆州起义军联合，占据东南沿海一带。连绵不断的农民起义打击了高丽王朝的统治，摧毁了奴隶制残余，有利于生产的力发展。

13世纪时，中国北方的蒙古人强大起来。从1225年起，蒙古借口其使节在鸭绿江边被杀，与高丽断交并开战。1231年，蒙古大汗窝阔台派兵进侵高丽。此后蒙古人多次入侵，高丽被迫迁都。1258年高丽国王投降，蒙古派达鲁花赤监督高丽国政。此后，人民仍组织民间义军抗战。1368年中国明朝建立后，有利于高丽争取恢复独立的斗争。但高丽王室继续依附元朝残余势力。1388年，奉命侵犯中国明朝的高丽大将李成桂自威化岛回军发动兵变，夺取了军政大权。1392年自立为王，迁都汉城，改国号为朝鲜，从此开始了李朝在朝鲜的统治。

李氏朝鲜是朝鲜封建制高度发展的时代。李成桂支持国内田制改革派的主张，于1390年没收一切庄园统归国有，1391年颁布“科田法”，重新分配土地。将京畿道土地分为十八科，按等级分给官吏。京畿以外的土地，一部分作“军田”分予士兵，一部分由国家控制并出租。科田法暂时抑制了土地兼并，扩大了国家的税收和兵源，从而有利于生产力的发展和中央集权统治的加强。

除改革土地制度外，李成桂还在政治上加强中央集权的统治。公元1400年废除私兵制，兵权一律收归中央；同时又下令释放大批奴隶，基本消灭了奴隶制的残余；推崇儒家思想，排斥佛教。这一系列措施，使全国出现了相对和平安定的环境，从而促进了朝鲜经济的发展。关于这一点可以清楚地从人口增长与耕地面积的增多中看出。14世纪末，朝鲜全国耕地面积为80万结，15世纪初李朝太宗时期（1401—1418 年）耕地增为 100 万结，世宗统治时期（1419—1450 年）又增达 160 万结。人口也随之增加。太宗时为 18 万户，世宗时增达 22．6 万户。

世宗统治时是朝鲜封建社会的繁荣时期。世宗曾主持制定《经国大典》，内分吏、工、户、礼、兵、刑六典，加强了法制。另外还主持制定“谚文”，按朝鲜语音创 28 个字母（母音 11，子音 17），自此朝鲜有了自己的文字。但到 15 世纪后期，由于功荫土地及世袭土地的发展，特别是 1466 年实行了以田代俸的“职田制”，大大助长了私田的发展，科田法遭到破坏，土地兼并日烈，许多农民或流落他乡，或卖身为奴婢，而“桀骜不驯”者，则揭竿而起，发动了反封建的农民起义，社会秩序再次陷入动荡不安的状态之中。

到了 16 世纪，李朝的两班在争夺政权的过程中，结成了相对立的“朋党”，展开了无休止的互相倾轧及相互报复。以后又从两大党演变为四个宗派。从 16 世纪一直到 19 世纪，李朝党争始终不断。长期的朋党之争，造成了朝政腐败，武备废弛，经济凋敝。

16 世纪 80 年代，日本的丰臣秀吉初步完成了国家的统一。1591 年 4 月，丰臣秀吉致书朝鲜国王李昖（宣祖）：“吾欲假道贵国，超越山海，直入大明，使其四百州尽化吾俗，以施王政于亿万斯年。”当即遭到朝鲜政府的回绝。丰臣秀吉遂于 1592 年 4 月 13 日发动了侵朝战争。由于这场朝鲜人民的卫国战争发生于壬辰年，故史称“壬辰卫国战争”。

1592 年 4 月，丰臣秀吉命小西行长等人为统帅，率陆军约 20 万人，在 9000 人的水师和 700 艘战船的配合下，渡过对马海峡，在釜山登陆，然后分东、中、西三路向北进犯。

5 月 3 日，小西行长攻陷汉城，两个月之内控制了全罗道及平安道等广大地区。加藤清正率领的一支日军直抵中朝边境的会宁，朝鲜国王和政府被迫退至中朝边境的义州城。

日本侵略军陆战虽然得逞，但在海战中并不顺利。朝鲜全罗道水军在英勇的爱国将领李舜臣（1545—1598 年）的领导下，在南海一带连续战败敌军。朝鲜水师装备了当时世界上一流的龟船战舰，以灵活机动的战术，从 5 月初到 7 月上旬，三次大举出击，共击沉日本大小舰只 350 余艘。朝鲜水师取得了玉浦、唐浦等海战大捷，粉碎了敌人水陆并进的侵略计划，使日本陆军的补给发生困难，牵制了敌军的北进计划，迫使日军暂时停止前进。

在陆上，英勇不屈的朝鲜人民在敌占区的各道纷纷组织义兵，到处破坏敌人

古代朝鲜爱国将领李舜臣雕塑

的交通运输线、毁其粮秣，不断打击日军。"义兵运动"成为遏制日本侵略军灭亡朝鲜的主力之一。

除此之外中国明朝的援军也起了重要作用。1592 年 6 月，朝鲜政府向明朝求援，明政府当即慨然允诺，派提督李如松率军 4 万余人入朝。经过周密计议，李如松在朝军的配合下，于 1593 年 1 月 8 日开始对平壤发动总攻。中朝将士同仇敌忾，仅仅用了 3 天时间，就一举收复了平壤城。日将小西行长率部，一口气逃到了汉城。1593 年 3 月，李如松探知日军在龙山储藏了几十万石军粮，立刻派敢死队突入龙山，焚烧了全部粮秣。在断粮困境下，日军被迫撤出汉城。

1593 年 4 月，日军派遣使臣与朝中联军议和，谈判长达 4 年之久。日军的目的是借谈判获得喘息之机。8 月，明朝撤返军队两万余名，而朝鲜政府内部朋党之争又重新爆发。1597 年，李舜臣被以莫须有的罪名撤职查办。这一切都给假意议和的丰臣秀吉以重新挑起战争的可趁之机。1597 年 2 月，丰臣秀吉以和谈破裂为由，再次派军 15 万侵朝。

由于朝鲜新任的水师统领元均昏庸无能，从 2 月到 8 月，日海军几乎给朝鲜水师以毁灭性的打击。日军重占了闲山岛要塞，不久又占领了素有"朝鲜粮仓"之称的全罗道地区，并继续北进，意图直捣汉城。

明朝政府得知日军再犯朝鲜，除派出陆军外，又派遣总兵陈璘和 70 岁的老将、副总兵邓子龙率领中国水师渡海援朝。正当危急之际，朝鲜政府于 1597 年 8 月重新起用李舜臣，统率仅有龟船 12 艘、水兵 120 余名的水师仓促应战。

9 月，李舜臣选择了一个形势险要的海峡——鸣梁海峡，利用每天海潮涨落 4 次的特点，在峡内水下暗设铁索两道，以便落潮时阻拦敌舰，造成搁浅之势，然后以轻快的龟船聚歼敌船。这一战大败日本海军，毁日舰 30 余艘，毙敌 4000 余人。这就是有名的鸣梁大捷，是朝鲜海军以少胜多的一次有名的战例。这一战，大大鼓舞了朝鲜士兵的士气。

壬辰卫国战争中牺牲的中国老将邓子龙雕塑

1598年1月，中国水师到达朝鲜与李舜臣联合作战，又连续打了几个胜仗。中、朝陆军，也同时发动进攻，把日军逼到了东南沿海一线。这时，丰臣秀吉病死，日军士气低落，小西行长被迫提请议和，被李舜臣等坚决驳回。小西行长只好调驻守泗州的日本水师战船500多艘前来支援撤退。消息被中、朝联军得知。11月18日李舜臣命联军舰队连夜驰往露梁海面，以截击敌舰。双方在露梁海上进行了的浴血战斗，朝、中水师联合作战，同心协力，从黑夜一直打到白天。此战共击毁敌船400余艘，歼敌1万余人。胜利结束了长达6年之久的壬辰卫国战争。李舜臣将军和70岁的中国老将邓子龙都在这场战斗中壮烈牺牲。

中国和朝鲜只有一江之隔，自古以来两国人民之间的友好交往就极为密切。新罗统一三国后，唐都长安曾居留过不少很有才华的朝鲜留学生，他们不仅学习了中国文化，而且也把朝鲜的绘画、书法以及音乐带来我国，丰富了中国的文化。

古朝鲜没有文字，书写全使用汉字。新罗统一后，新罗人薛聪开始创造朝鲜文字以表达口语，但行文中仍夹杂着大量汉字，是为“吏读”。“吏读”的创造为朝鲜文化的发展和传播以及政治上的统一作出了不可磨灭的贡献。

公元11世纪，中国发明了泥活字，传入朝鲜后，朝鲜人在泥活字的基础上创造了铜活字印刷（13世纪）。中国在14世纪改用木活字印刷，以后受朝鲜影响，到15世纪也开始使用铜活字印刷，这类互相交流大大促进了两国文化的发展。

中、朝两国之间的贸易也很密切。朝鲜在山东和江苏曾建有商栈——新罗坊，双方每年都要进行多次大规模的通商，商队人数从几十人到上百人不等，从朝鲜带来纸、墨、笔和折扇等，从中国带回去丝绸、瓷器、药材和书籍等。

古代日本文化

日本是个岛国，由四大岛（本州、四国、九州、北海道）和1000多个小岛组成。

因四面环海，多良港，故航海和渔业自古以来就很发达。

日本人种是蒙古利亚人种的一支，后来又与来自南洋群岛的马来人混血而成日本民族。日本最早的居民是熊袭人（南方人）和虾夷人（北方人），但今天人数已很少，仅在北海道还有一小部分。

日本已发现有旧石器、新石器时代的遗址。在新石器遗址中出土的，有大量绳纹式花纹的陶器，还有石斧、石镞、石椎以及骨针、骨钩等。其时间约为公元前5000年至公元前2000年，称为绳纹式文化时期。此外，还发现有土室群、“贝冢”及女性土偶，可以推断约为母系氏族社会时代。

自公元前2世纪起，绳纹式文化开始让位于“弥生式文化”，此时陶器皆以陶轮生产，器身薄硬，较前大异。与弥生式陶器同时出土的有铜镜、铜剑、铜饰物及大批细石器，故推测这时是金石并用时代。

公元1世纪以后，日本进入了奴隶制时代。据我国《三国志·魏志》的记载，公元1世纪日本约有小国百余个，其中最大的是邪马台国，女王叫卑弥乎，她以“婢千人自侍”，并说其国中“尊卑有差”，“下户与大人相逢道路，逡巡入草；传词说事，或蹲或跪，两手据地，为之恭敬”。除此之外，尚有向曹魏进献“生口”的记载。

公元3世纪，日本大和国兴起，于5世纪统一日本（不包括北海道）。阶级分化更加严重。当时的上层统治阶级被称为“氏上”，他们拥有大批田庄，并拥有几十到几千名奴隶。其下为“氏人”，这是组织在农村公社里的自由农民，他们是当时社会物质财富的主要生产者。氏人之下还有“部民”，部民虽不是个人的奴隶，并保有一部分私有财产，但他们往往是以集体的形式受国家的剥削；对他们虽不得任意屠杀，却可以转让或赠送。当时虽仍存在奴隶，但主要在家内劳动，而不事生产。据有的材料统计，直至公元6世纪，奴婢依然存在，但“氏人”却仍占生产者总数的60%左右，其余多为部民。

这个时代，在日本考古学上也被称为“古坟时代”。在所发掘的古坟中，有些是当时天皇的陵墓，高大富丽，甚为壮观。有一座据说是仁德天皇的坟墓，长达475米，高27米，宽300米，外有三道壕沟环绕，坟内有大批殉葬品，其中不仅有玉器、铜器、金银首饰，还有铁器工具，并且有男女陶俑。从殉葬品看来，财产不均与身份不同是十分明显的。一般认为，公元3世纪到7世纪前期是日本的奴隶制时代。

6—7世纪，是日本历史发生重大变革的时代。根据《日本书纪》所载，当时的日本“其臣连伴造等，各置己民，恣意驱使，又割国县山海林野池田，以为己财，争战不已，或者兼并数万顷田，或者全无容针之地”。从而可见阶级矛盾的尖锐，同时统治阶级内部斗争也日益激化，这就是日本社会所以发生变革的根本原因。

此外，6世纪以前，日本经常袭扰朝鲜，并掳其工匠带回日本，但自新罗强盛后，多次击败日本，袭扰亦被迫停止。更重要的是从中国的隋王朝开始，日本即派遣留学生到中国学习。这些留学生归国，不仅带回先进的技艺，还带回先进的思想文化及政治经济制度。由于他们的传播，许多人深受中国先进文化影响。到了唐朝，遣唐使的人数和次数与日俱增，中国先进的封建制度的影响也日益深入日本。于是，一个新的地主革新派就逐渐从奴隶主阶级中分离出来。

6世纪中叶，日本中央贵族就要不要佛教问题，展开了革新派与保守派之间的斗争，以苏我氏为首的革新派主张，建立中央集权的政治制度，同时提倡改宗佛教。但以物部氏为首的保守派却坚决反对。斗争的结果，苏我氏获胜，遂拥立本族皇女为推古天皇，并以圣德太子摄政（公元593—公元622年）。圣德太子大力加强王权，强调“国靡二君，民无两主，率土兆民，以王为主”，并一再声称“承诏必谨，君则天之，臣则地之”。同时制定了冠位十二品的官制，而一切官员皆由中央任命，统属中央。另又推崇佛教，以加强统一。从607年始，更增派使臣前往中国，增加留学生数目，甚至让他们长期住在中国，做中国的官吏，改用中国的姓名，其目的主要在于学习唐朝的一切先进制度、事物、文化、宗教、生产技艺和管理方法，以便回国后增强革新派的力量，为日本进一步改革奠定思想、理论的基础。

日本圣德太子像

然而圣德太子的改革，随着他的逝世而销声匿迹，它并没有挽救社会危机，国内阶级矛盾依然日渐激化。7世纪前半叶，土地兼并盛行，

征夷大将军德川家康像

租佃制广泛兴起。部民制因此衰落。

从公元8世纪开始，以天皇为首的中央政权日趋衰落，个别大官僚贵族经济实力强大，甚至和天皇结为亲眷。从公元858年至1086年，是天皇外戚藤原氏专权的时期，又称摄（摄政）关（关白）政治时期。藤原氏一族的庄园遍布全国各地，天皇大权旁落，地主贵族之间争权夺利的斗争日益激化。庄园主为了统治庄民，保卫自己的权益并侵吞他人的土地，纷纷组织起自己的武装力量。许多中小贵族的子孙成为武士，他们以“忠、义、勇”作为信条，互相勾结，逐渐结成了许多封建地主的“武家”集团。武家同下级武士之间形成封建的主从关系。日本的武士和“武士道”，就是这样开始的。

迄12世纪，日本逐渐形成了两大豪族武士集团，一个是以源氏为首的关东集团，另一个是以平氏为首的关西集团，各有很多庄园和武士。两大武士集团之间经常发生战争。1185年，以源赖朝为首领的关东集团击败了以平清盛为首领的关西集团，在自己的城堡镰仓建立起武士的政权——幕府。1192年，源赖朝从京都朝廷处得到了“征夷大将军”的称号，掌握了全面统治国家的实权，从此开始了镰仓幕府的统治时代（1192—1333 年）。

从镰仓幕府开始，中间经过室町幕府（1336—1573 年），到征夷大将军德川家康的德川幕府（1603—1867 年）时期，是日本历史上的幕府政治时代，也叫武家政治时代。在这段时期，幕府与天皇的朝廷同时并存，名义上大将军由天皇任命，实际上是由幕府的大将军执掌政权发号施令。幕府设政所、侍所和问注所，分管全国的政治、军事和司法大权，京都的朝廷及其政权机构并无实权。

镰仓幕府统治前期，幕府势力强盛，能够控制全国的局势。幕府派直属武士（御家人）担任地方各国的守护，成为地方上实际的军政长官（大化改新后，地方首脑称国司。守护代表幕府管理地方，国司虽仍存在，但须听命于守护）。又派武士为地头监管庄园，并负责为幕府征收兵粮米等。幕府及各地守护、地头的体制，使武士控制了全国上下的军政大权，打击了旧的贵族集团。所以，幕府政治的实质是军事贵族的封建专制。镰仓幕府统治后期，由于御家人势力削弱，地方封建主反抗，天皇的宗室力图夺回政权，镰仓幕府终于在 1333 年被推翻。1336 年，原幕府部将足利尊夺得政权，建立室町幕府（室町为京都的一条街，因幕府设于此而得名）。

室町幕府统治时期（1336—1573 年），各地方的首脑为守护大名，实际是地方的诸侯。室町幕府渐渐无力控制地方，各诸侯相互混战，政治分裂。在这段时期内，由于农民改进技术，努力开荒等，农业仍有所发展。同时，由于一部分守护大名为加强自己的实力，提倡发展手工业和商业，鼓励炼铁以制造武器，对所辖市场、商路有所保护。因此，室町时期手工业、商业和交通运输业都有较大的发展，还出现了一些新兴的工商业城市，如堺、长崎、山口、大津等。但另一方面，多数农民却日益贫困破产，15 世纪曾爆发多次农民大起义，给日本封建势力以沉重打击，为国家的统一创造了一定条件。

从 16 世纪开始，日本的工商业和城市日益繁荣起来，日本的商人不仅对中国和朝鲜有着密切的交往，并且远到南洋群岛各地“经商贸易”。商品货币经济的发展必然造成国内统一市场的形成，这样，就为政治上的统一打下了经济基础。

16 世纪中叶，尾张国（今名古屋一带）大名织田信长（1534—1582 年）应用从葡萄牙输入的洋枪、火炮，于 1573 年结束了室町幕府的统治，在全日本 66 国中统一了 30 国。1582 年，织田信长因部下反叛而自杀，他的义子、部将丰臣秀吉（1536—1598 年）继承并完成了他的统一事业。为了掠夺更多财富，转移国内视线，他在 1592 年发动了大规模侵朝战争，为中、朝联军所败，丰臣秀吉

完成日本统一大业的丰臣秀吉雕塑

忧愤而死。他的同伴，织田的另一名部将德川家康（1542—1616 年）取代了他的位置，于 1603 年在江户（今东京）建立幕府，这就是德川幕府，也叫“江户幕府”（1603—1867 年）。

在德川幕府的统治下，日本初步完成了封建统一，农业、工商业都出现了空前繁荣的景象，国内外贸易也非常发达，西欧资本主义经营方式与思想文化也开始传入日本。但日益保守的德川幕府却从 17 世纪开始，颁布了许多严格的“锁国令”，严重阻碍了日本资本主义萌芽的发展，遭到了国内外各阶层特别是新兴资产阶级的反抗，促使他们和天皇结成同盟，矛头直指幕府政治。在内外势力的压迫下，日本于 1867 年开始了明治维新。

中日两国人民之间的文化交流源远流长，早在秦汉时期还未一统的日本列岛人民就从中国学会了稻米种植与冶炼金属的方法。此后，交往更为频繁。后汉安帝永初元年（公元 107 年），日本邪马台国男国王帅升遣使朝贡，献“生口”160 人，但在此后 132 年中，邪马台与中国基本没有什么往来。卑弥呼即位后，积极与曹魏联系，企图借助友邻的支持，提高自己的权威，维系对臣服各国的统治。

公元 238 年 6 月，卑弥呼第一次派遣大夫难升米、副使都市牛利为使臣至带方郡。带方郡太守刘夏遣使护送难升米一行到达洛阳。使节向魏明帝奉献日本特产班布及“生口”。魏明帝授予卑弥呼“亲魏倭王”的封号和金印紫绶。特命正使难升米为“率善中郎将”，副使都市牛利为“率善校尉”。240 年，曹魏带方郡太守弓遵派遣建中校尉梯儁赴邪马台国，这是中原王朝第一次向倭人派遣使节。243 年，卑弥呼又派大夫伊声耆、掖邪狗等 8 人来魏赠“生口”以及倭锦、绛青缣、帛布、短弓矢等物。247 年，卑弥呼遣倭载斯、乌越等人到带方郡诉说与狗奴国男王卑弥弓呼的矛盾，并请求支持。为此，塞曹掾史张政等奉魏帝之命前往邪马台国。张政到达之时，正值卑弥呼死，国内动乱。张政使团扶植壹与平息了内乱，对于女王国的巩固和稳定起到决定性作用。266 年司马炎仿“汉魏故事”，以禅让形式废魏帝建立西晋王朝时，倭女王还遣使贡献，对西晋王朝的建立表示祝贺和臣服。

在此时期，邪马台国女王接受中国曹魏的册封，并对与中国的往来持积极态度，这至少可以表明，其承认中国的大国地位。但总的说，这一时期中国与日本之间的官方交往还刚刚开始，并未确立明确的君臣关系。

自 413 年至 502 年，大和政权先后 13 次向东晋、宋、梁各朝遣使朝贡，请求册封，自泰始二年（公元 266 年）以来中断近 150 年的日本朝贡的记载重新开始，出现了中国史书上所谓的“五倭王时代”。日本学者认为，中国史书中记载的五倭王：赞、珍、济、兴、武，分别是《日本书纪》中记载的仁德天皇、反正天皇、允恭天皇、安康天皇、雄略天皇。东晋南朝赐给大和政权的封号一般是“安东将军、倭国王”，日本正式加入到中国为主导的封贡关系中来。有的日本学者认为，此时日本加入册封体系，主要是为了在称雄日本并同朝鲜半岛南部的百济争霸等活动中得到中国的支持。从这一时期开始，直到 663 年于白江口被唐王朝的军队打败，日本一直是积极参与东北亚地区事务的。珍曾要求中国的南朝宋加封他为“使持节、都督倭、百济、新罗、任那、秦韩、慕韩六国诸军事、安东大将军、倭国王”，也表露出其参与朝鲜半岛事务的愿望。中国方面一直没有同意倭王珍、武加封“都督百济”官号的请求，所以倭王一直未能实现在朝鲜半岛上扩张势力的夙愿。

特别需要指出的是，自秦汉以来，中国移民不断进入日本列岛。在 4 世纪末至 5 世纪初，5 世纪末，曾出现两次移民高潮。大量中国移民的到来，为日本列岛带来了先进的生产技术，有力地推动了日本社会的发展，也将中国文化输入日本，使日本社会的各方面都受到中国文化的强烈影响。

圣德太子摄政期间，特别加强了同隋朝的联系。607 年 7 月，倭国派小野妹子为遣隋使前来中国。倭国使者说：“闻海西菩萨天子重兴佛法，故遣朝拜，兼沙门数十人，来学佛法。”日本派僧人前来中国学习佛法，这是中国历史上第一次接受外国留学生，佛教的传播成了中日文化交流的媒介和桥梁。第二年，隋炀帝派遣文林郎裴世清赴倭国，小野妹子也陪同回国，这是中国隋朝政府派遣的正式访问日本的第一个外交使团，从而揭开了中日友好关系史新的一页。

唐王朝与日本之间虽然有过白江口之战这样的正面军事冲突，但总的来说，关系还是友好的。自 630 年至 894 年的 200 多年时间里，日本先后派出遣唐使 19 次，正式派出而且到达了唐朝的有 13 次。8 世纪以后，遣唐使团的规模每次达五六百人，在遣唐使团中有不少来华留学生，现在有史可考的有 150 多人。通过这些使团和留学生，中国的工农业生产技术、历法、哲学、史学、文学、数学、医学、建筑学、美学、工艺、典章制度以及衣冠文物，都被介绍到日本。在此时期，也有大批中国人移民日本，对日本文化的发展起到促进作用。

古代宗教文化

佛教创立

印度历史发展到公元前6世纪左右，进入了列国时代。在印度北部出现了16个“大国”，这些国家多数建立在恒河流域，少数建立在印度河流域。其中包括迦尸、拘萨罗、安伽、摩揭陀、瓦吉联盟、末罗、车底、跋沙、俱卢、般阇罗、末地耶、戍罗西那、阿设迦、阿般提、犍陀罗和甘谟惹等。除了这些大国之外，还有一些小的部落和城邦。群雄逐鹿的结果，是摩揭陀国最终成为北印度的霸主。摩揭陀早期比较著名的国王是哈尔杨卡王朝的频毗娑罗，他不断进行扩张，使一个原本弱小的国家变得日益强大起来，频毗娑罗晚年为其急于想做国王的儿子阿阇世所囚禁，终于在囹圄之中含恨而死。阿阇世的行为虽然令人恐惧，但是他继续进行扩张和兼并，将摩揭陀发展成为东印度的唯一强国。至国王迦腊索迦时期，摩揭陀国的首都迁往华氏城。但是在公元前364年，迦腊索迦被下层出身的摩诃帕德摩·难陀所杀，开始了难陀王朝时期。正是在难陀王朝统治的公元前364—前324年间，

摩揭陀国遗址

摩揭陀国逐步统一了恒河流域。

列国争霸的时代，也是社会发生巨大变化的时代。首先，四个种姓的情况都有所变化，尤其是刹帝利阶层，频繁的战争给他们提供了很好的发展舞台，不但从战争中获得了大量钱财，而且其政治地位也随王权的加强而加强，他们不愿再屈居于婆罗门之下。通过经营商业和参与市场经济，吠舍和首陀罗的生活也发生了许多改变，有些人更加贫困，但也有不少人地位上升，成为富有的奴隶主等，他们对自己的等级地位也非常不满，提出了改变等级制度的要求。

社会动荡时期最主要的特征，是各种新思想特别活跃。这时候出现了“六大师”“六十二见”或者九十六种外道，形成了百家争鸣的局面。在哲学领域，最著名的便是“顺世论”。顺世论派为六师外道之一，被认为是带有唯物主义倾向的古印度哲学派别。该流派的代表人物是阿耆多翅舍钦婆罗，或称阿末多。顺世论派反对婆罗门教《吠陀经》的神圣权威，咒骂吠陀是妖魔所作，反对烦琐的祭祀活动，认为这只是婆罗门祭司们赚钱的手段而已。他们也反对婆罗门至上，主张种姓平等。顺世论派主张地、水、火、风四大元素是世界统一的物质基础，人死后四大物质分散，人的意识消亡，没有所谓的轮回转世。世界万物都是自然产生，自然消亡，顺世论者否认因果学说。他们认为唯一可依赖的是自己的感觉经验，只有在现实世界才能实现自己的幸福。顺世论的哲学直接针对婆罗门教的等级制度和轮回转世说作出了批判，体现了社会对平等的要求和渴望，当然也遭到婆罗门教的迫害。除了顺世论之外，尚有怀疑论派、自然论派、感觉论派、无道德论派等许多派别。

这种思想争鸣同样影响到宗教领域，耆那教、佛教的兴起就是这种思潮的体现之一。耆那教（Jainism）兴起于公元前 6 世纪，传说是由 24 位圣者创始了该宗教，最后一位圣者名叫耆那（胜利者），可能是历史上存在的人物。据说，耆那出生在印度的一个刹帝利家族，出家之前生活富裕，曾经结婚生子，但在 30 岁父亲死后便出家修行，寻求解脱不幸之道。他按照当时流行的修行方法，到处游历，裸体行乞，苦行修炼。经过 12 年的修行，第 13 年在一棵沙罗树下觉悟成道，时年 42 岁，此后便组织教团宣传教义。耆那提出《吠陀经》并非真知，祭祀杀生只会带来罪恶，反对种姓制度，主张平等。他教导奉行严格的禁欲主义和热爱所有的生灵，以此作为解脱轮回的手段，摆脱因果报应，使灵魂最终进入极乐世界。为了能够摆脱人们为业所束缚的无限轮回，教徒必须进行修炼。教徒要发誓独身、裸体、禁欲和斋戒。耆那教提出了五戒的主张，即不杀生、不妄言、不偷盗、不奸淫、戒贪财。只有这样才能灭情欲，获得解脱。从 1 世纪开始，耆那教开始分化，出现了白衣派和天衣派。前者主张男女平等，反对裸体，主张僧侣穿白袍，并允许男女结婚生育。后者则坚持苦行，主张裸体。耆那教虽然没有摆脱轮回转世的学说，但是他主张众生平等和自我解脱的教义，符合时代的要求，因而获得了不少信徒。

佛教与耆那教同为反对婆罗门教的新兴宗教。佛教的创立者是乔达摩·悉达多，生于释迦部落，相传，他是迦毗罗卫城（今尼泊尔境内）的王子，属于刹帝利。据说，他的母亲托梦而孕。生他的时候，母亲正在回娘家的路上，她看到一棵娑罗树，便伸手去抓，就在此时，他从母亲的腋下降生了，一尘不染地降临凡世。他像神仙一样快乐地居住在三个宫殿里，四万宫女用舞蹈来取悦他。长大成人后，娶妻生子，过着世俗生活。作为一个刹帝利阶层的人，他接受了各种军事技艺的训练，也师从一些贤哲们学习诗书。宫廷里优裕的生活使他与苦难的世界隔绝。

但是当亲眼看到人们的悲惨生活状况后，他改变了自己的信仰，毅然抛弃尘世，入道而成为佛祖。据传说，一天，他离开王宫出游，遇到一位奄奄一息的老人，顿生烦恼；接着又遇到一位病入膏肓的患者，悉达多相当恐怖、忧愁；第三次，悉达多遇到全家为一位死者送葬，心里感到非常不安。从此，他了解人生必须经历生老病死，这是谁也不能幸免的。后来，他又遇到一个贫苦的比丘，后者向他密授修行解脱之道，于是他断然决定出家。一天夜里，他偷偷进入妻子的房间，并最后看了一眼自己的孩子，一大早天还未亮的时候，便骑马出了城。就这样，他舍弃了荣华富贵的生活，丢下妻子和儿女，出家修行。在一个有树林和溪水的地方，他停住了脚步，开始献身于极为严厉的苦行生活。他练瑜伽术达六年；为寻求人生真谛，他同婆罗门苦行僧进行过多次交谈；依照苦行僧的生活方式，静坐修行，百般折磨自己。但所有这些方法均未能使他悟道，他明白了苦行并非解脱之道，于是放弃了苦行，开始苦思冥想造成痛苦的原因和解脱痛苦的方法。他走到一棵菩提树的阴凉处去静坐，平心静气，从不动弹一下，也能不离开座位。他自问：人们忧愁的本原是什么，受苦难为的是什么，疾病、衰老与死亡，又是为的什么？忽然间一个生与死无限延续的幻想出现在他的眼前，终于，他在菩提树下顿悟成佛。经过 7 年的酝酿，这位先者在了解了人类苦难的原因之后，开始传授自己的学说。

开始时他无意传道，后来才到鹿野苑及摩揭陀国的都城去传道，吸引了众多僧众。佛陀传道不借用书本，主要用会话、讲课以及格言来施教。他从没有说过自己曾经受了神灵的托付，喜欢用浅显的事例说明大道理，而不是用抽象的形而上学的说教。最后，他成了名副其实的圣者。他前后共传道 40 年，于公元前 483 年左右圆寂，享年 80 岁，他最后的遗言是："啊！众徒们，我告诉你们，顺服于死亡就是众生，当为真实而奋斗。"悉达多死后，他的弟子们积极传教，使佛教的影响越来越大。

佛教并没有严格的教义体系，但其主要教义还是比较确定的，主要集中于"四谛说"。四谛即四种真理，分别称苦谛、集谛、灭谛和道谛。苦谛是说人生在世，有生老病死等八种痛苦。集谛解释苦的根源在于有欲望，想长生达不到，想不死总要死，这就产生苦。而且，有欲望就会有言行，结果便造了业（活动的结果），只能不断轮回转世，不断经受生老病死等一切苦。灭谛是说要消灭苦，就要消灭造成苦的欲望，消灭欲望就能达到"不生不死"的最高境界，佛教称这种境界为涅槃。道谛是指要达到不生不灭的最高境界，就要修道，包括学习教义，遵守戒律，打坐静修等。佛教修道讲究"八正道"，分别是正见（正确的信仰）、正思（正确的思考）、正语（正确的言论）、正精（正确的努力）、正业（正确的行动）、正命（正确的生活）、正念（正确的思想）、正定（正确的自我专心）。此外修行以"五戒"为主，包括戒杀、戒盗、戒淫、戒妄语、戒饮酒。另外，佛教不承认婆罗门教的经典和宗教特权。佛教认为，不论人出生于哪一个种姓，只要自己按照佛的教训修行，就能达到不生不灭的极乐世界。佛教这种不承认种姓区别的态度，吸引了很多下层群众。

佛教于公元 1 世纪左右开始分化，分成大乘教和小乘教。小乘教主要在南印度与锡兰一带，该派尊崇佛陀为伟大的教师，而非神明，其经典为比较古老的巴利文经典。小乘教主张恪守戒律，严守原始佛教的教义。大乘教则反其道而行之，认为按照原始教义，只有少数人才能修道成佛，所以应该拓宽渠道，主张不但僧众可以涅槃，一般俗家子弟也可以达到。公元 6 世纪左右，佛教在印度衰落，印度教兴起，但佛教的影响并没有消失，它在国外扎下了根，成为世界三大宗教之一。

基督教文化的起源

基督教是世界三大宗教之一。

1 世纪初，基督教首先在巴勒斯坦的犹太人（Jews）中间出现，后来在叙利亚、小亚细亚和埃及一带广泛传播。早在基督教产生之前一两百年间，犹太下层居民中就开始出现笃信“救世主”（The Savor）的秘密教派，他们宣传“救世主”观念，相信耶和华（Jehovah，希伯来语“上帝”）将派“救世主”把贫困的、受奴役的人们从苦难中拯救出来。基督教大概就是从这些教派中形成的。希伯来语“救世主”称“弥赛亚”，古希腊语读作“基督”（Christos），所以“基督”就成为耶稣的称号，称耶稣基督或基督耶稣（Jesus the Christ）。

根据《新约全书》四福音书，耶稣是亚伯拉罕的后裔、大卫的子孙，从亚伯拉罕到耶稣共经过了42代。耶稣的母亲圣玛丽亚已经许配了约瑟，但还没有迎娶过门，就从圣灵怀了孕。大天使迦百利天使分别向约瑟和玛丽亚显现，说必有童贞女蒙神恩怀孕生子，人要称他的名为“以马内利”，意即“神与我们同在”；她从圣灵怀孕，将要生一个儿子，取名为耶稣。公元前6年，罗马帝国进行人口普查，以此作为征缴人头税的依据。残酷的犹太王希律下令，要求境内所有臣民必须在规定日期内回原籍进行注册登记，约瑟和玛丽亚家住巴勒斯坦北部加利利山区的拿撒勒村，他们不得不前往南方小镇伯利恒（大卫王的故乡）登记。那里是约瑟的老

耶稣像

家，位于耶路撒冷东南 8 公里处。当时，伯利恒市郊旅店已经客满，结果临产的玛丽亚把耶稣生在了一处破旧的马槽里。受父母信仰的影响，耶稣从小就成了一名犹太教徒。12 岁那年，当他到耶路撒冷后，对在那里看到的犹太教感到失望，于是转向思考新的宗教信仰。30 岁左右，他受新宗教先驱者约翰的启发，接受了“施洗者”约翰施行的“洗礼”，并逐渐形成了以“博爱”为核心的基督教信仰。这种新的宗教克服了犹太教的狭隘性和封闭性，深受处于苦难之中的下层群众的欢迎，因而很快传播到整个巴勒斯坦和小亚细亚。

（一）基督教的经典和教义

长期以来，教会宣称基督教产生于罗马皇帝奥古斯都和提比略统治时期。宣称耶和华上帝降圣灵于圣母，玛丽亚不婚而孕，把耶稣生在伯利恒的一个马槽里。传说，耶稣就是犹太人早先所预言的救世主，他作为神的化身和独生子，创立了基督教。他在巴勒斯坦地区传教，行了许多神迹，并在许多追随者中捡选了 12 位门徒。耶稣说，一切忍受苦难的人死后都会升入天堂，而富人和剥削者升天堂比骆驼穿过针眼还难。他的传教活动引起罗马总督和犹太上层分子的恐慌，因而他们指控他“亵渎上帝和自立为‘犹太人的王’”。公元 33 年 4 月 3 日，罗马派驻犹太地区第五任总督彼拉多（26—36 年在任）逮捕年仅 36 岁的耶稣，并将他钉死在十字架上。《新约全书》记载，耶稣死后 3 天复活，40 天后升天了。他还要重新降临人间，审判死人和活人。4 世纪《尼西亚信经》认可这些关于耶稣生平事迹的说法，从而构成基督教主要教义的基础。

基督教崇拜上帝和耶稣，信守《圣经》，宣传博爱思想。《圣经》又分为《新约全书》和《旧约全书》，它们共同构成基督教的最重要经典。《旧约全书》形成于公元前 6—公元前 2 世纪，陆续用希伯来文书写而成，共有 39 卷，可分为古经（律法）、历史、文苑和预言四大类：（1）古经（5 卷），包括创世记、出埃及记、利未记、民数记和申命记。从上帝创造世界万物和人类到古代以色列的传说、律法与教规等，据传为希伯来人先知摩西所作，通称“摩西五经”。（2）历史（12 卷），记述了以色列民族的兴衰史，包括约书亚记、士师记、路得记、撒母耳记、列王记、历代志、以斯拉记、尼希米记和以斯帖记。（3）文苑（5 卷），是有关宗教的哲理、诗歌、格言等的文艺作品，以大卫和所罗门的作品居多，包括约伯记、诗篇、箴言、传道书和雅歌。（4）预言（17 卷），为先知们所作，包括大先知书（5 卷）、小先知书（12 卷）。

《新约全书》用希腊文按照所谓的上帝的默示写成。全书共有 27 部，可以分为福音书、使徒行传、书信和启示录四大类。其一，福音书主要是耶稣基督的传记，包括马太福音、马可福音、路迦福音和约翰福音，合称“四福音”。其二，使徒行传是一部福音传播史，路迦从基督升天后不久开始写起，直到保罗在罗马传教为止。其三，书信包括保罗致各地教会的 13 封书信和其他书信 8 封。其四，约翰在启示录中根据在拔摩岛上所见异象，望穿时空，预言未来。《圣经》这部未经详尽考订的古代百科全书，涉及人类已有知识的各个方面，反映了古代社会不平等的社会现实和人们渴望自由的思想，日后成为西方许多诗歌、小说、音乐、绘画、雕塑的素材来源，在宗教、历史、文学等多方面都具有相当高的研究价值，是一部不可多得的古代文献资料。

“耶稣显灵”像

根据《圣经》，基督教教义可以简单地概括为“三位一体”说：上帝是圣父（God the Lord），耶稣（Jesus）是圣子（独生子），圣灵（Holy Spirit）是上帝的“道”；他们是一个神而不是三个神，有三个位格，却是同一个本体。“按照我们的神家们的代数方程，一等于三，三等于一。”这种“奥秘”不可从科学和理性的角度来理解，只能依靠信仰来领悟和接受，主要含义如下：

第一，独一论。上帝（神、天主）是全知全能的、独一无二的神和造物主，无形、无体，超越时空，为宇宙间万事万物和整个人类的创造者。

第二，转化论。上帝降圣灵于玛丽亚，圣母感孕，“道成肉身”，降为世人，取名耶稣。

第三，救赎论。上帝派遣他

的独生子耶稣降临人间，代人类受过，拯救人类，体现了上帝对人类的慈悲仁爱。

第四，复活论。耶稣基督因人的出卖而受难，被钉十字架。到了第三天，当信徒们去祭扫墓地时，耶稣奇迹般地复活了，又回到了他们中间。40 天以后，他完成了在人间最后的使命，在橄榄山顶上被接升天。

第五，末日论。耶稣基督在千年以后将重新降临人间，进行庄严的末日审判。

耶稣基督的个人品质、经历、受难、复活，对穷人的关注以及对整个人类的挚爱，深深地吸引着那些处于社会最底层的人们，为人们在宗教中找到精神依托。基督教在继承犹太教上帝观和犹太人历史观的同时，突出了上帝仁爱慈悲的思想，更加关心人的内心世界。由于受到原罪的束缚，人们相信凭借自己的力量无法克服自私、傲慢与邪恶的本性，只有敬畏上帝、信仰耶稣，虔诚地赎罪，才能达到摆脱罪孽的目的。基督教让人们感受到上帝的现实存在，鼓励人与神的交流沟通交往，以此走上通向天国的救赎道路。

基督教一经产生就遭到官方的无情镇压。但是，基督教因其内在魅力和其客观因素而逐渐为各个阶层的人所接受，并于公元 313 年取得了合法地位，392 年成为罗马帝国国教。

作为一种宗教，它最大的吸引力或许和它的特征有关，即基督教关于人类得救的观念以及构成的社会成分与组织结构。基督教从非法的地下宗教迅速发展为世界性宗教的真正原因主要有三点：第一，罗马帝国后期，社会生活相对安定，交通条件便利，使用希腊方言易于沟通感情。第二，希腊罗马文化活力逐渐衰退，这就为新的宗教思想的传播提供了客观条件。古典文化，尤其是希腊文化中含有丰富的理性成分，但是它从来没有完全克服非理性因素，也不可能做到这一点。内心的反省和心灵的净化，同神秘主义思想相混合，给理性思考和科学发展造成阻力，却为具有神秘色彩的宗教意识传播奠定了哲学基础。尤其受希腊化时期犬儒主义、伊壁鸠鲁主义、斯多噶主义和怀疑主义的影响，神秘主义和宗教哲学在罗马帝国统治下的东方地区找到了适宜生存的土壤。第三，基督教是多种思想和精神因素相结合的产物，具有普遍性、包容性的根本特点，这是它的内在吸引力。基督教继承了犹太教的“救世主”和唯一神思想，吸收了埃及、伊朗等东方国家的宗教思想以及希腊人和罗马人的哲学观点。同时，它在吸收教徒方面不分种族、民族，不分财产状况，宣传平等、博爱的理念，为其发展成为世界性宗教奠定了更加广泛的社会基础和思想基础。

（二）基督教三大教派

围绕着教义和教仪问题，基督教从形成之日起就产生了各种争论，并导致了几个结果：一是天主教信条逐渐固定下来；二是帝国东西部之间的分离加剧发展；三是罗马国家直接干预教会管理。基督教会又称公教会，在古代、中世纪、现代因教义和教仪之争而形成了多种不同的教派。在近代早期，基督教已经分裂为天主教、东正教和新教三大教派及若干其他小教派。

天主教（Catholicism）。1059年东西方教会大分裂，以教皇为最高统治者的罗马基督教沿用“公教”或“普世宗教”名称，中文译为“天主教”，以适应外来宗教本土化的现实需要。Catholicism一词源于希腊文Katholikos，意为“全世界的”、“普遍的”、“全基督教会的”，或“促进基督教团结的”。

东正教（Orthodoxy）。1059年与西方教会分裂后，自称为“正教”，源于希腊文Orthodoxia，意即“正统的”或“正宗的”宗教。信守前七次公会议信条。主要有君士坦丁堡、亚历山大里亚、安条克和耶路撒冷四大牧首区，中心最初为君士坦丁堡，后来转移到俄罗斯的基辅、弗拉基米尔和莫斯科。

欧洲天主教堂

新教（Protestantism）。从天主教脱胎而来，形成于1517年马丁·路德的宗教改革。倡导因信称义、人人都可为祭司和《圣经》具有最高权威的三大原则，根据各自情况确立了主教制（以安立甘宗为代表）、长老制（以加尔文宗为代表）和公理制（或称会众制，采取这种制度的有浸礼宗、公理宗、基督会）。新教是与天主教（旧教）相对而言的，在我国习惯地称为基督教。

（三）世俗化的教阶制度

基督教是一种宗教信仰和组织，它通过一整套的教阶制度、组织机构，试图将全体社会成员即平信徒和神职人员纳入其中，形成一个稳固的文化共同体。基督教是一种具有普世意义的博爱宗教，基督教会把管理社会公益事业、个人伦理道德以及人生价值与追求等，都视为自己的神圣职责。为了体现上帝之爱，中世纪的教会还承担起慈善事业，除了在各地建立各类医院外，还设有专门的麻风病院、精神病院、孤寡收容所、盲人院、残废院等，用以关怀社会弱势群体，弥补本应由国家承担的社会福利的责任。

基督教产生后，最初有了僧侣与俗人的区分，随后才逐渐形成僧侣阶级内部的等级制度。一般的基督教徒称“平信徒”，他们平时在家须遵守严格的祷告和礼拜，也可以随时到教堂祷告、忏悔，每周还要到教堂集体礼拜一次，由专职神甫主持弥撒。4世纪以前，基督教组织体制、崇拜仪式和圣礼基本上确定了下来。

第一，从身份制度上看，基督教会神职人员可以区分为教士（Priest）和修士（Monk，Friar）、修女（Nun，Sister）两大类，“教士是指那些承担拯救俗人灵魂、管理民众精神生活的”神职人员，他们分别主持和管理着大小不一的教区；修士（修女）是指离家出世，或在家索居，以苦行方式拯救自己灵魂的基督徒。

第二，从管理体系上看，罗马教会形成了包括罗马教廷、大主教区或教省、主教区、教区等几个层次的管理机构。其中，教区是教会基层组织，一般只有一个教堂，负责周边村庄或城镇的宗教事务。如英国有坎特伯雷大主教区（下辖18个主教区）和约克大主教区（下辖3个主教区）。

第三，从等级制度上看，教皇（Pope，又称罗马教宗）与宗主教（东正教译称“牧首”）、大主教或总主教、主教、大司祭、神父或神甫等，形成一套金字塔式结构。神甫主持教区弥撒并管理圣事，重要的教区还有助理神甫和教堂司事等神职人员。天主教（西派基督教）的中心在罗马，故称罗马公教或罗马基督教，核心机构教廷是设在罗马城西北角的“梵蒂冈城国”

由于耶稣的门徒彼得和保罗都是在罗马殉道的，而且他们在基督教形成过程中起了重要作用，他们开创的事业据说由罗马大主教来继承，罗马大主教就被视为使徒事业的正统继承人和耶稣在世间的代表，其地位也在其他地区主教之上。大约从455年起，罗马大主教自称教皇。756年，罗马教皇在法兰克君主的支持下建立教皇国，加强了其在西方教会中的地位。西欧各地的天主教会组织均被视为隶属于罗马教廷的分支机构，教廷由教皇和枢机主教团构成，教皇为最高首脑，由红衣主教团2／3多数选出其中一位红衣主教担任。

在中世纪的大部分时间里，教皇不仅是位于亚平宁半岛的教皇国的君主，也是遍布各地的天主教会组织的最高首领。其宗教权力主要有两个方面：其一，由教皇与枢机主教组成的罗马教廷，是教会的最高管理与执行机构，主要职责是以罗马基督教最高法庭的名义发布政令、任命教职、征收赋税、实行司法仲裁等。其二，教皇拥有召开宗教会议的权力。宗教会议的权威性体现为阐述和决定宗教教义、商讨和处理有关教务的重大问题，其决议是在整个“基督教大世界”具有效力的通行法律。教皇主持或派代表参加的重要的宗教会议有许多次，第一次宗教大会（325年尼西亚宗教会议）的召集人为君士坦丁大帝，与会者是罗马帝国境内的300多名主教。会议制定了统一的信条，即后来的《尼西亚信经》，确认“三位一体”学说，将阿利乌斯派异端开除教籍。这次会议成为日后“基督教大世界”宗教会议的范本，意义十分重大。第四次拉特兰宗教会议（1215年）由教皇英诺森三世（1198—1216年在位）主持召开，有71名大主教、412名主教、800多名修道院长和副院长参加，德国皇帝及英王、法王都派了代表，规模空前，表明教皇的政治、宗教权力达到顶峰。会议对有关教会改革、教产使用、缴纳什一税等作了规定，

教皇英诺森三世像

还批准用“变体说”解释“圣体”圣事（圣餐礼），谴责异端阿尔比派、华尔多派。

（四）苦行僧的修道制度

罗马帝国末期，整个欧洲处于世风日下、物欲横流的混乱时代，基督徒为逃避世俗生活，追求内心宁静，逐渐转向一种超凡脱俗的隐修生活。他们希望专心致志和不受任何干扰地与上帝交流，以获得精神上的慰藉：“凡为我的名撇下房屋或是弟兄、姐妹、父亲、母亲、妻子、儿女、田地的，必要得着百倍，并且承受永生。”修道是几乎所有宗教都具有的一种追求灵性的行为，它既可以是个体的冥思默想的独居生活（离群索居），也可以是群体的苦修禁欲的寺院生活（聚居苦修），实质上都要舍弃充满欲望诱惑的世俗生活，转向直接与神交通的精神生活。于是，修道实质上成为早期基督徒对于教会世俗化趋向的一种强烈反抗。

修道生活首先出现于罗马帝国东部地区，修道者希望通过自我压抑和自我折磨证明其宗教热情，从精神上更加接近信徒们的简朴信念。埃及人圣安东尼（公元 251—公元 356）是最早受出世思想影响的基督徒和东方地区修道院的创始人。他隐居于荒漠之地，过着与世隔绝的隐士生活。当他的圣洁的名声传出以后，成群的苦行潜修者围绕在他的周围，汲取其神圣灵感，形成了一个隐修团体。圣本笃（公元 480—公元 550）出身于意大利的贵族家庭，18 岁时离开腐败的罗马，在尼禄皇帝的乡村别墅废墟附近的岩洞里，开始了三年的索居隐修。他不仅是一位意志坚强的苦行僧，也是一位优秀的教会组织者。他在罗马与那不勒斯之间的卡西诺山顶建立起第一座隐修院，由此创立了本尼狄克修会（又称本笃派修会），从而成为西方基督教修道院制度的创始人。他为本笃会设立了既简明扼要又具有约束力的会规，即修道共同体生活的制度化准则。早期修会组织以苦身修行为宗旨，以隐居独处或过集体隐修生活为特征。在以后几个世纪中，卡西诺一直是西欧修道生活的主要中心之一。教皇格列高利一世（公元 590—公元 604 年在位）把自愿形成的修道院制度，纳入整个西方基督教制度体系之中，使其成为一种区别于大众化教会的精英式僧团。后来，较著名的修道院有法国南部的克吕尼修道院、巴黎圣母院等。

修道生活有三大信条：清贫、纯洁和服从。修道生活的基本特点是：摈弃个人私有财产，过共同生活，独身、不论婚嫁，绝对服从院长，从事强制性劳动。院长是由修士、修女选举产生的终身职务，但一切决定事先都必须与他们协商，并依照会规进行管理。日常的修道生活通常包括：一是从事集体祈祷，共同诵经，抄录经典等精神活动；二是从事自食其力的耕种田地和家务劳动，以高强度的劳动达到磨炼意志、纯洁灵魂的目的。基督教修道院制度是西方传统文化的重要组成部分，具有文化、社会、经济和政治的功能，影响深远。由于修道院是古典文化的集中保存场所，理所当然地成为基督教文化的集中传授地。修道共同体生活原则和自给自足的经济活动，分享与占有社会财富，促进了清贫劳动的经济伦理观，同时也强化了人们的社会集体意识。

苦行主义者认为，修道者应当是禁欲的楷模，最完美的人是严格的苦修者，最完美的男人是不近女色的。这是修道士远离尘世诱惑，逃避到沙漠、森林之中的重要原因。4 世纪以后，教士不得结婚，必须谨守贞洁，独身和禁欲就成了基本义务，也是一条重要教规。

查理曼（约公元 768—公元 814 年在位）帝国瓦解以后，西欧经过两个世纪的纷乱，基督教会权力和地位反而趁势得到了加强，但同时教会世俗化的倾向开始彰显，内部腐败现象盛行。神职人员违背宗教道德，不认真履行宗教职责，追求钱财，贪图享受以及买卖圣职、偷情通奸、结婚生子、聚敛财富，这些丑陋现象的滋生，客观上威胁着修道生活的纯洁性，也使教会威信扫地。为了整顿纪律与纯洁教会，追求宗教皈依，使之更符合基督教理想，法国著名的克吕尼修道院由此发起了“克吕尼运动”。随着教会威信的提高和教廷权力的加强，12~13 世纪出现了法兰西斯修会（方济各会即小兄弟会）、多米尼克修会、加尔默罗会、奥古斯丁会等天主教托钵修会组织。

（五）圣礼、纪年和节日

1. 基督教圣礼

比较而言，罗马天主教、东正教在观念、教义、仪式上相对都很保守，两者差别不很明显；它们都崇拜偶像，实行教士独身制度、教阶制度和修道院制度。而新教则相对开放，反对偶像崇拜、教阶制度，废除修道院制和神职人员独身制。作为基督教徒，他们主要是通过祈祷、赞美、感恩、祝福、守斋、朝圣和七大圣礼来与神进行交流、沟通。天主教和东正教均信守七大圣礼（圣事），即圣洗礼、坚振礼或按手礼（坚定信仰、振奋人心）、圣体礼或圣餐礼、告解礼或忏悔礼（痛悔、告罪、补赎）、终傅礼（临终关怀，敷擦圣油）、神品礼或圣职礼（神职公为七品）和婚配礼或婚礼。

作为基督徒，他们还必须遵守“十诫”，即上帝为教徒制定的“十条诫命”：除了上帝之外，不可崇拜别的神，不可雕刻和崇拜其他神像；不可妄称上帝的名字；守安息日为圣日；孝敬父母；不可杀人；不可奸淫；不可偷盗；不可作假见证陷害人；不可贪恋人的妻子；也不可贪图人的房屋、田地、仆婢、牛、驴，并他人一切所有的。

耶稣传道图

2. 基督教纪年

我们知道，“年”（year）是时间的一种计算单位，地球绕太阳公转一圈的时间称为一年。“纪年”（era）就是计算年代，又称“纪元”，属于历法的范畴，指历史上开始计算的年代。所谓“历法”（calendar）就是指推算年、月、日的方法。在人类社会中，往往以某件大事，如开国建元、王朝交替、皇帝即位等为起点作为元年或纪元，即从这里开始计算年代的顺序。

在公元纪年产生以前，全世界没有通用的纪年方法，因而非常混乱，无法加以相互参照。但是，基督教纪年（Christian Era）产生后却解决了这个问题。6 世纪，基督教会计算复活节周期时，附带创立了以耶稣基督降生的年份为起点顺序的计算年代的方法。按照基督教会的说法，复活节应在每年春分月圆之后的第一个星期天，但每年的复活节日期并不是固定的。为了计算出复活节的一个周期，公元525年时教皇约翰一世（公元523—公元526年在位）要求天文学家狄奥尼修斯（公元约470—公元540）、埃克西古乌斯主持这项工作。狄奥尼修斯编订教会年历表时，开始以传说中的耶稣基督诞生的年份作为纪元的开端。

这种纪年方法后来为“英国历史之父”比德（公元673—公元735）加以推广。他在《英格兰教会史》一书中以耶稣诞生之年为基准，把那以前用英文称为Before Christ，简写成BC或B. C.，意思是基督以前；把那以后用拉丁文称为AnnoDomini，简写成AD或A. D.，意思是“主的年代”、“我主纪年”。

基督教纪年的最大优点在于，它为全世界提供了一个公认的纪年标准，使得各国混乱的纪年得以统一起来。基督教纪年在我国称为公元纪年或公元，现在多数国家都采用了这种纪年方法。

3. 基督教节日

节日是重要的、值得庆祝或纪念的日子。最初的节日多与自然界的节气变化以及宗教崇拜的神灵庆典有关。“从古代流传到今天的节日通常是一些值得追忆或感恩的事件，基督教的节日都是隆重纪念最有意义或最受尊敬的人物的日子。”基督教重要的纪念性节日有圣灵降临节、耶稣升天节、基督圣体节、万圣节、万灵节、圣母降临节、圣母圣诞节、圣母升天节、忏悔节、祈祷节等，其中以圣诞节、受难节和复活节三大节日最为重要。

圣诞节（Christmas）：根据“福音书”记载，耶稣出生在伯利恒客店的马棚里，第八天时按照犹太人习俗行了割礼。但《圣经》中本无耶稣降生日期的说法，教会后来才推定12月25日为耶稣诞辰纪念日，这一天恰好与太阳神的生日相逢。太阳神生日原是于罗马皇帝奥勒略（公元270—公元275年在位）执政时期确定的，而这一传统的祭祀活动又与冬至节令相仿。公元前283年，地中海的罗德岛的冬至大约出现在12月25日的日出时分，人们选择这一天祭祀太阳神。4世纪上半期，君士坦丁皇帝正式决定在这一天庆祝耶稣的降生，是为圣诞节的由来。一个世纪以后，圣诞节已经成为一种固定的宗教习俗。

今天，圣诞节是基督教国家最重要的宗教节日。圣诞节庆典主要包括平安夜（24 日夜 ~25 日晨）弥撒、圣诞经文、圣诞马棚、圣诞颂歌、圣诞树等内容。由于现代社会宗教世俗化倾向显著，圣诞老人、圣诞礼物、圣诞聚餐、圣诞贺卡、圣诞游行也融入圣诞节庆祝之中。圣诞节期间（旧年 12 月 25 日 ~ 新年 1 月 6 日），人们常在一些常绿的杉树、柏树等“圣诞树”（ChristmasTree）上点缀一些蜡烛、玩具、缎带、礼物等小饰物，供人观赏，以增加节日气氛。圣诞节晚上，还流行“圣诞老人”（Santa Claus）前往各地给儿童赠送礼物的风俗。由于西方人以红、绿、白三色为圣诞色，传说每年圣诞之夜，白眉、白须、白领、红袍打扮的圣诞老人，驾着鹿拉的雪橇自北方而来，由烟囱进入各家，把糖果、玩具等礼物放在挂于壁炉前的新长袜内。白雪皑皑的冬天，和蔼可亲的圣诞老人，给人们特别是给孩子们带来了欢乐，带来了一种对美好未来的企盼。

受难节：根据《新约全书》记载，传说耶稣 12 门徒之一犹大为了 30 个金币而出卖了主，罗马统治下的犹太地区祭司长把耶稣捆起来，交给总督彼拉多。耶稣于复活节前第三天（星期五）受难，被钉死在十字架上，据推算这件事发生于公元 30 年。耶稣的罪名是要“做犹太人的王”，而他甘愿受难是为了承担人类的罪孽，替世人赎罪。这是上帝的安排，也是基督教悲剧的中心内容。人们通过纪念耶稣受难，借着他的死亡，缅怀他的功绩与光荣。受难节的主要内容有圣道礼仪、拜十字架礼、领圣体礼。

复活节：传说耶稣受难的当天晚上，12 门徒之一约翰用干净的细麻布将主的尸体裹好后，安放在石墓穴里。星期日天快亮的时候，有天使来报告说耶稣已经复活了，而且真的显现了。325 年，尼西亚公会议规定了复活节时间，即每年春分月圆后第一个星期日。这个一年一度纪念耶稣复活的宗教节日，必须根据历法推算，因而日期年年不同，但基本上可以限定在每年 3 月 21 日 ~4 月 25 日之间。东正教不仅强调“道成肉身”，重视崇拜圣母，而且节日繁多，其中以复活节最为重要。由于东正教仍然沿用儒略历，东正教国家的复活节就比采用格列高利历的天主教和新教国家推迟了两个星期。复活节是基督教的第二大节日。主要的庆祝内容有烛光礼（基督之光，世界之光）、祈祷、弥撒、复活颂歌、复活彩蛋（象征着生命与繁荣）。

万圣节：每年 11 月 1 日为万圣节（鬼节），源于对殉教者的纪念，后衍化为对一切升入天堂的圣徒的纪念。也有人认为万圣节来源于古代不列颠。公元前 7 世纪，不列颠岛上的凯尔特人相信：死者一年后才能真正进入阴间，而一年之内，死者的灵魂会在某天出来寻找一个活人并附在他（她）身上。为了避邪、防止幽灵附体，他们每年举行一次假面舞会和化装游行活动，以确保全村人的安全。这种习俗后来与基督教万圣节纪念活动相融合，并随着大批移民定居北美，逐渐形成为一种传统节日。今天，万圣节不再以驱赶鬼魂为主要内容，而以娱乐喜庆为特色。万圣节前夕，人们便开始在商店里购买形形色色的假面具和服装，包括那些令人毛骨悚然的面具和服饰。一般家庭多采用骷髅、蝙蝠、蜘蛛和黑猫这些象征死亡、恐怖的形象作装饰品，其中人面南瓜灯是主要的装饰物。

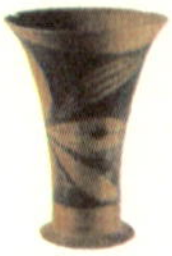

中世纪文化

欧洲封建制度的形成与发展

（一）日耳曼人的迁徙及其建立的国家

日耳曼人原来居住在罗马帝国以北，东起维斯杜拉河，西至莱茵河，南起多瑙河，北至波罗的海的广大地区里（维斯杜拉河以东住着斯拉夫人）。历史上称这块地方为日耳曼尼亚或大日耳曼尼亚，另称莱茵河下游为小日耳曼尼亚。直到公元 1 世纪他们还处于原始社会解体阶段，罗马人称他们为“蛮族”。

最早反映日耳曼人这段历史情况的是公元前 1 世纪中叶罗马高卢总督恺撒写的《高卢战记》。据恺撒记载，当时绝大部分日耳曼人从事畜牧业生产，过着半游牧的生活，农业经营具有原始“游耕”的性质，第一年收割完庄稼后，第二年就迁到另一个新的地方去。这时，财产公有制在日耳曼人中还占主导地位，土地归全体氏族成员公有，产品也直接分配。氏族首领负责处理日常事务，最高权力属于民众大会，战时选举最勇敢的人为军事首领。

到公元 1 世纪末，日耳曼人虽然还没有形成国家，但氏族公社已经开始解体。反映这段历史的主要著作是罗马史学家塔西佗著的《日耳曼尼亚志》。塔西佗时期，日耳曼人相对定居下来，农业生产技术有了很大改进，用重犁代替轻犁，粮食产量有了很大增长。由于生产力的提高，土地占有形式也发生了变化。土地虽然仍属氏族公有，但已转由各个家庭公社经营，只有山林、牧场和水源仍由氏族成员共同使用。氏族酋长和军事首领因分工担任领导者并代表公社，故占有更多较好的土地，对战争的掳获物（奴隶和牲畜）也分得较多。他们因担任公职而变成了氏族贵族，原来氏族成员之间的平等关系开始遭到破坏。

日耳曼人的成年男子主要从事打仗和狩猎。农业和家务劳动由妇女和老人、体弱者去做，成年男子尽可以在一边袖手旁观而不参加劳动。日耳曼人也把战俘变成“奴隶”。“奴隶”一般都被安排在一小块土地上，向主人缴纳一定数量的谷物、牲畜和布匹。“奴隶”也有自己的家室，其生命虽然没有法律保障，但很少被主人杀害。

这时，氏族和部落的重大事务，都是由氏族贵族和军事首领组成的贵族会议提出议案，然后交由民众大会通过。民众大会只能表示赞成或者反对。除军事首领外，贵族会议和民众大会是这一时期的主要权力机构。

到公元3—公元4世纪，由于阶级分化和战争规模的扩大，日耳曼人便先后结成了许多部落联盟。其中比较重要的有东哥特、西哥特、汪达尔、勃艮第、法兰克、盎格鲁、撒克逊、伦巴德等。公元4—公元5世纪，是世界历史上的“民族大迁徙”时期。日耳曼人的这些部落联盟，都卷入了大迁徙的浪潮。卷入迁徙浪潮的除日耳曼人外，还有匈奴人、阿兰人、柔然人（进入西班牙的一支以后称阿瓦尔人）等。但大迁徙以日耳曼人各支为主体。公元376年，西哥特人从黑海北岸西部越过多瑙河进入罗马帝国境内，后又进入意大利转高卢至西班牙；汪达尔人从欧洲北部经高卢、西班牙进入北非；匈奴人从亚洲到达今匈牙利以至西欧；法兰克人从莱茵河中下游进入高卢等。在迁徙过程中，日耳曼国家产生的历史条件逐渐成熟，在西罗马土地上先后出现了几个日耳曼人的王国。如公元419年在高卢西南和西班牙北部建立的西哥特王国，公元439年在北非建立的汪达尔王国，公元457年在高卢东南部形成的勃艮第王国。西罗马帝国在内部奴隶、隶农起义和外族入侵的双重打击下灭亡后，在它的废墟上又先后出现了法兰克王国（公元481年）、东哥特王国（公元489年）和伦巴德王国（公元568年）等。在这些日耳曼人建立的国家中，法兰克王国存在时间最久，影响也最大，其封建制度的形成与发展也最具典型意义。

民族大迁徙图

（二）西欧封建制度的产生

公元476年，西罗马帝国的灭亡标志着西欧奴隶社会的结束和封建社会的开始，但封建制度的最后确立还要经历几个世纪漫长的时间。

西欧封建制度的产生，有它自己的历史条件。西罗马帝国晚期，奴隶制已经开始瓦解，隶农制的出现是封建因素萌芽的标志；而日耳曼人的征服及其与原罗马居民的融合，则加速了这一变化过程。西欧封建制的产生，是在被征服者先进生产力的影响下，与征服者日耳曼人公社解体的因素互相融合的基础上发生和发展起来的。这是西欧封建制产生的一个特点。

日耳曼人诸王国在征服西罗马帝国的过程中，直接控制了三分之一至三分之二的土地。除大部分分给日耳曼人各公社外，一部分被国王直接占有。国王根据原来的以军事组织分配战利品的原则，把这些土地连同那里的奴隶、隶农分配给自己的亲兵和其他下级首领。同时，按新的分工情况，给那些为王室服务的能书写、懂得拉丁语、懂得法律的当地人（包括一些释放的奴隶），各分了一部分土地和人口。这些分得土地的人成了新的大土地所有者。这些新地主日益熟悉罗马隶农制的生产形式，与他们原来对下属的“比较温和的隶属形式”相适应，从而使封建的生产关系（人身依附关系与上述土地等级占有关系）逐步形成。地主把土地分成小块，由原来的“奴隶”或隶农独立经营，但他们必须向土地所有者纳租服役，而保留下来的原罗马大地主，也改用交纳地租的自由佃农和依附佃农来耕种。因此，奴隶和隶农的处境，较前有一定的改善。封建制比奴隶制进步、优越，促进了生产力发展。

（三）法兰克王国

法兰克人原来住在莱茵河中下游。公元476年前后分成两大支：在莱茵河三角洲滨海一带的称“萨利克法兰克”（意为“滨海法兰克人”）；在莱茵河中游平原一带的称“里普利安法兰克”（意为“沿河法兰克人”）。趁西罗马帝国衰亡之机，法兰克人逐步深入并终于占领了大部分高卢。公元481年，萨利克法兰克的一名军事首领克洛维领导法兰克人在高卢北部建立起法兰克王国。公元486年，克洛维定苏瓦松为首都（公元510年迁都巴黎）。克洛维为取得天主教会的支持，于公元496年率3000亲兵一道皈依了天主教。由于他只是没收原罗马皇室、元老及其他反对者的土地，因此得到了天主教会和罗马一般富有隶农主人的支持。在对外扩张的过程中，克洛维以巴黎一带为根据地稳步发展，逐步击败了其他部落，建立了包括高卢北部和莱茵河右岸的统一的法兰克国家。他所建立的王朝，按他家族的名称叫墨洛温王朝（公元481—公元751年）。

墨洛温王朝统治的二百多年是封建制逐步形成的时期。从现存法兰克人的《萨利克法典》中可以见到5~6世纪法兰克人的社会状况。这部法典形成的时间是5世纪末到6世纪初。《法典》表明，这时法兰克社会的基本经济组织仍是“马尔克”，但已进入马尔克存在的后期阶段。原来，马尔克（农村公社）的基本特点是：土地公有，但已分成份地交给各个家庭耕种，收成归各个家庭私有，份地定期重新分配。到了这时，土地所有权虽仍属于公社，但宅基已归私有，耕地也不再定期重新分配，而是交由公社成员世袭使用。《法典》规定，土地的使用权只允许男性亲属继承，如死后无男性后裔则由公社收回。这时的血缘关系已进一步瓦解，如允许氏族成员脱离本氏族。经全公社同意，或持有国王敕令的外来户，可以成为新的公社成员。《法典》对偷窃、抢劫和放火者皆有详细的惩罚规定，偷一只小猪罚款3个金币；放火烧掉法兰克人的住宅罚63个金币（如果烧掉的是罗马人的住宅，罚金仅为上述数额的三分之一）；罗马人侵袭并抢劫法兰克自由人的财产罚63个金币，等等。这些规定说明法律已在保护私有财产。

《法典》还规定，杀人的赔偿金因被杀者的身份差异而数额不同。如杀死一个国王的官吏或亲兵，赔偿600金币；杀死一个自由法兰克人为200金币；杀死一个半自由人或被释奴隶为100金币。如杀死的是一名奴隶，则不交赔偿金，而仅交30金币的罚金。这些不同的金额，表明法兰克社会已经出现明显的阶级分化和等级观念，也表明氏族制下血亲复仇的制度已基本消灭，杀人罪已改由国家用公法来处理。

法兰克王国封建制生产关系逐步形成的过程，一方面是法兰克建国后，国王曾把没收的罗马皇室、元老、反对者的土地赐给自己的亲兵、官吏和教会，这些人和教会便成为新的大土地占有者——地主阶级。另一方面是法兰克人内部的进一步分化。大部分法兰克自由农民地位下降并逐渐破产而成为农奴。从6世纪到9世纪法兰克封建制确立的过程大体经历了三个阶段。

首先，原来（5世纪末到6世纪前期）法兰克自由农民的份地，到6世纪后期已变为自主地。这种土地已可以买卖、转让，也可以由儿女继承。随后，从6世纪末到7~8世纪，是法兰克封建化迅速发展的时期。法兰克王国从克洛维死后到613年，两度分为四个小国，638年后，又三次分成两个国家。此后，国内也还有种种纷争和战乱。在这一阶段，由于小农无法承受种种剥削、压迫以及战争的破坏而纷纷破产。这个时期遗留下来的契约和其他文书，说明了大批小农丧失人身自由和土地的状况。农民或因贫困，或因不堪压迫而向教俗封建主进行“投托”，对封建主承担一定义务，形成对封建主的人身依附关系，以便得到“保护”。“投托”的一般条件，是将土地献给主人，然后再从主人那里租种这块土地（或另加一块地，或换租一块地）。这种地称为“恩地”。主人取得了土地的支配权，接受“恩地”者不得不接受主人出租土地的种种苛刻条件。而他们的子孙后代，由于失掉了自主权利，便与主人之间形成人身隶属关系并渐渐成为被束缚在土地上的农奴。与此同时，贵族（一般又是官吏）则利用其掌管行政、司法、军事的权力来争夺劳动人手和土地，教会也以骗取捐献、伪造遗嘱等手段夺取土地和依附者。在7世纪到8世纪初，教、俗贵族的势力大大膨胀，墨洛温王朝的势力却削弱了。农民破产、“投托”，使王室兵源、税源大为减少；原来国王手中的土地陆续赐给贵族官员，这时已经无地可赐。

查理·马特与阿拉伯人的战争（油画）

其次，查理·马特的采邑制改革，

进一步推动了封建制度的发展。7 世纪中叶，国家政权落到了宫相的手中。宫相原是为国王管理财产和收支的宫廷总管，因接近国王而逐步取得了大权。8 世纪前期，查理（后称查理·马特，马特意为“锤子”）任宫相（公元 714—公元 741 年）时，进行军事和土地制度的重大改革，实行采邑制度。公元 714 年后，阿拉伯人的势力从西班牙向北推进。公元 732 年，查理与阿拉伯军在普瓦提埃激战，双方均损失惨重，阿拉伯军退走。此后，查理因步兵已不适应时代要求，于是大力扩充骑兵，想使军队从配制以步兵为主转变为以骑兵为主。由此法兰克王国封建骑士制度正式形成。查理改变赐地制，实行采邑制。他没收了一部分教、俗封建主的土地，将其划为采邑，授予承担骑兵义务的人，并且规定：采邑不能遗授子孙，如不承担兵役，国王则将采邑收回。采邑制的实行加速了法兰克封建化的进程，对整个社会产生了重大影响；采邑的大小和负担骑兵义务多少的等差相当，形成了封建的人身等级隶属关系和土地的等级占有制；一批小封建主、富裕农民成为骑士（一些大封建主的次子等也成为骑士），形成了一个骑士小封建主阶层；一部分农民（特别是采邑上的农民）摆脱了兵役义务，也失去了士兵所能享有的政治权利，地位进一步下降。与此同时，查理·马特也借此暂时加强了王权和国家的统一。

（四）查理曼帝国及其分裂

公元 741 年，查理·马特的儿子矮子丕平继任宫相，751 年丕平在罗马教皇支持下夺得了王位，自此开始了加洛林王朝（公元 751—公元 987 年）的统治。为了报答教皇对他的支持，丕平两次率兵攻打教皇的敌人——伦巴德人，并把夺来的从拉文那至罗马的土地奉献给教皇，历史上称之为“丕平献土”。教皇用此土地及其上的人口始建教皇国。公元 768 年查理即位，他在教皇支持下积极向外扩张，征服了伦巴德人王国，吞并了巴伐利亚和萨克森地区，向南从阿拉伯人手中夺得了科西嘉和撒丁岛。此时，查理统辖的领土，东起易北河和多瑙河，西南至厄布罗河，北自北海，南迄意大利中部，已相当庞大。

公元 799 年，罗马教皇立奥三世被罗马贵族逐出，查理应教皇之请进军罗马，帮助教皇复了位。为了报答查理，教皇在公元 800 年圣诞节时给查理加冕，宣称其为“罗马人的皇帝”。因此，查理被称为查理曼，即查理大帝，其国家也称为查理曼帝国。首都定于阿亨（又译亚琛）。全国分为九十八个郡，各郡由皇帝派伯爵治理，查理每年还派两名官吏到各地巡视，监督伯爵，通过这些措施，王权进一步得到加强。

在查理曼统治时期（公元768—公元814年），查理以不断封赐土地换取支持，故而从未停歇过对外掠夺土地的战争。他在位四十多年共进行大小五十多次对外战争，大大扩大了查理曼帝国的疆域，同时也加速了自由农民的贫困与破产。

为了取得封建主的支持，查理曼又广赐“特恩权”，这就是法兰克封建制度形成的第三阶段。国家规定，凡是取得特恩权的教俗领主，在自己的领地内具有独立的行政、司法、经济和军事特权，国家官吏不得进入领地征税和干预其他事务。由此，凡享有特恩权的领主及其领地，实际上成为一个“国中之国”。这样，原来由采邑制所造成的封建分裂因素，由于“特恩权”的广泛赐予而日益扩大和加重了。同时，广大农民在国家重税和繁重的兵役负担的压迫下，纷纷破产。这些农民不得不向拥有特恩权的领主奉献自己的土地（“投托”）以换取领主的“保护”。广大自由农民一经陷入这种境地，经几代之后，便实际上变成了领主的农奴。这样，原来的采邑也成了封土。

查理大帝像

公元9世纪法兰克王国的封建制度确立。西欧封建制度确立的基本内容，是农奴制形成、庄园制形成和等级制的建立。

大体说来，农奴的社会政治经济地位的基本点是：第一，农奴因人身依附而成为主人的“人”，不经主人允许，没有迁徙自由，他们被强制束缚在土地上。第二，农奴要向主人缴纳人头税，以表示农民也像牲畜一样，按“头”隶属于他的主人（英国除外，到14世纪始征人头税）；农民结婚，需得到主人的许可，如果女方是属于另一个主人的农奴，则需交纳结婚税；农奴死后儿子继承份地，需交继承税，亦称“死手捐”。开始是砍下死者的手交给主人，以说明他作为主人的人已不能再为主人服务，由儿子的手继承，后来常用一件最值钱的东西代替“死手”，通常是一头牲畜，但各领主实收的钱物多少不一。第三，农奴要向主人交纳劳役地租，即农奴每周必须以三至四天的时间，带着自己的工具与耕畜，在属于主人自留的那块土地上劳动，收获归主人所有。除此而外，农民还要为主人负担各种无偿杂役和季节性的劳动。第四，农民只能在领主的法庭上进行诉讼，接受领主法庭的判决，领主法庭有权传讯、拷打、凌辱、关押和惩处农奴。

依靠军事征服而迅速建立起来的查理曼帝国，内部没有统一的经济基础，王室的内讧更加速了帝国的分裂。814 年查理大帝死后，帝国很快分崩离析。840 年，他的三个孙子为争夺王位开始内战，843 年他们在凡尔登签订了“三分天下”的条约。条约规定：莱茵河以东，居民讲日耳曼语的地区，归日耳曼人路易，称东法兰克王国；些耳德河、缪斯河以西，居民讲罗曼语的地区，归秃头查理，称西法兰克王国，两国中间的狭长地带和意大利的大部分属长孙罗退尔，并由他继承帝号。“凡尔登和约”大体上奠定了近代德、法、意三国疆域的基础。帝国的分裂和封建割据，削弱了对外防御的力量。

（五）西欧的封建庄园和等级制度

查理大帝统治时期，法兰克的农村公社在名义上仍存在，但除边远地区外，其实质已转变为封建庄园。封建庄园大小不等，通常一个村庄就是一个庄园，各级封建主都拥有不同数量的庄园，同一领主的庄园也不一定都连成片；庄园里有主人的住宅、教堂、农奴的茅舍和主人设立的各种小手工业作坊。耕地分为领主的直辖地和农民的份地两部分。因土质好坏不等，分配份地时，把耕地分成许多条田，交叉搭配起来分配；实行二圃制或三圃制的耕作法。收割完庄稼的土地仍作为公共牧场（敞地），归集体使用。山林草场和水源都由领主管理，农民需交出一定代价才能使用；庄园里设有磨坊、油坊、面包坊等，农民的食物用品在这里加工也要向主人交纳加工费。除盐、铁和贵族需要的奢侈品之外，庄园可生产本身所需要的一切产品，它是一个农业和手工业相结合的、自给自足的经济单位。庄园中的每一个农户，也以家庭手工业与农业相结合，生产着自己所需用的布匹等日用品，很少需要对外交换。因此每一个农户以至每个封建庄园，都基本上是一个自给自足的自然经济的细胞。

领主剥削农奴的基本方式是劳役地租，此外，农奴还要为领主承担修桥、铺路、建屋、酿酒等徭役。封建教会还要向农民征收“什一税”。这一时期，由于生产关系基本适应了生产力发展的要求，个体小生产有利于提高生产力，社会经济较前有所发展，封建领主生活比较丰裕，农奴多数能够温饱，但还有一部分比较贫困。但农奴的生活和地位较之奴隶有所提高，所以农奴制比较奴隶制，还是一个进步。

在加洛林王朝统治时期，随着土地分封的发展，封建等级制度逐渐建立起来。国王仅仅是名义上的全国最高土地所有者，其实他除直辖的一部分土地外，绝大部分已作为封土（由采邑发展而来，封土是世袭的）分封给他的附庸——公爵或伯爵等大封建领主贵族。这些大封建主又把土地分成小块，授予众多的小贵族——骑士。这样，以承担兵役义务和土地为纽带的由大、小封建贵族组成的封建等级制度就系统完整了。每一个分封给他人臣属土地的大贵族称为封主，而每个下级领受土地的人，则称为封臣。这就构成了以国王为塔尖，往下越来越大的金字塔形的封建统治阶级结构。封主和封臣关系的建立有一定的仪式，称为誓忠礼。封臣是封主的附庸。附庸的义务是：保护领主，随同领主作战，应召参加领主法庭，如果领主被俘要献纳赎金；领主的责任是保护附庸不受侵犯，裁决附庸之间的纠纷。对不服从的附庸，有权以武力制裁。封建庄园和封建等级制度的形成也是西欧封建制度最后确立的重要标志。

（六）城市的兴起

由于封建制度的确立，西欧的社会经济发展较快。10~11世纪，农业已普遍使用铁犁深耕细作，三圃制广泛流行，园艺业也有很大发展，农产品除农民自身消费外，还有一部分可以拿到市场上出卖。手工业越来越专门化，并开始和农业分离。农业和手工业的发展，为城市（作为经济中心）的产生准备了物质基础。农奴和手工业者为了逃避领主的压榨，往往逃出领地。因为各领地之间互不相属，所以一旦逃出来，便不易追捕。他们在城堡、寺院、关隘、渡口等交通方便的地方集中起来，从事小商品生产。为了防止被掠夺，他们把居住地先用栅栏围起来，后来又筑起了城墙，这样一来新的城市就产生了。这种城市最早是由农奴兴建起来的，所以，农奴和手工业者反对封建主的阶级斗争，是新城市兴起的重要原因。

在新城市大量涌现的同时，原来罗马帝国时期的旧城市也开始复兴，如威尼斯、佛罗伦萨、罗马、马赛、奥尔良等。随着西欧封建化的完成，封建主积累了大量财富，他们中的一部分人不满足于庄园提供的产品，而渴望获得更多的东方的商品和奢侈品。为此，封建主便在自己的领地上招徕商人和手工业者，建设城市，给工商业者一定的保护。不过，这时的城市规模都很小，一般只有几千人，万人以上就算大城市了。

西欧这时兴起的城市一开始就是生产性的。手工业者占城市居民的多数。他们自己采购原料，自己生产和销售。不同行业的手工业者，分别组成封建行会（“行会”，英文音译汉字为“基尔特”）。手工业行会产生的原因，一方面是由于需要联合起来对付强盗贵族，保证市场安全和防止其他逃亡农奴的竞争；另一方面也是由于交换和市场狭小，商品需要量小，为避免自由竞争，协调生产和保证质量的现实需要。行会产生的初期，对维护脆弱的小手工业的存在和发展，维护新兴城市免遭洗劫等，发挥了一定的积极作用。

行会是同行业作坊主行东的组织。他们选出若干人为管理者，再从其中推选一人为首领——行头，行会成员仅包括行东，帮工和学徒不在其内。它是一种保守、闭塞的封建性组织。它阻止外来者经营同类手工行业，在发展中还逐渐变成阻挠帮工成为行东的组织。因此行会建立后不久，就发生帮工学徒同行东之间的矛盾与斗争。

由于城市商品经济的发展，城市中又逐渐形成了一个商人集团。他们为了垄断贸易，往往也结成商人公会，以维护商人的利益。最初，一个城市往往只有一个商人公会。因为商品货币经济日益发展，其地位也逐渐处于手工业行会之上，并与封建主、大房产主等一起，剥削广大的城市居民。

新出现的城市都建立在封建领主的土地上，城市居民受封建主的司法和行政管理。领主不仅可以随意增加捐税、强征劳役，有时甚至公开抢夺市民的财物，所以 12 世纪以后，许多城市掀起了反对领主、争取自治权的斗争。它们通过武装起义和用金钱赎买的办法，纷纷取得自治权，少数城市甚至成立了自治共和国，例如威尼斯、热那亚、佛罗伦萨等。在这多种多样的斗争中，具有典型意义的是琅城公社的起义。其经过比较曲折、复杂。

琅城是法国巴黎以东的一个城市，古罗马时代曾是一个重要的主教区。11 世纪以后，随着生产力的发展，成为新兴的城市之一。1106 年，诺曼人加居里担任琅城主教，同时是琅城的执政。加居里横征暴敛引起广大市民的不满。市民们集中大量钱财，从主教和封建领主手中赎买到了自由，成立琅城公社，同时花钱从国王那里买到了特许状。

1112 年，加居里已将大量赎金挥霍干净。他与教俗贵族一起邀请国王到琅城共度宗教节日，企图借国王之名剥夺琅城公社的自治权，市民们闻讯后向国王表示愿赠 400 锂（每 1 锂合银 20 两）给国王及其随从，但加居里和教俗贵族向国王送上了 700 锂，从国王那里换回了宣布废除琅城公社特许状的公告。

这一行动激怒了琅城各阶层人民，在国王到达琅城的第四天，市民举行了起义，他们手里拿着长矛、弓箭，口中高呼："康缪！康缪！"（意为"公社"）对主教和封建主进行了武装袭击。冲进教堂的起义军在搜查中找到了藏在大酒桶里的加居里，将其活活打死，抛尸街头。他们还杀死了少数教俗贵族，焚烧了主教的宅邸。为了避免国王惩罚，市民们另请贵族托玛斯任琅城执政。但托玛斯任职不久即作恶多端，国王重新任命了一名新主教兼执政。

1128 年，琅城市民又以更多的财物买通主教，再次从国王那里赎买了自由特许状，使琅城再次取得自由公社的政治地位。1175 年和 1194 年，市民与主教、教士、骑士又曾发生争端，这时的主教又企图取缔公社，由于国王从琅城获得大量赎金而不予支持，公社才得以存在下去。

这段史实，不仅说明城市与封建领主之间存在着尖锐的矛盾，而且使人们看到：由于城市中商品货币经济的飞速发展，城市在掌握大量货币的前提下，金钱不仅成为城市与教会斗争的重要手段，同时是城市和国王能够结成联盟的主要原因。

除法国琅城外，还有德国的科隆等城市通过武装起义取得了自治权。但也有一些城市只取得半自治权或仍在贵族领主管辖之下。

自治城市的居民全部变成了自由民，逃亡农奴在城市住满一年零一天，便受到城市的承认，获得自由。此后，法国和英国的国王也先后承认了这一条。这样，就吸引了更多的农奴逃往城市，以致出现了一大批市民和城市平民。

自治城市有市议会，管理人员由选举产生。城市有自己的法律、货币，有的还有自己的军队。但城市的政权一般都掌握在少数富商、高利贷者、大房主和富有的行东手里，他们因长期担任公职、把持市政而成为城市贵族。因此，13 世纪以后，行会手工业者反对城市贵族的斗争便不断发生，历史上称为"行会革命"。这种斗争几乎在所有西欧城市都曾发生过，但斗争的结果各不相同。在手工业特别发达的城市，行会往往取得胜利（例如在斯特拉斯堡），但大多数城市政权依然掌握在城市贵族手里。城市的兴起，是西欧封建社会进入发达阶段的标志。

城市的兴起对西欧社会历史的发展具有重大的意义：它是生产力发展和阶级斗争取得积极成果的产物，又成为促进生产发展的条件。它为手工业发展提供了集中、方便的场所，为农业发展开辟了新的市场，因此又促进了商业、交通运输业的发展；它部分地改变了西欧封建社会内的阶级结构和阶级关系。因城市兴起而产生了城市贵族（担任一定公职的大行东、大商人、大高利贷者等）、市民（一般行东、商人等，资产阶级的前身）和城市平民（帮工、学徒、短工、小商贩等）；城市贵族、市民都与旧封建领主有一定的矛盾。市民在一定条件下是农民反封建的友军，城市平民则是农民反封建的同盟军；它促进政体的改变，是西欧国家形成等级君主制的阶级基础之一。在13~14世纪，英、法国王和旧的教俗贵族不得不允许城市代表参加政权，从而形成了英国的国会（1295年）和法国的三级会议（1302年），加强了国家的力量；它为文化、科学的发展和冲破教会统治创造了条件。城市兴起后，经营工商业需要文化、科学知识，大学、专业学校和城市文学逐渐产生并得以发展，学校培养了一批新型的为市民服务的知识分子。这些知识分子后来成为反封建、反宗教迷信的先锋。这一切，都是西欧最早进入资本主义时代的历史前提。

英法百年战争和民族国家的形成

西欧各国封建制度确立以后，许多大封建主据地自立，其势力甚至超过国王。例如，法国安茹伯爵的领地是法王直辖领地的六倍多。这种割据状况，一方面破坏了国家的统一和王权的加强，另一方面严重阻碍着工商业的发展。城市兴起以后，随着商品经济的发展，迫切需要消除这种分裂状态。而实现这一目标的唯一途径，就是加强王权建立统一集权的国家。因为在封建混战时代的西欧，王权代表着秩序，政治上的集中统一是一个进步的因素。因此，在利害一致的基础上，国王和城市建立了联盟，城市主要用金钱帮助国王，承认国王为最高统治者，国王则支持城市自治以摆脱领主的控制。

亨利二世像

法国在加强王权、实现国家统一过程

中遇到的最大障碍是英国的金雀花王朝。英国是由日耳曼人中的一支——盎格鲁·撒克逊人建立的国家，1066年为法国诺曼底公爵威廉所征服，从此英王同时就是法国的封建领主了。到1154年，威廉一世建立的诺曼底王朝无嗣，法国安茹伯爵亨利以外孙的资格继承了英国的王位，称亨利二世（1154—1189年），从此开始了金雀花王朝（又称安茹王朝）。亨利二世虽是英国的国王，在法国却是法王的附庸。

法王腓力二世（1165—1223年）依靠城市的支持，经过几次战争，收回了英王在法国的大片领土，因而加深了英法两国之间的矛盾。1328年法王腓力六世（1328—1350年）兼并了和英国经济关系十分密切的佛兰德尔（英国的羊毛绝大部分输往当时毛纺织业已很发达的佛兰德尔）。英王则以亲属关系要求继承法国王位，两国矛盾日趋尖锐，战争已不可避免。1337年英国对法开战，战争一直延续到1453年，史称"百年战争"。

战争初期法国连连失败，英国海军首先在些耳德河口的爱克留斯港附近击溃了法国舰队，取得了海上优势。在陆战中，英国的步兵弓箭手起了很大作用，他们每分钟可以射出十至十二支箭。战斗一开始就给法军造成了很大伤亡。又由于步、骑兵能协同作战，所以英国取得了多次胜利。法军人数虽众，但指挥不当，不能一致行动、各行其是，步、骑兵不能很好地配合，所以导致多次失利。1356年法军在普瓦提埃战役中遭到惨败，法王约翰二世和大批贵族被俘，战争暂停。百年战争给英法两国人民带来了深重的灾难，服不完的兵役，不断增加的战费，一起压在两国人民的头上。14世纪中叶，"黑死病"蔓延全欧，各国人口锐减，但封建主对农奴的剥削却有增无减，这时货币地租已普遍流行，在领主和商人的双重压榨下，农奴生活日趋恶化。又因为百年战争是在法国领土上进行的，英、法大军所过之处，不仅破坏了生产，并且席卷了农民的一切财物，特别是巨额赎金更加重了法国农民的苦难。因此在百年战争过程中，两国都曾爆发本国封建社会史上最大规模的农民起义。

1358年5月，法国北部爆发了"扎克"起义（扎克意为"乡下佬"，是封建主对农民的蔑称）。起义的主力是农民，但也有不少城市平民参加，起义的领导者是富有军事经验、曾参加过百年战争的农民吉约姆·卡尔。起义军高举着绣有王徽——百合花的大旗，呼喊着"消灭一切贵族，直到最后一个"的口号，捣毁贵族的城堡和邸宅，杀死领主，焚烧各种债契和领主的文件。

面对强大的农民起义，英国贵族也站到了法国封建主一边，联合镇压扎克起义。6月10日，在农民起义中心，博韦区的麦罗村附近，双方准备决战，查理（“恶人”，伯爵）以谈判为名把吉约姆·卡尔骗到官兵军营，囚禁起来，然后以全力向因失去领袖而惊慌失措的起义军大举进攻，终于镇压了这场声势浩大的农民起义。地方贵族也到处捕杀起义的农民，甚至连同情或支持过起义的人也不能幸免。仅摩城一地，封建主就屠杀农民达7000余人。

1381年，英国也爆发了大规模的农民起义。起义的导火线是增收人头税。英法百年战争期间，英国为了筹集大量军费于1377年首次开征人头税，规定凡14岁以上的男女都须缴纳，开始每人4便士，到1380年税额竟增加了三倍。这一沉重负担，使近于破产的农民再也无法忍受。1381年5月，英国东南部的埃塞克斯郡和肯特郡的农民首举义旗，杀死税吏。斗争很快发展到英国大部分地区，这次起义的主要领导人是泥瓦匠出身的瓦特·泰勒，所以历史上称这次起义为瓦特·泰勒起义。

起义者很快占领了肯特郡的首府坎特伯雷。伦敦的平民表示愿意和农民共同斗争，欢迎他们进军首都。13日，农民军在城市平民支持下，占领了伦敦。他们杀死了农民最痛恨的几名大臣和法官，焚烧档案，释放无辜犯人，英王查理二世被困在伦敦塔里。

国王被迫在迈尔恩德和农民举行第一次谈判，农民要求废除徭役和减轻租税，实行国内贸易自由，不准迫害起义者。这些条件反映了较富裕农民的要求。国王假意应允，立即向农民分发了批准书，一部分农民相信了国王，当即四散回家去了。但大多数贫民不满，要求同国王再次谈判，并一举攻占了伦敦塔。

6月15日，英王和农民起义军代表在斯密茨菲尔德举行第二次谈判，农民提出了没收教会的土地分给农民，废除领主特权和农奴制，收回被侵占的公用土地等要求。但由于瓦特·泰勒轻信国王，毫无防范地来到英王身边，谈判刚一开始，身藏利刃的贵族就把瓦特·泰勒围在中间，伦敦市长则突然拔剑刺杀了他。这时，国王却单人匹马来到农民的面前，假装答应农民的要求。农民在失去首领无所适从之际轻信了国王，就各自回乡了。但是，凶恶的骑士、贵族们却立即多路分兵，跟踪追杀那些手持国王证明并已获得恩准免罪的乡民。就这样，英王和贵族们，使用狡诈、残酷的手段把英国历史上最著名的农民起义镇压了下去。

法、英农民起义失败的原因，除一般历史的和阶级的局限性之外，皇权主义思想（反对贵族老爷，但不反国王）作祟，以致轻易上当是一个重要原因。这两次起义虽然都失败了，但在废除农奴制、争取人身自由和促进封建统一国家的建立上，都起到了推动作用。

1415年，英国趁法国内部勃艮第派和奥尔良派内讧之机，勾结勃艮第公爵，派遣6万大军再次入侵法国，很快占领了首都巴黎和卢瓦尔河以北广大地区，1428年，英军又倾其全力围攻奥尔良城。奥尔良是通向南方的门户。一旦失守就有亡国的危险。在这紧要关头，法国太子查理和大贵族都束手无策。但人民群众却积极行动起来，著名的爱国女青年贞德便是他们中的一员。

贞德1412年出生于香槟地区东列米村的一个农民家庭里。她童年时代目睹了英国侵略者的种种暴行，非常愤慨，决心和广大人民群众一起，驱逐英国侵略者，以拯救祖国。1429年春，年仅17岁的贞德来到南方觐见王太子查理，请缨解奥尔良之围，查理在束手无策之际，只得同意贞德的请求，授予她三千兵马，以解救奥尔良。贞德身披铠甲，率领一支部队来到奥尔良城下，邻近乡村的农民也纷纷拿起武器，自动地集结在贞德的周围。第一战贞德协助上级指挥官转败为胜，在决定性的战斗中，贞德身先士卒冲入敌阵，虽负箭伤，仍浴血奋战，在她的带动下，军民一起杀进了敌人的包围圈。城中守军也趁机杀出，里应外合，两面夹攻，终于解了奥尔良之围。人民热情地称颂她为“奥尔良姑娘”。贞德率兵北上，又收复了许多地区和城市，并亲自拥戴王太子查理加冕（老王约翰已因被俘而囚于英国）。还建议立即进兵光复巴黎。法王和部分贵族这时已经慑于贞德的声威，又妒忌又害怕，于是，一场由贵族策划的阴谋发生了。1430年春，在康边城外一役中，贞德率一小支部队与强敌作战，被迫撤退回城时，城内法军却闭门不纳，使贞德陷入英军的同盟者勃艮第军之手，他们又以1万金币把她卖给了英军。英军当局对贞德软硬兼施，时而以重利引诱，时而以拷打逼迫，欲使贞德归顺，贞德始终坚贞不屈。1431年5月24日，宗教法庭以“女

贞德雕塑

巫”罪判处贞德死刑。贞德被烧死在卢昂广场上。年仅 19 岁的法兰西民族英雄贞德壮烈牺牲了。

贞德虽死，但她伟大的爱国精神却感召着广大人民。人们到处英勇抗击英国侵略者，英军节节败退，最终逃回英国。1453 年，百年战争终于以法兰西的胜利而结束，除加莱港外，英国丧失了在法国的全部领地。

法国在百年战争以后，工农业逐渐复兴，商品经济也有了很大发展。以制造大炮和刀剑为主的冶金业和金属加工业发展很快，还出现了养蚕业、丝织品和细毛织品的制造业。里昂作为南北两地经济联系中心的作用增强了。1481 年马赛并入法兰西以后，很快成为法国地中海沿岸的主要港口。诺曼底的卢昂市集批发贸易繁盛，它和马赛之间，经由塞纳河、梭恩河和罗尼河建立了经常的贸易联系。法国东北部的葡萄酒，北部的呢绒，南部的橄榄油都行销全国，法国统一的国内市场初步形成。巴黎发展为全国的经济中心。和经济基础相适应，法国在政治和文化上也日渐统一。王权逐渐加强，在查理七世统治时期（1422—1461 年），国王不经三级会议同意可以征收经常税，另外还建立了一支直属国王的 2.4 万人的军队。路易十一统治（1461—1483 年）初期，反对王权的大封建主联合起来，组成“公益同盟”，勃艮第公爵“大胆查理”（绰号）是同盟的首领。他的领地不仅包括勃艮第本土，15 世纪初根特和布鲁塞尔也被他兼并，以后洛林、莱茵河上游地区、格尔登恩、皮尔卡迪和尼韦尔内也先后被其吞并，他企图建立一个独立的王国。因此，在 15 世纪，勃艮第公国是法国统一的一大障碍。路易十一利用各种手段瓦解了“公益同盟”。1477 年“大胆查理”死去。他在法国的主要领地——勃艮第和毕加底转归法国国王。17 世纪，南佛兰德尔、洛林、萨瓦和鲁西永也置于法王的统治之下，法国的政治统一至此基本完成。在民族语言方面，随着国家经济、政治的统一，以巴黎方言为基础，逐渐形成了法兰西语，法兰西民族国家初步形成。

百年战争以前，英国王权比较强大，但在约翰统治时期（1199—1216 年），由于对法战争失利，对内又肆意增加捐税，1215 年大封建主乘机联合不满的骑士和城市上层，强迫国王签署了《自由大宪章》。大宪章规定国王不得随意向大封建主征收贡赋和没收他们的财产，国王要确保城市自治权和人身自由，否则他们有用武力反抗的权力。大宪章的基本精神是限制王权。

1295 年英王爱德华一世为了筹集战费而召开了国会，参加者除教俗封建主外，每郡还有两名骑士和自治城市的两名市民代表参加，史称“模范国会”。从此英国也成为等级君主制的国家。

15 世纪时，英国的经济发生了很大的变化，中、小贵族以及一部分大领主贵族已改用雇工劳动，从事养羊业，其经济与市场关系日益密切，他们已开始形成卷入商品货币经济范畴中的一种“新贵族”。同时，仍存在不少依靠征收地租的守旧封建贵族，他们的经济地位日趋没落。

工商业经济方面的发展变化也很大，特别是毛纺织业渐趋发达，从前以羊毛作为主要输出品，而现在则越来越多地输出呢绒，并出现了诺里季、波士顿、纽柏里等呢绒纺织业中心，城市行会开始解体。手工业中的资本主义因素开始在农村出现，许多从事手工业的农民依靠商人供给原料和包销商品，实际上成为商人的雇工。国内经济联系的增强和资本主义因素的增长，为英国民族国家的形成奠定了物质基础。

百年战争结束以后，由于战争失败而加深了贵族之间的矛盾和分裂。经济比较落后的北方贵族支持兰开斯特家族，经济比较发达的南方贵族支持约克家族。双方为了争夺英国的王位，进行了 30 年的混战。因兰开斯特家族以红玫瑰为族徽，约克家庭以白玫瑰为族徽，故历史上称这次战争为“红白玫瑰战争”（1455—1485 年），或简称为“玫瑰战争”。

1485 年兰开斯特家族的远亲、都铎家族的亨利在双方的支持下取得王位，称亨利七世。他娶约克家族的女继承人伊丽莎白为妻，把红、白玫瑰两个家族结合起来，结束了内战。从此，英国进入都铎王朝统治时期（1485—1603 年）。经过玫瑰战争，英国的大贵族几乎消灭殆尽，这对英国新王朝的统一和资本主义的发展，具有重要的意义。

经过数百年的融合，在伦敦方言的基础上，形成了英格兰语言。这样，到 15 世纪末，英国的民族国家初步形成了。

拜占庭与斯拉夫文化

（一）欧洲民族的大迁徙

自公元初年开始，到以后的几个世纪中，世界众多的农业民族与游牧民族在欧亚大陆上的活动变得更加活跃。欧亚大陆土地辽阔，自然环境多样，从古代起就形成多种文化并存的局面。如果从亚洲向西，以大兴安岭—昆仑山—高加索山—喀尔巴阡山画一条线，南北两个方向散居着两种大的文明样式：农业文明与畜牧文明。南方农业文明的地区有中国黄河和长江流域、印度恒河和印度河流域、地中海、波罗的海、英国与乌克兰等。北方畜牧业文明包括西伯利亚、蒙古、高加索、南俄罗斯与东欧大草原的游牧民族。

这两种文明形式在中古时期交往十分频繁，由于生产方式与民族精神的差异，它们之间既有经济上的互补性，也存在相互冲突与争夺。在亚洲主要有中国、印度等农业国家，分布于它们周围的游牧民族则有匈奴、乌桓、康居、大宛、月氏等。欧洲主要的农业国家是东西罗马，在中东欧草原上，生活着斯基泰人、萨尔马特人、日耳曼人和部分斯拉夫人等游牧民族或是半农半牧的民族。1 世纪中期，中国北方的匈奴族被强大的汉王朝军队所击溃，大约于公元 91 年前后，开始向西迁徙，经过漫长而艰苦的行程，进入欧洲。匈奴西迁迫使哥特人南侵，并导致了罗马帝国的大崩溃。这对意大利等地甚至高卢这样一些地方的社会生活带来了巨大的损失。但是，匈奴西迁对于欧洲封建民族国家的建立也起到了推动作用，从宏观而言，这也是一种文明间关系的辩证发展。

实际上早在 5 世纪初，欧洲的蛮族就已经建立起了古代民族国家的模式，如日耳曼人建立的勃艮第王国、阿兰王国、苏维汇王国、哥特王国都是这种古代民族国家。这种民族国家一般是在部族的基础上建立的，已经有了国家的基本形态。公元 476 年，罗马大将奥多亚克发动兵变，废黜罗马皇帝罗慕洛·奥古斯都，宣布西罗马帝国灭亡。从此，欧洲开始进入封建时代，民族国家建立是这一时期的主要标志。形成民族国家的主要原因是西罗马帝国灭亡之后，各民族的独立意识开始觉醒，对于自己的民族文化有了认证。公元 489 年，狄奥多里克统率的东哥特人进军意大利，并于公元 493 年，战胜了奥多业克，建立了东哥特王国。这一时期，高卢建立了法兰克王国，意大利北方有伦巴底王国，不列颠也建立起了一批封建王国，欧洲封建制民族国家如雨后春笋般在各地建立起来。

（二）拜占庭帝国的文化成就

与西欧国家有着完全不同道路的东罗马帝国，在这一时期也进入了一个新阶段。东罗马主要包括欧洲巴尔干半岛、爱琴海诸岛、亚洲的小亚细亚、亚美尼亚、巴勒斯坦和美索不达米亚北部、北非的埃及和利比亚等地，横跨欧、亚、非三大洲。4 世纪初君士坦丁大帝在博斯普鲁斯海峡边的原希腊殖民地拜占庭建立了君士坦丁堡。随着东西罗马分裂，东罗马成为拜占庭帝国。东罗马帝国在最初的几个世纪中，一直保持经济繁荣。特别是 6 世纪中叶，查士丁尼统治时期，致力于法制建设，完成了《罗马民法大全》。这是欧洲历史上第一部成文法典，是西方大陆法系的代表文献，对世界法律与法学都有重要影响。它的主要思想是巩固王权，建立帝国的统治。它提出了“君权神授”的思想，把皇帝的权力变成了法律。查士丁尼企图恢复昔日的罗马大帝国，从公元533年开始，进行了长达20年的对外征伐，虽然在北非、意大利与西班牙都占领了大片的土地，但长年征战使国力耗尽，社会动乱。查士丁尼还曾经想恢复奴隶制度，由于不得人心，最后以失败告终。查士丁尼死后，拜占庭进入封建时代。7世纪中叶，阿拉伯人占领了西西里岛等战略要地，开始了长期对拜占庭的进犯，直到10世纪，拜占庭才基本消除了阿拉伯人的威胁。11世纪，塞尔柱突厥人崛起，再次对拜占庭帝国构成威胁。拜占庭求助于罗马教皇和西欧各国，其结果是引狼入室。1204年，西欧的十字军竟然进攻君士坦丁堡，并且建立了所谓的“拉丁帝国”。虽然这个不伦不类的帝国只存在了50多年，但拜占庭帝国大势已去，很难再恢复昔日威风了。1453年，奥斯曼帝国的军队攻陷君士坦丁堡。君士坦丁堡改称伊斯坦布尔，成为奥斯曼帝国的首都。

拜占庭帝国跨越东西方广阔地域，国内民族众多，有多姿多彩的文化成分，使它在文化领域具有其他大帝国所没有的特殊地位，特别是东西方文化的交汇与融合，为后世留下了丰富的文化遗产。

古代的史诗传统对于拜占庭有深刻的影响。将历史学与诗歌相结合，创作出现代史诗与传世之作，是拜占庭历史学家与诗人们的梦想。历史学家普罗可比的《查士丁尼战争史》反映了查士丁尼时代的大征伐，作者亲历对波斯、汪达尔与哥特人的大战，感受深刻，所以记叙生动真实，具有深厚的历史感。诗人康斯坦丁·塞勒斯的《戍边战士迪吉尼斯》描写了反击阿拉伯人战争的历史，这部叙事长诗流传

圣·索菲亚大教堂

很广，阿拉伯文学名著《一千零一夜》有的方面曾经受到它的影响。

拜占庭的绘画与雕塑是在综合东西方艺术的基础上形成的，希腊罗马艺术中表现强烈生命冲动的人体艺术在这里逐渐淡化了，装饰性的图案与辉煌夺目的神圣光彩，成为绘画的基调。拜占庭社会生产中工艺发达，彩石镶嵌画、紫檀木和象牙雕刻、编金线织银缕的大型挂毯、黄金饰品、玻璃工艺等成就很高，这些工艺技术对提高绘画和雕塑的装饰性有极大帮助，使它们显得色彩艳丽，庄重大方，但也略显刻板。杰出的建筑设计师安提密阿设计的圣·索菲亚大教堂，采用巨大的圆形顶，与传统教堂风格不同，有明显的东方特色。教堂内的四壁全部用色彩光明的壁画来装饰，气势宏大，显示出天国与人世间权威的庄严，与西欧的教堂风格完全不同。

英国历史学家赫·乔·韦尔斯在评论拜占庭艺术时说："这种艺术曾一度衰颓而又兴起，在11世纪达到了新的高峰。它在东欧仍然是现代的艺术传统。它说明了新的官方基督教的抑制和冲动。东方的特性，尤其是埃及和波斯的倾向被强加于古典传统之上。辉煌灿烂取代了率真和文雅。"这个评价基本揭示了拜占庭艺术的倾向与特色，也说明了它与古代希腊包括希腊化时代艺术的不同之处。拜占庭艺术是结合了东西方艺术传统的崭新创造，与希腊罗马的传统相比，东方帝国的艺术风格特别明显。无论如何，作为一种特殊历史环境下的艺术，它具有自己的历史地位。

（三）多姿多彩的斯拉夫民族文化

曾经深受拜占庭文化影响的斯拉夫人，这时也以不同的方式，先后进入封建社会。斯拉夫人是欧洲最古老的部族之一，大约在公元前1300年到公元前400年间，他们已经创造了青铜时代的乌日茨文化，斯拉夫人作为世界上最早的掌握金属冶炼技术的民族之一，较早地迎来了文明的曙光。铁器使用之后，斯拉夫人进入奴隶制社会，这种社会形态在斯拉夫社会中持续了相当长的一段时间。有的学者则认为，斯拉夫人没有经过奴隶制，是直接从氏族社会进入封建社会的。这种说法对于个别东部斯拉夫民族可能适用，但对于大多数斯拉夫民族，奴隶制仍然是一个较长的历史阶段，而且在其之后所建立的封建民族国家中仍然有农奴制的存在。在欧洲民族大迁徙之后，斯拉夫人分为三个大的民族，分别在不同时期开始了民族国家化的历程。我们评价斯拉夫文明时，应当说它不同于罗马文明，但是也与日耳曼蛮族有所不同，基本上是居于二者之间的民族，有更为偏向于蛮族的成分，或者说他们是有别于日耳曼蛮族的另一种蛮族。相对来说，他们与罗马人之间的关系要缓和一些，彼此间存在商贸交易。罗马人为斯拉夫人提供青铜工艺品、纺织品和玻璃等产品，斯拉夫人则主要为罗马人提供如毛皮、牲畜等。

南斯拉夫人以巴尔干半岛为中心，分布着塞尔维亚、克罗地亚、斯洛文尼亚、马其顿、黑山和保加利亚等民族，这是斯拉夫人中宗教信仰最为复杂、人种与部族构成极其多样的地区。681 年，南斯拉夫人建立了保加利亚第一王国，这是斯拉夫人建立的第一个重要的民族国家，其民族主体是从黑海附近迁移到这里的保加利亚人与斯拉夫人。9 世纪，鲍里斯大公宣布立基督教东正教派为国教。这个国家的封建制度已经发展得比较完善，出现了早期城市，农业发展迅速，成为斯拉夫人中最发达的民族国家。但它的兴盛时间很短，11 世纪初期就受到拜占庭帝国与来自东方的罗斯人（古代的俄罗斯民族）的夹攻，1018 年保加利亚第一王国被拜占庭所征服。但是保加利亚人民争取独立的斗争持续不断，1187 年成立了保加利亚第二王国，可惜的是，虽然战胜了拜占庭帝国，却又被另一个新生的帝国——奥斯曼土耳其帝国——所灭亡。南斯拉夫人的另一部分即塞尔维亚人于 1217 年建立了塞尔维亚王国，在南欧地区盛极一时，以后也被奥斯曼帝国所灭亡。

塞尔维亚王国为历史留下了一部重要法典《斯提芬·杜尚法典》，这是一部代表欧洲民族国家进程的法典，它反映了封建社会土地与社会制度的变化，这部法典虽然不如罗马法典那么著名，但其意义却并不小，它可以说是民族国家建国经验的总结。

西部斯拉夫人主要是波兰人、捷克人和斯洛伐克人，在斯拉夫人中，西斯拉夫人受到罗马帝国与西欧文明影响最大。他们原本居住于奥得河与维斯瓦河流域，后来在匈奴入侵的压迫下向喀尔巴阡山移动，成为了捷克与斯洛伐克地区的主要民族。一般认为，西斯拉夫人建立起了欧洲最早的国家，这是指公元632年建立的萨摩公国。原本是由斯洛伐克、摩拉维亚和波希米亚等不同民族与部族所组成的，其主要目的是为了抵御多瑙河中游的阿瓦人与法兰克人对这一地区的侵略。但是萨摩公国存在时间不长，由于多民族之间没有共同的思想文化基础，随着萨摩大公的去世，其公国也随之消亡。公元830年，大摩拉维亚国的成立，才真正标志着西斯拉夫人进入了封建社会。但是历史再一次证明了，不同民族组合成统一的民族国家需要一定的条件与机会，因地域接近或是政治军事利益所组成的国家最终仍然会走向分裂。西斯拉夫地区与南斯拉夫地区一样，是多民族多种文明交汇地区，所以组成民族国家的过程也相当艰难。大摩拉维亚国成立后，同样面临内部的民族分裂。另外就是，东欧特有的大公贵族领地相当多，彼此之间本身就不合作，再加之异族的入侵，大摩拉维亚国终于公元906年被匈牙利人所灭。从此，西斯拉夫人放弃了这种建立大公国的企图，转而倾向于建立一些较小的、民族成分比较单一的国家。

9世纪建立的波兰公国其实只是一个民族联盟，还不具备民族国家的功能。10世纪后期，梅什科一世统一波兰全境，这就是现代波兰国家的前身。这一时期发生的重大事件是基督教信仰的确立，从此改变了波兰国家的文化性质，波兰与其他东欧国家相比，其与西方文化的历史联系更加紧密一些。几乎在波兰建国的同时，捷克人也建立了自己的民族国家，公元996年，捷克公爵建立了普舍美斯王朝，这是第一个统一的捷克国家。历史证明，9世纪到10世纪建立的西斯拉夫民族国家与西方文明之间的联系相当紧密，民族与宗教是这种联系的有力纽带。虽然政治与意识形态因素是一种重要因素，但在一定历史条件下，文明因素会起到重要作用。20世纪所发生的历史巨变就是一个证明，捷克与波兰的民族与宗教因素使得它们一直具有自己的独立性。当世界形势发生变化时，这些国家可能较容易接受当代外来文化的影响，不过无可否认的是，这种内在因素可能早在民族国家建立过程中就已经具备，只是在历史的进程中随着形势变化而已。如果不是在遭受外来侵略或是异族殖民统治的严峻形势下，它们的民族文化是不会轻易丧失的。

东部斯拉夫人的先祖在5世纪初来到东欧平原上，这里土地辽阔，北起伊尔门湖，南到基辅，西到德涅斯特河。他们部族众多，但是以罗斯人为主要民族。其生活制度相当原始，一直到7世纪之后，这些畜牧业与农业部族才开始农村公社的生活。以大家族为主体的农业公社是东斯拉夫人很有特色的生活方式。这里其实已经实行了私有制度，有了不同社会阶级与阶层的划分。9 世纪，瓦里亚格人留里克建立了第一个民族国家古代罗斯国，其统治者虽然是瓦里亚格人，但主要臣民却是罗斯人。留里克王朝于公元 882 年征服基辅，以后迁都于此，从此古罗斯变成了基辅罗斯。公元 981 年，罗斯大公弗拉基米尔正式确立基督教东正教派为国教，这一决定对于整个东斯拉夫人影响深远。10 世纪后，罗斯人的王公贵族强取豪夺，利用各种手段建立自己的封建统治，出现了一批王公城堡与王公庄园，这是相对落后的罗斯民族特有的封建化模式。1054 年，罗斯人的领袖雅罗斯拉夫大公逝世，原有的罗斯人联盟开始分裂，形成封建割据的局面，12 个大小公侯各自为政。

古代的斯拉夫人宗教形式不一，以多神教与自然崇拜为主。多神教中，战神与雷神是相当重要的大神，几乎所有的斯拉夫人都信奉这两个大神。除此之外，各个民族还有自己独特的信仰，如西斯拉夫人的火神斯瓦罗日茨、战神马尔斯、爱神维纳拉、天神约维什等，他们修建寺庙，雕刻神像进行祭祀。南斯拉夫人长期信仰多神，也雕刻神像，供人参拜与祭祀。东斯拉夫人信仰天神与天火神斯瓦罗格，除此之外，还有美人鱼、家族保护神、行业保护神，等等。

后人为了纪念罗斯大公弗拉基米尔修建的弗拉基米尔教堂

10 世纪前后，基督教以不同方式进入了斯拉夫各民族之中。由于接受不同的基督教教派，斯拉夫人也因宗教信仰不同有了新划分：信仰天主教的主要包括波兰人、捷克人、斯洛伐克人、克罗地亚人、斯洛文尼亚人，他们的文化受到西欧国家影响较大；信仰东正教的包括罗斯人、塞尔维亚人、黑山人、马其顿人和保加利亚人等，他们与拜占庭文化关系更为密切。

虽然教派不同，但都属于基督教文化，基督教文化改变了斯拉夫人，使他们进入较发达的文明阶段，其中最重要的是斯拉夫字母的引进。公元 863 年，拜占庭皇帝派遣一对兄弟传教士前往摩拉维亚传教，这对兄弟传教士就是基里尔与麦托迪兄弟。他们早在接受任命之前，就已经以研究创立斯拉夫字母闻名于世。他们来到摩拉维亚之后，推广应用自己创立的斯拉夫字母，这就是使用至今的基里尔字母。基里尔字母是在希腊宗教文字字母（所谓“多角体”字母）的基础上，根据斯拉夫语言发音特点，增加了斯拉夫语特有的音节，所创造出来的一种字母体系。基里尔兄弟还把《圣经》与其他希腊文的文献译成斯拉夫文，扩大了斯拉夫文的影响。从此之后，斯拉夫文字取代希腊文，成为斯拉夫民族中的正规语言。斯拉夫字母先在保加利亚传播，以后传入俄罗斯，立即得到推广。俄国人用这种语言整理了古代史诗《伊戈尔远征记》《罗斯法典》等重要文献，书写大量宗教文献。随着斯拉夫文字的传播，书籍、印刷术、造纸术（最初是以羊皮纸制造为主）、书写墨水与印刷颜料等也迅速在斯拉夫各民族之间传播，这极大地推动了斯拉夫文化的发展。

另一个相当重要的影响就是教育事业。基督教教会在斯拉夫人中间开始兴办学校，立即受到斯拉夫人的欢迎。从中古时代后期起，原本教育科技落后的斯拉夫各民族奋起直追，迅速成为文化较发达的民族，进入现代社会之后，其文化成就令世界众多有古老文明传统的民族感到惊讶。

14 世纪后，俄罗斯普遍建立了学校，教会学校与世俗学校分布于各地。16 世纪，乌克兰各地都成立了中学。彼得一世于 18 世纪初期在莫斯科和彼得堡建立了航海学校、炮兵学校、医科学校等多种专业学校。1755 年，由米米·瓦·罗蒙诺索夫提议，成立了莫斯科大学。18 世纪至 19 世纪，俄罗斯科学水平大大提高，出现了一批杰出的科学家如物理化学的创始人罗蒙诺索大、非欧几里得几何学的创始人数学家尼·伊·洛巴切夫斯基等，使俄罗斯的科学研究达到欧洲先进水平。这一时期，俄罗斯文学艺术界不再受西欧文艺思潮的支配，创造出具有本民族特色的文学艺术作品。杰出诗人与作家普希金奠定了俄罗斯民族文学的基础。优秀作家大量涌现，如莱蒙托夫、冯·维辛、果戈理、屠格涅夫、契诃夫、列夫·托尔斯泰等，他们的作品远播欧洲各地，使欧洲文坛为之震动。其余如绘画、音乐方面也涌现出许多优秀的流派与创作。

今日莫斯科大学

捷克于1348年创办的东欧第一所大学布拉格大学，成为东欧的学术文化中心。16世纪后，捷克的教育、自然科学、医学、宗教研究等方面都取得很大的进展，布拉格建立起各种类型的多所大学，地理学家与医生法布里奇乌斯绘制了第一版摩拉维亚地图。

在文学艺术与建筑方面，斯拉夫各民族有一定的相通之处，共同点是积极接受外来艺术思潮的影响，各种外来思潮进入后，又会与本民族的艺术传统相结合，产生出新的艺术形式。各国发展基本上可以分成如下阶段：

9至12世纪时，拜占庭艺术在斯拉夫各民族艺术中占重要地位。这一时期的教堂受到君士坦丁堡艺术的影响较大，一般采用木结构，圆形顶，金碧辉煌，风格庄严肃穆。11世纪基辅的索菲亚大教党、诺夫哥罗德索菲亚教堂与波洛次克的索菲亚大教堂，都与君士坦丁堡的索菲亚大教堂同名，建筑样式与风格也相近，明显是模仿了拜占庭建筑。当然，这些教堂建筑中也融入了各自民族特色。10世纪后，部分国家吸收了罗马式建筑风格，采用石砌教堂，但仍是圆形的拱顶。

13世纪到15世纪后期，哥特式建筑传入东欧，打破了拜占庭式教堂建筑的一统天下。布拉格的圣维特天主堂是14世纪捷克教堂建筑的代表作，著名艺术大师彼得·帕尔列尔绘制的彩图、雕塑都是捷克建筑艺术的精品，既采撷了西欧艺术的精华，又体现出捷克民族艺术的深厚基础，它标志着捷克民族艺术的成熟。克罗地亚原本是以罗马建筑为主，此时出现大量哥特式教堂，高耸的屋顶，彩色玻璃大窗户，从窗口中进入的阳光成为七色，表达了基督徒升入天堂、来到上帝身旁的愿望。斯洛文尼亚的哥特式教堂最为壮观，科斯塔尼耶维察的切斯特教堂闻名遐迩，采用极精美的石雕，结构却十分简明，以十字甬道引入，令人产生一种亲近感。14世纪中期，莫斯科建成了克里姆林宫。一个世纪之后，1497年，克里姆林宫的乌斯宾教堂建立，虽然采用圆形顶，但五个圆顶高耸入云，可以说结合了外来艺术与本民族艺术的特点。

文艺复兴式建筑在16世纪时传入东欧，各地纷纷建立文艺复兴式的城堡，斯洛伐克这一时期的城堡建筑相当发达。而波兰则接受了文艺复兴艺术的另一种影响，以对称与和谐为审美标准，瓦韦尔宫的建筑艺术就体现了这种风格。

17至18世纪，西欧的巴洛克等艺术风格再次对斯拉夫民族产生影响，捷克的布拉格米库拉什大教堂就是一个典型，其装饰相当豪华，具有异域色彩，而且相当多的雕塑都是由外来的艺术家所创作的。波兰克拉科夫的圣彼得大教堂、圣帕韦尔大教堂也是巴洛克宗教艺术的杰作。其余如乌克兰、白俄罗斯等地，巴洛克教堂与建筑随处可见。最为突出的是克罗地亚与斯洛文尼亚，这里的巴洛克式的建筑最多，成片集中，成为了其艺术的基调。除了教堂之外，各国的绘画与雕塑中也有不少具有巴洛克艺术特征的作品。

19世纪后，斯拉夫民族的艺术发生了根本性的改变，古典主义风格与现实主义风格成为主流，尤其是艺术风格的民族化，使斯拉夫艺术从西欧的影响下解放出来。

欧洲中世纪的文学

任何一种文学都有其独特的思想文化影响。古希腊文学是欧洲文学的源头之一，它的特点表现为对人的世俗生活和个体生命价值的肯定，这是与希腊人的自然观、社会观以及根深蒂固的人本主义文化特征相联系的。古罗马文学直接继承了古希腊文学中的人本主义观念，其中所蕴涵的关于“人”的思想广泛传播于后世。“由于罗马人崇尚文治武功，对人的崇拜往往表现为对正当与军事业绩的追求，继而转变为对集权国家和个体自我牺牲精神的追求。所以，古罗马文学比古希腊文学更富有理性意识和责任观念，在审美品格上更趋向于庄严和崇高的风格。”

西罗马帝国消亡后，欧洲社会在封建等级制的基础上，确立了神学的主导地位。由于基督教获得了对思想文化的绝对支配权，教会通过宣扬苦行主义、禁欲主义、神秘主义，试图与古典时代决裂，因而否定希腊罗马人所刻意追求的享乐主义、人本主义、自然主义。由于这种独特的思想文化背景，作为基督教文明重要组成部分的中世纪文学，在日耳曼因素、希腊罗马因素以及基督教因素的综合作用下，在发展与演变的过程中形成了自己的艺术特点。

第一，在文化传统上，虽然基督教占据欧洲思想文化的支配地位，古典文化精神在中世纪文学中并没有彻底消亡。

中世纪文学家但丁雕塑

第二，在艺术形式上，中世纪文学比古希腊罗马文学更成熟，尤其诗歌艺术取得了突出的成就。中世纪文学以诗歌为主，史诗、长篇叙事诗、抒情诗、民谣和骑士传奇等各种艺术作品相互影响、相互交融。

第三，在表现手法上中世纪文学突破了古典文学的单调倾向，广泛地运用写实性、寓言性、象征性、梦幻性、哲理性、浪漫与抒情的艺术手法，呈现出艺术思维及诗歌形式的多样化、复杂化。

第四，在心理活动表现上，根据人的愿望、情感、痛苦与欢乐等心理特点，中世纪文学描述宗教情结与世俗现实之间的矛盾，表现宗教压抑与生命欲望之间的冲突，尤其是许多爱情题材的作品，比古典文学更深入地展露了人的内心情感的波动性与内心世界的复杂性。

（一）宗教文学

中世纪文学是沟通古代文学与文艺复兴文学的桥梁，主要有宗教文学、民间文学、骑士文学和市民文学四种表现形式。其中，宗教文学是被官方认可的“正统文学”，它从内容到形式都集中地体现出鲜明的宗教特色。由于基督教支配着精神文化，教会垄断着各种知识，并把一切世俗文化纳入为宗教神学服务的范畴，宗教文学理所当然地成为中世纪文学的主体。程式化和概念化倾向明显，以及缺乏艺术感染力，这是宗教文学的根本特征。文学作品多采用象征、梦幻、寓意、暗示等神秘主义手法，宣传基督教的真理，宣扬上帝的至高无上和基督的伟大，目的就是推行禁欲主义和来世主义的说教，让人们过着一种安贫、守贞和服从的宗教生活。

基督教的全部教义和神学思想都是以《圣经》为依据的。《圣经》中所宣传的宗教博爱主义以及它所描绘的诸多人性悲剧，使其本身含有很高的美学价值，这是宗教文学的闪光点。《旧约全书》是希伯来古代典籍的总汇，其中既有人类早期的神话传说、史诗和传奇文学，也有民族先知忧国忧民的文学作品；既有辞藻华丽、颇具艺术特色的“雅歌”，又有风格质朴、引人入胜的历史故事。而《新约全书》是基督教关于耶稣及使徒们的传记、言行录和书信集，其中不乏思想深刻的“启示录”，更有富有哲理的智慧文学。如果说四部“福音书”是一种传记与传奇相结合的新颖文学体裁的话，那么可以说21封书信则开创了书函体文学的新样式。

宗教文学的作者多为教会神职人员，因此又被称为“僧侣文学”。赞美诗、祈祷文、基督故事、使徒行传、圣徒言行录、梦幻故事、奇迹故事、宗教戏剧等几乎完全取材于《圣经》。赞美诗是刻意模仿《旧约全书·诗篇》之作，祈祷文以《圣经》经文为基础，加上了个人的内心感悟。宗教戏剧更是生搬硬套使徒行传等《圣经》故事，没有创新。由于作者从宗教情感出发，功利色彩十分浓厚，因而作品缺乏深刻的思想性和艺术性，除《圣经》外，几乎没有什么佳作流传于世。

（二）民间文学

除了宗教文学外，中世纪民间文学广为流传，行吟诗人巡游各地。他们用方言讲故事、唱民歌、演小戏、奏乐曲，以卖艺为生，使民间文学带有浓郁的民风民俗情调，深受下层人民的喜爱。其主要代表作有英国的盎格鲁·撒克逊民族史诗《贝奥武甫》和民谣《罗宾汉》。《贝奥武甫》的主人公贝奥武甫大约生活于公元5—公元6世纪，年逾古稀，是个孤独的英雄。这个作品是继希腊罗马史诗之后欧洲最早的一部用本民族语言撰写的史诗，讲述了出没于“荒野迷雾的危崖峭壁之中”的恶魔，大自然的美丽与威力，国王的英勇事迹以及恶龙的背叛行为与血亲复仇。由于恶龙把守的宝藏被盗，恶龙便疯狂报复高特人，贝奥武甫遂与恶龙展开殊死搏斗，将恶龙杀死，自己也因中龙毒而壮烈牺牲。《罗宾汉》的主人公罗宾汉是英国民谣传说中的一位具有传奇色彩的绿林好汉。他的事迹甚至成为14世纪末15世纪初文学作品中流行的主题。传奇将罗宾汉式的人物描绘成正义的化身，也有人认为他不是穷人心目中的英雄好汉，而是绅士们崇拜的英雄豪杰。不论怎样，“切勿伤害犁田的农夫”，就是罗宾汉对其伙伴们的忠告。

（三）市民文学

随着西欧城市复兴，再现市民生活、情趣与思想的文学作品应运而生。市民文学直接取材于丰富的社会现实，内容生动，形式多样，贴近生活，适应市民阶层不拘一格的口味。市民文学是在民间文学的基础上发展起来的，反映了市民阶级的愿望和要求，尽情讥讽了封建主阶级的丑恶嘴脸，揭露了教士的贪婪和暴行，描述了下层人民的机警与智慧。市民文学不是为了醒世说教，而是为了消遣娱乐，其中夹杂着大量的猥亵语言，表现出对骑士华丽的衣饰，浪漫的爱情和愚蠢的冒险的轻蔑。同时还表现出强烈的反教士、反教会的世俗倾向，因此在这类文学作品中僧侣和教士几乎总是被嘲笑的对象。

市民文学的主要体裁有韵文故事、讽刺故事诗、抒情诗和戏剧等，代表作有法国的寓言《农民医生》、长篇叙事诗《列那狐的故事》、笑剧《巴特林律师》和讽刺传奇《奥迦生和尼古雷特》。其中，长篇叙事诗《列那狐的故事》长达25 500行，由27个故事组成。它以狐狸列那与狼伊桑格兰的斗争为主线，通过对动物生活的形象描绘，生动地展示了中世纪各种社会力量之间的冲突和斗争。故事以残暴贪婪的狼代表封建主，用愚蠢的驴代表教士（僧侣），用狡猾的狐狸代表市民，用小鸡、小兔、蜗牛等各种小动物代表普通人。列那狐采用一切欺骗和诡计与狠毒的狼进行抗争，又迫害那些无能为力的小动物，教会乃至教皇都成为任意评议的对象。在这首叙事诗中，封建贵族的特权受到质疑，贫穷人受到同情，市民的机智受到赞扬，反映了市民阶级的两重性特点。

讽刺传奇《奥迦生和尼古雷特》以早期拜占庭为背景，提出了世俗之爱超过灵魂拯救的看法，具有反神学的倾向性。男主人公奥迦生是个年青贵族，他绝望地热恋着的女子不是一个出身高贵的妇人，而是一个撒拉逊女奴，名叫尼古雷特。奥迦生被警告说，如果不放弃他所爱的那个女子，就要受到地狱的折磨。但他说他并不在乎什么地狱，在那里他照样可以和一切真正在世界上生活过的人交朋友。这个作品和骑士传奇有相似之处，主题表现的是对爱情的热烈追求，但又与骑士传奇相区别，就是情节发展与骑士的理想背道而驰。

（四）骑士文学

骑士文学中描述的中世纪贵族生活

骑士是中世纪欧洲的职业军人，“骑士文学”是世俗封建主阶级思想意识和基督教神学观念相结合的产物。随着骑士在日益频繁的战争中地位的提高，欧洲封建社会逐渐形成了以忠君、护教、行侠、崇拜妇女为主要内容的骑士精神或“骑士道”。作为世俗贵族阶级的文化观念，骑士文学产生于11~12世纪。中国现代文学家茅盾先生认为，拥护骑士制度、赞美骑士生活的文学作品叫作“骑士文学”。骑士文学的题材大多来自日耳曼人、凯尔特人的英雄传说，主要反映的是骑士对领主的效忠，同异教徒的斗争，冒险故事与爱情故事等，充分体现了封建主阶级的精神文化特征。从体裁上分，骑士文学包括韵文罗曼司（也译作“罗曼”，“传奇”之意）和散文罗曼司两大类。

第一，散文罗曼司。兴起于13世纪下半叶，大本营在西班牙，通常表现的不是韵文罗曼司那种武勋战功，而是荒唐无稽的冒险：骑士与巨人、与毒龙、与妖巫恶魔的搏斗。虽然中世纪妇女逐渐成为骑士文学家热情讴歌的对象，散文罗曼司中也不乏男女情爱的描写，但那绝不是忠臣良民对王后、夫人、贵妇、淑女的虔敬的咏赞，而是对热烈的、变化莫测的恋爱的描绘，因而使爱情更具冒险的色彩。

第二，韵文罗曼司（12~13 世纪）。这是骑士文学的主流，其中又分为北方行吟诗人派和南方行吟诗人派。它与散文罗曼司相区别，“大多是描写半神秘半色情的骑士爱情的史诗传说，表现了欧洲中世纪的宗教气氛。”骑士文学受民间文学影响较大，常见的形式有牧歌、破晓歌、夜歌、怨歌、十字军歌等。南方派是韵文罗曼司的重要创作力量，行吟诗人将妇女理想化为能够给予男人巨大的精神和肉体愉悦，他们擅长爱情抒情诗创作，经常从爱情中寻找激情，主要通过对圣经《雅歌》的模仿，以水乳交融的手法描写了骑士对贵夫人爱情的渴望，而不是罗曼蒂克的实现。如破晓歌，通常叙述骑士在破晓时分与贵妇人分离的情景，追求冲破包办婚姻的自由爱情，咏唱对贵妇人的爱慕和崇拜。

中世纪粗犷的宗教圣战和封建混战是骑士文学乐于表现的主题，但罗曼司一反基督教的禁欲主义，着力讴歌现世生活和爱情之美，热情地表现侍奉领主的忠诚勇武而又温文尔雅的骑士。理想的骑士被塑造成英雄人物，他们具有忠君、护教、行侠和崇拜妇女的美德。韵文罗曼司代表作有法国的《武勋之歌》和《罗兰之歌》、西班牙的《熙德之歌》、德国的《尼卜龙根之歌》、英国的《亚瑟王传奇》等。

《罗兰之歌》描述了忠君、护教的法兰西民族英雄罗兰的业绩。他曾追随查理大帝征服了安茹、不列颠、曼恩、普瓦那、诺曼底、普罗旺斯、阿奎丹、罗曼尼亚、巴伐利亚、佛兰德斯、勃艮第、撒克森等地方。查理大帝是法兰克加罗林王朝最重要的统治者，一生征战 50 多次，几乎把全部的西欧地区都囊括在加罗林帝国的版图内。778 年，在远征西班牙的阿拉伯人的战斗中，他的部将、不列颠边防区长官罗兰在朗塞瓦尔峡谷之役中战死沙场。于是，这位英勇献身的罗兰就成为英雄史诗《罗兰之歌》的主人公，他和查理曼的关系被描绘成封建群臣关系的楷模。

《亚瑟王传奇》是骑士文学的极为著名的篇章。它把公元6世纪中叶传奇式英雄人物，不列颠岛上抵抗盎格鲁撒克逊人入侵的凯尔特民族领袖，转化为理想中的12世纪封建君主。据法国诗人特洛亚（约1135—1183年）的描写，亚瑟王的身边为骑士和美女所包围，宫廷设立在卡姆劳特，是浪漫爱情与纯真宗教信念的中心。亚瑟王英勇神武，他在魔法师梅林的引导下，带领英格兰人民取得了胜利与自由，亚瑟王也成了最伟大的骑士。

中世纪的骑士制度

骑士制度并非中世纪所特有，它在西方最早产生于古罗马时代。罗马王政时期，塔克文王朝第二个统治者塞尔维乌斯推行改革，规定第一等级中最富有者入选18个骑兵队，“骑士”由此发展成为罗马军队的一个正规兵种。从公元前3世纪后半期起，罗马骑士制度逐渐由奴隶社会的职业军人转变成游离于军队之外的金融贵族等级。屋大维时期，骑士等级日益失去其金融贵族的性质，财产资格也不再是担任骑士职位的必要条件，凡是处于骑士职位者都可以获得骑士称号。

中世纪骑士（油画）

骑士制度是中世纪封建制度的柱石和组成部分，具有社会的、政治的、军事的、宗教的和文化的意义。严格地说，骑士属于封建贵族的末流，即小贵族，是为国王和大贵族服务的职业军人，而不属于“真正的贵族”。西欧的骑士制度根源于日耳曼人入伍习俗。根据史学家塔西陀所著《日耳曼尼亚志》，当一个日耳曼青年到了使用兵器的年龄时，按照古老的习惯，整个部落的人聚集到一起，举行庄严的仪式，由部落首领或本人的父亲或亲属授予这个年轻人一面盾牌和一杆长矛，使他装备起来，加入战士的行列。随着战争的需要，能自备马匹的战士则备受重视，因而骑士的作用日益得到加强。欧洲是个封建等级制社会，作为这个社会政治制度的重要部分，骑士制度决定了骑士身份地位的封闭性。骑士是指出身于拥有爵位和土地之家、经过一定仪式被授予骑士称号的人。由于欧洲实行长子继承制，除了皇族之外，贵胄之家只有长子才有继承爵位，成为骑士的资格。骑士的长子从 7 ~ 8 岁起就被送到某个有势力的贵族城堡中，开始接受教育和训练，称为“学习骑士”；经过五六年的锻炼，大约到 13 ~ 14 岁，便结束初级阶段的学习生活，而作为女主人的“侍从”，开始新的学习内容，称为“预备骑士”；到 21 ~ 21 岁，再经过神圣的宣誓仪式，方可被授予骑士称号。

由于中世纪早期西欧各国陷于严重的分裂状态，封建战争连绵不断，骑士适应形势的需要，是混乱状态下的活跃因素。十字军对东方的侵略，大大刺激了欧洲骑士制度的发展，并形成一种为其共同的利益而结成的特殊团体——骑士团，著名的有神殿（圣剑）骑士团、圣约翰（医院）骑士团、条顿骑士团。它们是一种兼有军事性、宗教性、社会性的封建政治集团，服从于罗马教皇。

骑士骑在马上，头戴战盔、身着铠甲，手执长枪，应该是一名面孔威严冷峻的武士。但他们也有神秘浪漫的一面，这一点常为人们所津津乐道。在中世纪欧洲，骑士实质上是一种神圣的荣誉称号。他们被当做上帝的虔诚仆人、女性的温顺护从和“正义”的豪侠之士，因而保护荣誉、教会、妇女与穷人就成为骑士的基本职责和神圣义务。

中世纪，“骑士制度是封建主义的社会的和道德的准则。它体现了封建主义的最高理想和它的一切美德。……骑士制度规定一个理想的骑士，不但需要勇敢、忠诚，而且要慷慨、诚实、彬彬有礼、仁慈地对待穷人和无依无靠的人们和鄙视一切不义之财。一个无懈可击的骑士可能首先必须是一个无懈可击的情人。骑士的理想把对妇女的崇高的爱情变成一种带有种种礼节的真正的偶像崇拜。……骑士制度还要求骑士担负为了保卫崇高的事业作战的义务，特别是作为教会的战士，用剑和矛为促进教会的利益而战斗的义务。”骑士制度主要包括宗教、道德、礼节和“骑士七艺”（骑马、游泳、投枪、击剑、行猎、下棋、吟诗）等内容。在培训学习阶段，作为侍童的孩子，要在贵族家庭中学习礼貌、侍奉与效忠，熟悉各种武器装备，练习搏斗、跳跃、奔跑，训练和管理鹰和猎犬，帮助主人更衣、梳头、整理床铺、切肉、斟酒、削面包。每当主人外出时，要负责看管甲胄、武器和战马，有时还要跟随主人打仗。

中世纪中后期，贵族阶段逐渐由武士化向绅士化发展，于是出现了以骑士爱情、骑士风度、骑士精神为主要内容的贵族文化。年轻的骑士不仅要宣誓保护女性，而且要选择一位贵妇、淑女作为自己的崇拜偶像，并对她产生一种特殊的感情，即所谓“骑士爱情”。骑士要戴上象征性标记，立誓信仰和终身捍卫他的意中人，由此风尚产生出所谓的“骑士风度”。这是一种贵族的理想生活方式。骑士制度发展与贵族生活方式分不开。骑士不仅要武功卓越，善于习武打仗，还应温文尔雅，谈吐不俗，具备一定的文学修养，懂得繁复的宫廷礼节，养成上层社会的气质、风度、秉性。所以“骑士精神”的内涵是极为丰富的，正义、忠诚、荣誉、谦恭、豪侠、崇尚妇女和为真理而献身，都被看做骑士精神的灵魂。

随着火药和火器的使用和推广，骑士在战争中的作用才日益降低，盛行一时的骑士制度也逐渐走向瓦解。但是，作为骑士精神核心内容的忠诚、谦恭、豪侠和崇尚女性的骑士风范，在现代欧洲的教育、文艺、社交诸领域中仍然发生着影响。

中世纪非洲文化的发展

非洲的全称为“阿非利加”，是拉丁语“阳光灼热”的意思。这一名称在古代罗马时已开始使用。非洲的地理区划主要分为四大部分：地中海南岸、撒哈拉沙漠以北称北非；撒哈拉沙漠以南、赤道以北的广大地区，以乍得湖为界分别称东非（东苏丹）和西非（西苏丹）；赤道以南称中南非（或再细分为中非和南非）。

非洲的古老居民主要为三大部分：撒哈拉沙漠以北是欧罗巴人种，通称为阿拉伯人；东非和西非居住的是纯黑肤色的苏丹族人；中南非大部分是浅黑肤色的班图族人。此外，还有布须曼人、霍屯督人及马尔加什人等。

非洲儿童

非洲的历史悠久，各地区的发展很不平衡。它是人类的发祥地之一，也是最早进入文明时代的地区

之一。约在 9000 多年前，艾尔高原（撒哈拉沙漠附近）就已进入新石器时代；公元前 2000 年代初，西苏丹部分地区已进入铜器时代。非洲人为人类文明的进程作出了不少重大的贡献。他们最早栽培了芝麻、蓖麻和高粱属谷物。至今世界上多数芝麻品种，仍集中在非洲。约在公元前 4000 年，人类已发明人工灌溉。梯田的创造，则约始于公元前 1000 年。约公元前 1000 年，非洲人已发明热工冶铁。非洲人创造了自己的文学艺术。非洲人的音乐、舞蹈、雕刻，一向为世界各国人民所称颂。他们的音乐在 16 世纪开始传入美洲，是现代美国、古巴、巴西音乐的来源和重要基础之一。

（一）埃及和北非

埃及从奴隶制向封建制的过渡经历了漫长的过程。公元 4 世纪末至公元 7 世纪初，埃及属于拜占庭帝国的一部分。公元 639 年，阿拉伯人侵入埃及，642 年占领亚历山大里亚，此后埃及变为阿拉伯帝国的一个行省，封建制度逐渐确立。8 世纪末，阿拉伯语成为通用的语言。9 世纪，埃及人民的起义高潮，削弱了阿拉伯帝国的统治，从 868 年至 969 年的 100 年中，埃及的统治者虽然名义上是阿巴斯朝哈里发的总督，但实际已是独立君主。从 969 年建立法提玛朝以后，埃及正式成为一个独立的阿拉伯国家，首都为旧开罗城。其领土包括今埃及、叙利亚、巴勒斯坦和阿拉伯半岛西部。1187 年，埃及统帅萨拉丁（1138—1193 年）战败十字军，收复圣地耶路撒冷；1189—1192 年，萨拉丁又击退英、法、德国王率领的第三次东侵的十字军，震动了西欧，萨拉丁被誉为民族英雄。13 世纪中叶到 14 世纪初，埃及击退了蒙古军的多次西侵。埃及人民反抗东西方封建主侵略的胜利，保卫了国家的独立，有利于经济、文化的发展。

13~14 世纪（马木路克王朝时期，1250—1517 年），埃及的封建经济有了进一步的发展。水利灌溉工程扩大，尼罗河各段的堤坝得到维修，疏浚了三角洲的河道，农作物的产量有显著的提高。城市手工业作坊增加了很多，各类纺织品畅销欧洲。蔗糖、肥皂、玻璃、陶器、铜器和皮革制品，畅销海外；新兴工商业城市连续出现，如曼苏拉（开罗和杜姆亚特之间）、开纳、库斯（尼罗河与红海之间）等；埃及商船走遍地中海各国，远达红海、波斯湾和印度；埃及和许多国家缔结了商约。国家收入过去主要依靠封建租税，这时主要依靠过境贸易税和国内工商业税。封建大土地所有制形成后，封建内讧加剧。14 世纪末以后，埃及的社会矛盾激化，人民起义不断爆发。1517 年经过开罗战役，埃及被土耳其灭亡，成为奥斯曼帝国的行省之一。

埃及以西的北非称为“马格里布”，阿拉伯语意为太阳下山的地方，包括今突尼斯、阿尔及利亚和摩洛哥等国。马格里布的土著居民，罗马人称之为毛里人或柏柏尔人，又称摩尔人。中古阿拉伯人是柏柏尔人和外来阿拉伯人混血的后裔。

公元 7 世纪末至公元 10 世纪，马格里布处于阿拉伯人统治之下。11 世纪中叶，大规模的人民起义在摩洛哥地区爆发。从 12 世纪中叶起，马格里布建立了穆瓦希德（阿尔摩哈德）王朝（1147—1269 年）。在穆瓦希德王朝期间，马格里布长期保持了一支强大的陆军和海上舰队，同西班牙、意大利的各大城市及法国有贸易关系。马格里布输入的商品是纺织品、酒及东方货物，输出品有羊毛、皮革、蜡、矾等。13 世纪中叶马格里布进入柏柏尔人建立的三国并立时期。东部的哈夫斯王国（1236—1574 年）首都突尼斯；中部阿卜德瓦德王国（1235—1554 年）首都特累姆森；西部马林王国（1248—1554）首都非斯。柏柏尔人的三个王国都存在了三百余年，奠定了马格里布三国，即后来的突尼斯、阿尔及利亚和摩洛哥疆域和国家的基础。三个王国时期，马格里布的封建制有所发展，同欧洲的贸易进一步加强。由于三个王朝之间争战不已，给外族入侵造成机会。自 15 世纪起，葡萄牙殖民势力侵入。16 世纪初马格里布曾胜利地抗击过西班牙的侵略。但不久哈夫斯和阿卜德为奥斯曼土耳其所征服。

（二）东非

现代苏丹和埃塞俄比亚一带地方，古代埃及人称之为努比亚。今苏丹地区在古代住着努比亚人和尼格罗人，是东苏丹人的一部分。在古代埃及史上，称他们为“库施”。早在公元前 20 世纪，埃及法老的纪功柱已提到“库施”一词。公元前 8 世纪，库施国家强盛起来，国王庇安喜（公元前 751—公元前 716 年）进兵埃及，曾建立过古埃及史上的第二十五王朝。约公元前 520 年，库施迁都麦罗埃（今喀土穆北 100 公里处），因之又称麦罗埃王国。库施灌溉农业比较发达，盛产棉花，还产黄金和铁。麦罗埃是冶铁中心。约公元前 1 世纪时留下的铁矿渣，现尚存达十几米高的两大堆。库施是一个奴隶制国家，国家开采金矿，使用着成百上千的奴隶。

公元 4 世纪，库施在阿克苏姆打击下衰落。6 世纪中叶，信奉基督教的穆库拉和阿勒瓦两王国兴起。7 世纪中叶，阿拉伯哈里发的埃及总督入侵，穆库拉向其纳贡。13 世纪，埃及马木路克王朝兼并了苏丹北部。16 世纪初，苏丹出现信奉伊斯兰教的达尔富尔（在西部）、芬吉（在东部）两封建王国，分别存在了二三百年。

公元1世纪，在今埃塞俄比亚领土上兴起了奴隶制的阿克苏姆国家。阿克苏姆人在山坡上修建梯田和灌溉工程，种植小麦等。国内外贸易都较发达，国内有自铸的金、银、铜币流通，对外以红海边的阿杜利斯港为集散地，出口香料、龟板、树胶，并作中介贸易。

3~6世纪阿克苏姆势力强盛，除征服附近地区外，还于525年攻占也门。这一时期国王自称涅古斯（意即“万王之王”、“皇帝”）。4世纪，涅古斯埃扎纳进行文字改革，创立了至今沿用的文字体系，同时改宗基督教。572年，萨珊波斯攻占也门，阿克苏姆的势力被逐出。710年，入侵的阿拉伯人夷平阿杜利斯港。以后几个世纪，阿克苏姆一直处于内部纷争之中。

阿克苏姆王国遗址出土的羊头狮身像

13世纪兴起的埃塞俄比亚王国，统治今埃塞俄比亚中部和北部，建都冈达尔。国王将土地分封给功臣，国家官吏、贵族、寺院主要收入为农民的租税，是封建制国家。16世纪，西班牙耶稣会教士侵入，阴谋夺取大权。1632年，皇帝驱逐耶稣会教士。不久，西班牙军侵入，埃塞俄比亚人坚决斗争，保持国家独立达二百余年。

在今索马里、坦桑尼亚一带，很早就开创了梯田灌溉农业。公元前6世纪，阿拉伯商人已利用季候风（冬十二月乘东北风到此，春三月乘西南风返回）来这一带贸易。1世纪，佚名埃及商人用希腊文写的《厄立特里亚海航行指南》（厄立特里亚海指印度洋），记载了这种贸易。随后，这里先后出现了一些城镇和城市国家，如泽拉、摩加迪沙、布腊瓦、马林迪、蒙巴萨、桑给帝国、基尔瓦等。7~10世纪，阿拉伯人因传教、经商或躲避政治迫害大批来到这里，和当地班图人融合。在北部，产生了索马里—阿拉伯文化；在南部，融合而出现斯瓦希里人和斯瓦希里语。斯瓦希里语以班图语为基础，吸收了一部分阿拉伯等外来语的语词。斯瓦希里语是现在坦桑尼亚的国语。

（三）西非

在几内亚湾今尼日利亚的土地上，约8世纪出现伊费古国，随后又兴起了贝宁古国。在尼日尔河和塞内加尔河流域，先后出现过三个强大的国家：加纳、马里和桑海。

加纳历史悠久，传说公元2世纪以前已建立国家。这个奴隶制国家是由曼丁哥人的一支索宁凯人建立的。8世纪，阿拉伯人的记载已称加纳国王为“黄金之王”，他的衣饰、头饰、马鞍等都用黄金制作，共重11公斤多。这时，加纳国家在尼日尔河与塞内加尔河上游，首都为昆比。加纳人早已种植稻米、黍和豆类，开采金矿和从沙中淘金。国家规定金块必须交给国王，劳动者只能保留沙金。北非的阿拉伯人运来盐、纺织品、贝壳等和加纳人交换黄金、象牙和奴隶。国王从中获得大量商税。9世纪后，加纳强盛，有一支20万人的军队，其中弓箭手4万多人。加纳一度对外扩张，占领了西非大部分地区。11世纪初，加纳改信伊斯兰教。不久，内部分裂，1240年为马里所灭。

建立马里国家的是曼丁哥人的另一支马林凯人。11世纪时，始有位于尼日尔上游的马里王国的历史记载，马里当时为加纳属国，伊斯兰教已传入。1235年，国王松迪亚塔（1230—1255年）战败苏苏部落，1240年灭加纳，进而占领塞内加尔河流域及尼日尔河中游，迁都尼亚尼。本族人称松迪亚塔是马林凯人的亚历山大。松迪亚塔时代的马里人已形成一个由史官口编口传历史的传统。中央、各省、各村都设有这种史官，称为“格里奥”。格里奥世袭传授，也收徒传习。所传历史内容大都真实可靠。格里奥制度一直兴盛到17世纪。松迪亚塔的儿子武莱自称“曼萨”（“王中之王”）。

曼萨·穆萨（1312—1337 年）统治时期，马里臻于极盛。马里农业较加纳有所发展，种植稻米、高粱、蔬菜、棉花。国王曾下令砍伐森林、扩大耕地。国内市场交换以贝壳、铜锭为媒介。对外与埃及、马格里布贸易。马里还实行奴隶制。国王拥有许多“奴隶部落”，这些部落按占用土地的面积向国王交纳粮食。

1324 年，曼萨·穆萨到麦加朝圣，履行穆斯林的朝功。他以五百奴隶执金仪仗随从，以八十头骆驼驮着沙金作经费。1326 年回国时，聘来了阿拉伯建筑师，建造清真寺和王宫，同时请来了大批著名学者，在尼日尔河中游商业城市廷巴克图清真寺附设桑科尔大学任教，这时有几千名学生在此学习，其中不少是西欧白人留学生。廷巴克图成为当时世界伊斯兰文化中心之一。马里东部的桑海兴盛后，马里渐趋衰落。

桑海人原生活在尼日尔河中游东段，以加奥为中心。公元 890 年，加奥城已经存在。15 世纪时，国王桑尼·阿里（1464—1492 年）建立起一支强大的军队，先后攻占贸易和文化中心——廷巴克图（1468 年）、泽内（1472 年），击败其他势力，建立起强大的国家。桑尼·阿里死后，大将穆罕默德·杜尔（1493—1528 年）夺得王位，继续对外扩张，占领尼日尔河上游，从摩洛哥人手中夺得了西非北侧的特卡札盐矿区，并派军驻守，桑海国家臻于鼎盛。

桑海国家兴盛时，农业进一步发展。杜尔在尼日尔河上游开凿运河，并改良农业。捕渔业在桑海处于重要地位，有专业捕鱼的奴隶部落。此外，桑海的手工业也较发达，纺织业在首都加奥、大城市廷巴克图、泽内都有所发展。奴隶制在桑海还较盛行。杜尔将奴隶编为 24 个部落，国家派监督管理奴隶。铁工奴隶每人每年必须交给国家 100 支矛和 100 支箭，其他分别交给国家一定数量的粮食，或干鱼，或饲草，或船只。禁止奴隶与自由民通婚。贵族和僧侣的奴隶，也要向主人交纳实物。

桑海兴盛时期，文化迅速发展。桑科尔大学增加了不少教师，增购了不少图书。课程内容有《古兰经》、法律、文学、历史、地理、天文等。当时廷巴克图（有居民七万人）不仅是桑海的文化教育中心，而且是伊斯兰世界及全世界的文化教育中心之一。

杜尔死后桑海发生内讧。1591 年 4 月，摩洛哥入侵占领加奥、廷巴克图和泽内。同年，迪奥果腊尼奴隶部落的奴隶举行起义，曾占领大片土地，起义者坚持斗争到 1652 年。1680 年，桑海王国灭亡。

（四）中非和南非

17 世纪前，南非已建立起刚果、莫诺莫塔帕（在津巴布韦）、伊默里纳（在马达加斯加岛）等国家。

刚果（班图语“河”的意思）国家是西班图人建立的。1482 年葡萄牙人到达刚果河口时，这个国家刚建立不久。国家首脑有一支扈从队，另设有分管军事、贸易、河流及传令的官吏。当时刚果人已能制造铁器、铜器、陶器、木器，编制席子、筐笼等。农业上使用铁锄，种植高粱、小米、甘薯等。国内已形成定期的集市贸易，以贝壳、金属块为交换媒介。劳动者大部分是自由的公社成员。奴隶制已形成，但带有很原始的特点。奴隶主要来源于战俘，还有罪犯和债务奴隶。战俘奴隶和主人一起劳动。主人称男奴为儿子，男奴称主人为父母。如主人称意，男奴可以和主人的女儿结婚。按照习惯，主人杀死战俘奴隶无罪。国王拥有较多奴隶，用在金矿、铜矿、盐场上劳动。

今日刚果风光

1482 年葡萄牙人到达刚果后，一边传播基督教，一边掠夺、贩卖奴隶，使刚果丧失大量人力。经过一百多年的战斗，刚果人终于在 1665 年把葡萄牙殖民者赶出了刚果，使国家保持独立二百多年。

莫诺莫塔帕国是今津巴布韦土地上的古国，约建立于 5 世纪，曾以其首都津巴布韦（意为“石头城”）作为国名。居民瓦卡兰加人（东班图族一支）很早就经营梯田农业，以水井、渠道灌溉，作物为高粱、玉蜀黍、豆类。津巴布韦在古代即以盛产铁器和黄金著称。12~16 世纪津巴布韦国势强盛，现已发现三百多处遗址。首都建筑雄伟、坚固，石砌城墙高九米多。城内有住宅、库房、水井、宫殿、神庙，部分建筑由花岗石砌成，不用黏合物而咬合紧密。

15 世纪末葡萄牙殖民者开始侵入。当时津巴布韦王国有完整的政权机构，国王有特种卫队和警察，有权随意处死臣民。直到 16 世纪葡萄牙的传教士和入侵者仍未能使津巴布韦臣服。17 世纪葡萄牙人加紧侵略，最终津巴布韦王国陷落了。

（五）中国与非洲的友好往来

中国和非洲的友好交往有悠久的历史。在麦罗埃遗址中，曾发现中国式的鼎，说明在 1 世纪或更早之前已有中国物品进入非洲。中国史书在 3 世纪已提到埃及的亚历山大里亚（见于《三国志》裴松之注所引《魏略西戎传》，此书已不存），当时称“乌迟散”。唐代，杜环曾去西亚、埃及、苏丹、埃塞俄比亚和“摩邻”（今肯尼亚之马林迪，明代称“麻林”），回国后著《经行记》一书，对当地风俗、习惯有所记述。晚唐段成式著《酉阳杂俎》（850—860 年写），记述了“拨拔力国”（今索马里柏培拉）的风俗、物产（象牙、香料等）及波斯人与之贸易的情景。

宋、元、明时期，中国航海技术有很大进步，与非洲已从间接贸易发展为直接贸易。中国将丝绸、瓷器输入非洲，从非洲买回象牙、香料等。1945 年在摩加迪沙（今索马里首都，《明史》作“木骨都束”）、布腊瓦（《明史》作“不刺哇”）等地发现中国钱币 176 枚，其中 168 枚是唐、宋铸币。1017、1083 年，桑给帝国曾两次派使者访问中国。1329—1345 年，中国大旅行家汪大渊两次随商船出国旅行，到达桑给帝国，回国后著《岛夷志略》（1350 年成书）记述了桑给帝国等国的物产、风俗等。摩洛哥大旅行家伊本·白图泰（亦译拔都他，1304—1378）在到埃及、阿拉伯半岛访游后，曾到中国南方旅行，回国后写了游记，书名《伊本·白图泰游记》。1416 年，摩加迪沙、布腊瓦、马林迪等十几国使臣来中国明朝王廷访问，赠马、犀、象等特产。郑和七下“西洋”，第四次到达马林迪、摩加迪沙等地。第五次西行，有护送东非使臣回国的使命。郑和的航海图，第一次将非洲东岸绘入。《明实录》记载了非洲18个派来使者的国名。15世纪末葡萄牙殖民者东来，中非友好交往受阻中断。

中世纪美洲文化的发展

美洲（阿美利加洲）这个名称是16世纪初才出现的。现在整个美洲分为两大洲，一为北美洲，包括加拿大、美国、墨西哥直到巴舒马（位于加勒比海西海岸与西南海岸）和古巴、海地等共二十三个国家，以及分属于丹麦（格陵兰）、英、法、荷等国的九个地区。一为南美洲，包括委内瑞拉、巴西、阿根廷等十二个国家，以及法属的两个地区。此外，由墨西哥北部起直到美洲最南端，还有一个历史地理名称，即拉丁美洲。这是因为从16世纪起，这一广大地区的大部分曾是拉丁语系的西班牙、葡萄牙的殖民地而得名。

15世纪末期以前，美洲的居民是印第安人。印第安人属于蒙古利亚人种，皮肤呈黄色（或棕色）。一般认为，印第安人是四五万年前从亚洲东北部通过白令海峡到达美洲的。进入美洲后，印第安人由北向南发展，到15世纪末大体已遍布美洲各地，总计有1400万到4000万人。

直到15世纪末，印第安人是独立发展的，各部分发展很不平衡。在印第安人中，以玛雅人、阿斯特克人、印加人创造的文化水平最高，史学上合称之为三大文明中心。易洛魁部落联盟则是母系氏族繁荣时期社会状况和内部组织结构相当健全的典型。

印第安人对人类文明贡献显著。15世纪末以前，他们已培植出玉米、落花生、马铃薯、向日葵、棉花、龙舌兰、烟草等四十多种农作物，其中不少为其他各大洲前所未有，后来传播到世界各地。他们发现并用金鸡纳、毛地黄、藿香、蕃木鳖等为药物，丰富了人类医药学事业研究。印第安人在金、银、铜的冶铸方面，在纺织、制陶方面，在天文、历法方面，也有独特的成就。在建筑方面，有一些近乎神奇的业绩。但直到15世纪末，印第安人还未发明铸铁，不会制造带轮的车，北美印第安人还未掌握放牧牛、羊等的畜牧业技术。

（一）玛雅文化

在今墨西哥东南尤卡坦半岛，包括危地马拉及洪都拉斯、萨尔瓦多西部，玛雅人创造了印第安各族中较高水平的文化。

约公元前1000年初期，玛雅人已经营原始农业。随后，农业发展起来。人们种植玉米、豆类、南瓜、西红柿、棉花、龙舌兰、兰靛等。玛雅人饲养火鸡和狗，知道养蜂取蜜。工具还以石器、木器为主，会冶铸金、银等金属。玛雅人早就发展了集市交换，买卖食品、日用品、奴隶等，以可可豆作为交换媒介。

约从公元2世纪起，玛雅各地先后建立起了一系列奴隶制城邦国家。现存的一些刻有象形文字的石碑，说明玛雅人约每二十年树碑一块，上面刻着当时的大事。现已发现的最早的石碑，考古学家考定为第九号，树立于公元328年。从这类石碑和其他铭刻资料中，可见在2~9世纪，先后出现过110个城邦。其中比较大的是提卡尔（今危地马拉境内）、科班（今洪都拉斯境内）、帕冷克（今墨西哥境内）。科班城内有神庙、宫殿等遗址。世界著名的“象形文字梯道”，也在这里。梯道宽八米多，有九十多级石阶，上面刻有两千多个象形文字符号。9世纪末，这些城邦突然衰落，原因不明。

玛雅城邦国家的首脑称“大人”，战时指挥军事。“大人”下有助手一名，负责与各乡村联系、收税和对外事务；另有僧侣一名，为各乡村僧侣之长。社会基层组织是农村公社。公社成员的婚姻处于对偶婚的从夫居阶段，开始向一夫一妻制过渡，才结婚的夫住妇家几年，不满意妇可将他赶走。几年生子后妇住夫家。

玛雅文化遗址

财产由父母传给儿子。公社有首长和长老议事会，首长的行为受长老议事会制约。土地归公社所有，三年重新分配一次。公社成员以二十人为一组集体劳动，耕种土地、修建寺庙、道路及其他建筑物，给“大人”、贵族贡纳玉米、鱼虾、蜂蜜、盐、纺织品等。公社全体成年男子都是战士。贵族由“大人”、公社首长（战时为公社军事首长）、僧侣构成。贵族除剥削公社成员外，还拥有奴隶；他们还占有可可地、产盐地、养蜂场等，由奴隶和公社成员为其劳动。奴隶的来源是战俘、偷窃者及其他罪犯、孤儿、离婚妇女、与奴隶成婚者及奴产子。

玛雅人的文化成就丰富卓越。由玛雅人所创造的象形文字，图形和符号共800多，可组成词汇3万多个，只可惜至今还不能系统破译。玛雅人以桦树皮、加工过的鹿皮当纸，写有天文、历法、历史、神话、诗歌等内容。他们在天文、历法方面，能预言日食、月食，知道火星和金星；以365天为一年，全年分成18个月，每月20天，岁余5天为忌日。玛雅人长于建筑、雕刻、绘画。奇钦·伊查的库库尔坎神庙有九层台基，高达29米。正面底部有两个带羽毛的蛇头石刻，张嘴吐舌，栩栩如生。1946年在一山冈发现的博南帕克彩色壁画，约为6世纪到8世纪绘制。在三间房屋内画有以战争、凯旋、呈献贡赋、审判战俘等题材的场面，形象生动准确，构图比较严谨，是世界绘画史上的艺术珍品。

（二）阿斯特克文化

在今墨西哥的土地上，印第安人曾创造出繁盛的文化。公元1世纪，特奥蒂瓦坎（在特斯科科湖东北）文化兴起。这里已形成城市，城内有宽阔的广场。当时人们建造的“月亮金字塔”和“太阳金字塔”，是雄伟的建筑，至今可见。太阳金字塔高达64.46米，每边长225米。9世纪时，托尔特克人（印第安语意为“巧匠人”）从北方来到这一带，以托利安（在今墨西哥城以北80公里）为中心，建筑起宫殿、神庙、祭坛等。12世纪在阿斯特克人打击下，托尔特克文化衰落下去。

传说阿斯特克人原来住在墨西哥西部的一个海岛上，在移动中到达今墨西哥城的地方。按神的启示，如见到鹰在仙人掌上啄食蛇，就可在这个地方定居，后果然在此见到这一情景。战神有一个名字叫“墨西利特”，去“利特”加“哥”，意思就是“战神指定的地方”。现墨西哥仍用鹰吃蛇的图案为国徽画面。1325年，阿斯特克人在特斯科科湖的两个岛上建村，当时叫铁诺奇蒂特兰，后来发展为城市。

阿斯特克人的主要生产工具是石器和木器。会铸造铜器及接近青铜器的器具，如小刀等，但在生产上很少使用。对铸造金、银，他们有很高的工艺水平。他们善于纺织、刺绣。能用羽毛织成饰物，色彩艳丽。阿斯特克人的主要生产方式是灌溉农业，已知种植玉米、南瓜、蚕豆、西红柿、辣椒、龙舌兰和棉花，因耕地不足，他们在湖中木筏上敷土作为“浮动园圃”。阿斯特克人已有集市贸易，实行物物交换。

15—16世纪初，阿斯特克部落处于强盛时期。1426年，阿斯特克、特斯科科与特拉科班三个部落结成部落联盟。联盟首领的名号为孟提祖玛，是联盟的军事首长、祭司长和审判长。从第一任孟提祖玛（1440—1486年）起，阿斯特克人已在联盟中居于优势，首长一职在阿斯特克人中产生，其他两部落各派一名军事领袖参加联盟的领导。

阿斯特克人的社会已进入父系氏族阶段。父系家庭是生产单位和消费单位。家族内实行共产制，每天吃一顿饭，成年男子先吃，随后是小孩、妇女。家族所用土地属于部落公有，不能转让。另一方面，已产生私有财产和阶级，但在整个社会关系中是次要成分。奴隶制已出现，奴隶来源主要是战俘。奴隶可以买卖，用于生产的还很少。主要劳动者是普通氏族成员。大部分战俘用做献祭，由此可见生产中能够容纳的战俘奴隶还不多。联盟首领已脱离体力劳动，分工管理公共事务。“由于在同一管理之下的人数的增加和（社会）事务的复杂化，社会中的贵族成分遂以微弱的形式表现在民事和军事酋长身上。”正在形成中的贵族所占土地，由氏族普通成员代耕，向“贵族”交纳实物，并为“贵族”送柴送水。15世纪阿斯特克联盟征服了西到太平洋、东达今危地马拉的广大地区。被征服部落向联盟贡纳实物和少数人口，这些人多用做祭神的牺牲。被征服的部落内部事务自己管理，联盟有时派人常驻以催缴贡品，但还不具备国家地方官统治地方和国家征收捐税的性质。阿斯特克人社会制度的各方面，都说明它正处在原始社会解体而向国家过渡的时期。阿斯特克联盟及其所属地区总人口不超过25万人，铁诺奇蒂特兰约有3万人。1521年，阿斯特克联盟为西班牙殖民者所征服。

阿斯特克人已创造了象形文字，但因西班牙人的破坏，只存下两本《贡册》；建筑方面有辉煌的成就，联盟首领活动的大厦及神庙高大雄伟，最大的一座神庙庙台高达35米。公共建筑外墙涂以石膏，在阳光下远看，白光耀眼，纯洁壮丽；历法以365天为一年，闰年加一天，有圆形石刻历法表存世；医药学方面也有一定成就，发现了金鸡纳、毛地黄的医药性能。

（三）印加文化

印加文化产生在今以秘鲁为中心的安第斯山区。从远古，这里就住着克丘亚人、摩其卡人和艾马拉人。印加文化兴起前，这里的生产事业已有较高的成就。公元 2 世纪，这里已修建起梯田，已引山溪水流实行人工灌溉。他们种植玉米、豆类、瓜类、花生和棉花，还栽培了可可树。这里的人们还发明了畜牧业，饲养骆马、羊驼等。棉、毛纺织和冶金、铜也有一定水平。约 8~9 世纪，摩其卡文化一度兴盛。到 13 世纪，今玻利维亚境内的的喀喀湖以南的蒂亚瓦纳科文化繁荣起来，最著名的“太阳门”用一块重达百吨的巨石雕成，宽 3.75 米，高 3 米，门楣上有精工浮雕，至今屹立在原地。

今日太阳门

13 世纪，以库斯科为中心的印加文化开始兴起。“印加”一词印第安语意为“太阳的子孙”，原指首领，西班牙人用来称呼这一正在向国家转化的部落组合，而被沿用下来。印加文化的创造者主要为克丘亚人。15 世纪，克丘亚人与艾马拉人联盟，征服了不少邻近部落。至 16 世纪初，印加势力范围南到今智利中部，北面包括今厄瓜多尔、玻利维亚大部分及阿根廷西北一部分。

印加农业、手工业较前又有发展。农作物达四十余种，灌溉工程扩展到一些山腰，较前更加系统。印加人会冶炼青铜，并会用蜡模铸造铜和青铜物品。印加社会处于父系氏族趋于解体、农村公社因素开始产生的阶段。它的基本社会组织是“艾柳”（氏族）。艾柳成员自认为是同血统的亲属，实行外婚制。经济、政治和宗教合一。艾柳拥有连片的土地。若干艾柳组成“哈通……艾柳”（胞族），若干“哈通——艾柳”组成部落。艾柳由若干“十户”（家族）组成。家族内男子成年后，可以有自己的茅屋、院落和园圃，即从家族中分解出了个体家庭。同时，印加人又已有冲破血缘关系的地域关系，全境土地名义上属于首脑，一个村落的土地称为“村落土地”，土地还在家族、家庭中分配并重分。印加人的土地实际分三部分：①太阳田，收获归寺庙支配；②印加田，收获供公共开支和首领家庭消费；③公社田，收获分给各家族、家庭。此外还有私田，是家族、家庭私有的园圃。印加人仍集体劳动，种田的次序是先种太阳田，再种印加田，最后种公社田。印加的手工业已与农业分离。管理机构把手工业工匠集中于其中心库斯科。工匠生活由管理机构供给，产品交管理机构。工匠完成上缴产品后有余的部分，可以用于私人交换。工匠和管理机构在共同体内进行交换活动，故手工业产品大部分还没有变成商品。

印加首领称“伟大的印加”，全部土地称“四个联合在一起的地区”，村社土地称“马尔克”（与日耳曼人的马尔克巧合）。印加已出现戴着金耳环的贵族，也有了来源于战俘的奴隶，多用做仆役。印加是一个为公生产与为私生产共存、公有与私有并存、血缘关系与地域关系并存的过渡性的社会，处于国家产生的前夕。1535 年，印加为西班牙殖民者所征服。

印加人拥有一系列较高的文化成就。他们能用结绳记下社会复杂事项，并能以结绳记史、讲史、传史从而使历史内容世代相传。印加语称结绳为“基普”。同时，他们还发明了象形和表意文字，知道十六个辅音和五个元音，写在石头、掩盖物和其他书写工具上。印加人早就设台观察天象，能确定夏至和冬至。历法定一年为十二个月，每月有三个十天的长周，一年加一个五天的短周，以冬至日为岁首。印加人在医药方面也有较高的成就，会制干尸，会做开颅手术，还发明了金鸡纳、藿香膏等药品。印加人道路建设的成就特别突出。全境有两条大道，一条在沿海，一条在高原。沿途开凿隧道，架设桥梁。途中有驿站、要塞和烽火台。这些道路为运输、行军、传达命令、首领巡行，提供了方便。

（四）古代中国和美洲的交往

大约在公元初的几个世纪，中国与美洲已有交往。在秘鲁境内，发现过刻有汉字“太岁”字样的古碑。在厄瓜多尔，发掘出王莽当政时期的钱币。这些事实说明了古代中国与美洲已有所接触。

16 世纪，中国与美洲的贸易交往是通过菲律宾实现的。美洲商人与中国商人在马尼拉等地从事商业活动。中国输出到美洲的商品有丝绸、瓷器、各种金属器、香料、火药、面粉等。美洲的玉米、南瓜、西红柿、菠萝、烟草等的种植知识和技术经菲律宾传入福建并扩展到中国其他地区。1535 年，西班牙殖民者在墨西哥设厂铸造银元，银元上铸有老鹰图案，16~17 世纪大批流入中国。中国民间称之为“鹰洋”(“洋”是把银元称为光洋的简称),在中国广大市场上作为货币流通，直到国民党统治时期。

文艺复兴时期的文化

文艺复兴运动的兴起

文艺复兴是欧洲在中世纪末就开始初露端倪的一场文化运动。从字面上看，“文艺复兴”（Renaissance）指的是希腊罗马古典文艺的重生，不过，它实际所包含的范围和内容要深远得多。“文艺复兴”一词最早由意大利艺术史家瓦萨里在 1550 年提出。由于瓦萨里是艺术史家，词的原意指的是“艺术再生”（Sua rinascita）。不过，后来的人们使用该词时，其内涵和外延都发生了变化，更多的是指“古典文化学术再生”，即包括精神、思想、文学、艺术在内的所有文化领域。文艺复兴时期的思想家和艺术家在重新“发现”古代希腊罗马人创造的“古典文化”（包括精神、思想、文学、艺术等）时，受到巨大鼓舞和启发，相比中世纪形成的精神、思想、文学、艺术，古典文化所具有的人文精神和思想更能够让他们感到振奋、给他们以信心。他们从中仿佛看到了前进的方向，努力使这些由古代希腊罗马创造的精神、思想、文学、艺术获得再生并赋予其新的含义，为自己所生活的时代服务，便成为文艺复兴思想家和艺术家的一种追求和使命。当然，随着运动的发展，文艺复兴的范围和任务也在逐步扩大，终于成为欧洲历史上涉及几乎所有领域的一场运动。而在更广的意义上，“文艺复兴”一词还同时指代一个时期，代表欧洲社会由中世纪向近现代过渡的整个时期。

作为文化和思想运动，文艺复兴有一个产生、发展和繁荣的过程。由于它不是一场革命，不具有革命的突变特征，而是一个渐进的过程，一个范围逐渐扩大的运动。在不同国家和不同年代，文艺复兴有不同表现形式和侧重点，不同时期的史学家和学者根据不同的标准和角度对文艺复兴运动有不同的界定（包括它的起始和内容）。通常看法是，文艺复兴运动发轫于 14 世纪的意大利北部城市国家，在 15 世纪后期和 16 世纪逐步向欧洲中部、北部地区传播，如德国和法国等。16 世纪中期到 17 世纪初开始在西班牙和英国等国家盛行，特别是通过莎士比亚的戏剧达到顶峰。而 1642 年英国清教革命通过议会封闭了伦敦剧场，标志文艺复兴运动在西欧的结束。

文艺复兴运动的兴起无疑是与当时欧洲生产关系的变革以及社会的发展联系在一起的。欧洲社会的这一变革和发展的基础自中世纪鼎盛时期就已经存在，14 世纪起，欧洲生产关系的进一步变革以及社会的进一步发展为文艺复兴运动的到来奠定了坚实的经济和社会基础。这在文艺复兴的发源地意大利表现得尤为突出（关于这一点我们在下面将详述）。尽管如此，文艺复兴运动的最初起因应该说与欧洲古典学派的出现关系更加密切和直接，因为在开始阶段，它毕竟是打着复兴古典文化的旗帜进行的。

古典学派是一群对古代希腊—罗马文化着迷的文人学士。在古典思想的影响下，他们孜孜不倦地开展对拉丁文献的搜寻和研究（后扩展到古希腊和希伯来文献）。不可否认古典学派对古典文化的学习首先是从古典文学入手的，不过，古典学派推崇的不仅是古典文学家如荷马和维吉尔的作品，而且对整个古代希腊罗马社会，包括它们的制度、思想、哲学、艺术都怀有仰慕之情。古典学派的努力是卓有成效的，如 1423 年，仅一名意大利学者在去君士坦丁堡和近东地区搜寻古典文献后就带回了 238 册古代手抄本著作。在他们的不懈努力下，多数希腊罗马经典著作，包括柏拉图、索福克勒斯、修昔底德的作品第一次为人们所认识。古典学派的努力使得古希腊罗马文化的光辉重新绽放，其结果不仅开辟了古希腊—罗马研究的新领域，而且极大地推动了文艺复兴的开展。

文艺复兴时期的油画作品

文艺复兴对古典文化的兴趣以及有意要使古典文化得到"复兴"的决心与古希腊罗马文化的特质有关。古希腊—罗马文化从本质上说是一种以人为本的博大融合文化：它的哲学（和科学）表达了人的理智；它的文学、艺术（包括建筑艺术）表现了人的创造力；它的法律肯定了人的财产私有性质；它的生活反映了人对幸福和快乐的追求。这样，古希腊—罗马文化实际上几乎成了文艺复兴运动的思想库。

正因为如此，在文艺复兴运动兴起之初，几乎所有投入运动的人可以说都是古典文化的爱好者、学生或研修者，人们都希望通过对古典文化的学习和接触挖掘到"新"的思想，对古典文化的学习也就成为文艺复兴出现的最初标志。对古典文化的学习导致了"人文学"的出现，即一种重视对哲学、历史、文法、语言、文学的学习。文艺复兴的核心思想——人文主义在这一学习过程中产生和发展，为文艺复兴运动的发展确定了方向。不过，尽管文艺复兴强调对希腊罗马古典文化的学习、研究，努力使古典艺术得以"再生"，但绝不是要回到古代社会，其更多的是为了汲取灵感，"古为今用"，是借用古希腊—罗马时代"现成"的、闪耀着人性气息的理性思想表达他们的政治见解和抱负，摆脱封建主义的桎梏和中世纪基督教神学思想的束缚，"从而建立起适应社会发展的新的思想文化体系"。文艺复兴的出现还与欧洲科学的发展和地理大发现联系在一起。中世纪末，欧洲近代科学开始起步，对自然现象进行直接观察是这一时期科学活动的特点，无论是天文学，还是解剖学上取得的成就都是如此。通过观察，权威原则逐步被个人经验所取代，这实际上预示着现代实验科学时代的到来。而地理大发现则极大地改变了人对世界的传统观念，人们的视野扩大，思想已经无法囿于中世纪的樊笼中，寻找思想领域的“新世界”成为文艺复兴时期人们的一个生活目标。

此外，文艺复兴运动在欧洲的传播和蓬勃开展与印刷术的推广和书籍的普及密切相关。活字印刷术自传入欧洲后在14世纪得到改进和推广，印刷术的广泛应用不仅使得书籍的制作发生了革命性的变化，成批量的印刷导致书籍的成本下降和普及，古典作品的传播速度加快，而且使得文艺复兴的思想精神不胫而走。人们很难想象没有现代印刷术的普及，文艺复兴会在整个欧洲社会全面展开。

人文精神的发扬

（一）人文主义

如前所说，文艺复兴最初作为在复活古典文化旗帜下开展的一场文化运动，人文主义（Humanism）是其指导思想。众所周知，文艺复兴就实质而言显然是一次新兴市民阶层和资产阶级思想解放和要求自我意识的运动。作为建立在对古希腊和古罗马文学研究基础上的一项教育纲领，人文主义包含的是一种以人为本的理性思想，关注的主要是人和人性，包括人的尊严、人的价值、人的才能的展示，而不是神和信仰，正好与处于上升时期市民阶层和新兴资产阶级的追求和要求不谋而合，因此，人文主义思想的提出和形成也就自然成为文艺复兴运动出现的主要标志。

文艺复兴时期人文主义的目标是通过宣扬人的卓越，鼓吹人性的价值，宣扬人天生平等，肯定现世生活，肯定人有追求财富和个人幸福的权利，要求多方面发展个人才智，提倡冒险精神，把人从宗教的束缚中解放出来，为新兴资产阶级登上历史舞台服务，实现资产阶级所希望提倡的世界观和价值观。

人文主义首先是在反对中世纪神的权威和对人以及人性的重新定义过程中发展起来的。在长达千年的中世纪时期，教会把上帝视为一切思想的核心，神一直是人们颂扬的唯一对象，神的权威是至高无上的。神的权威，加上基督教的原罪思想、禁欲主义、对来世的强调等观念无一不使人和人性受到极大的压抑，人的价值和创造作用受到蔑视。在这些思想的影响下，人一出生就已经成为罪人，肉体被视为罪恶的王国。人的一生与赎罪联系在一起，作为上帝的仆人，处处得小心谨慎，只能被动消极地生活，对幸福和现世生活的任何追求都可能遭到谴责，社会因此失去了活力，陷入停滞状态。重新定义人和人性是关系到社会能否顺利走出神权统治的关键。

人文主义者针对教会对人的轻视，大张旗鼓地宣扬人的尊贵和卓越之处。有“人文主义奠基者”之称的意大利人文主义者彼特拉克是第一个对人作出高度赞扬的作家。在他看来，人是世界最宝贵的生命体，应该受到头等重视。他笔下的人被描写成有血有肉且充满激情的个体。更有一些人文主义者把人视为尘世的上

文艺复兴时期的油画作品

帝，是自然界的主宰。人的伟大和卓越在莎士比亚的笔下更是得到了最崇高的颂扬："人是多么了不起的一件作品！理智是多么高贵！力量是多么无穷！行动多么像天使！洞察多么像天神！宇宙的精华！万物的灵长！"（《哈姆雷特》）自罗马灭亡以来，人在西方思想史上第一次受到如此重视和颂扬。

在此基础上，人文主义者对人性、人的尊严、人的作用进行了广泛的论述。如意大利人文主义者曼内蒂为了抨击教皇英诺森三世所著的《论人的渺小和对尘世的蔑视》，撰写了《论人的尊严与卓越》，赞扬人性、人的卓越能力，以及人在改造世界方面的作用。人的自我创造，人的自由意志等一系列强调以人为中心的思想也纷纷被提了出来。神的作用、神的权威在人文主义思想中隐退到一个次要的位置。讴歌人的价值、人的尊严和人的力量成为文艺复兴时期人文主义者的共同目标。

人的地位一旦提高了，中世纪所宣扬的人生是苦难、是罪恶的思想，禁欲和强调来世的思想，都开始受到抨击，人文主义者用强调人间幸福，追求幸福是人的天性作为对中世纪禁欲思想的回应，以一种全新的人生观武装人的头脑。

人文主义对人和人性的强调，自然而然地提出了对人的美德和知识培养的问题。由于人文主义者呼吁实现人的全面发展和培养完整的人，同时认为教育和对人文知识的学习是培养人的美德和增加人的知识的最佳途径，因此，人文主义在教育层面上与"人文学"联系了起来。文艺复兴之后，人文学便成为西方社会教育体系中的最主要内容，直到今天人文学科仍然是西方高等教育的重要组成部分。

（二）个人主义

个人主义（Individualism）是文艺复兴时期产生的一个概念，是人文主义的一个重要组成部分和基本内容。由于文艺复兴时期人文主义者所说的人不仅是指人的全体，而更多的是指人的个体，因此，对个体的重视自然成为人文主义关心的一个焦点和核心。个人主义观念的提出实际上是"人本位"思想的另一种表述。这里，特别需要指出的是，人文主义者在文艺复兴时期提出个人主义的观念首先是出于推翻中世纪确立的"神本位"思想的实际需要，他们希望通过"人本位"思想的提出与"神本位"思想对抗，以唤起人们对人的价值和尊严的认识。

个人主义的产生是当时社会生产关系发生变化的产物。市场上的竞争教会了新兴资产阶级和富有的市民阶层如何去表现他们的个性，展示他们的个人才干，实现他们的远大抱负并享受财富带来的美好生活。个人的自由、个人的意志、个人的喜好成为他们思考问题和进行选择的主要出发点。

个人主义作为一种政治和社会哲学，强调的并不是一般意义上的自私自利，而是高度重视个人自由和个人意志，广泛强调自我支配和不受外来约束的个人。这样，个人主义实际上创立了一个能够和资本主义经济制度相适应的道德观念。对于在意大利文艺复兴运动中形成的个人主义伦理观而言，最重要的是：社会应该让个人有最大限度的自由和责任去选择他的目标和达到这个目标的手段，并付诸行动。对于当时在市场竞争中出现的新兴资产阶级（包括市民阶层中的精英分子）而言，这样的道德观念实在是太重要了，有了这一点，他们就可以摆脱贵族和教会的束缚，大胆表现他们的个性，展示他们的才干和实现他们的抱负。此外，个人主义的出现并成为一种美德使得对幸福的追求、对荣誉的追求、对权威的反对、对现世生活的向往有了理论基础，对人和人性的颂扬成为可能。

文艺复兴的发展表明，对个人主义思想的强调和弘扬增强了人的内在信心和进取精神。

个人主义还为人人平等的思想进一步的提出奠定了基础。中世纪的社会是建立在封建等级制度基础上的，封建的贵族出身高贵论事实上否认了人的平等。人文主义以个人主义思想为武器宣扬人天生平等。薄伽丘这样宣称："我们人类的骨肉都是用同样的物质造成的，我们的灵魂都是天主赐给的，具备着同样的机能、同样的效用、同样的德行。我们人类向来是天生一律平等的……"

尽管文艺复兴运动中出现的个人主义强调个体，但绝不意味着要置个人应尽的社会义务和全体人民的利益于不顾。相反，它要求个人为社会服务，为社会作贡献，过一种积极、诚实的社会生活。正因为如此，文艺复兴运动中的人文主义者几乎都是个人主义观念的支持者和提倡者。

文艺复兴以后，以为个人提供一个能充分展示其才干和实现其抱负的环境，确保个性的发展和个人的权利为核心的个人主义逐渐发展成西方文明价值体系中的重要内容，成为我们今天理解西方文明的一把钥匙。亨廷顿在论说西方文明要素时把个人主义视为四大要素之一，认为它在本质上决定了西方社会的特征，是西方社会视为"最重要的价值"。

（三）世俗主义

人文主义的另一个显著特点是与现实生活的紧密结合，提出了比较系统的世俗主义（Secularism）主张，通过对现世生活，而不是死后生活的强调，赋予人世间的生活以一种积极的意义。

众所周知，中世纪基督教教会一直宣扬，人生在世无法获得幸福，人只有抑制自己的情欲和欢乐，忏悔罪过，走完痛苦的人生历程，进入天国，才能获得永恒的幸福，把对人在天国获得拯救视为人存在的唯一追求。而世俗主义反对把人生看成是痛苦的历程，认为人应该首先享受现世生活，然后再考虑身后之事，并把追求人间的幸福视为人之天性。

在世俗主义思想的影响下，中世纪流行的禁欲主义遭到抨击和遗弃。如出于对禁欲主义的反动，薄伽丘干脆把男女之间的情欲作为爱情来歌颂。意大利佛罗伦萨银行家梅迪奇甚至把享乐主义作为现世生活的表现。他在一首诗中写道：

多么美妙的青春啊！
然而只是一瞬间。
让我们唱吧！笑吧！
祝要求幸福的人幸福，
不要期待明天！

号召人们享受现世的生活。强调现世生活的充裕、美好是世俗主义的追求。鉴于世俗主义把幸福看成是人的最高目标，而要实现幸福的目标，必须发挥人的主观能动性，所谓主观能动性，就是给自己、给社会带来利益，不能对世界持消极的态度。这样，世俗主义促进了积极的处世哲学的产生。

世俗主义的出现还使得人们重新评估财富的价值。当时的人们从实际生活中认识到：只有拥有丰厚的物质财富才能带给人以优越的生活和社会尊严。为了能够过上幸福的生活，人们不再把发财与信仰割裂开来。祈祷自己快快发财，成为文艺复兴时期许多人的共同愿望。意大利商人达蒂尼在自己的账本中这样写道："为了上帝，为了利润。"人文主义者布拉乔利尼甚至提出："金钱是国家的力量所在，赚钱应视为国家的基础和根本。"

世俗主义在意大利文艺复兴运动中的地位尤为突出，可以说是该运动的中心思想之一。意大利人文主义者，无论是文学家，还是艺术家，都是快乐生活和人间美的歌颂者和追求者。

受世俗主义的影响，文艺复兴时期的文化与中世纪文化相比具有更多的世俗取向。

文艺复兴在意大利的兴起

文艺复兴最初在欧洲最南端的意大利发轫有着深刻而独特的历史背景。首先，意大利是中世纪繁盛时期欧洲城市生活和商业活动复苏最早的地区，大行其道的商品经济和日渐繁荣的海上贸易使得资本主义生产关系得以确立。这在意大利北部的独立城市、共和国国家，如佛罗伦萨、米兰、威尼斯表现得尤为突出。以资本为主要财产的实业家、商人和银行家成为支配城市政治和社会生活的主要力量。商业化的城市还通过在原材料、流通领域，以及价格上的垄断剥削和统治农村，使封建势力受到很大的冲击。事实上，意大利在中世纪形成的封建主义由于城市的发展而基本被摧毁。意大利成为资本主义的最早诞生地。在经济上成功的实业家、商人和银行家（可以说这些人已经属于新兴资产阶级）对社会和文化生活提出了自己的、不同于过去的新要求，用手中的钱丰富和美化自己的生活成为他们的迫切追求。城市生活还造就了新兴市民阶层，他们思想活跃，自由化倾向严重，希望能够摆脱旧思想的束缚。资本主义生产关系还改变了人的生活方式，使人的价值观产生变化：人由消极被动变成积极主动，财富、自由、民主、幸福成为社会的追求和人文主义歌颂的内容。最为重要的是资本主义在经济上的成功为文艺复兴的到来奠定了坚实的物质基础。如佛罗伦萨银行家梅迪奇（Cosimode Medici，1389—1464 年）利用积攒起来的巨额财富创建专门从事古希腊研究的柏拉图学园，赞助和奖励艺术创作，收留从拜占庭逃到意大利的希腊学者，使佛罗伦萨成为意大利文艺复兴时期的文化艺术中心，有力地促进了文艺复兴运动的开展。

意大利的特殊地理位置和地理条件也是造成文艺复兴首先在意大利兴起的一个重要因素。意大利作为古罗马文明的发源地和统治中心，与欧洲任何其他地区相比，意大利与古典文化的联系要密切得多。古罗马文明的遗迹在意大利半岛，随处可见。幸存下来的大型纪念性建筑时时提醒人们古罗马曾经的辉煌。生活在那里的人们与古典文化有着割舍不断的联系。古典文化，特别是古罗马文化的影响。14 世纪由于毗邻的拜占庭的衰亡，大批拜占庭优秀学者来到意大利，他们带来了不少古代文化的成果，进一步增进了意大利人对古典文明的了解和偏爱。但丁把古罗马诗人维吉尔看做是古典文明的化身，彼得拉克认为古罗马是孕育意大利人的母亲也就十分自然了。这一切造成了欧洲古典学派首先在意大利出现的事实。

文艺复兴运动在意大利的出现主要体现在思想、文学和艺术领域的一些令人振奋的趋势上。而这些趋势代表着一种完全不同于中世纪的文化思潮，预示着欧洲社会未来的发展方向，使欧洲走上了一条最终摆脱宗教神权思想控制的道路。

文艺复兴运动在意大利一般被认为经历过三个阶段：早期（约 1350 —1494 年），盛期（约 1495 —1520 年）和后期（1520 —1600 年）。

（一）人文主义思想家的涌现

人文主义作为文艺复兴的指导思想是意大利文艺复兴出现的主要标志。如前所述，人文主义的出现和传播极大地推动了文艺复兴运动的发展。人文主义对人生目的的重新解释，对人的尊严的颂扬，成为意大利文艺复兴的宝贵遗产。而人文主义思想的出现与意大利在文艺复兴时期涌现出一大批杰出的人文主义思想家是分不开的。他们通过著书立说为人文主义思想的最初提出和发展作出了重要贡献。其中在思想方面的佼佼者有：

布鲁尼（Leonardo Bruni，1370 —1444 年）是一位重新确立以人的活动为历史主体的人文主义史学家。早年作为政治活动家，他将人文主义的思想与学术研究和积极保卫共和制度结合起来。在《佛罗伦萨城市颂》一书中，他高度赞扬佛罗伦萨的共和制度和文化成就。他把佛罗伦萨的繁荣归功于商人、政治家、文化艺术家，而不是教会和神学家。他所著的《佛罗伦萨人民史》从古罗马一直写到当世，以人文主义和共和主义的观点论述历史事件，把佛罗伦萨的历史写成该市人民继承和发扬古罗马传统，在政治、经济、文化等领域不断取得成就的历史，打破了中世纪史学家把历史看作是以神意为主要内容的传统，开创了近代史学之风。

布鲁尼雕塑

阿尔伯蒂（LeonB. Alberti，1404—1472 年）认为人是自然界的一部，具有学习和积极行动的

天赋，能够与命运抗争并战胜命运。他主张人应该为了声望和荣誉而追求财富，认为商业与信贷活动是正当的，从中获取利润是合理和重要的。他的著作如《论家族》等典型地反映了人文主义者的人生观和世界观。作为一名艺术理论家，他提出的一系列涉及绘画、建筑方面的理论对艺术的发展起到了积极影响。

瓦拉（Lorenzo Valla，1407—1457 年）是文艺复兴时期一位影响深远的思想家和人文主义语言学家。他以自己丰富厚实的语言功底发现历史上流传的“君士坦丁赠礼”实际上是一份伪造的文件。他的这一发现动摇了罗马教皇对西欧实行统治的法律根据，对教会的权威和合法性无疑是一个最为重大的打击。他还以自己的语言和历史知识对希腊文本《圣经新约》进行评注，对传统文本的内容进行了“拨乱反正”，为欧洲人文主义者日后进一步研究圣经及教会文献开辟了道路。[注：“君士坦丁赠礼”的来源——君士坦丁大帝是使基督教成为罗马帝国的正式宗教的皇帝。君士坦丁堡市（现在的伊斯坦布尔）曾经有 1000 年的时间是东罗马帝国的首都。这座城市就是以君士坦丁大帝的名字命名的。他于公元 337 年去世。但在 9 世纪时，有关“君士坦丁赠礼”的书却突然在基督教教义中出现，书中记载了君士坦丁将整个西罗马帝国，包括罗马，赠与当时的教皇西尔维斯特一世的遗嘱。根据这个记载，赠送这点小礼物的原因，部分是为了感谢西尔维斯特治愈了君士坦丁城的麻风病。到 11 世纪时，教皇们不断援引“君士坦丁赠礼”来证明他们不仅是基督教会的传教士，而且是意大利中部政权的统治者。在整个中世纪，无论是反对还是赞同基督教会世俗权力的说法的人都认为赠礼之事真实无疑。]

皮科（Giovanni Pico Della Mirandola，1463—1494 年）是文艺复兴时期的哲学家，以渊博的学识和独特的思想独树一帜。他在《900 论题》中指出，真理是在人的不断思考中发展的，过去的思想家尽管有错误，但都对真理作出了贡献。他的著名论作《关于人的尊严的讲演》是意大利文艺复兴时期对人的尊严和人具有的无止境创造力思想的最完美和最有力的论述。他还认为人具有脱离宇宙等级，完全按自己的意志和选择决定自己命运的能力。他的思想是人文主义关于人的论述的进一步发展，在欧洲思想文化界产生了深远的影响。

马基雅维利（Niceolo Machiavelli，1469—1527 年）是文艺复兴时期的政治理论家，近代政治科学的先驱人物。他的《君主论》对政治和权力的实质做了客观实际的描述。他是第一位把政治与宗教和道德问题分开的思想家。他提出政治是一门专门的学问与艺术，只能源于政治斗争和政治生活的历史与现实，而不应与宗教、道德混为一谈。君主（统治者）是因政治目的而存在的，其统治手段只能是为夺取或保持权力服务，为了达到这一目的可以“不择手段”。在他的政治学中，

马基雅维利像

“目的总是证明手段正确”。尽管后人对马基雅维利的思想有不同的评述，但他在当时提出这一思想时是从人文主义的观点和立场出发，用人的，而不是神的眼光审视和描述政治权力的，应该说是一种历史的进步。马基雅维利以自己的思想为近代政治学奠定了基础。

文学领域是最早拉开意大利文艺复兴运动帷幕的地方。正因为如此，属于中世纪的但丁被视为人文主义文学的先驱，彼特拉克和薄伽丘更被认为是早期人文主义文学的杰出代表。文艺复兴运动起自文学领域有其内在的原因。由于古典文学深深根植世俗人文思想之中，复兴古典文学的结果不仅造成对古典文学的研究和挖掘，而且导致一种世俗精神的出现，反过来，世俗精神的出现使得人们开始用一种全新的角度去看待古典文学以及对它的复兴。从这一意义出发，我们完全可以说，文艺复兴时期人们对古典文学的热情在很大程度上是由世俗精神的出现煽动起来的。正是在这一意义上，文学家彼特拉克被理所当然地视为文艺复兴时期人文主义思想家的“第一人”。他和其他文学家用文学的方式表达人文主义思想，推动了文艺复兴运动的开展。对于当时的意大利文艺复兴人士而言，文学是人文主义的表达形式，人文主义是文学的具体特征。

（二）艺术的复兴

虽然意大利文艺复兴运动在思想和文学方面取得了伟大的成就，但其最直观、最形象、最持久的成就无疑是在艺术领域（包括建筑、雕塑、绘画）。文艺复兴在这一领域表现出与中世纪最彻底的决裂，人文主义思想在这里得到了有力的弘扬。

1. 建筑

首先表现出与中世纪决裂的是建筑艺术。在古典主义影响下，古代罗马建筑艺术风格开始重新受到人们的喜爱，哥特式的建筑风格由于与中世纪神学观念联系在一起而遭受冷落和抛弃。古罗马建筑中的柱廊与圆顶技术再次受到重视和应用，并取代哥特式的尖顶和扶墙。罗马建筑以线条优美和简朴而著称，并与坚固性完美地结合在一起。意大利文艺复兴的建筑几乎无一不由线条构成，半圆形的拱门，高耸的穹隆顶，厚实的墙壁。如果比较一下 13 世纪为法国国王建造的圣礼拜堂和 15 世纪为佛罗伦萨银行家建造的帕齐礼拜堂，人们可以看到两座都是用于家庭祈祷目的的建筑几乎没有任何相似之处。

哥特式建筑风格向文艺复兴式建筑风格的过渡在这里得到了见证。代表文艺复兴时期的建筑艺术在大教堂建造中被体现出来，以耳堂和中殿组成平面十字形状，强调和谐与对称。佛罗伦萨大教堂是这一风格的杰出代表，其穹隆顶是对罗马万神殿的绝妙继承。稍后，改建的罗马圣彼得大教堂也采用了这一风格。圣彼得大教堂实际上是由一批杰出的文艺复兴建筑艺术大师，如布拉曼特、拉斐尔、米开朗基罗、贝尼尼等共同设计建造完成的，成为文艺复兴建筑风格的又一代表。法国的卢浮宫则是文艺复兴建筑风格在西欧的重要体现。此外文艺复兴建筑风格在民居方面也有所体现。

布鲁内莱斯基（Filippo Brunelleschi，约 1377—1447 年）是这一时期开创文

罗马圣彼得大教堂

艺复兴建筑风格的最伟大的建筑师，佛罗伦萨大教堂的穹隆顶就是由他设计完成的。他曾多次去罗马访问，为的是从古罗马建筑中汲取营养和灵感。他所设计建造的帕齐礼拜堂是他建筑理念的完美体现，在平面和立面设计上采用数学模数和几何公式，但在空间处理上更为精致。他开创的清晰、宁静、优雅、和谐的建筑风格在该建筑上得到充分展现，成为代表文艺复兴初期建筑风格的经典之作。布鲁内莱斯基设计的儿童医院把古希腊的柱廊与古罗马的拱券完美地结合在一起，使之成为文艺复兴建筑艺术上一种最具特色的风格。

人文主义思想家阿尔伯蒂同时也是这一时期享有盛名的建筑大师。布鲁内莱斯基的建筑理念在他那里得到了实践。他建造了鲁切来宫。曼图尼的圣安德雷斯教堂则是他设计建造的最优秀作品。

2. 雕塑

雕塑在中世纪基本上沦为建筑附属品，作为对建筑艺术的一种补充。进入文艺复兴时期后，雕塑重新成为一门独立的艺术。在人文主义思想的影响下，雕塑更多的是为世俗生活服务，表现人体美成为文艺复兴雕塑艺术的一个重要追求。

意大利文艺复兴时期涌现出的第一位雕塑大师是多那太罗（Donatello，原名Donatodi NiccoloBardi，约1386—1466年）。他曾陪同布鲁内莱斯基去罗马造访，对古典艺术十分钟情。在雕塑艺术上他是一位开创性人物，是把一种富有活力的个人主义印记引入雕塑的艺术家，为雕塑艺术的发展指明了方向。在他的雕塑中，人们可以看到宗教和世俗精神的统一，严格地说，主要是用宗教上的人物表达世俗理想。在他雕刻的青铜雕塑《大卫》中，人们可以看出那是一尊极具个性特征的作品。雕塑表现出的现实主义是前所未有的。大卫是出自宗教的人物，作品讲述的是犹太民族的英雄大卫战胜敌人歌利亚的故事，但多那太罗却把他用裸体表现出来。在该雕塑中，身材纤细的大卫给人的印象与其说是英雄气概，倒不如说是美和愉悦，表明了雕塑家的审美趣味，而这正是文艺复兴艺术的发展方向。多那太罗完成的《加塔梅拉塔像》是自古罗马以来西方雕塑方面的第一尊不朽的骑马者塑像，成为文艺复兴时期最富有朝气的一件艺术品。

意大利文艺复兴时期最伟大的雕塑家是米开朗基罗（Buonarroti Michelangelo，1475—1564年）。

米开朗基罗自幼热爱艺术。他的雕塑创作体现了理想主义精神和在艺术上对美的孜孜不倦的追求。米开朗基罗雕塑作品的典范是《大卫》和《摩西》。雕塑的题材均来自《圣经》。《大卫》是他的早期作品，一尊高5.5、具有希腊风格的裸体大理石雕像，刻画的是古代以色列王大卫在使用“投石器”杀死巨人歌利亚前一刹那的形象。尽管作品表现的人物与多那太罗的《大卫》一样，但与多那太罗不同的是，米开朗基罗意在表现大卫的英勇和意志。了解该作品创作背景的人可以很容易察觉作品具有的积极象征意义。米开朗基罗是借用《圣经》故事中的人物，以完美的青年男性人体表达了当时佛罗伦萨公民保卫共和政体，保卫自由，反抗贵族专权和外来侵略的意志和决心。难怪雕塑一经完成就被佛罗伦萨人民视为市民英雄的象征。

米开朗基罗像

《摩西》是米开朗基罗的晚年雕塑作品，被认为是“近代雕塑的最高成就”。摩西是古代犹太人的领袖，向犹太人传授的上帝律法。在欧洲，摩西一直被视为是刚正不阿的法权象征。作品表现的是坐在椅子上的摩西得知民众中有人践踏《十诫》、崇拜异教偶像一事时的愤怒神态。只见他头部左转，怒视远方，右手捋须，左脚右移做出即将起立的准备，表现了一位刚正不阿、大义凛然的完美圣人形象。雕塑细节真实（如青筋突起的双手），充满了生气和力量。米开朗基罗为了使静止的雕像给观赏者一种动感，从不同的距离和角度观看都能理解作品的主题，在雕刻过程中十分重视人体动势的变化转折，并有意引导观赏者对雕塑作 180 度半圆巡视，从人物的动作变化逐渐发现形象本身饱含着的极为丰富的内在情感。可以说，米开朗基罗那无与伦比的艺术手法和表现力在《摩西》上得到了最完美的体现，完全可以

米开朗基罗的雕塑作品——《摩西》

与古希腊雕塑《拉奥孔》媲美。

3. 绘画

在各种艺术中，绘画是意大利文艺复兴艺术成就最为辉煌的领域。意大利的重要城市共和国佛罗伦萨、罗马和威尼斯都有自成一体的画派。不过，最负盛名的是佛罗伦萨画派。佛罗伦萨由于是当时意大利的政治和文化中心，云集了意大利最著名的艺术家，成为文艺复兴时期意大利绘画艺术的中。在人文主义影响下，佛罗伦萨画派的艺术家开创了近代欧洲的绘画艺术先河。

早在 1300 年，欧洲绘画由于乔托的出现已经发生了实质性的变化，中世纪宗教绘画艺术的传统已开始遭到摒弃。尽管绘画的题材仍然是宗教的，但已经注入了人的情感，艺术家用从现实生活中所汲取的生动的人物形象来取代中世纪宗教绘画中概念的化形象，表现艺术家对现实生活的认识、理解和评价。可以说，在乔托的绘画中，“中世纪艺术从精神到方法都已被抛弃了。”

15 世纪初期人们对透视法的了解和掌握，对色彩、光影效果的探索，使绘画具有了三维空间感。而油画画种的引入使得画家对画面进行精雕细琢和修改成为可能。意大利文艺复兴绘画在这一基础上开始。

文艺复兴时期在佛罗伦萨出现的第一位著名画家是马萨乔（Masaccio，原名 Tom-maso Guidi，1401—1428 年）。尽管这位 27 岁便英年早逝的画家留下的作品不多，但其影响达百年之久。马萨乔是第一位通过绘画表达文艺复兴人文主义思想的艺术家。他在绘画中运用了“效法自然”的方法。在他的《三位一体》中，耶稣的形象如同雕塑一般突出于带有建筑的壮观的背景之上。人物与衣着的和谐表明画家使用了人体模特。在《逐出伊甸园》中，他成功地画出了亚当和夏娃被逐出伊甸园时所具有的羞辱和负罪感，赋予画中人物以丰富的情感。

继承马萨乔的是波提切利（Sandro Botticelli，1444—1510 年）。波提切利青年时代曾与达·芬奇一道学习过艺术。波提切利柔美秀逸的风格使他成为佛罗伦萨画派早期的代表人物。《春》是波提切利的代表作之一，画中一系列优美的女性形象仿佛为文艺复兴运动送来了一阵春风。波提切利的另一重要代表作《维纳斯的诞生》是一部取材古典神话而非宗教故事的作品，描绘了美神维纳斯诞生时的情景。这在当时不能不说是一种突破。它的直接来源是意大利诗歌《吉奥斯特纳》中关于维纳斯诞生的一段描写。诗中这样描写道：维纳斯从爱琴海中生出，风神把她送到岸边，时辰女神在天地万众的欢呼声中迎接了她，为她披上天空明星装饰的锦衣，鲜花盛开在她走过的路边。然而，波提切利作品中画的是一个完全裸露的维纳斯（是欧洲艺术史上第一幅真正意义上的女裸体画），一个一出生就是尽善尽美的女神。位于画面中央的是维纳斯，只见她亭亭玉立在贝壳之上，美丽动人，左边是她前行吹送的风神，右边是迎候她的时辰女神。这一作品反映了意大利人文主义的审美情趣。

意大利文艺复兴时期涌现出的最伟大的艺术家非达·芬奇（Leonardo daVinci，1452—1519 年）莫属。达·芬奇生于佛罗伦萨附近的一个小镇，自幼表现出其艺术天赋，并受到了良好的训练。不过，达·芬奇，这位文艺复兴时期的“巨人”，不仅是伟大的画家，同时也是伟大的科学家、发明家、雕塑家、建筑师、工程师。他的多方面杰出才能使其成为文艺复兴时代名副其实的文化巨人。

达·芬奇基于人文主义思想，认为在自然的创造物中，人是最完美的。因而，他十分注意研究人。对人的研究包括人体的整体美和外形美，人体的比例和解剖，从人的姿势、动作、手势和面部表情到内心活动。达·芬奇对人和人性的研究和理解在《最后的晚餐》中得到充分的表现。该画是为米兰圣玛利亚教堂画的一幅壁画，取材于《圣经》中犹大出卖耶稣的记载：在耶稣与其 12 个门徒共进的最后一次晚餐上，耶稣突然对他的门徒说：“我实实在在地告诉你们，你们中间有一个人要出卖我。”达·芬奇以这句话为契机，形象生动地表现了 12 个门徒在听到这话时

在达·芬奇的绘画作品——《蒙娜丽莎》

的表情和反应。该画被认为是对人类心理反应的研究之作。达·芬奇卓越的构图艺术也得到最完美的展示。

在达·芬奇的所有绘画作品中，最为人们称道是他创作的《蒙娜丽莎》。那是一幅以真人模特为对象而创作出的肖像画，艺术家用了三年的时间才最终完成。在这幅作品中，他把刻画人物的性格和表现人物的内心世界放在突出位置，成功地向人们展示出一位少妇神秘的内心世界，令人产生的无穷遐想应运而生。一种空间流畅而轻快的风格在这里开创。达·芬奇的高尚人格和人文主义思想在该画中也得到了充分的表达。

达·芬奇在绘画理论上确立了艺术和现实的关系。他指出自然是艺术的源泉，绘画是自然的模仿者，艺术家要以自然为师。他的这一思想为文艺复兴时期造型艺术的现实主义奠定了基础。达·芬奇的出现标志着意大利文艺复兴繁荣时期的到来。

作为雕塑大师的米开朗基罗同样也是一位绘画大师。他的绘画代表作是绘在梵蒂冈西斯廷教堂拱顶上的组画《创世记》。《创世记》组画气势磅礴，由 40 余幅画作组成，全长 40 米，宽 14 米。其中《亚当的创造》表现的是“人的觉醒”和对获得力量的渴望，成为组画中最引人注目的一幅。在这幅画中，第一个人被创造出来了，健美的身体虽似饱含青春的生命，但却无法站立起来，等待造物主给他以力量。上帝在天使的簇拥下飞驶而来，他那饱含力量的手正伸向亚当，手指即将相接的瞬间仿佛力量的电花就要迸发，人将因此获得解放，成为一个真正意义上的人。人文主义思想在这里得到最好的体现和表达。

米开朗基罗的绘画作品——《亚当的创造》

画家拉斐尔（RaphaelSanzio，1483—1520年）是与达·芬奇和米开朗基罗一道被称为文艺复兴艺术“三杰”中的一位。他的大型壁画《雅典学派》是一幅反映文艺复兴人文主义者仰慕古典文化大师的鸿篇巨制。画家利用丰富的想象力，把不同历史时期的文人学者、哲学家、科学家、政治家放在同一幅画中，从苏格拉底、柏拉图、亚里士多德到亚历山大、普洛丁诺斯、托勒密，甚至拉斐尔的同代人以及他本人。拉斐尔以高超的艺术手法把众多的人物和谐地组合在一起，使人物与背景成为一体，画面的透视运用造成空间感和分明的多层次感，使观赏者有身临其境之感。

他的名作《西斯廷圣母》代表画家的人文精神、艺术构思、文化修养和完美的技巧。怀抱圣婴的圣母体态优美，着装简朴，俨然让人感到是一位人间的慈母。作品具有极高的感染力和持久的美感。拉斐尔的风格代表了文艺复兴时期人们的最高审美意趣。

威尼斯画派是意大利绘画艺术领域的又一重要派别，被人们视为艺术上最有特色的画派，以色彩均匀和光线效果佳为人们所称颂。威尼斯画派的艺术反映了人文主义思想对艺术家的影响。画家倾向于表现人的欢乐、激情和对美的追求。提香（Titian，1477—1576年）是该画派的最杰出代表。他的画表现出人文主义思想对他的影响，个人主义、自由主义和享乐主义在他的作品中均有反映。人们可以从他的《乌尔宾诺的维纳斯》中看出画家对生活和欢乐的热爱。而他对人体的偏爱使得他画出的女性裸体画成为人们最为欣赏的主题。如果说人文主义在佛罗伦萨和罗马画派中体现在争取人的尊严和解放上，在威尼斯画派中则体现在追求现世的幸福和欢乐上。

提香的绘画作品——《乌尔宾诺的维纳斯》

意大利在绘画上的成就影响深远，近现代艺术家无一不受到其熏陶和影响。这一时期众多的艺术家及其作品组成当今西方艺术博物馆最重要的收藏，文艺对社会的影响和巨大作用在日后传播至欧洲其他地区的文艺复兴运动中得到了最充分的展示。

不过，意大利的文艺复兴运动没有能够在16世纪后持续下去，欧洲强国法国和西班牙对它的侵略是造成它夭折的政治原因，欧洲经济中心由地中海转移至大西洋是它夭折的经济原因，而罗马教廷设立的宗教裁判所势力的猖獗则是它夭折的社会原因。尽管如此，在意大利兴起的文艺复兴运动的思想在这时已经传播到欧洲其他地区，由意大利人点燃的文艺复兴运动之火在欧洲大陆形成了不可阻挡的燎原之势。

文艺复兴在法国的传播

法国是继意大利之后又一个文艺复兴得到开展的地区。早在 14 世纪末，意大利文艺复兴时期的诗人彼特拉克的作品和思想就已经传到法国并产生影响，但是，由于法国当时的社会条件还不成熟，文艺复兴运动直到 16 世纪才在法国真正开展。法国在弗朗索瓦一世（1515—1547 年）发动的对意大利的多次战争中获得大批意大利文艺复兴时期的艺术品和书籍，这使法国人大开眼界，对文艺复兴运动有了感性了解，促进了人文主义思想的传播。1530 年，在弗朗索瓦一世的倡导下，法兰西学院建立。这标志着法国文艺复兴运动的开始。一批文人学者汇集在一起，开展对古典语言和希腊—罗马古典文化的研究。在法兰西学院建立过程中发挥重要作用的毕代（Guillaume Bude，1467—1540 年）等是最早出现的人文主义者。

傅丹（Jean Bodin，1530—1596 年）是法国文艺复兴运动出现的人文主义著名法学家。他关于国家主权、专制君主的理论不仅指出了国家主权的原则，而且指出了统治者权限的内容。傅丹的法学思想基本上摆脱了中世纪神学的影响，用古希腊以来的法学理论解释国家主权观念，反映了新兴资产阶级对政治权力的观念和要求。作为系统论述国家主权理论的第一人，他的思想成为西方政治学的基础。

下面要主要介绍一下法国文艺复兴运动在文学领域的成果。

拉伯雷（Francois Rabelais，约 1494—1553 年）是法国文艺复兴时期最重要的文学家和人文主义者。他在青年时代进入修道院当修士，在这期间受人文主义思想吸引，潜心研读古希腊—罗马作品，成为一名人文主义者。他的长篇小说《巨人传》是其人文主义思想的集中表现。《巨人传》篇幅浩大（共 5 部），用了 20 年时间才全部写成出版。小说继承《列那狐故事》的传统风格，以 16 世纪法国社会生活为背景，描写了两个巨人——国王卡冈都亚和他的儿子的神奇事迹，是一部政治性很强的讽刺作品。在《巨人传》中，作者在批判封建主义和讽刺教会的同时，以饱满的热情歌颂了新兴资产阶级的进取精神和势不可当的力量，抒发了人文主义的理想。拉伯雷创造出了一个由中世纪经院教育培养出的“巨人”形象，希望以此启发人们摆脱中世纪经院教育的束缚，从窒息的中世纪精神枷锁中解放出来，成为新时代“全知全能的人”。他也因此成为资产阶级的代言人。《巨人传》出版后受到大众的欢迎，被视为欧洲文艺复兴时期的一部杰作，法国长篇小说的发端。但是由于作品具有的人文主义思想，几乎每一部出版后都被教会视为禁书。拉伯雷的现实主义讽刺艺术对后来欧洲的文学家有着不同程度的积极影响。

拉伯雷像

16世纪法国人文主义文学的另一个重要领域是诗歌。著名的七星诗社（由七位贵族出身的著名诗人组成的团体）在诗歌语言改革和诗歌理论上均有重要建树。他们通过发表《保卫和发扬法兰西语言》宣言书，积极倡导使用法兰西民族语言，对法语的统一和民族诗歌的形成作出了贡献。

蒙田（Michel Montaigne，1533—1592年）是法国文艺复兴后期的重要思想家和散文家。他的《随笔集》是其人文主义思想的代表作。蒙田认为人天性就热爱生活，追求幸福和快乐是爱生活的具体表现，值得赞扬。他所提出的“只有怀疑才能判断和论定”是对当时社会流行的盲目信仰的有力抨击，可以说是笛卡儿“怀疑一切”思想的先声。他的人性论、对理性的崇尚，以及经验的思想都是人文主义的反映。

文艺复兴在德国的传播

文艺复兴时期的德国是一个封建统治下的农业国家，人口的80%生活在农村。政治上分裂，统一王权尚未形成，皇帝与封建领主以及城市贵族相互牵制。罗马教廷的影响巨大，宗教和政治常常牵连在一起。罗马教廷、神圣罗马帝国、封建诸侯对人民实行多重压迫。与意大利不同的是，资本主义因素仅在个别城市出现，尚未出现作为一股社会力量的新兴资产阶级。德国的文艺复兴运动就是在这一背景下展开的。受意大利文艺复兴思想的影响，德国的文艺复兴运动自15世纪末逐步开展。德国的文艺复兴运动首先是在研究古代语言学领域展开，人文主义者关心的主要是流传到他们手中的基督教教义是否有诈，教义经典忠实原文，对语言和译文的研究成为重点。正因如此，德国重要的人文主义者都同时是语言学家，这与意大利著名人文主义者基本是文学家适成对照。此外，德国文艺复兴的人文主义思想主要是在德国各大学的学者中间传布，希望摆脱中世纪蒙昧主义和经院哲学的束缚是他们的共同要求。

德国人文主义者的先驱是伊拉斯摩斯（Desiderius Erasmus，1466—1536年）。此人原籍尼荷兰（荷兰），在欧洲许多国家访问和生活过，晚年居住生活在巴塞尔，传统上被认为属于德国人文主义者范畴。他学识渊博，具有鲜明的反封建和反教会的倾向。他的思想对英国的思想教育产生过深远影响。伊拉斯摩斯所作的《愚人颂》是一部著名的反宗教蒙昧主义的讽刺作品。作者从人文主义立场出发，通过“愚人”的自白，揭露教会和僧侣的虚伪愚昧，讽刺迷信，肯定现世生活。他指出若铲除愚昧和轻信，宗教便无法存在下去。伊拉斯摩斯的另一项重要成就是他编撰的《圣经·新约》希腊版本。这是他经过10年的认真研究，在对照各种流传版本后确定的，纠正了流传本中不计其数的错误，为人们正确理解《圣经》，为后人正确研究《圣经》提供了一个权威。这对中世纪教会和教士随意解释《圣经》和基督预言的做法不吝是当头一棒，是有史以来《圣经》研究中里程碑式的贡献。

罗伊希林（Johann Reuchlin，1455—1522年）是德国另一位人文主义者。他对古代语言有很深的造诣，特别偏爱希伯来文。他通过比较希伯来文的《圣经》，发现欧洲流传的其他文本的《圣经》有不少错误，因此希望展开对希伯来文和犹太人的经典《塔木德》进行研究。可是，当时德国反犹主义倾向严重，教会和社会对犹太人的典籍有很大的偏见，科隆还发生了反对和抵制犹太人书籍的事。科隆大学的经院派神学家和德意志宗教法庭庭长主张完全销毁德国境内的犹太人的书籍，而罗伊希林坚决反对，认为那是对知识的践踏，是一种愚昧做法。可罗伊希林却受到指责，被视为基督教的叛逆和不信神的人，并最终被教皇迫害致死。

不过，罗伊希林的观点得到德国人文主义者，包括伊拉斯摩斯的支持。为了反击这一愚昧做法，罗伊希林把自己的支持者所写来的信加以编辑出版了《蒙昧者书简》。书的内容主要是对罗伊希林反对者的讽刺，嘲讽那些人的无知和愚昧，不少书简文笔犀利、讽刺性强，代表了德国人文主义者反教会和反愚昧的思想。

冯·胡登（Ulrichvon Hutten，1488—1523年）是德国具有人文主义思想的政治家。年轻时在欧洲游历的过程中便受到人文主义思想影响，后成为伊拉斯摩斯的学生。他思想激进，在反对罗马教廷的宗教改革运动中主张把路德的反教廷言论变为行动。冯·胡登是第二部《蒙昧者书简》的主要撰稿人。这是一本声援罗伊希林的书。书中的不少信是作者故意用糟糕的拉丁文写成的，伪称是科隆大学反对罗伊希林的经院哲学家所撰，以反讽的手法揭露那些以荒谬宗教教条和炫耀无用学识的人。冯·胡登的激进人文主义思想由此得到传播，他那尖刻而辛辣的语言使该书成为欧洲文学史上最辛辣的讽刺作品之一。

德国的文艺复兴运动在造型艺术方面也取得了成果。丢勒（Albrecht Durer，1471—1528年）是德国文艺复兴时期涌现的最著名艺术家。他在青年时代就曾访问过意大利，意大利的艺术给他以很大的影响。丢勒是一位有创见的版画大师，他把文艺复兴时期的科学成果透视法和人体解剖知识用于版画设计，在吸收意大利艺术风格的同时又保持德国的传统。在思想上，他更多地受到伊拉斯摩斯的基督教人文主义思想的影响。他的著名组合版画《启示录》充分显示了他的创作技巧、想象力以及基督教人文主义思想。

勃鲁盖尔像

荷尔拜因（Hans Holbein，1497—1543年）是德国另一位有影响的人文主义艺术家。荷尔拜因擅长肖像画，因其卓越的绘画风格被英王任命为英国宫廷画家。他为著名人文主义者伊拉斯摩斯作的肖像画是他的代表作品。在该画中，荷尔拜因成功塑造了与伊拉斯摩斯性格和思想完全吻合的艺术形象，使伊拉斯摩斯作为一名学者所具有的包括专注、坚定、沉着、智慧的独特内在气质得到了完美的体现，《伊拉斯摩斯》成为欧洲艺术史上最著名的肖像画之一。

尼德兰地区在16世纪产生的最伟大的画家是勃鲁盖尔（Pieter

Bruegel theElder，1525—1569 年）。他以擅长表现乡村景色和生活著称，故有“农民勃鲁盖尔”之雅号。他的画风粗犷朴素，有意识的夸张变形，已具有现代艺术的某些特征。他的《农民婚宴》、《婚礼舞会》形象地记录了当时农民的民风民俗。

文艺复兴在西班牙的传播

西班牙在 15 世纪末基本实现国家的统一，16 世纪初其国王查理一世当选为神圣罗马帝国的皇帝，加上在地理大发现中获得的巨大财富，一时国力强大，称霸欧洲。国内资本主义工商业也得到发展。在意大利兴起的文艺复兴运动开始传播到西班牙。西班牙出现了批评宗教偏见的文章和介绍古典文学的作品，但是，由于宗教势力的强大，特别是宗教裁判所的存在，文艺复兴运动发展缓慢，直到 16 世纪后半叶文艺复兴才得到较为广泛的传播。在人文主义的影响下，西班牙文学开始进入自己的“黄金时期”，在小说和戏剧创作上成就卓著。流浪汉小说是西班牙在这一时期重要的创作形式。以下层人物的眼光去观察并讽刺一些社会现象是流浪汉小说的最大特征。西班牙最早出现的流浪汉小说是佚名作品《小癞子》。作品通过对流浪汉小癞子由贫苦的孩童成为狡猾骗子手过程的叙述，揭露了封建社会僧侣教士的道德败坏的风气和社会的腐朽黑暗。

西班牙文艺复兴时期涌现出的最伟大文学家是塞万提斯（Miguel de Cervanres Saavedra，1547—1616 年）。他早年生活坎坷，因得罪教会和权贵数次入狱。《堂吉诃德》是他的代表作，属于流浪汉小说范畴。塞万提斯出于自己的反封建思想创作了这部作品和堂吉诃德这一人物形象。主人公堂吉诃德是一个满脑子幻想的游侠，他动机善良，却由于一味蛮干，往往是事与愿违。通过堂吉诃德的言行，人们可以感受到作品所包含的争取个人自由和个性解放的人文主义思想。《堂吉诃德》是欧洲出现较早的一部长篇小说，不论在反映现实的深度和广度上，还是在人物塑造方面，它都比以前的小说向前迈进了一大步。作品不仅显示了作者具有极其丰富的创造力、想象力和幽默感，而且表现了作者对现实的本质、人生意义的洞察和较高的人文主义境界。

西班牙的戏剧也在这一时期得到较大的发展，成为最受民众欢迎的流行文化活动。在涌现出的众多剧作家中，维加（Lope Felix de Vega Carpio，1562—1634 年）最为著名。他出生在一个农民家庭。据说一生写过 1800 部剧本，仅流传下来的就超过 400 部，真可谓创作奇才。维加认为戏剧的首要任务应是反映现实，因此他的戏剧具有明显的现实主义倾向。在文艺复兴运动的影响下，人文主义成为维加戏剧要传达的主要思想。

《羊泉村》是维加的代表作，取材于历史上发生的一次农民起义。羊泉村的百姓不堪封建领主的暴行举行起义，处死了领主。面对国王派来调查的法官，全村人异口同声称是集体所为，连十来岁的儿童也如此说，最后国王只好宣布免予追究。作品通过对封建贵族暴行的反抗，揭示人民对封建制度的痛恨和反封建的斗争。

维加创作的喜剧具有浪漫主义成分，情节曲折紧凑，结局出人意料。维加的戏剧自成一体，在当时的西班牙不仅十分流行，而且享有很高的声誉，被视为西班牙民族戏剧的代表，对后来欧洲的戏剧，特别是文艺复兴时期英国的戏剧产生了积极影响。

文艺复兴在英国的传播

文艺复兴的人文主义思想于 14 世纪就开始在英国初显，其标志之一是乔叟在文坛上的出现。意大利的人文主义思想对乔叟的创作影响很大，通过乔叟的作品，人文主义思想在英国得到最初的传播。托马斯·莫尔（Thomas More，1478—1535 年）是继乔叟之后英国出现的一位有影响的人文主义者。莫尔担任过英国下议院的议长和最高法官，但后因为反对圈地运动和国王专权而被斩首。他所创作的对话体小说《乌托邦》是其人文主义思想的集中体现。在他笔下那个被称为“乌托邦”的理想社会里，没有私有制，没有人剥削人的现象，没有专制暴政，没有宗教迷信和宗教狂热，人人劳动，产品丰富，按需分配，社会和谐。他的作品对后来出现的描写理想社会的文学具有很大影响。

不过，文艺复兴真正开始在英国盛行是 16 世纪。首先，以大西洋为中心的经济活动，战胜西班牙的无敌舰队后获得的海上霸权，进一步刺激了英国工商业的发展和海外掠夺，使得英国的资本主义得到了快速发展。英国发生的圈地运动表明资本主义已经深入乡村。玫瑰战争后英国的封建领主势力被大大削弱，统一王权制度得到确立，政治获得平稳发展的时机。其次，从 16 世纪 50 年代开始，古代希腊罗马的作品和当代其他国家的著作大量翻译成英语，在推动英语文学发展的同时，使人文主义思想在英国迅速传播。诗人斯宾塞（EdmundSpenser，1552—1599 年）的长诗《仙后》通过对女王的歌颂，宣扬新兴资产阶级应具备的品质。作为散文家的培根以论说的方式表达人文主义思想和唯物主义观点，对社会的影响极大。

随着伊丽莎白女王时代的到来，英国社会政治进一步趋于稳定，经济发展迅速，文化繁荣。特别是伦敦，文化生活异常丰富，犹如当年的佛罗伦萨，尤其是戏剧艺术得到很大发展。英国的剧作家从希腊罗马人那里获得创作动力，开创了新的悲剧和喜剧创作之风。悲剧和喜剧如同在古希腊，再次成为大众文化生活的组成部分。一时间，剧场如雨后春笋般在伦敦出现。纯粹商业性剧团的出现造就了一大批职业剧作家和职业演员，并培养了一批买票看戏的观众。

舞台戏剧的再次流行反映了人文主义思想对社会的影响和古典文化观的复兴。自中世纪以来，舞台戏剧，特别是世俗题材的戏剧就一直遭到基督教的谴责。基督教神学家指责剧院是不道德场所，是唆使人堕落的地方，古典戏剧被封杀。尽管中世纪后期出现了戏剧，但主要是为了宣扬基督教价值观，很少在人物、语言、情节方面下工夫。在文艺复兴思想的影响下，16世纪的英国舞台彻底抛弃了中世纪的观念，戏剧作为娱乐和启迪心智的功能得以恢复。戏剧的流行使得戏剧成为联系广大民众、传播人文主义思想的重要媒介。在伊丽莎白女王时代，英国涌现出了一大批才华横溢的剧作家，他们中的不少人都受过大学教育，具有较高的古典文化修养，受到人文主义思想的熏陶，特别是一批所谓“大学才子”派剧作家，他们的人文主义倾向很重，作品艺术性高，对英国戏剧繁荣作出了重要贡献。基德（Thomas Kyd，1557—1595年）和马洛（Christopher Marlowe，1564—1593年）是其中的佼佼者。基德的杰作《西班牙悲剧》是一部以西班牙宫廷阴谋为背景，通过复仇的故事反映宫廷的倾轧。基德的作品情节生动感人，主要人物性格鲜明。马洛的剧作《帖木儿》反映新兴资产阶级在征服世界过程中表现出的进取精神；《马耳他岛的犹太人》表现资产阶级对财富追求的无止境欲望。《浮士德博士的悲剧》则肯定知识的绝对力量。马洛的最大贡献是创造出了与希腊戏剧的英雄性格相辅相成的巨人性格，与文艺复兴这个巨人时代的精神是相仿的。他们的创造方法和作品对莎士比亚的戏剧创作产生了很大的影响。

这一时期英国涌现出的最伟大戏剧家当属莎士比亚。莎士比亚（William Shakespeare，1564—1616年）是英国文艺复兴时期的巨匠，也是欧洲文艺复兴运动所涌现出的众多艺术家中的佼佼者。他出生在英格兰的一个富裕市民家庭，从小就对戏剧感兴趣。13岁辍学经商，20岁前后来到伦敦谋生，先后在剧场干过杂活，同时开始写诗。英国当时的戏剧艺术繁荣局面对莎士比亚影响很大，1590

莎士比亚像

年前后，他加入了剧团，当过演员，后转入编剧，并成为剧团股东。

莎士比亚的创作是在文艺复兴运动影响下开始的，但他的创作同时又是对文艺复兴运动的巨大推动。作为欧洲文艺复兴时期少数几个最杰出的文学家，他从人文主义观点出发，对处于封建和资本主义交替历史时期的英国社会作了广泛而深刻的分析和描述，反映了人民的愿望和要求，在刻画人和人物精神风貌方面代表了人文主义思想。他一生硕果累累，留下了 37 部剧作，外加 154 首十四行诗和两部长诗。以歌颂友谊和爱情为主的十四行诗具有新兴资产阶级肯定生活、要求个性解放的人文主义追求想。

莎士比亚艺术的成就主要是在戏剧创作方面。他的戏剧包括历史剧、喜剧、悲剧和传奇剧。尽管绝大部分戏剧是利用现成材料改编而成，但是，莎士比亚在改编过程中，融入了自己的人文主义思想，使戏剧成为传播文艺复兴思想的舞台，这样莎士比亚以自己的创作把英国文艺复兴运动推向了高潮。

莎士比亚的早期创作以历史剧为主。剧本反映了英国新兴资产阶级的要求。当时的君主是统一民族国家的象征，拥护王权是结束封建贵族混战，保护国家不受外来侵犯，促进资本主义经济发展的可靠保证。历史剧虽然写的是英国过去的历史，但反映的却是文艺复兴时期英国社会和民众关心的问题。在这一意义上，莎士比亚的历史剧体现了文艺复兴的思想。《亨利四世》作为莎士比亚最具代表性的历史剧，写出了封建制度没落的趋势。

莎士比亚笔下的喜剧不同于古希腊喜剧，主要的不是讽刺社会现实，而更多的是表述人文主义精神。歌颂爱情和友谊，宣扬个性解放、婚姻自由和个人争取幸福的权利是他的喜剧所要传递的主要思想。如在《皆大欢喜》中作者描写了一个理想且令人向往的人与人的和谐关系。

莎士比亚作品中最具代表性的是其创作的悲剧。与著名的希腊悲剧一样，他的悲剧同样具有巨大的震撼力，极大地撞击着人们的心灵。无论是《哈姆雷特》、《李尔王》，还是《奥瑟罗》、《麦克白》都是伟大的作品。在这些作品中，莎士比亚创造了一系列令人难忘、极具个性的艺术形象。通过舞台表演，人物的复杂性格、精神、思想得到了最充分的展示。莎士比亚通过对表现在悲剧主人公身上复杂性格的生动刻画，把真实的人性展现给世人，从中揭示人的尊严、价值和力量，使作品具有永恒的魅力。与此同时，莎士比亚以自己对人和世界的看法拓深了人们对于文艺复兴时期人文主义理想与精神的了解。

英国戏剧由于莎士比亚的出现成为英国文艺复兴时期所有文学形式中最为辉煌的一种，代表了英国乃至整个欧洲文艺复兴时期文学创作的最高成就。

文艺复兴作为欧洲文明史上在政治、经济、自然科学、思想领域、文学艺术等几乎所有领域都引起变革的运动，其影响是巨大的。文艺复兴时期的欧洲人在历史上首次意识到他们已身处一个完全不同的时代，深切感受到生活中翻天覆地的变化。而文艺复兴带给人们的积极世界观使得人们对生活感到欢欣鼓舞和充满信心。正如生活在那个时代的人所说："现在，每一位有思考能力的人都要感谢上帝挑选他们生活在这一新的时代，一个充满希望和前途的时代，它业已为过去上千年间世上不可比拟的众多拥有高贵心灵的人而欢欣鼓舞。"

地理大发现

文艺复兴时代也是地理大发现的时代。尽管文艺复兴对欧洲社会的影响是巨大的，塑造了欧洲的近现代文明，但是地理大发现对于欧洲社会的影响同样巨大，不仅如此，从某种意义上说它更为直接地使欧洲社会生活摆脱了中世纪的束缚。由于地理大发现，欧洲的经济开始发生本质上的变化，以地中海为中心的经济活动被以大西洋为中心的经济活动所取代。更为重要的是，由于地理大发现，欧洲走向扩张殖民的道路，欧洲人几乎是在不到一代人的时间内走出了地理上的封闭，航行于世界各大洋，在对非洲和亚洲进行大规模掠夺的同时，把整个西半球控制在自己的股掌之中。

地理大发现首先是缘于科技的逐步发展。在15世纪的时候，许多欧洲人接受了古希腊人的看法，相信大地是球形的。再加上航海知识的日趋丰富，造船业的发展，绘图本领的提高以及中国航海罗盘的传入和应用，都在思想上和科技上为欧洲向海洋进军创造了条件。中国明朝郑和下西洋的远洋航海到达非洲沿岸的传奇故事早已传入欧洲，加上早期对中国天堂般的描述，这些都激起了欧洲人寻找中国的强烈欲望。

但是，如此远距离的航海绝非个人所能完成。而当时欧洲民族国家的兴起以及贸易繁荣所产生的富商，在非洲被瓜分完毕和殖民掠夺的巨大利益鼓励下产生了新的冒险欲望，在巨大利益的驱动下为这样的海上冒险提供了强有力的经济后盾。新王室不仅希望开拓新殖民地市场，获得掠夺和贸易带来的高额利润，而且还想占据新领地，扩大他们的统治范围。于是他们出面投资集资来支持航海探险，还以封赏领地作为鼓励，这就在社会上产生了巨大的参与动力。如此，必要性和可能性的结合使西欧人实现了探索和抢占地球财富的这一历史使命，其中居于领先地位的是葡萄牙和西班牙。他们的探险家驾着船队在各大洋摸索新的路线和通道，探寻和占领尚未发现的财富和土地。他们绕过好望角进入太平洋，到达印度和菲律宾，他们怀着对传说中富足、文明、善良的中国的贪婪和渴望，偶然地发现了美洲。

南非好望角

早在一千多年前，古代北欧人便从格陵兰到达过北美的东北部，至今遗留在北美土地上的北欧古文石刻及其他遗址可作证明。但他们与当地土著发生了冲突，只得离开，并未建立起与美洲的正常联系，也没有引起对地球的新认识。直到 1493 年哥伦布到达新大陆，美洲和世界其他地方才合二而一，人类才形成了关于地球东西半球的新概念。

哥伦布（1451—1506 年）生于意大利热那亚的一个个体户织布工家庭。自幼热爱航海冒险。他读过《马可·波罗游记》，十分向往印度和中国。当时，地圆说已经很盛行，哥伦布也深信不疑。他先后向葡萄牙、西班牙、英国、法国等国国王请求资助，以实现他向西航行到达东方国家的计划，都遭拒绝。一方面，地圆说的理论尚不十分完备，许多人不相信，把哥伦布看成江湖骗子。另一方面，当时，西方国家对东方物质财富需求除传统的丝绸、瓷器、茶叶外，最重要的是香料和黄金。其中香料是欧洲人起居生活和饮食烹调必不可少的材料，需求量很大，而本地又不生产。当时，这些商品主要经传统的海、陆联运商路运输。经营这些商品的既得利益集团也极力反对哥伦布开辟新航路的计划。哥伦布为实现自己的计划，到处游说了十几年。直到 1492 年，在西班牙的支持下，哥伦布的计划才得以实施。

1492 年，8 月 3 日，他率领 90 人组成的资源探险队，乘坐三艘单甲板船，从巴洛斯出发，随身还携带着一封西班牙女王伊萨贝拉写给中国皇帝的信。10 月 12 日，陆地终于从漫无边际的大海边显露出来，他们到达了现今巴拿马的圣萨尔瓦多群岛。哥伦布认为他已经到达印度，故而称当地土著为印度人，他的这一误解导致了东西印度之说。为了避免与真正的印度人相混淆，中文习惯将美洲土著另译为“印第安人”。哥伦布占领该岛后，继续完成未竟的使命去寻找中国，于是又从那里到达古巴和海地。1493 年 3 月，哥伦布凯旋，受到西班牙举国欢呼。此后，他还曾三次去过美洲，但至死都以为他到达的是印度。美洲（America）的名称则来自佛罗伦萨人亚美利哥·维斯普齐，他于 1500 年前后几度到达美洲，并于 1504 年报道了他的航行，首次宣称这片土地为新大陆，地理书与地图便逐渐以他的名字命名这一新发现的大陆。

早在哥伦布航行的 70 多年前，郑和下西洋所率领的几万人的庞大海军船队和贸易船队，其技术装备水平要比哥伦布的船队先进得多，罗盘在海上的应用由此被阿拉伯商人传入欧洲，才有了哥伦布依靠罗盘进行远洋航海的可能。尽管中国强大的远洋舰队足以征服和占领全球很多国家，但是中国由于其自身资

哥伦布像

源丰富，文明程度相对较高主张和平的国家，并没有欧洲人那种对于海外殖民地以及财富的强烈欲望，主张文明教化，而不是掠夺和屠杀。因此中国失去了资本积累，发展生产了的机会，中国的人口膨胀和人口压力再度进入周期性的衰落和最终导致朝代崩溃和饿尸遍野的人口战乱的内部战乱。文明在人口膨胀与减灭的循环中徘徊不前，而欧洲在殖民时期的大移民解决了人口膨胀对土地的压力，殖民地的物产养活了更多的欧洲人，使欧洲人摆脱了人口膨胀导致的饥饿与战乱，以及由此产生的对文明的不断破坏，殖民地的资源和产品市场也进一步刺激了欧洲工业的发展，使欧洲顺利进入了工业化的资本主义经济阶段。

欧洲各国在北美土地上的入侵主要发生在 4 个地区：法国人在圣劳伦斯河流域站住了脚；英国人在北美南部的大西洋沿岸，即所谓北美 13 个州建立了殖民地，他们还在北美北部的哈得逊湾和詹姆斯湾进行毛皮贸易活动；西班牙在墨西哥北部和美洲的西南部从事奴隶贸易；西班牙、英国、俄国，以后还有美国在西部海岸进行争夺。尽管这些国家的占领方式各有不同，但是，在很短的时间内，就形成了欧洲人对北美大陆的占领。

16 世纪后半期，欧洲的经济环境使毛皮业迅速发展起来，并成为重要的工业部门。毛皮帽子，特别是海狸皮帽成为自 16 世纪到 19 世纪中期欧洲的时尚。很快，西欧的海狸就被捕杀灭绝，帽商们转向北美去寻求更加廉价的毛皮。但是，由于从北美到欧洲的远距离运输和海上的风险，毛皮价格居高不下。在这种情况下，一方面为了保证充足的毛皮供应；另一方面也为了使毛皮的价格保持在对某些巨商有利的程度，于是出现了对毛皮业的垄断。1588 年，法国国王把对北美毛皮业的垄断权授予雅克·诺埃尔，但是，马上遭到其他毛皮商人激烈的反对，国王只好把授予的垄断权收回。随后，又有一些人通过激烈的竞争获得了垄断权，但也只能在其他人的竞争与反对下维持很短的时间。

与欧洲的毛皮需求相适应，欧洲的毛皮商迅速向北美内地渗透。16 世纪上半期，他们用一些新的土著人更需要的物品，如，铁斧、铜壶、衣服和装饰品来换取毛皮。这些物品的实用价值很快被当地土著人所认识，他们对这些物品的兴趣骤然提高，结果进一步促进了毛皮与这些物品的交换。到 1550 年，欧洲的先进工具已经在北美东部使用阿尔贡金语的整个易洛魁人中普遍出现。16 世纪中期，生活在休伦湖和密歇根湖地区的土著人恐怕还从来没有见过欧洲人，可是这些东西却已经流传到他们的手中。据那一时期的考古发现，在 16 世纪的坟墓中已经普遍有珠子、铜器和铁器被埋葬。

毛皮业的迅速发展在北美引起剧烈的竞争，随之也出现了垄断。欧洲人在某些地区建立起有规律的商业活动，一些专门从事毛皮贸易的土著商人和中间人也随之出现，他们掌握了从欧洲人的商栈到供应毛皮的遥远内地之间的一切毛皮业务。像其他地方的商人一样，他们也根据供求关系随时提高毛皮的价格，还严密地控制毛皮贸易的商路，不允许任何人插手这方面的业务。其他人要从事这方面的业务要经过他们的特许，一般是课以沉重的特许税。在这一时期，欧洲人与印第安人都想控制毛皮贸易。欧洲人想通过取代中间商而降低毛皮的价格，但是，他们屡遭失败。当毛皮贸易的商路不断向北美大陆内部延伸时，运输与贮存毛皮的成本都不断增加，这就使欧洲人获取毛皮必须付出高额代价。为了获得较便宜的毛皮，商路不断向大陆内部延伸，印第安人也不遗余力地捕捉和猎杀动物，以至于在许多地区出产毛皮的动物不复存在。反过来，这种情况又进一步使商路推向大陆深处。

在印第安人中，最早从事毛皮贸易的是魁北克地区的蒙塔格尼人。他们居住在萨格奈河附近。16 世纪中期，毛皮贸易开始在这里出现，到 16 世纪末，萨格奈河下游已成为主要的毛皮贸易中心，欧洲各国的商船定期在这里停泊。蒙塔格尼人是经商的能手，他们控制了北部和西部从拉克·圣一让到拉克·米斯塔西那河和渥太华河上游大片地区的捕捉海狸和交易毛皮的业务。他们也学会了利用欧洲商人相互间的竞争不断地抬高毛皮的价格。到 17 世纪初，许多法国商人抱怨说，蒙塔格尼人已经把毛皮的价格抬高到欧洲的毛皮商很难获利的地步。

正是出于这种原因，1608 年，由探险家和制图人萨米埃尔·尚普兰领导的一批法国人在今天的魁北克城一带建立了一个商栈。他沿着圣劳伦斯河谷向西南方向深入，开展那一地区的毛皮贸易，希望获得较便宜的毛皮。他对这一地区的毛皮贸易实行垄断，因为只有垄断才能获得较高的收入，而这种收入正是建立殖民地的物质保证。亨利四世时期，法国国王开始颁发授予贸易垄断权的特许状，获得特许状的人可以获得海外某个地区的贸易和管理的特权，并同时向这里移民进行经济方面的开发。

动物毛皮

尚普兰是作为法国商人格拉维·迪·蓬的同伴来到北美的。他是法国西南部城镇布鲁阿日人，当时 23 岁，既没有官衔也没有财富，只是在制图方面受过一些专门训练。1603 年，他随格拉维·迪·蓬来到圣劳伦斯河的蒙特利尔岛，1604—1607 年他又参加了在斯泰—克鲁瓦岛和芬迪湾皇家港的三年移民项目。但是，皇家港的移民计划很快就被弃置。随后，他领导了在圣劳伦斯河的移民工作。在阿尔贡金语中，“魁北克”一词的含义是“河流最窄的地方”，在这里，移民可以控制对内地毛皮贸易的垄断。他抓住这一有利地势，很快就发展起来。而此时，在圣劳伦斯湾原本很发达的捕鱼和捕鲸业却暂时衰落了。

1608 年 7 月，尚普兰和他的同伴在金刚石海角附近扎下营寨，金刚石海角是位于圣劳伦斯河沿岸的一块巨大岩石，它高高的地势可以控制这一地区，在军事上非常重要。随后，他们建了一些设防工事和住宅，他们称之为“魁北克的住所”。冬天来临，魁北克的气候异常寒冷，加之营养不良，很多人患了坏血病，尚普兰一行 28 人中有 20 人死去。但是，正是这些人在北美大陆建立了法国第一个永久性的殖民点，这个殖民点成为日后新法兰西诞生发展的基础。第二年春天，为了进一步扩大殖民点，尚普兰进行了艰苦的外交和军事活动。

自 1500 年以来，圣劳伦斯河谷就是一个充满争斗的地区。欧洲来的渔民和商人把船停泊在圣劳伦斯湾，与土著人交换毛皮。土著人中有两股势力，一股是五部落同盟，也称易洛魁同盟，它是具有 3 万人口以农耕和贸易为生的社会，分布在莫霍克河谷、芬格湖地区，也就是今天的纽约州一带。与五部落同盟有联系的一些小部落也居住在圣劳伦斯河以南的地区。土著中的另一股势力是休伦同盟，他们住在休伦湖的佐治亚湾，也就是圣劳伦斯河以北。休伦同盟大约有 2 万人，他们与易洛魁人同属一种语言，是易洛魁人中的一支，也是以农业生产的社会。

但是，长期以来这两股势力敌对着，争斗着。休伦人与易洛魁人的争斗几乎使圣劳伦斯河的贸易关闭。在这种情况下，休伦人开始寻找其他的商路与法国人进行贸易。在萨格奈河口，有一个蒙塔格尼人的村庄塔多萨克，在尚普兰到来之前，这里已成为土著与法国人交易毛皮的中心。尚普兰为了扩大殖民地和加强殖民地的力量，进而控制整个毛皮贸易，他希望能获得一部分土著人的支持。休伦人喜欢法国人的商品，希望的得更多到它。但是在这之前，法国人的船只能在夏天才停泊在圣劳伦斯河与他们进行贸易，所以休伦人也希望能看到一个永久性的欧洲人的据点。在这种情况下，双方一拍即合，尚普兰决定与休伦人联合起来，并借助他们的力量建立起法国人的殖民据点。他率领法国人参加了蒙塔格尼人对易洛魁人的战争。

1609 年春天，在尚普兰的殖民点——“魁北克的住所”，三支土著人的队伍：魁北克东部和北部的蒙塔格尼人、渥太华河附近的阿尔贡金人和佐治亚湾附近的休伦人与尚普兰领导的法国人结成政治性的同盟。他们先进行了几天结盟庆典活动，随后就开始向易洛魁人发起进攻。他们沿圣劳伦斯河和黎赛留河而上，来到尚普兰湖。在 1609 年 7 月，他们遭遇到易洛魁部队，并在那里与易洛魁人展开战斗。法国人的火器在战争中起了决定性的作用。战争结果，尚普兰与休伦人的同盟取胜。从此，尚普兰在圣劳伦斯河流域建立起永久和稳固的贸易。在以后的 6 年中，尚普兰又几次与易洛魁人作战，却没有再取得如此全面的胜利。不久，荷兰人在哈得逊河建立了另一条商路，为五部落同盟的毛皮贸易开辟了另一个市场，于是双方暂时休战，各自进行各自的贸易。以后，以“魁北克住所”为中心的圣劳伦斯河的毛皮贸易兴盛起来。

在各土著部落中，最富于经商的是休伦同盟，尽管与法国人结盟的还有蒙塔格尼人和阿尔贡金人，但是，毛皮贸易却没有在他们的领地上展开。休伦人也是土著人中势力最强大的，他们很快与法国人结成了亲密的伙伴。1615 年，尚普兰得到休伦人的允许，与一伙休伦人从蒙特利尔出发，沿渥太华河而上，经过尼皮辛湖到达休伦湖，这次旅行历时一个月。那年夏天，在一次与易洛魁人的战斗中，尚普兰负了伤，整个冬天，他都与休伦人住在一起。这时，他考察了大湖区及周围水域的地理，根据他自己的亲身考察，也根据当时久住在那里的某些法国人的介绍，如最重要的有艾蒂安·布律莱，在 1632 年，尚普兰编纂了一张地图。一个世纪以来，虽然欧洲商人和渔民不断与北美印第安人接触，但是，他们的足迹从来没有超越蒙特利尔。尚普兰由于与休伦人结盟，有机会深入内地，直至苏必利尔湖那样远的地区。在他的地图上，他记录了所发现的一切，这在加拿大制图史上是一项伟大的杰作。此时，尚普兰已不再是一个地方性的毛皮贸易公司的代理人，他得到法国国王的支持。从 1612 年起，获得法王授予的新法兰西总督的头衔。1618 年，他上交给法王路易十三一份关于向北美殖民的计划。计划中他要以魁北克为中心，建立一个新法兰西殖民地。在这个殖民地，他要教化土著人成为天主教徒，还要在这里发展渔业、矿产业、林业和农业，并继续进行毛皮贸易。他的宏伟计划甚至还指出通过这片殖民地的大湖区，可以打开通往东方的道路。

然而，新法兰西的殖民扩展是缓慢的。1615 年，第一批教士到达新法兰西。1617 年，新法兰西的第一个农民、法国人路易·艾贝尔和他的妻子及三个子女到达该地。1620 年，他们的一个女儿又生下了一个孩子，这说明艾贝尔一家从此在新法兰西这片土地上生息繁衍。但是，直到 1627 年，新法兰西的人口还不到 100 人，妇女的数量更少得可怜。这些新落户的人的生活主要不是靠农业，而依然靠从事毛皮贸易。土著人提供毛皮，法国来的船只提供运输，他们从事一些中间活动。就在那一年，法国首相黎塞留组织了一个“百人公司”从事向新法兰西殖民的任务，百人公司由 100 家私人公司或贵族组成，他们也和以前的商人一样从事垄断性的毛皮贸易，但是，他们具有一些政府色彩，更富有，也与王室有着较多的联系。1628 年，他们从法国组织了 400 人到魁北克去，但是途中遭到英国海盗大卫·柯克的袭击。那年夏天，大卫·柯克控制了圣劳伦斯河的贸易，

今日魁北克风光

迫使百人公司的船队返回法国。1629年,柯克一伙人又占据了尚普兰的移民据点,把他们驱除出魁北克。

1632年，经过外交谈判，法国恢复了对新法兰西的主权，尚普兰等人又回到北美。然而，新法兰西的毛皮收入已大大减少，甚至资力雄厚的百人公司也几乎破产。不久，百人公司在圣劳伦斯河魁北克的上游开辟了一个新的商栈，使毛皮贸易重新活跃起来，以后这个商栈发展成新的城镇即三河镇。与此同时，在魁北克，农业开始发展，还修了一条街道，教堂也扩建一新。新法兰西的人口发展到400人。总之，在17世纪30年代，新法兰西得到了壮大。但是，尚普兰却在1635年去世。由于他在北美为法国建立了第一个永久性的殖民地，是新法兰西的创建者，所以，在北美历史上，他被尊称为“新法兰西之父”。

当美洲大陆被发现后,欧洲文化从此不再仅限于欧洲,而是逐渐地传播开来。

欧洲宗教改革运动的缘起

16世纪欧洲社会的最重要事件是宗教改革运动的出现，这是继文艺复兴运动以来的又一场影响西方历史进程的运动。它首先从德国开始，继而影响到西欧许多国家和地区。从某种意义上来说，宗教改革运动作为文艺复兴运动的继续，在与中世纪作彻底决裂的同时，成为了一场涉及人的思想的运动。文艺复兴所宣扬的以人为本的思想虽然不是对中世纪以来在西方社会占据主导地位的基督教的直接否定，但在客观上，却起着瓦解中世纪以神为中心、以罗马教廷为主宰的神权统治的作用。宗教改革运动的出现则是自文艺复兴以来第一场直接针对宗教的运动，是一次对统治西欧1000年的宗教权威的挑战。运动的结果是，摧毁了西方社会宗教的大一统局面，直接导致了西方基督教体系自东西罗马分裂以来的再次分裂，一个被称为“新教”（Protestanism，抗议宗）的基督教新教派脱离罗马教廷，自立门户。在西欧社会占统治地位一千多年的思想体系遭到了前所未有的冲击。神圣罗马教廷，这个有着千年辉煌的基督教教会的中心枢纽的权威遭到了极大的挑战，数以百万计的民众不再服从教会的权威。中世纪欧洲一体的主要象征——宗教一统不再。正是在此意义上，宗教改革被视为是与中世纪作彻底决裂的一场运动。宗教改革运动之后，西欧的基督教再也不具有昔日的权威，国家摆脱了宗教权威的羁绊，基督教对社会的影响开始在实质性上走向衰退。

宗教改革运动是在15世纪后期西欧社会的经济与政治结构均开始发生变化的背景下发生的。首先，中世纪形成的封建制度在城市化和资本主义思想的冲击下正在分崩离析，新兴资产阶级开始登上历史舞台，民族意识开始觉醒，不少新兴的民族国家逐步确立了具有中央集权性质的王权统治。新的王权对包括宗教权在内的权力具有占有欲，教会国家化的倾向开始出现。其次，长期在欧洲社会占据统治地位的教会自身暴露出了许多问题，教皇的谬误日渐明显。教会内部开始出现了要求变革的声音，罗马教廷的权威受到了挑战，以威克里夫和胡司为代表的神学家从本民族利益出发，提出了教会民族化的主张。他们的主张在不同程度上影响了人们对占据欧洲垄断地位的罗马教廷的看法。再次，长期积攒起的大量财产导致教会腐化堕落和不正之风盛行。腐败的教阶制产生了一大批腐败的教职人员，居于统治高位的教会和主教越来越多地呈现出腐败堕落的特征，特别是一些教会内的高级教士违背《圣经》精神，沉湎于世俗行乐生活。为了维持教廷的庞大日常开支和高级教士的奢侈生活，教会设立名目繁多的税收，甚至不惜出售神职和买卖圣物，以从信徒身上搜刮钱财，引起教徒的强烈不满。最后，文艺复兴思想的影响。人文主义者通过办学和印行《圣经》和古教父著作等基督教书籍，使广大教徒第一次直接接触信仰的原始内容并对原始基督教有了了解，少数思想家开始意识到教阶制、经院哲学的弊端，出现了向传统观念开战的倾向。更有一批人文主义者大胆揭露包括教皇、主教在内的教会的腐败、虚伪、贪婪和无知，倡导教会改革，以铲除腐败，纯洁信仰。

宗教改革运动最早在德国出现并不是偶然的，16 世纪的德国虽然有“神圣罗马帝国”之称，但真正的中央集权从来没有在德国建立起来，历史上的帝国皇帝因受制于教皇，王权流于形式，德国境内的各路诸侯势力日益强大，14 世纪颁布的《黄金诏书》确认了德意志诸侯对中央集权的制约，使得封建割据大行其道。到 16 世纪，全德国有七大选侯（有权选举德国皇帝的诸侯），几十个大诸侯，二百多个小诸侯，以及上千个骑士领地。分裂的德国使得罗马教廷有机可乘，特别是在敛取钱财方面，德国故有“教皇的奶牛”之称。随着德国新兴市民阶层的出现和长期根植在日耳曼民族心灵深处的民族意识的增强，要求改革教会，实行教会民族化的呼声日渐高涨。各路诸侯不管出于什么样的原因都希望得到绝对的政治主权，起码是在自己的领地内。这在客观上为宗教改革在德国的首先兴起和持续奠定了社会基础。哲学家黑格尔就此指出：“那种古老的、彻底保存在日耳曼民族的内在性，终于要从它的正直和简单的内心里完成这种革命。”不过，除了上述总体背景外，1517 年教皇利奥十世把美因兹大主教职位卖给勃兰登堡的亚尔贝特是一个更直接的因素。为了帮助亚尔贝特偿付买职位欠下的债，以及筹措资金修建罗马圣彼得大教堂，利奥十世派人在德国兜售赎罪券，导致后来发生的一切。

宗教改革与文艺复兴一样也从过去的历史中找寻到进行变革的灵感和思想。与文艺复兴从希腊—罗马古典文明中找到新文艺可以借鉴的样式不同，宗教改革的领袖是从基督教之母——犹太教和原始基督教的早期思想中找到进行改革所需要的武器的。

马丁·路德与宗教改革

宗教改革运动由德国基督教修士马丁·路德（Martin Luther，1483—1546 年）掀起。路德并非出生在宗教世家，而是出生于一个普通德国家庭。其父是个殷实的业主，原本希望路德能够成为律师，继承自己的产业。但进入大学后的路德对神学发生兴趣，于 1505 年违背父命进入修道院成为修士，从此走上了神学之路。1508 年进入维滕贝格大学，先任讲师，后成为神学教授。主讲保罗和奥古斯丁的神学思想。通过研究和授课教育，路德自己的神学思想受到保罗的思想和奥古

马丁·路德像

斯丁预定论思想的影响，认为人的救赎完全依赖于上帝的恩典，而非其他，因而逐渐形成了路德宗教改革的中心思想——“因信称义”，也就是说一个人的得救全在于信仰。路德逐渐认识到，灵魂获得救赎完全是信徒个人的事。只要心存信仰，人的救赎就无需教士的中介，也不必求助教皇和教会，不必求助圣礼仪式，不必求助善功，而是直接向自己的良知呼吁。只要坚信上帝和热爱上帝便可以获得救赎。很显然，路德与罗马教廷和教会之争的种子在其思想成长过程中已经播下。

值得一提的是，路德的这一“人的救赎无须教士的中介”思想在很大程度上受到犹太教思想的影响。年轻时的路德和许多德国人文主义者一样，对《希伯来圣经》表现出极大的兴趣，外学习和研究过《圣经》原文——希伯来文，从中了解《圣经》的真正含义和揭露罗马教廷篡改原文、愚弄人民的可耻行为。犹太教中信徒与上帝之间的交流并不需要任何中介的做法直接触动了路德。他为此曾向基督教界指出，上帝没有把给犹太人的恩宠同样地给予其他民族。上帝只给犹太人以启示。1523 年，德国出现了印有“耶稣基督生来就是一个犹太人”的路德传单。被教皇革出教门的路德亲自根据希伯来文和希腊文翻译出德文版本的《圣经》，在促进宗教改革深入发展的同时，为德国民众直接了解《圣经》内容提供了最好的普及读本。他的德文版《圣经》因此被视为是对德国文化的一项重要贡献。

路德掀起的宗教改革运动的直接导火线是罗马教廷 1517 年在德国推行的赎罪券。

发售赎罪券是中世纪以来教廷弥补财政亏空的通常做法。为了使赎罪券有销路和市场，教皇和教会不惜大肆制造出赎罪券功效的神话和理论。13 世纪以来流传的所谓“善功圣库”理论就是其中之一。该理论指出，基督为世人救赎的功德，圣母玛丽亚以及圣徒所行的善功都被储存在天国的一个巨大的宝库中。这就是“善功圣库”。教皇可以从中取出这些功德和善功，以赎罪券的形式分赐给需要它的信徒，使他们的罪过得到赦免。赎罪券的效用不仅达及生者，而且对免除炼狱中的灵魂应受的惩罚同样有效。为此，1476 年教皇西克斯图斯宣布，为了使已故有罪的信徒在炼狱少受痛苦，生者可以通过购买赎罪券的方式为其赎罪。根据这一理论，人根本无须行善和遵守道德规范，只要有钱，便可以得到上帝的赦免。赎罪券的发行导致道德堕落和教会腐败的弊端是显而易见的。尽管如此，由于赎罪券涉及教皇的权力和利益，在路德之前尚无人敢于公开质疑。

1517 年推销的赎罪券明为修建罗马的圣彼得大教堂，事实上是美因兹大主教借此圈钱，以偿还其为了获得大主教职位而进行行贿所欠下的债务。但路德当时并不了解这一肮脏交易。他只是得知一个大力推销赎罪券的贵族蓄意在民众中散布：不必进行苦修，只要买赎罪券的钱一投入钱箱，人及其身处炼狱的亲人的罪过顷刻就会化为乌有，天堂的大门就会对他们敞开。路德对赎罪券的出售者深恶痛绝，认为他们这种对赎罪券功效的宣传不仅是在搜刮人民的钱财，有损人的道德，而且与他多年在课堂上宣讲的信念相抵触。作为一位宗教理性主义者，一位严肃而认真的神学家，他把自己在这一问题上的思考和想法写了下来，题为《关于赎罪券效能的辩论》，即著名的九十五条论纲，并于 1517 年 10 月 31 日作为“小字报”把论纲贴在维滕贝格大学的教堂门上，以向师生公开亮出他在这一问题上的观点。

论纲的主要论点围绕对赎罪券效能的批判：

赎罪券只能是对教规法惩罚的宽恕；教会只可以赦免教会施加的惩罚，不能赦免上帝施加的惩罚；神的惩罚只有上帝才能赦免；

赎罪券永远不能赦免罪过，教皇本人亦无力做到这一点；

赎罪券不可能达及炼狱中的灵魂；

真正悔悟的基督徒无须赎罪券便可以得到上帝的宽恕；

真正意义上的“善功圣库”应是上帝的恩典等。

路德的本意是希望以此开展对赎罪券效能的神学辩论，在基督教教会的作用和个人虔诚之间找到一个平衡点，而不是举起反对教皇的大旗。然而，路德的这一观点和做法显然道出了对罗马教廷和赎罪券不满的德国人的心声，他的论纲内容以空前的速度传播开去，在社会上造成很大影响，并最终导致宗教改革运动在德国乃至欧洲的开展。路德的这一举动也就自然被视为宗教改革运动的开端。

从实质上说，路德在赎罪券问题上与教廷之争在于是否承认教皇在教会事务中具有绝对至高无上的权力。在罗马教廷看来，攻击赎罪券就是攻击教皇的权力，而教皇代表罗马教会，罗马教会实际上是全世界的教会，反对教皇就是反对整个教会。教廷和教会对路德的这一做法十分不满，召其去罗马受审，但路德在德国有许多支持者和同情者，包括众多有地位的诸侯，在萨克森选侯的周旋下，路德与教皇的代表在奥格斯堡进行了公开辩论。在辩论中路德不仅不愿放弃自己的观点，反而进一步指出教皇并非上帝的代表，宗教会议的决议也可能是错误的，以此否认了教皇和宗教会议的权威。在 1519 年的莱比锡的辩论中，路德声称自己赞同威克利夫和胡司的神学思想，认为只有《圣经》才具有最高权力，而教皇和自己的会议只有当其行动和法令与《圣经》相一致时，人们才有必要服从。

路德的这些思想触怒了该赎罪券的始作俑者教皇利奥十世，1520 年 6 月 15 日教皇颁布了一道题为《斥马丁·路德谕》的敕令，对路德进行恫吓：要求焚毁路德的著作，并警告路德不要执迷不悟。同时令其在两个月内到罗马作公开忏悔，否则，将开除他的教籍。路德显然是一个意志坚强的人，他并没有因为教皇的恫吓而退缩，相反教皇的所作所为反而使其增强了反对教廷的斗志。他当众焚烧了教皇定其有罪的敕令，并连续发表了《致德意志民族的基督教贵族书》、《教会的巴比伦之囚》和《基督徒的自由》三个小册子，进一步阐明他的宗教改革思想和政治主张。路德的思想在德国思想界和民众中引起强烈共鸣，人们争相阅读路德的文章，年轻的德国人文主义者毫无例外地聚集在他的周围，德国诸侯中的多数也赞同路德的思想。路德无疑已经成为德国人心目中的英雄。1521 年 1 月 3 日，对路德恼羞成怒的教皇利奥十世终于公布破门令，宣布开除路德的教籍。路德及其追随者与罗马教廷彻底决裂。由于路德改革思想在德国已造成的影响和在德国民众中的高支持率，被开除教籍的路德不仅本人受到德国诸侯的保护，没有遭受异端审判庭的迫害，而且其宗教思想在德国诸侯的领地也得到贯彻和实施。1525 年，路德倡导的改革教会首先在萨克森公国内建立起来，新教会取消了主教制度，标志着一个全新的教派的出现。到 1530 年前后，德意志的许多诸侯领地都皈依了新教。

1529 年，德皇查理五世支持罗马教廷，压制德意志内的宗教改革，但受到

德皇查理五世像

德国支持路德思想的各路诸侯的集体抗议。后来，凡主张宗教改革的教派都被称为“Protestanism”（抗议宗，即“新教”），以区别于罗马教廷把持的天主教。德国出现了支持宗教改革和反对宗教改革的斗争。1555年，无法在政治上压服其反对派的查理五世终于选择与路德宗诸侯和解，签订了《奥格斯堡和约》，和约确定了“教随国定”的原则，诸侯有权决定其臣民的宗教信仰，新教的合法地位终于在德国得到了确认。路德倡导的宗教改革运动至此可以说在德国已经完成。与此同时，路德的宗教改革思想迅速波及西欧各国，造成了新的运动在西欧的全面展开。路德的新教组织形态也开始越出德国疆界，传播到丹麦、挪威、瑞典等北欧国家。

“因信称义”是路德改革思想的中心内容，也是路德反击罗马教廷权威的有力思想“武器”。路德基于这一思想把灵魂获得救赎视为来自上帝的恩典，认为只要心存信仰，只要坚信上帝和热爱上帝，就会得到这一恩典，从而把教皇和教会在人的救赎问题上的作用（教会长期宣扬的“教会之外无拯救”思想）

排除在外。

“因信称义”的思想强调的是信仰的作用，只要有信仰就可以与上帝沟通和获得上帝的恩典。这一思想在16世纪还具有有利于培养资产阶级个人主义和个性解放的作用，因为，个人通过虔诚信仰便可获得灵魂救赎的思想实际上具有把人从教会烦琐礼仪的束缚中解脱出来，给人一种精神上自由的作用。文艺复兴以来资产阶级反封建的主要政治口号是强调人的价值、人的尊严和人的权利，路德强调信仰的作用，实际上，就是尊重人格的独立和自由。当信仰成为一个人自愿的事时，是任何人无权干涉和强迫的，一个人的信仰是自由的，那么这个人也自然就是自由的。对于新兴资产阶级来说没有任何东西比自由更为重要了。自由发展、自由竞争、自由选择都与自由联系在了一起。当时欧洲几乎所有资本主义发展较快的国家都选择支持新教，说明了它对资本主义产生的积极作用。

路德通过对原始教义的研究认识到当代教会的教阶制、神职人员世俗化、经院哲学的烦琐争论等都背离了基督教的最初本意。真正的基督教应该是所有归于上帝的人都为圣。路德为此提出了“人人皆僧侣”的思想。他指出信仰使人人具有平等的权利、禀赋和荣誉。无论什么人，只要受过洗，都可以担任教士、主教或教皇，人人可以学习和解释《圣经》。“人人皆僧侣”的思想是摧毁中世纪以教皇为首的教阶制度的有力武器，使人们摆脱了对教士的莫名恐惧，其中个人个性的张扬成为激励人们从事改革的推动力。在新教教会建立的地方神职人员和一般信徒之间的差别不是被取消就是大为淡化，以教士为中介的告解制遭到人们的摒弃。

路德的宗教改革之本意在于纯洁教会，恢复原始基督教的教义，其做法之一是把《圣经》直接交到民众手中。长期以来罗马教廷坚持把《圣经》的解释权攥在自己手中，认为信徒无权阅读、解释《圣经》，也无权决定自己的信仰，只有教皇和宗教大会有权决定人们的信仰。把持对《圣经》的占有权和解释权是中世纪基督教得以把持对信仰的垄断和教会存在的保证，也是中世纪基督教的突出特征。教皇格列高利一世就曾说过，“无知是笃信宗教的力量源泉”。路德推行改革的一个重要思考是如何把《圣经》直接交到民众手中，让民众通过亲自阅读，了解《圣经》的原本教义，以便拒绝罗马教廷解释《圣经》的特权，以《圣经》的权威取代教皇和教会的权威，摆脱罗马教廷作出的种种决议和法规的约束。用德国民众使用和能够看懂的语言翻译《圣经》是他寻找到的答案。他在与罗马教廷决裂后潜心进行《圣经》的翻译。他的德文译本出版后既实现了还宗教于民众的目标，增强了德意志民族的民族意识、民族感情，使德意志民族开始走向逐渐统一的道路。

更为重要的是，人们一旦开始拥有自己的《圣经》，一旦开始了对于基督教中历史的成分和非本质之物的批判，尽管这一批判的初衷可能仅仅是为了发扬《圣经》本身的权威，这种批判就不会中止下来，直到对《圣经》，这个基督教的最后权威的批判。尽管这一任务最后是由18世纪的启蒙主义者来完成的，但是路德宗教改革作为这一批判的开端，其意义是空前深远的。

需要指出的是：路德上述宗教改革思想在很大程度上受到了犹太教的启发，犹太教中不存在教阶制，没有救赎中介等做法都对路德产生了影响。他在改革中的若干做法可以明显看出这一点。他在翻译《圣经》过程中涉及《旧约》部分使用的是《希伯来圣经》文本这一事实可以说是犹太教对他影响的最有力证据。正因如此，新教使用的《圣经》不同于天主教的《圣经》文本。犹太文化对于西方文化发展的影响在宗教改革运动中可见一斑。

路德提倡改革的另一重要思想是“君权神授”。尽管这一思想并非路德所创，是古代文明维护王权统治的法宝。然而，由于欧洲社会发展的独特道路，欧洲的民族主义思想发展迟缓，加之圣奥古斯丁提出的“神权论”的

圣经故事《牧羊女》油画

影响，欧洲社会长期以来流行神权高于世俗权，教会高于国家的观念。其结果是君权通常被认为是从属于教权的一种权力。路德提出的“君权神授”思想是针对中世纪的“神权论”的，认为神授的君权是一种完全独立于教权的统治权，具有改革教会乃至钳制教皇的权力。路德这一推崇世俗君权，反对教廷控制的思想具有民族主义的国家学说的成分。在新教教会出现的地区和国家，教会不再拥有对国家的控制权，主权为世俗权所有。对于已经出现资本主义萌芽，民族主义意识觉醒的西欧而言，路德的这一思想加速了人们希望摆脱罗马教廷控制和建立民族独立教会的倾向。尽管路德的这一思想并没有导致德意志中央集权的出现和国家的统一（当时的德国尚不具备统一的基础），但却对德意志以外国家的中央集权的出现产生了重要影响。

近代德国哲学形成的因素尽管很多，如资本主义生产关系的形成和发展、新大陆的发现、自然科学革命等，但路德掀起的宗教改革运动无疑是其最直接的精神渊源。这不在于新教中的神学论证，而是在于新教中所提倡的个人理性思考，在于新教形成初期所具有的那种怀疑、批判的精神。正是这种精神使得新教与德国近代哲学之间有着不可割舍的联系。正如恩格斯所指出的：“这种批判是德国的产物，如果没有德国的新教，这种批判是不可能的。”路德对罗马教廷权威的挑战可以说揭开了德国近代思想革命的序幕，无论是德国的启蒙主义者莱辛、席勒、歌德，还是近代德国哲学家康德、费希特、黑格尔、费尔巴哈，都继承了新教的批判精神。如果考虑到德国的思想史事实上就是一部批判精神史，路德改革思想在这部思想史上的地位和作用是可以想象的。

宗教改革在英国

16 世纪的英国完全不同于当时的德国，英国作为一个统一的国家，王权的势力已经很大，资本主义生产关系已经很好地建立起来，民族意识也不断增强。早在 14 世纪威克利夫时代，英国就出现过要求教会民族化的呼声。不过，最终在英国出现的宗教改革应该说还是一场完全不同的改革，尽管它受到路德思想的影响是显而易见的。英国的宗教改革从一开始就是一种出于政治考虑、自上而下展开的改革。改革始于亨利八世在位期间（1509—1547 年）。导致亨利八世决意实行宗教改革的直接原因是教皇迟迟不批准他因没有男性继承人而提出的离婚请求。教皇出于自身的考虑，迟迟不予答复。1533 年，对教皇的拖延感到愤怒的亨利八世公开宣布与教皇决裂，并要求英格兰教会也断绝与罗马教廷的关系。次年，在他的授意下，英国国会通过了著名的《至尊法案》，规定英王是英国教会的最高主宰，拥有召开宗教会议、决定教义和任命教职等权力，教会原交给罗马教廷的贡金一律转而上缴英王。这样一来英国教会便成了脱离罗马教廷的独立教会。由英王一手导演的改革结出的主要是政治上的成果——教会必须接受世俗国家权力的控制。与罗马教廷切断联系的英国教会信奉的仍是罗马天主教，其教义、组织形式和礼仪均没有重要变动。不仅如此，到了玛丽时代（1553—1558 年）英国还出现了试图恢复与罗马教廷联系和迫害新教教徒的事件，罗马教廷的影响大有卷土重来之势。1558 年，信奉新教的伊丽莎白一世登基后这一局面才得到改变，路德和加尔文的新教思想部分受到采纳。1571 年，英国国会通过的《三十九条信纲》被宣布为英国圣公会的官方教义，英国国教——安立甘宗最终确立，至此，教会的民族化在英国彻底完成。

尽管如此，英国的宗教改革作为一种自上而下的运动，进行得很不彻底，改革后的教会仍保留了大量天主教传统，致使越来越多的信徒为加尔文宗所吸引。这些新教教徒要求清除英国国教中的天主教成分，以纯洁教会，造成了英国历史上著名的“清教运动”。当那些具有“清教”思想的英国清教徒因受到迫害而抛弃自己的祖国，远涉重洋来到大西洋彼岸——美洲大陆生活时，新教的思想也随之被带到了新大陆，在那里生根、发芽，并最终孕育了带有浓厚清教意识的“美利坚”思想，使“美利坚”日后成为世界上最大的一个新教地区。

宗教改革在瑞士

16 世纪的瑞士是一个以自治市为单位的地区，既不受国王的统治也不受诸侯的主宰，城市公民可以自行决定自己在宗教上的选择。这使得宗教改革得以以一种独特的方式开展。

茨温利宗是瑞士最早出现的根据新教教义组成的教会，由瑞士人乌尔德利希·茨温利（Huldrych Zwingli，1484—1531 年）在苏黎世创立。茨温利是从一个人文主义者转变成教士的。成为教士的茨温利赞同和支持路德的思想，在路德的影响下开始自己的宗教改革事业。他抨击苏黎世的传统教会，建立起了脱离罗马教廷的新教教会。他的《六十七条论纲》是其改革思想的集中反映。他宣称《圣经》是唯一的权威，否认罗马教皇的权威，否认赎罪券的功效，主张废除教士独身制

约翰·加尔文像

和烦琐礼仪等，并在他所领导的教会中切实贯彻执行一系列改革思想。他的改革思想使其成为瑞士东北各州教会进行宗教改革的领导者。他所领导的宗教改革被称为“茨温利宗”。令人遗憾的是，1531 年，他在与瑞士其他州持天主教思想派别的作战中阵亡。其开创的茨温利宗后来为加尔文宗所融合。

加尔文宗是宗教改革运动中涌现出的另一重要教派，由法国人约翰·加尔文（John Calvin，1509—1564 年）创立。

年轻时代的加尔文深受基督教人文主义影响，在研究神学的过程中为路德的新教思想所吸引，开始参加巴黎的新教教会，然而，在天主教势力占主导地位的法国，改信新教的加尔文因宣扬路德思想被指控为宗教异端而受到迫害，不得不流亡瑞士。在瑞士，加尔文开始了他的宗教改革生涯。1536 年，他发表了《基督教原理》一书，从严格的神学学说入手系统阐述了自己的宗教改革思想。该书的系统性、严谨性和逻辑性使其成为有关新教基本信条的最具权威的神学著作，他本人也因此被视为宗教改革运动的又一位旗手。1541 年，加尔文受到日内瓦宗教改革人士的邀请，直接领导了该地区的宗教改革运动，从而确立了以其名字命名的新教教派——加尔文宗。加尔文不仅在理论上构建自己的思想，而且在生活中实践自己的思想。在他的领导下，日内瓦成为一个神权共和国。国家由选举出来的长老治理，人们的生活受到道德伦理的严格规范。加尔文倡导其教会恢复犹太人的安息日规定，严禁人们从事任何与世俗事务有关的行为。一切带有罗马教廷习俗的礼仪都将遭到摒弃。日内瓦由此被视为“彻底的新教的灯塔”。1555 年后，加尔文把主要精力放在向其他国家传播新教教义上，为新教的迅速传播作出了巨大贡献。

加尔文神学思想的核心是“预定论”。所谓“预定论”的思想最早由圣奥古斯丁提出。加尔文经过自己的思考认同奥古斯丁的思想，认为一个人是否能得到救赎不在于任何其他原因，而是由上帝的永恒判决决定的。上帝出于人所无法理解的密意在人被创造出来之前就预先确定哪一些人将获得永生，哪一些人将受到永久惩罚。鉴此，一个人是否获得救赎，不在于进行忏悔，做善功，或行圣事，而完全取决于上帝的预定，因为世人是无法改变神意的。很显然，与路德提出保罗的“因信称义”目的如出一辙，加尔文在这时重新提出奥古斯丁的“预定论”，是试图以此来彻底否定教皇和教会在救赎问题上的任何作用和权威。

根据加尔文的“预定论”，尽管上帝预先决定了被救赎的人，但每一个基督教徒都可以通过自己在现世的奋斗和成功来证明自己是被上帝选中给予救赎的人，因为加尔文把个人事业的成功解释成是个人能够获得上帝救赎的可靠表现，是上帝预先决定给予救赎的神意的证明。这样一个人的成功便成了将获得上帝救赎的主要标志。实际上加二文便是站在了新兴资产阶级的立场上给予“预定论”以符合资产阶级思想的解释。

此外，加尔文还认为，不仅一个人是否拥有财富是一种上帝的安排，而且人的经营才能也是上帝的恩赐。在他看来人们经商办企业，发家致富，积蓄资产，放贷取利同担任教会职务一样神圣，均可视为受命于上帝。这样一来，世俗职业和个人奋斗便被赋予了神圣的意义，人们再也用不着在个人财富上遮遮掩掩，在才能上遮遮掩掩。发家光荣，致富光荣，加尔文的这一思想显然是符合当时新兴资产阶级发展需要的，在一定程度上促进了资本主义的繁荣。

不仅如此，加尔文并不认为由于人的行为无法改变上帝的决定，就应对生活采取消极态度，相反，他大力提倡善行。他认为好的基督徒应该把自己设想为是上帝的选民（上帝确定将获得永生的人），凭着对上帝的永恒信心，按《圣经》要求行事，在生活中有所成就，以彰显上帝的荣耀，圣化上帝的英名。

很显然，加尔文宗的教义与组织形式比路德教派更能适应资本主义发展的要求，因而在西欧传播得更为广泛，法国、英国、荷兰等国都出现了大量的加尔文宗信徒。加尔文宗在法国称为“胡格诺派”，在英国称为“清教”。在荷兰，信仰加尔文宗的信徒以宗教改革为旗帜，与西班牙腓力二世进行了大无畏的斗争，在反对罗马教廷的同时反对西班牙的统治，终于在 1581 年在尼德兰地区的北部建立了荷兰共和国。这是欧洲历史上出现的第一个由新教教徒创立的资产阶级共和国，它无疑是宗教改革运动的一项最为积极的成果。

罗马教廷的改革

宗教改革运动的出现和发展还导致了一个意想不到的结果，迫使其对立面——罗马教廷（天主教）开展了一场自身的改革运动，尽管这一改革是一场为了更好反击新教而开展的内部改革运动，但改革运动对欧洲历史的影响并不亚于新教的。对于罗马教廷来说，改革的目的是捍卫和确立天主教教义，清除教会内部的弊端和腐化堕落现象，以重振教纲和影响力。天主教的改革思想和精神集中反映在1545年至1563年断断续续召开的特兰托宗教会议上，1563年通过的《特兰托会议信纲》成为改革的指导思想。天主教在这次会议后，通过一系列具体措施，结束了天主教内部的教义之争，教义变得更加明确，教会得到净化，教士行为得到约束和规范，修会活动活跃，天主教地位得到加强，传教区域扩大。

最值得一提的是经历了改革的天主教的传教活动。由于宗教改革运动，天主教在欧洲大陆的势力范围受到冲击，不断脱离出去成为新教的国家日益增多，积极寻求发展的天主教在改革中大力拓展了海外传教活动。成千的天主教传教士出于对信仰的热爱，以甘心贫困、纯洁和服从的精神在亚洲、非洲和美洲进行不懈的传教活动。其中由西班牙人罗耀拉1543年在巴黎创建的“耶稣会”的活动最为引人注目。由于耶稣会士经过严格挑选和训练，纪律严明，素质较高，形成了一股政治势力，有力地遏制了新教在欧洲的进一步扩散。天主教在法国、比利时、南欧和东欧大部分地区的地位重新得到巩固。而肩负传教使命的耶稣会士则带着《圣经》和十字架，跟随探险队出现在每一块新发现的地区，使天主教势力达及美洲、亚洲和非洲，扩大了天主教在全世界的影响。

罗耀拉像

罗马教廷进行的改革对社会也产生了一些积极影响。基于坚信强有力的信仰只能建立在教育的基础上，天主教更加重视教育的作用，创办学校，普及教育，宣传业已为社会认可的科学知识成为教会的一项重要活动，其结果是民众的识字率上升和教育水准的提高。由于既强调信仰也强调善行，人们更加关心慈善事业。欧洲信奉天主教的地区出现的日益增多的孤儿院和济贫院就是慈善事业发展的最好证明。天主教的吸引力因此大为加强。天主教没有因为新教的改革运动而失去自身的活力，其主要原因不能不归结于罗马教廷的改革。正如论者说，“如果没有 16 世纪天主教改革家们的英勇的努力，天主教就不会横扫全球并在欧洲像现今这样作为一种强有力的精神力量重现。”

宗教改革运动对欧洲的影响

宗教改革运动尽管出现了众多不同的派别，各派在思想和教义上有所不同，但在总体上，新教运动还是具有其明显的统一特征。在圣事方面，只有圣餐礼和洗礼为多数人认可，其他圣事被降到了次要地位。在崇拜仪式方面，新教反对崇拜圣像和圣物，拒绝天主教的弥撒。崇拜礼仪得到了简化，使用民族语言而不是拉丁语。布道的作用得到重视，布道内容与解释《圣经》、宣传教义、评说社会道德问题结合在了一起，更加贴近民众生活。在崇拜仪式中，信徒集体吟唱赞美诗，直接介入其中。在组织方面，废除了基督教内部的等级制——教阶制，教会实现自我管理。修道院制度和神职人员的独身制遭到废止。宗教改革作为一场宗教运动，其影响主要表现在宗教的改革上，其巨大成果之一是永久性地摧毁了基督教内部的统一，永久性地结束了罗马教廷对西欧各国至高无上的统治。在西方社会具有深远影响力的宗教出现了多样化、多极化的倾向。任何不同思想都可以有自己的位置。

人们在评价宗教改革遗产时，往往注意到宗教改革在摧毁基督教统一的同时还不可避免地导致宗教战争在欧洲的出现。的确，西方社会在宗教改革出现后至 17 世纪中叶把信仰分为两类：天主教国家和新教国家，它们互相对峙，流血的宗教战争绵延不断，不同教派的信徒相互仇杀使得欧洲文明陷入巨大危机中达百年之久，直至 1648 年《威斯特伐利亚条约》的签订，流血冲突才停止下来。天主教国家和新教国家终于以条约的方式互相承认，宣布和平共处。但是应该看到，正是经历了这一过程，宗教分歧才不再是欧洲国家分类、对外关系和外交政策的主要依据原则。不同信仰的人可以享受同等的宗教和政治权利，以异端为由的宗教迫害逐渐减少，实行宗教宽容和宗教自由成为西方信仰生活的主旋律。宗教因素在西方政治生活中的影响第一次被降到一个次要地位。这不能不视为是宗教改革的一项具有深远影响的成果。

由于受人文主义的影响，宗教改革注重人的个性与现世生活。宗教改革是继文艺复兴之后又一场冲击神学对科学和自由思想禁锢的运动，科学、哲学、文学、艺术无一不受其影响并发生了深刻变化。

然而，16 世纪的宗教改革又不仅仅是一场反对罗马教廷的运动，它还是一场争取信仰自由的运动。尽管它取得的自由十分有限，宗教思想（尽管是不同类型的）仍然在禁锢着当时的人们，但它体现了一种时代的革命精神，回答了当时政治斗争所提出的各种问题。英国哲学家罗素指出：“为自由的斗争是从宗教问题上开始的，也是在宗教问题上得到一个几乎彻底的胜利。”佐基认为 16 世纪出现的宗教改革“是一次人类心灵追求自由的运动……是对精神领域内的绝对权力发起的名副其实的反抗。”

宗教改革运动还促进了个人主义的发展。在与上帝沟通的问题上，新教教徒寻求个人同上帝的直接交流，从有利于自己的角度去解释《圣经》，并最终建立起了一套能够与资本主义经济制度发展相匹配的道德观念。正是在这一意义上，人们把新教看成是一种有利于资本主义发展的宗教。

不过，在今天看来，更为重要的是，由路德掀起的宗教改革运动的真正价值还不仅仅限于自身，更在于它所预示的历史方向。应该说 16 世纪出现的宗教改革运动包含着一种未来的力量和希望。自它以降，信仰自由和思想自由的彻底实现便成为西方各国进步人民所为之奋斗的目标。

启蒙运动时期的文化

西欧资本主义关系的产生

由于封建社会前期生产关系基本上适应生产力的性质和水平，由于城乡人民的辛勤劳动及不断改进生产工具和生产技术，因而推动了生产的发展。15~17 世纪时，西欧社会生产力有了显著的提高。

首先，在动力技术方面，从 14 世纪末到 15 世纪出现了两项重要的技术革新，使人们更多地以自然力取代人力和畜力。一是风力、水力的广泛应用；二是发明了上射式水车，代替了原来的平射式水车。平射式水车直接装置在激流里面，而上射式水车则安装在水渠附近，利用水落差之力，冲击轮叶，推动水轮旋转，工作效能较前提高得多。动力技术的改进，对磨面、冶金、采矿、呢绒等生产部门都发生了很大的影响。在冶金业中，开始建有三米高的熔炉，并采用了靠水力带动的大风箱，大大地提高了炉温，可炼出质量较高的钢铁。在金属加工业方面，已开始使用最简单的旋床、钻床、磨床、拔丝机、起重机，甚至出现了重达一吨以上的水力锤。在采矿业中，使用了最简单的抽水机和绞盘，使人们有可能开采更深的矿层。

其次，随着冶金和金属制造技术的进步，兴起了一个新的工业部门——军火工业。14 世纪，中国发明的火药和火炮传入欧洲，欧洲人利用并加以改进，造出了大炮和毛瑟枪。16 世纪，各种火器已在欧洲广泛流行。由于铸造枪炮需要更多的生铁和铜，又反过来促进了冶金和铸造技术的发展。

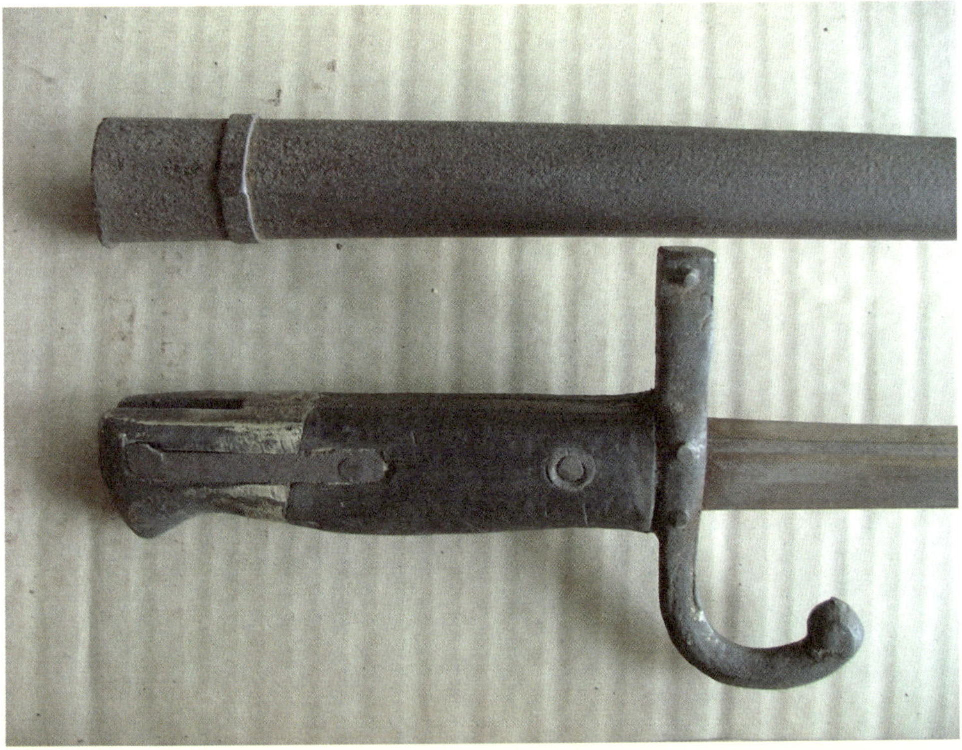

早期毛瑟枪

最后，16~17 世纪时，在农业技术方面有了较大改进。例如，在英国和尼德兰等经济发达的地区开始采用轮耕制，提高了土地的利用率。肥料的使用更加普遍，耕地面积有了显著的扩大。同时，畜种的改良也得到重视并取得了成效。随着农业技术的缓慢进步，单位产量有了较大提高。如 12~14 世纪，西欧小麦播种量与收获量之比约为 1∶4，到 16~17 世纪时上升到了 1∶6 以上。与此同时，农民的生产率也有所提高。如，13~14 世纪时，西欧中等农户每年大约生产 2200 多公斤粮食，而 15~16 世纪时，一般农户每年生产 4800 千克左右，劳动生产率提高了一倍以上。农业的发展，一方面为非农业人口的吃饭问题提供了保障。另一方面也可使更多的农民从繁重的农业劳动中解放出来，转而从事工商业，从而加快了工商业的发展。

15~17 世纪西欧社会生产力的发展，给资本主义生产方式的出现创造了条件。

商品生产和发达的商品流通，是资本主义产生的历史前提。资本主义生产的基本条件是由两方面构成的，"一方面是货币、生产资料和生活资料的所有者，他们要购买别人的劳动力来增殖自己所占有的价值总额；另一方面是自由劳动者，自己劳动力的出卖者，也就是劳动的出卖者"。自由劳动者有双重意义，一是丧失了生产资料，"他们脱离生产资料而自由了"；二是"生产者从隶属地位和行会束缚下解放出来"而自由了。资本主义生产的萌芽和产生的过程，就是这两方面条件逐步萌芽和产生的过程。

工业中最初的资本主义生产是在小商品生产者分化的基础上产生的。在商品生产的竞争过程中，一部分作坊主积累了资金，扩大了生产，原有的学徒、帮工不敷使用；帮工到期不能独立开业，不能转化为作坊主，时间越来越长地留在作坊主（师傅）那里干活，作坊主给他们的报酬有所增加。这样，双方已产生了雇佣关系，作坊主的资金在雇佣劳动力增殖其价值总额的意义上转化为资本，帮工在被雇佣的意义上转化为出卖劳动力的工人。这是工业生产中资本主义萌芽的一种形式。这里说是"萌芽"，在于资本主义生产方式还很不完全，作坊主与帮工的关系还有行会束缚等旧的成分，帮工还不是完全自由出卖劳动力的无产者等。例如，14 世纪的伦敦，呢布制造过程中，修整工、染工、织工和漂洗工，都想自己掌握最后的工序，然后由自己出售呢布。竞争的结果是，呢布修整工获胜，取得了对其余行业的支配权，成为商人和资本家。工业中资本主义生产萌芽的另一种形式，是商业资本开始有一部分转化为生产资本，农民承接商人的加工订货。随着手工业的发展，原有生产组织已不能满足需要。一些商人本来与农民有代购、包销农副产品的关系。这时商人更进一步让农民承担某种手工业品的加工劳动，如把羊毛纺成纱等，给农民，一定的报酬。在一些情况下，商人还贷给农民现金，给农民提供原料、工具，由农民从事手工业生产，商人则从这种关系中谋取一定的剩余价值。商人和农民的雇佣关系部分，属于资本主义生产萌芽的性质。例如，英国主要羊毛出口城市布里斯托尔的商人，在14世纪时便把羊毛交给农村的家庭妇女纺线，从而使农村家庭手工业变成资本主义家庭工业。但是，这种关系中商人还不是购买劳动者的整个劳动力，劳动者也还没有完全丧失生产资料，也不一定完全摆脱了隶属地位，所以只是资本主义生产的萌芽。

农业中资本主义萌芽的一种具体形式是租地，半租地农场主向土地所有者租得土地自己经营，既改进经营以发展生产和谋利，也来剥削被他雇佣的劳动者。在英格兰，领主将庄园内部分自用地连同家畜一起出租，在13世纪就很盛行了，但将全部自用地出租的现象则始于14世纪初，1381年农民起义之后更加广泛起来。租地者首先是庄园的总管和管事，其次是家中有五六个强壮劳动力的佃户，第三是村中具有一技之长的人，如工匠或商人。

“在14和15世纪，在地中海沿岸的某些城市已经稀疏地出现了资本主义生产的最初萌芽。”早在14世纪，意大利和英国的一些城市中已经出现了较大的作坊，拥有几十名、甚至更多的帮工，作坊主开始脱离劳动，而依靠剥削来发财致富。

资本主义生产，在其萌芽后经过了约两个世纪才正式产生了，它的典型形式是手工工场。手工工场在西欧较普遍形成的时间，是16世纪中叶。马克思曾说：“资本主义时代是从16世纪才开始的。”在手工工场中，由于手工工场主集中资本并组织扩大了生产，同时雇佣、剥削工人，所以它是资本主义性质的生产关系。但这时它在整个社会生产中还不占主导地位；占主导地位的，仍是封建制的生产关系。

资本主义在工业发展中经历了三个阶段，即简单协作、手工工场和机器工业。在西欧，从16世纪中叶到18世纪70年代英国产业革命前夕，手工工场一直是工业生产的基本组织形式，因此这个阶段通常又称为手工工场时期。

16世纪英国手工工场

手工工场有两种类型，即分散的和集中的。开始以分散的为主，即生产者分散在各自的家庭里接受

产品订货。它与以前个体生产不同的是劳动者已整日为手工工场主劳动了。并且，劳动者往往是全家动手，起早贪黑地去为完成订货而工作。随着资本主义生产的进一步发展，集中的手工工场逐步取代了分散的手工工场。在集中的手工工场中，工人在同一个工场主、一个命令、统一监督下分工协作。由于分工，使一个工人只承担一种操作，即使操作简单化，又提高了操作的熟练程度，因而促进了工具的改进和生产技术水平的提高。

早在14世纪中期，佛罗伦萨的手工工场就有了很大的规模，仅毛织业就拥有3万名左右的工人。但是，发展更为迅速的是在英国。英国的手工工场以毛纺织业最为兴盛。16世纪时，呢绒的出口每年达12万匹，17世纪上半叶每年增至25万匹。毛纺织业成为遍及城乡的“全民性”的“民族工业”。不仅生产规模大，而且生产技术也有了很大的进步。至17世纪，雇佣几百人的手工工场已经相当普遍，有的甚至多达近千名工人。

资本主义关系是生产力提高、社会分工发展的结果，但在这个过程中资本的“原始积累”起着巨大的促进和推动作用。

原始积累有多种形式，如殖民掠夺、在国内推销国债、实行包税制和增加苛捐杂税；在国外进行欺诈性贸易、发动商业战争等。其典型的形式有二，即圈地运动和殖民掠夺，都是通过暴力来实现的。圈地运动剥夺农民的土地，为资本主义生产提供了大批廉价劳动力和大片土地，这个过程在英国特别明显。通过殖民掠夺，使资本家积聚了大量的货币资本。需要特别说明的是，一、原始积累的多种形式中包括对内、对外的暴力掠夺，但是，绝不是暴力创造了资本主义生产关系。二、并非各地的原始积累都是以暴力的形式开始的，如在革命前的尼德兰，形成资本主义关系主要是一个自发的经济过程，基本没有暴力掠夺等，商业战争、殖民掠夺等始于16世纪末期。

欧洲启蒙运动的缘起

17世纪的欧洲在社会、科学和哲学领域取得的骄人成就在18世纪结出了丰硕的果实，一场主要由知识分子掀起的思想运动——启蒙运动——在欧洲大陆轰轰烈烈地展开。

与其他任何运动一样，启蒙运动的出现有着深刻的社会历史原因。从总体上说，它是在欧洲资本主义经济发展、人民不满封建专制主义势力统治的历史条件下，在英国“光荣革命”和科学革命影响下产生的。

首先，1688 年英国“光荣革命”的成功和资产阶级登上政治舞台，以及随后英国资本主义工商业的快速发展和英国在世界范围内霸主地位的上升，对欧洲社会产生了巨大影响。越来越多的人开始意识到封建专制主义的弊端、危害，以及对社会发展的阻碍作用。希望通过对权力来源、权力制衡的思考，对各种政体的比较，找到一种理想的、普遍适用的民主政体这一厚望导致了启蒙思想的发展。启蒙运动的许多思想家都曾对这一问题有所思考和发表过论述，其结果是封建专制的最终没落和民主政治制度（资本主义制度）在更大范围内的确立成为不可逆转的历史潮流。可以说，英国资产阶级革命和新兴资本主义生产方式的出现为启蒙运动的兴起奠定了坚实的政治和经济基础。

其次，17 世纪后半叶欧洲科学革命取得的一系列伟大成就对启蒙运动的出现和内容具有决定性的影响。科学革命从根本上革新了人的知识与观念，特别是牛顿雄辩地用科学理论解释自然界运动规律的万有引力定律实际上向当时的人们揭示了这样一个真理：整个宇宙是由自然力量而不是非自然力量支配的，并且完全可以被人类认识的。传统神学对世界的解释是不科学的、荒谬的和不可信的。不仅如此，科学革命所取得的成就还使人们深信“科学方法”的重要性，认为运用“科学方法”不仅可以研究和解决自然界的问题，而且可以用于研究人类事务和解决人类面临的问题。这样，科学革命的成果在影响启蒙思想家世界观的同时，还成为他们批判旧传统和宣传理性思想的强大力量。科学革命时期确立的新的科学方法成为人们认识自然和世界的武器，对于启蒙思想家而言，近代自然科学的一切成就则成为他们对社会的愚昧和落后进行鞭挞的有力武器。当人们对世界的看法发生变化时，渴望新思想的到来是极其自然的。人们对外部世界及自身认识的进步已经为理性主义的前进铺平了道路。

17 世纪的科学革命和与之有密切联系的哲学思想还在欧洲社会中孕育了一种从传统的权威中解放出来的现代意识。当这一意识与笛卡儿提出的“怀疑一切”的思想结合在一起时，就产生了一种怀疑主义思潮，日益增多的思想家和知识分子开始否定古代知识的至尊，拒绝盲目信仰，提倡自由思考。这种意识实际上是当时历史条件下的一种“思想解放”，对基督教教义特别具有威胁性。法国的培尔（Pierre Bayle，1647—1706 年）就是这类知识分子早期的一位杰出代表。

他出生在法国一个信仰新教的加尔文派家庭。由于法国路易十四对法国国内加尔文派的迫害和镇压，他不得不逃亡荷兰。培尔知识渊博，思想解放，1693

休谟雕塑

年前以教授历史和哲学为主。此后，他失去教职，倾力进行辞典编纂。在科学革命和英国“光荣革命”思想影响下，对宗教和宗教传统提出质疑，进而展开对传统权威的批判。他认为欧洲社会长期流传的对世界的解释是令人难以置信的，是对人的愚弄。培尔具有的启蒙思想主要反映在他编撰的《历史与批判辞典》中。尽管该书表面上是一部辞典，事实上是一部反宗教、反独断、反权威、宣扬怀疑主义、无神论的著作。培尔在对涉及宗教、哲学和历史条目进行解释的过程中对基督教信仰，对当时所有被认为是正统的、未经过理性检验的思想和观念进行了巧妙且淋漓尽致地驳斥，特别是对基督教教会所宣讲的教条提出质疑。很显然，培尔希望通过对宗教和传统权威的批判去认识新的真理。他的观点和他所宣扬的怀疑主义受到教会人士的斥责和反对，被看成是宗教之敌，然而却成为当时人们反对教会和宣扬启蒙思想的有力武器。大多数

18 世纪的启蒙思想家在吸收了培尔的理论后，放弃追求形而上的知识。

培尔的怀疑主义思想在苏格兰的伟大哲学家休谟（David Hume，1711 一 1776 年）那里得到直接的继承。

休谟对知识的根据和基础提出质疑，怀疑任何超出直接感觉经验之外的知识。他以牛顿的科学方法为指导，描述心灵是如何获得知识的。他认为知识只包含直观的明显材料而不包括经验以外的任何事物，不存在任何超越经验的关于任何事物的知识。人不可能揭示经验中的必然联系，也不可能揭示经验的任何根本原因；人们对于世界的信念并非根据理性或证据，而仅仅是以习惯为基础。这样，在休谟那里，培尔怀疑主义思想成为启蒙思想家抨击启示宗教和教会独断论的有力武器。大胆怀疑传统世界留下的一切观念与权威，不人云亦云，不随波逐流，不迷信盲从，凡事凭自己思考和用理性衡量成为启蒙思想家的重要特征。正如恩格斯所说，启蒙思想家“不承认任何外界的权威，不管这种权威是什么样的。宗教、自然观、社会、国家制度，一切都受到了最无情的批判；一切都必须在理性的法庭面前为自己的存在作辩护或者放弃存在的权利。……以往的一切社会形式和国家形式、一切传统观念，都被当做不合理的东西扔到垃圾堆里去了。”怀疑主义的积极意义在这里得到充分说明。

在启蒙思想家看来，宗教迷信和专制统治是两个相辅相成的社会毒瘤，是封建制度罪恶的集中体现，是“拴在人类脖子上的两大绳索”（狄德罗语），因而他们把批判的矛头对准这两个方面。把宗教迷信看成是思想混浊和社会的腐败根源，是科学与进步的死敌，所以要改造社会必须先破除宗教迷信和教会在社会上的影响力，用理性的思想和科学知识“照亮”人们的头脑。为了达到这一目的，就要宣扬理性和近代自然科学。他们还以“自然法则”和“天赋人权”的理论来反对封建专制统治和贵族特权。他们宣扬“一切人生来平等”（孟德斯鸠语），“自由是天赐的东西”（狄德罗语），以此证明封建统治的不合理。其任务主要在于：使全人类的理性从封建教会和专制制度的束缚下解放出来。

启蒙运动作为一场伟大的理性主义运动，坚持以理性审视一切，判断一切，任何不符合理性的东西都被抛弃在了一旁。毫无疑问，启蒙运动所具有的理性主义与文艺复兴时期提出的理性主义有一脉相承之处，但又有实质上的差异，它的核心内容已经超越了文艺复兴提出的理性主义。文艺复兴的理性主义始终不离希腊—罗马传统的脉络，并依赖经典思想家的引导，而启蒙运动所崇尚的理性主义则是由一种欲构筑富有创造性的理论的信念所驱使，创造出一种完全不同于古典的、全新的思想，崇尚科学知识是其核心，坚信人的理性能够借助于“科学方法”去探究把握自然法则（包括人的本质的法则）。在这里，理性和科学是紧密结合在一起的。

“启蒙运动”的提法首先在法国出现。“启蒙”（Enlightenment）一词在法语中的用语是 Lumieres。这是一个内涵极为丰富的多义词，基本意义是“照亮”、“启迪”等。启蒙运动是指当时的思想家提倡用近代科学文化的成就“照亮”愚昧、落后、黑暗的封建社会，用科学和理性的思想“启迪”人们的理智和智慧，以消除长期以来宗教和封建贵族统治造成的迷信与偏见，实际上就是一种思想解放运动。亲身经历启蒙运动的德国哲学家康德对启蒙运动有一种独到的解释。他说：“启蒙就是人类脱离自己所加于自己的不成熟状态。不成熟状态就是不经别人引导，就对运用自己的理智无能为力。当其原因不在于缺乏理智，而在于不经别人的引导就缺乏勇气与决心去加以运用时，那么这种不成熟状态就是自己强加于自己的。Sapereaude（敢于思考）！要有勇气运用你自己的理智！这就是启蒙运动的口号。”康德在这里实际上揭示：启蒙就是引导人们告别人的不成熟状态。在他看来，不成熟状态，无论是因为幼稚或怯懦，还是因为习惯或被迫造成的，其实质都是不能运用自己的理智，听命于他人的一种蒙昧状态。因此，启蒙就是要拨开蒙蔽着理性光芒的乌云，冲破禁锢人们思想的种种束缚，使人自觉地走出不成熟状态，成为成熟的理性人。

法语使用 philosophe 一词来指称从事启蒙运动的人。尽管大多数工具书将其译为“哲学家”，但他们绝不是传统意义上那种身居书斋，只研究因果关系或进行纯学术研究的学者，而是介入社会、介入生活的思想家。他们用自己的思想和笔把理性主义和启蒙思想传播开去，为社会的变革作出了巨大的贡献。

从时间上说，启蒙运动始于 17 世纪末，到 18 世纪末达到高潮，其范围波及整个西方社会（包括美国）。不仅如此，随着时间的推移，启蒙运动所确立的自由、平等、民主的概念还超越了时空的局限，成为全人类的宝贵精神财富。

启蒙运动涉及领域广泛，在批判宗教迷信和专制统治过程中形成了两种重要理论：自然神论和主权在民说。

启蒙运动对神学的最大挑战是提出了“自然神论”（Deism）。自然神论的提出是针对信仰无所不在而且积极干预人间事务的上帝的有神论而言。鉴于当时的历史条件，人们，包括大多数启蒙思想家在内，尚不可能完全抛弃宗教信仰，自然神论的提出显然是一种思想进步。自然神论者并不直接否认上帝的存在，也仍然承认世界为上帝所创（或牛顿所说的“第一推动力”），但认为上帝是超越于自然界之外的存在，在创造了一个完美的宇宙和一整套自然法则后就再也不插手世事，不再干预自然的进程和人类的行为，而是让自然和人类按自然法则行事。他们把上帝形象地比喻成一个“神秘的钟表师”，在制造出了一个完美、各个部分可以精巧和谐运转的钟表后，让其按照可预测的规律自行运转。更为重要的是，自然神论认为，人可以通过自然的理性而不借助于神的启示来认识上帝，通过研究上帝所创造的有形世界而得知上帝的存在和上帝的性质。这样，自然神论把上帝的作用限制在单纯依据可为人类了解的理性法则创造世界的范围之内。自然神论这种单纯从理性入手证明上帝的存在，往往是把以宇宙的结构即秩序作为依据的说法略加改变，实际上是一种在理性和信仰之间解释上帝存在的折中观点，尽管如此，自然神论由于是以理性为前提和基础的，认为凡不能通过理性得到证实的宗教思想，如传统教义中的启示和神迹，都是违反理性的，应予以摒弃。因此，自然神论的提出实际上是对超自然世界观的抛弃，是对宗教迷信的批判，为启蒙运动挑战传统神学思想奠定了基础，成为18世纪人们抨击宗教和批判教会的有力思想武器。

“主权在民说”是启蒙运动对专制主义进行批判的武器，也是近代民主理论的核心内容。狭义的主权在民说指的是国家的主权属于人民，而广义的主权在民说的内容包括自然法、自然权力学说、契约论，以及权力制衡在内的一系列思想。它认为：人享有自然权利，包括自由、平等、财产等权利。人的这些天赋权利，加上正义、理性等构成自然法。对于国家和政府而言，人则是其一切权力的来源，国家和政府所具有的权力是人以契约的形式授予的，是有条件的。尽管主权在民的思想在古希腊就曾经提出过，但启蒙运动时期提出的主权在民说的概念比古希腊要广泛和深刻得多，特别是洛克、卢梭等人把主权在民的思想推向高峰。天赋人权、自由不可转让、立法权属于人民、政府只是主权者的执行人、权力制约、分权说等思想均被提出，并成为西方民主思想的核心内容。而人民有权反抗暴政的思想为日后大革命的爆发埋下了火种。

启蒙运动的蓬勃开展表明，18 世纪的欧洲已经是资产阶级自觉的时代。启蒙运动尽管一开始是由知识分子掀起的一场启迪人的理智的思想运动，但是与已经开始壮大的资本主义和资产阶级是密切关联的，运动所宣扬的思想代表着资产阶级所希望实现的理想，运动所运用的武器、提出的口号和希望实现的目标，都是资产阶级的自我觉醒和理性思想的产物。因此，在这一意义上说，启蒙运动亦可以视为是资产阶级的一场思想革命运动。

卢梭像

虽然法国在 18 世纪成为启蒙运动的中心舞台，但是启蒙思想的最早出现却是在荷兰和英国，因为这两个国家是西欧最早成功进行了资产阶级革命和确立资本主义生活方式的地方。

启蒙运动在荷兰

荷兰早在 17 世纪初就是一个资本主义生活方式和资产阶级思想占据主导地位的国家，经济繁荣、思想解放、学术自由是荷兰社会的特征。许多为当时其他欧洲国家所不容的思想家常常在那里找到安身立命之地和表达自己思想观点的场所。许多在欧洲其他国家无法出版的书籍在荷兰亦可以自由出版。因此，各种具有启蒙色彩的自由思想在荷兰一直广为有流传。此外，荷兰自身也孕育出一批有影响的启蒙思想家。具有启蒙意识的政治思想家格劳秀斯（Hugo Grotius，1583—1645 年）就是其中之一。他是第一个运用近代自然法理论提出天赋人权学说的人。他还是较早提出社会契约学说的思想家。他认为，在自然，特别是在人的自然本性中，存在着一个理性的秩序，这个秩序提供一个独立于人（国家立法者）意志之外的客观价值立场，并以此立场去对法律及政治的结构作批判性的评价。为此，产生自然法的权利，这实际上是在承认存在着人的本性、社会的本性，以及物的本性的基础上，演绎出某些在本质上属于人固有的权利。从中可以看出这样的权利观念更多带有“天赋”权利的色彩，人生于自然，自然具有自己的权利。格劳秀斯还用人的眼光（而非“君权神授”的传统思想）审视国家的产生。他认为，在国家出现前，人和社会处于一种自然状态：即无等级的存在。人们彼此平等自由，过着孤立分散的生活。由于自然法则（指“弱肉强食”）的存在，人们为了防止遭受外来的侵袭和内部纷争的困扰，意识到组织起来的必要性。这种组织起来的形态最终就是所谓的国家。因此，国家是“社会契约”的产物，目的是为了确保人的“共同福祉”。他的这一用“自然状态”和“社会契约”观点来阐明国家产生的思想对思想家霍布斯和洛克有关国家的论说均产生过影响。

格劳秀斯像

荷兰启蒙运动的代表人物是斯宾诺莎。斯宾诺莎作为一个出生在传统犹太人家庭的人，从小受到过的良好犹太教教育对他坚信统一宇宙观起到了重要作用。斯宾诺莎在青年时代就接触到犹太神学以外的思想，特别是笛卡儿哲学、布鲁诺思想，以及自然科学，这对他后来的无神论思想的形成有着重要影响。斯宾诺莎在克服笛卡儿的二元论过程中建立了唯物主义哲学。他认为宇宙是统一的，宇宙只有一个实体。他的世界观理论体系有三个主要环节，即实体、属性和样式。他所说的实体就是统一的、无所不包的整个自然界或物质世界。在他看来，自然界是唯一的、无限的，以自身为存在原因。他坚持按自然的本来面目去了解自然。他指出，无限的实体有无限多的属性，但其中有两种最重要的属性，这就是广延和思维。它们以不同的方式表现着同一实体。在唯一自然界中所包含的无数个体事物是由实体派生的，是实体的变形，也就是样式。根据这一观点，一切个体事物都在自然界之中，依赖自然界而存在，并且只有通过自然界才能被认识。实体与样式之间的关系是整体与部分、原因与结果、本质与现象、无限与有限的关系。在认识论上，他强调认识自然，以获得与自然相一致的知识。他认为只有理性认识才可靠，感性认识是不可靠的。他把知识和求知的方法分为三种：感性经验得来的知识，推理得来的知识和直观得来的知识。而直观的知识是最高级的知识。他看到感性认识的局限，认为理性认识才能把握事物的本质。

斯宾诺莎还是一位高扬自由思想的“战士”。他不仅把自由看成是人的一项最基本权利，而且特别主张思想和言论自由。他甚至认为思想和言论自由是社会发展和科学进步的必要前提和保证。人应该竭尽全力捍卫自由和自由的权利，即使牺牲生命也应在所不惜。

斯宾诺莎对欧洲启蒙运动的最大贡献是通过学术研究从理论上否定超自然的上帝的存在，认为“神即自然”，从而指出自然界是万物存在的实质原因。这一观点对于宗教神学而言不吝是当头一击，正因为如此，当时的正统神学家无一不把斯宾诺莎作为“无神论”者而加以诋毁。但对于启蒙运动而言，斯宾诺莎的“上帝不存在，只有自然存在”的思想则是抨击宗教的最有力的思想武器。从这个意义上说，斯宾诺莎为日后启蒙运动的广泛开展奠定了坚实基础。

启蒙运动在英国

英国是启蒙运动的发源地之一。

牛顿是17世纪自然科学的集大成者。他所取得的成就使人们相信自然法则的威力，形成了自然力可以说明一切事物的理论。英国人将自然法则的原理运用到政治、经济、宗教及文化等领域来思考和分析当时所面临的各种问题，最终演绎出了异彩纷呈的思想学说。由培根开创的英国近代经验哲学认为，人类的知识和观念起源于感觉和经验，表现出前人所没有的实践精神和探求经世致用的智慧。英国启蒙思想家用社会契约论反对君权神授论，用分权制衡理论限制君主专制，奠定了近代以来西方宪政制度的思想和理论基础。基于个人主义和自然法则的经济自由主义思想则为西方近代一个多世纪的经济发展立下了汗马功劳。

一贯讲究实用、固守中庸之道的英国人对待宗教远不如法国人那样立场鲜明、言辞激烈，温和的自然神论和宗教宽容思想贯穿英国启蒙运动的始终。

深受科学革命影响的英国启蒙运动除了具有整个欧美启蒙运动思潮的基本特

征——理性和相信进步之外，还具有自己的思想特征。科学革命不仅改变了人们的思维方式，而且重视观察和实验的科学研究方法也在实践中不断得到运用。这种认识自然的科学方法和英国的政治文化传统结合起来形成了英国独有的思维方式：经验主义式的理性主义。对经验和事实的推崇是英国理性主义最重要的特点。它由培根开其端，霍布斯、洛克、休谟等都是它的信奉者。尤其是休谟由于彻底的经验主义走向了怀疑论，形成了英国启蒙思想的另一个特色。同时，经验主义的思维方式使英国人重视实际、鄙视空谈，自然科学的进步和中产阶级的崛起使讲究实用的思想成为英国思想界的主流。而这种经验主义的传统在政治和宗教领域里则表现为英国启蒙思想上的保守性。它们一起构成了英国启蒙运动的独特之内涵。

培根像

作为欧美启蒙运动的源头，英国启蒙运动勿毋庸置疑地促进了法美等国启蒙运动的兴起和革命的爆发。英国启蒙思想家所提出的思想理论涉及各个领域，霍布斯、洛克等的政治理论、斯密的经济自由主义学说及启蒙时期的宗教宽容思想和哲学、教育学等对近代以来西方社会的政治、经济和思想文化产生了深远的影响。

启蒙运动在法国

整个欧洲的启蒙运动，至少在政治实践方面，是以法国为代表的。进入 18 世纪的法国之所以成为启蒙运动的中心舞台，与法国当时的政治体制和宗教在社会上的地位有着密切的关联。

第一，作为一个长期实行绝对专制主义统治的国家，法国一成不变的封建政治体制到了 18 世纪已经严重阻碍了社会的发展。相对于实行君主立宪制和由资产阶级掌握国家权力的英国，昔日欧洲霸主法国已经大大落后，无论是在海上还是在陆上都日渐式微，经济发展亦受到很大限制。国内的“第三等级”，特别是不断壮大的资产阶级对现存的制度极为不满，他们感到他们的社会威望和作用与他们的实际地位和贡献极不相符，对改革社会政治的要求日益强烈。希望变革的法国资产阶级文人和思想家都把目光投向英吉利海峡的另一边，即已经确立资本主义制度的英国。英国的社会政治制度、欣欣向荣的经济，以及日新月异的科学和具有自由色彩的哲学思想成为法国人羡慕的对象和追求的目标。他们以“自然法则”和“天赋人权”的思想来反对封建专制统治和贵族特权。对专制制度的抨击和民主政体形态的讨论成为法国启蒙运动的一个重要方面。

第二，以天主教为国教的法国早在 17 世纪就受到宗教问题的困扰，由于实行的是专制主义加天主教统治，执行不妥协、不宽容的宗教政策，不仅导致对国内新教运动的镇压，而且致使宗教思想弥漫，教会对社会和人民的控制有增无减。保守、腐败的教会已经成了社会进步的障碍，人们开始切实感受到宗教对社会造成的危害。法国启蒙思想家的批判锋芒首先指向宗教也就十分自然。教会和僧侣是他们集中攻击的对象，破除宗教迷信，反对宗教教条，揭露宗教对社会的负面影响和传统神学的欺骗性成为他们的首要任务。他们把宗教迷信看作科学与进步的死敌，以自然神论或无神论来否定基督教的神权和宗教偶像，以唯物论批判宗教的理论基础——唯心主义。

第三，理性主义在法国的流行。科学革命的影响和经验哲学的确立使得人们对理性的作用有了新的认识。人们开始坚持知识第一的观点，注重归纳与综合，强调实验在归纳中的作用,相信人类理性的卓越性和有效性。所谓“百科全书派”的出现，实际上是理性主义在法国广为流行的一个标志。在整个 18 世纪的法国，理性几乎成了科学的代名词。人们以理性的名义去反对一切传统的观念和神圣的权威，用理性重新审视现存的一切，包括宗教、社会、政治制度等。理性成为 18 世纪法国人所追求并为之奋斗以及所取得的一切。

第四，东方文化的影响。由于西方传教士在东方的传教生活和对东方文化的记述，以中国和印度文化为代表的东方文化在法国得到传播，对法国启蒙运动产生一定的影响。伏尔泰、孟德斯鸠等人都曾经为东方文化所吸引，对东方文化大加赞赏和推崇。东方文化的悠久历史和辉煌成就使得人们对文化的普遍性和相对性有了新的认识，欧洲人不得不重新审视人类的历史和文明。独特的东方文化往往成为他们从新的角度评论、抨击或阐述西方文化的出发点或参照。东方文化在扩大人们的历史视野的同时，对基督教中心论无疑是一种打击，从一个方面推动了启蒙运动的开展。

伏尔泰雕塑

此外，法国之所以成为启蒙运动的中心还与法国上流社会的存在以及当时为思想文化的交流与传播提供了各种各样场所这一事实是分不开的。18 世纪的法国上流社会（包括贵族和文人雅士）对直接从事生产和商业活动不感兴趣，而是热衷于出入社交场所，注意谈吐风度，关心和谈论文学、艺术、哲学是一种时尚。而法国社会涌现出的各种私人和公共文化社交场所，如沙龙、咖啡馆、俱乐部等，为人们交流和讨论新思想和新观念提供了理想的场地。在那里，人们不仅可以无所顾忌地谈论文学、艺术，还可以交换对政治、宗教、社会问题的看法。许许多多的具有启蒙特征的新思想或是在那里提出，或是在那里得到进一步发展。如著名的朗贝尔夫人主持的沙龙被称为“产生出最杰出思想作品的制作室”,成为文化人趋之若鹜的地方。而建于巴黎六区的“普劳高珀咖啡馆”受到法国文人的青睐，法国几乎所有著名作家都光顾过那里。人们一边品咖啡，一边交流新思想和新观念。许多学院和学术团体也成为思想自由交流和传播的场所，连法兰西学院也成为新思想的宣传阵地。所有这一切都为启蒙思想的产生和传播提供了条件。

回顾17、18世纪欧洲的历史，法国作为欧洲的一个统一大国在欧洲文明史上占据着重要地位。不过，在这两个世纪中，法国在欧洲历史上所扮演的角色是不同的。在17世纪，对欧洲发生作用的是法国的政府，强大的政府以军事和外交手段称霸欧洲，成为欧洲政治的主宰。在18世纪，法国的绝对专制主义到了路易十五手中已经走向衰落，国力大减，在欧洲失去了昔日的雄风。然而，在政治上失去影响力的法国，文化上的优势依然存在，富于人性、优雅、轻松的法国艺术和生活情趣对欧洲其他国家的影响依然巨大，而由于启蒙运动在法国的蓬勃开展所产生的顺应时代潮流的新思想、新理论，更是向欧洲提供了从自然神论、泛神论到自由主义、民主等思想，极大地影响了欧洲文明的进程。在这一意义上说，18世纪的法国依然是欧洲文明的灯塔和旗手。

随着启蒙运动在法国的开展，自由与平等逐渐成为启蒙运动中最鲜明的两面大旗，后来的法国大革命在自己的旗帜上写下“自由、平等、博爱”的口号也就十分正常。

启蒙运动在法国的轰轰烈烈开展与法国涌现出的一批著名启蒙思想家是分不开的。他们以笔为武器，所发表的启蒙檄文具有强烈的政治意义和鲜明的战斗性，不仅影响了法国，而且对欧洲所有国家都造成了影响，成为18世纪最引人注目的启蒙思想家。其中，伏尔泰、卢梭、狄德罗、孟德斯鸠等对启蒙运动在法国蓬勃展开的贡献尤其巨大。

伏尔泰（Voltaire，原名 Jean Francois Arouset，1694—1778年）是法国启蒙运动的首倡者和领袖、著名文学家，被视为欧洲民主的象征。他的长寿使他基本上经历了法国启蒙运动的全过程。他发表的著作多达70余卷，他那支如椽的笔成为宣传启蒙思想的锐利武器。他的思想影响之大，以致法国的18世纪又被称为“伏尔泰世纪”。

伏尔泰出生在富有的资产阶级家庭，年轻时便涉足法国社会上层的社交场所，这些社交场所具有的浓厚自由思想氛围对他无畏精神的形成有一定影响。他曾因不怕触犯封建权贵的性格入过狱并受到迫害，不得不避居国外数年。在其避居英国期间，他为英国的政治制度和经济生活所吸引，特别是牛顿的科学思想和洛克的经验哲学思想给他留下了深刻的印象，对他的启蒙世界观的形成产生了巨大的影响。回到法国后，他于 1734 年匿名发表的《哲学书简》对英国光荣革命后在各个领域取得的成就大力赞扬，对法国的专制主义进行了严厉抨击，并宣扬信仰自由、平等和唯物主义经验哲学思想，成为英国启蒙思想在法国的传播者。

在牛顿和洛克思想影响下，伏尔泰成为最早摒弃唯心主义哲学并接受唯物主义思想的法国启蒙思想家。他承认物质世界的客观存在，用牛顿力学解释世界，认为宗教组织和宗教迷信是人类理性的大敌，反对教权主义是他启蒙思想最鲜明的特征。他撰写了大量文章和小册子，抨击教廷和教会的腐败，揭露僧侣、教士的卑鄙和宗教迷信对社会的危害，在法国社会有着广泛影响。

在政治上，伏尔泰的出发点是“自然法权论”。他认为以平等、自由和财产为基础的社会秩序是最公正的秩序。他赞同并主张英国式的君主立宪制，认为“开明君主制度”是最理想的政体，以此抨击当时法国实行的专制主义统治。他是自由与平等的坚定提倡者和维护者。在他看来自由是一种自然权利，不应受到任何侵犯。他曾经在给他的一个反对者的信中写道：“我不同意你说的每一个字，但是我愿意誓死保卫你说话的权利。”他的这句话成为提倡言论自由的名言。他认为人民的自由是国家强盛的保证，人民失去了自由，国家也就失去了抵抗敌人的能力。

卢梭（Jean Jacques Rousseau，1712—1778 年）是治国另一位伟大的启蒙思想家。他出身贫寒，没有受过系统的教育，但通过自学积累了广博的知识。他的启蒙思想代表了人类对人权的追求，他提出的关于人权的思想和要求，激励了法国大革命的领袖，成为法国大革命的中心政治纲领之一。他的启蒙思想主要反映在其《论科学与艺术》，《论人类不平等的起源》和《社会契约论》等著作中。〔详见 P325（一）卢梭〕

在法国启蒙思想家中，狄德罗（Denis Diderot，1713—1784 年）是一位举足轻重的人物。相对于其他启蒙思想家，狄德罗是一个“晚辈”，但他的出现把法国的启蒙运动推向了高潮。这不仅与他的唯物主义和无神论思想有关，还与他不屈不挠的精神有直接的联系。

对于启蒙运动而言，狄德罗所作的最大贡献是成功完成了代表 18 世纪最高学术水平的《百科全书》的编撰工作。《百科全书》汇集了当时的先进科学思想和唯物主义观点，并以通俗的语言向人民宣传这些思想，在极大地唤醒民众革命意识的同时，把启蒙运动推向了高潮。这部由狄德罗主持编撰完成的《百科全书》全称是《百科全书，或科学、艺术、技艺详解辞典》。出版商原来只是想把英国的一部科技大辞典翻译成法语，聘请狄德罗和数学家达郎贝担任主编。但是，狄德罗却把《百科全书》的编撰工作变成了一项吸引全体法国人注意和影响整个欧洲的伟大事业，编撰活动本身也成为一项启蒙活动。《百科全书》的编撰从 1751 年开始，历经 30 年，到 1780 年全部完成，总共出了 32 卷，内容差不多囊括了当时已知的全部知识。除科技外，还包括哲学、宗教、政治、经济、文学、艺术、习俗等。法国的启蒙思想家几乎所有人都参加了撰写工作，先后为它撰稿的人多达 160 余位。尽管《百科全书》的内容是以词条形式出现的，但各位撰写人都是在理性的指导下，用人类在自然科学和社会科学方面的成就对当时社会制度、政治生活、宗教思想、文化、艺术发动了一场全面的进攻，使该书的编撰工作成为一场用科学批判落后、用知识代替盲从、以理性抨击愚昧的伟大的文化运动。

由于《百科全书》具有的启蒙思想，在第一卷出版后便遭到欧洲最反动的天主教派别——耶稣会的攻击。等到第二卷出版，当局也出面干预，下令禁止发行。慑于统治者和社会保守势力的压力，达郎贝中途辞去了主编的工作，然而，意志坚强的狄德罗却没有退缩，而是在艰苦的斗争中坚持编撰工作，以超人的意志和大无畏的精神完成了这一历史性的工作。可以说，狄德罗以百科全书为自己建立了一座真正的丰碑，展示了这位启蒙哲学家博大的智慧和顽强的战斗力。

由狄德罗组织编撰完成的《百科全书》影响巨大，成为 18 世纪后期法国启蒙运动的集中表现。在这部书中，人们可以看到，科学和唯物主义思想得到了宣传，上帝造人的谬论遭到否定，教会的虚伪和反动受到了揭露，理性思想得到了弘扬。《百科全书》的成功编撰被人们视为 18 世纪中期法国启蒙运动成就的集中体现。法国人自己并不常用“启蒙运动”这一名词指代启蒙运动，而是更多的使用“百科全书”一词，这充分说明了《百科全书》所代表的思想。法国的启蒙思想家因此也被称为“百科全书派”。

用狄德罗的话来说，编撰百科全书的目的是“汇集世界上分散的各种知识，向现实同我们一起生活的人们阐述它们的普遍体系，并将此书传之于我们的后人，从而使得过去时代的业绩对未来的时代不是无用的东西，让我们的子孙因为更有知识，从而更有道德、也更幸福，使我们与世长辞时无愧于人的称号”。因此狄德罗被认为是为现代人盗火的“普罗米修斯”，是把科学革命的知识传给人民大

狄德罗像

众的一位伟人。

狄德罗对于启蒙运动的贡献远不止《百科全书》的编撰，他在哲学、美学、文艺批评、戏剧理论以及文学创作等方面均有建树。

孟德斯鸠（Montesquieu，1689—1755 年）主要是一位政治思想家，青年时代就对政治制度表现出浓厚的兴趣。早年他学习法律，当过律师和法院顾问。1716 年从叔父那里继承子爵爵位和法院院长职务。在与法国法律和司法制度直接接触的过程中，他深深感受到法国的封建法律是完全为王权服务的，根本没有公正可言。1728 年，他辞去了法院院长一职，到欧洲各国旅行，考察和了解各国政治制度，特别认真研究了英国的宪法和议会制度，为他的《论法的精神》一书收集资料。这一重要著作花了他 20 年时间方才完成，是 18 世纪最完善的一部政治学论著。在《论法的精神》中，孟德斯鸠首先阐明法律作为社会制度的产物并不是一成不变的，而是随着社会的变化而改变。他认为人类在进入社会状态之前处于自然状态，遵从自然法生活，但在过渡到社会状态后，为了保障人的自由平等权利，自我制定了“人为法”，规定了处理统治者和被统治者之间关系的法律。人为法由于是人类自定的，可以，也应该随着社会的变化而改变。他对人类社会自古以来实行的政体进行了分类，以其施政的方式给予界定。他认为共和政体基于道德，君主政体基于荣誉，专制政体基于恐怖。他指出专制政体是最反动的政体，其本质就是腐化和独裁，不仅因为它用暴力进行统治，剥夺人民的自由，还因为它本身是愚蠢的政体。他继承和发展了洛克提出的分权学说，提出了具有划时代意义的三权分立的理论。他把国家的权力科学地划分为立法、司法和行政三种权力，同时还明确划分了这三种权力的范围，以求权力之间的相互制约。他特别指出三权必须分授予不同的人或团体，独立行使，才能最有效地保证权力的制衡作用，保障和促进自由。孟德斯鸠被认为是西方分权制衡学说的完善者。孟德斯鸠的政治学思想应该说代表了处于不断上升的资产阶级的利益，满足了他们分享权力的要求，其基本原则具有一定的普遍性。正因如此，他的思想影响巨大，为美国独立战争时期和法国大革命时期的革命家所接受，并直接反映在美国的《独立宣言》和法国 1789 年的《人权宣言》中。不仅如此，他提出的三权分立理论至今仍是西方社会国家政治制度的基石。

启蒙运动在意大利

自从新大陆被发现，以及世界商业中心由地中海转移到大西洋以来，意大利在经济方面日益衰退，加之其各城邦相互倾轧，意大利逐渐沦为邻国蹂躏的对象。启蒙运动时期，它的不少公国处于西班牙和奥地利的统治之下，罗马教廷与外来势力勾结对人民实行严格的思想控制，只要稍有违规，就要受到迫害。在法国启蒙思想的影响下，意大利人展开了反对外国封建势力统治、争取民族统一和反对教廷的伟大斗争。在这场斗争中，一批具有启蒙思想的思想家出现，其代表人物是维柯。

维柯（Giambattista Vico，1668—1744 年）是一个虔诚的天主教徒，同时又是一个卓越的自由思想者。他的启蒙思想是在笛卡儿的理性主义和培根经验主义哲学共同影响下发展起来的。维柯的思想主要反映在其代表作《新科学》中。该著作的全名是《关于各民族的共同性的新科学的一些原则》，是一部社会学研究论著，探求的是人类如何从野蛮的动物状态逐渐发展成为过着社会生活的文明人的问题。维柯思想的基本出发点是共同人性论，他认为不同民族尽管起源和发展道路不同，在社会发展上却具有某些基本一致的规律。他在对人类文明进程研究中提出了平民与贵族的斗争是社会步入人的时代和文明社会的动力，成为第一个提出阶级斗争学说的人。

维柯像

维柯提出了“真理即事实”的观点，并以此阐述他的思想。他认为总结真理的是哲学，提供事实根据的是语言学，所以要发现历史发展的规律就必须有理性（笛卡儿的理性主义）与经验（培根经验主义）的结合，哲学与语言学的结合。《新科学》所用的方法就是根据语言学（文字资料）所提供的史料，通过哲学批判，来探究人类社会发展的过程。维柯把他的研究对象称之为“新科学”。他不但开创了社会科学，也开创了和社会科学密切相关的近代社会学、人类学、语言学，乃至文艺心理学。《新科学》是那个时代的里程碑式著作，维柯本人被视为意大利理性先驱，影响欧洲思想界的重要人物。

启蒙运动在俄国

启蒙运动对俄国的影响主要表现在近代俄国的“欧化”努力方面。彼得大帝（Peter Ⅰ the Great，1672—1725年）是促使启蒙运动在俄国开展的重要人物。在彼得大帝登基（1689年）之前，俄国由于长期遭受鞑靼人和其他外族的侵略，以及其地理位置的偏隅，与西欧文明少有接触，社会闭塞，经济文化落后。年轻时代的彼得大帝为西欧文明所吸引，曾微服化名在西欧进行广泛考察和游历，所见所闻使其感到学习欧洲先进文化对于俄国的发展是至关重要的。因此，他在俄国建立了专制统治的同时，决心把西欧文化和风尚（主要是法国的文化）引进到俄国。他按照西欧强国的方式建设军队，统一了国家的版图，在向西扩张的过程中从瑞典人手中夺回俄国在波罗的海的出海口，打开了一扇通往西欧的大门。他的这一举动在向欧洲表明强大而独立的俄国存在的同时，为汲取西欧文明开辟了交流通道。在位期间，彼得大帝还不断研究西欧经验，提倡科学，强制推行改革，移风易俗，简化文字，创办各种世俗学校，出版报纸，积极鼓励翻译介绍西欧书籍，引进人才，建立和发展俄国工业，设立俄罗斯科学院，迁都至圣彼得堡，并按照西方模式建造俄国的新都和著名夏宫——彼得戈夫宫，将西欧艺术引进到俄国，使得欧洲文化在俄国社会生活中产生影响。彼得大帝所开创的事业在他的继承人之一叶卡捷琳娜二世（Catherie Ⅱ the Great，1729—1796年）手中得到继续。这位被称为“叶卡捷琳娜女皇”的俄国国君尽管统治手段暴戾，却对有启蒙色彩的新思想很感兴趣，曾经把著名启蒙运动思想家伏尔泰等人请到俄国进行咨询。她在俄国推行世俗教育的新体制，想方设法提高俄国的工业化水平，提倡发展科学，保护文学创作活动，为一种独特的俄国民族文化的开创奠定了基础。俄国的启蒙运动对俄国在19世纪的发展起到了重大推动作用。

启蒙运动在德国

德国的启蒙运动是在法国和英国启蒙运动的影响下开展的。由于德国当时还是个政治分散、经济不景气的国家，科学欠发达，资本主义发展缓慢，封建贵族势力强大，教会特权依旧，这一切显然对启蒙运动的开展领域和发展方向产生了影响，因此，当启蒙运动在德国开展后，启蒙思想家的政治观点不像法国和英国启蒙思想家的观点那样具有直截了当的世俗化倾向，或具有科学的色彩，事实上，运动的主要目标既不在政治方面，也不在民主方面，而是在哲学和美学方面，特别是在艺术哲学的抽象思维方面。这使得德国的启蒙运动集中在保持对古典形而上学中宗教含义的兴趣上，并以关注艺术哲学作为运动发展的主要标志。启蒙运

莱布尼茨像

动在德国经历的时期大体为18世纪初至18世纪70年代末。

德国的哲学传统形成于17世纪后半叶，在这方面最早作出贡献的有前启蒙哲学家莱布尼茨、托马修斯和沃尔夫等。

莱布尼茨（Gottfried Wilhelm Leibnitz，1646—1716年）是德国早期启蒙思想家的杰出代表和博学多才的学者，在德国18世纪初知识界占有主导地位。他的“单子论”成为其唯理论的形而上学体系的基础。他继承笛卡儿的理性主义学说，创造了调和哲学。莱布尼茨继承了欧洲的人文主义和巴洛克思想，并将这些思想的精神引入启蒙时代。他的出现引起了德国人研究哲学的热情与兴趣。莱布尼茨还是一位对中国文化表现出极大兴趣的德国学者，他根据中国《易经》思想创立的“二进位制”奠定了控制论和计算机原理的基础。托马修斯（Christian

Thomasius，1655—1728 年）是一位倡导理性，反对偏执思维的哲学家。他认为哲学应摆脱经院哲学的束缚，并从亚里士多德的重压下解放出来。在大学课堂上，他用德语代替当时流行的拉丁语，充分显示了他的民族意识。在政治上，他反对君权神授的观念，拥护天赋人权的思想。沃尔夫（Christian Von Wolff，1679—1754 年）在认识论上继承了莱布尼茨的调和哲学思想。在他的《神、世界和人的灵魂的理性思想》一书中以理性思想解释形而上学观。他提出用数学和几何方式实证哲学原理的主张是为了以清晰的逻辑演绎概念代替经院哲学的不清晰概念。他对莱布尼茨哲学的阐述实际上是通向康德理性批判的桥梁。

高特舍特（Johann Christoph Gottsched，1700—1766 年）是德国启蒙运动早期的代表人物。作为莱比锡大学教授，他在戏剧理论和美学理论方面的贡献推动了启蒙运动在德国的开展。在法国文艺评论家波瓦洛的《诗的艺术》影响下，他完成了《批判的诗学》。这是一部论述戏剧理论的著作。他主张戏剧创作应严格遵循法国古典主义确定的三一律的原则，要求文学合乎理性，语言规范，用字典雅。他还提倡重视艺术的教育功能，要求文学创作应以教育人和提高人的道德水准为目的。尽管高特舍特的美学思想提倡的是程式化创作方法，有片面强调理性作用和轻视艺术所必须具有的想象力之嫌，在德国思想界引起了广泛的争论，却造成了德国美学和哲学思想的活跃。此外，他的戏剧理论是针对当时德国流行的从内容到形式都极其混乱、情节离奇、低级庸俗的“历史大戏”现象而发，使德国人认识到进行戏剧改革、建设戏剧理论，以及纯洁德国语言的必要性。他作为这一时期德国启蒙运动的一位代表人物是当之无愧的。

德国的启蒙运动在莱辛（Gotthold Ephraim Lessing，1729—1781）出现后达到了高潮。莱辛毕生从事戏剧评论和创作活动。

此外，莱辛还在美学理论方面作出了重要贡献。他的美学专著《拉奥孔》是西方美学史上的一部极其重要的论著，作者在书中通过雕刻和诗的比较论证了诗与造型艺术的区别，提出了诗和造型艺术的基本原则。

康德（Immanuel Kant，1724—1804 年）是德国启蒙运动中涌现出的最伟大的思想家，德国古典主义哲学的开创人。〔详见 P326（二）康德〕

启蒙文学的发展

（一）英国启蒙文学的发展

英国是文学意义上的“小说”这一文学形式最早出现的国家，这种小说题材的文学作品突破了以往以神话人物或脱离现实的传奇人物为主人公的做法，而是以社会生活为题材，以普通人，特别是中下层人物为故事的主人公。小说以人物形象的塑造为中心，通过完整的故事情节和具体环境的描写生动地表现社会生活的各个方面。这一文学样式的特点是故事的情节和背景完全可信，叙事的方式抛弃了个人色彩。

笛福（Daniel Defoe，1661—1731 年）是英国启蒙文学的第一人，也是英国文学史上第一个重要的小说家。他出生在一个清教徒家庭，有着广泛的游历经历。在“光荣革命”中积极支持新兴政权，成为革命后资产阶级的代言人。他的名著《鲁滨孙漂流记》通过对一个只身飘流到荒岛，然而却以百折不挠的精神创造出美好生活的主人公独特经历的描写反映了资本主义原始积累时期新兴资产阶级的精神面貌。可以说，笛福以文学的形式弘扬了当时资产阶级所提倡的个人奋斗精神。小说主人公鲁滨孙实际上是作者心目中一个以自己的双手创业的资产阶级理想人物。从笛福的作品中，我们可以看到主人公是一个平凡的、非贵族化的人物，他在危机四伏的世界上具有的勇于冒险、富于开拓、积极进取的精神，通过自己的不懈努力克服所有艰难险阻最终获得成功。他的行动丝毫不受神的干预，完全是发挥个人才智的结果。这显然是启蒙运动所要传达的思想。

斯威夫特（Jonathan Swift，1667—1745 年）是继笛福之后的另一位启蒙文学家，也是英国启蒙运动中激进民主派的代表。他早期的文章和诗歌充满了对时政所进行的辛辣讽刺和抨击，表现了他的激进思想。他撰写的唯一的一部长篇小说《格列佛游记》更是一部讽刺杰作，通过对主人公格列佛在几个不同幻想国——小人国、大人国、飞岛国等的奇妙经历对当时英国社会和政治制度的所有方面进行抨击和批判。小说由于想象丰富、构思奇特、比喻多样、情节故事引人入胜，在英国乃至全欧洲广为流传。

理查生（Samuel Richardson，1689—1761 年）是英国小说发展史上一位具有重要地位的作家。他的书信体小说《帕米拉》和《克莱丽莎》以女子的爱情和婚姻为主题，反映普通民众生活的一个方面。作品内容贴近生活，结构完整，语言通俗。理查生创作小说的手法在英国和欧洲小说发展史上具有重要地位。他摆脱了以主人公多种见闻为主线的写法，而是以日常生活为内容，集中对一件事进行叙述，并注重描写和分析人物的情感和心理。

理查生像

菲尔丁（Henry Fielding，1707—1754 年）是 18 世纪英国一位最杰出的小说家。《汤姆·琼斯》是他的代表作。小说通过弃儿汤姆·琼斯与乡绅女儿争取婚姻自由的故事，描绘了 18 世纪英国社会生活的全景。在这部作品中，作者使用了一种“全能全知”的叙述方式，让“无所不在的叙述者”置身于故事之外，因而对故事的前因后果有全面的了解。作品结构精巧，内容丰富，人物刻画生动，被认为是英国 18 世纪启蒙文学时期的一部杰作，在小说发展史上具有划时代意义。

（二）德国启蒙文学的发展

启蒙运动不仅在哲学上硕果累累，而且在文学上也是花团锦簇。启蒙思想家莱辛同时也是德国启蒙文学的主要代表人物和德国民族文学的奠基人。不过，启蒙文学在德国更多地表现在“狂飙突进运动”方面，赫尔德、克林格尔等一批青年理论家和诗人从民族历史中寻找创作题材，发扬民族风格，歌颂民族精神。狂飙运动反映了德国知识分子和资产阶级在启蒙运动思想影响下要求摆脱封建束缚，实现个性解放的强烈愿望。它歌颂自然、反对专制，追求自由、崇尚感情、反对复古，具有狂热的个人主义反抗情绪，使德国文学步入繁荣时期。狂飙突进运动成就主要在诗歌理论、戏剧和小说方面，其代表人物是赫尔德、歌德和席勒等。

赫尔德（Johann Gottfried Herder，1744—1803 年）是狂飙突进运动的理论家，在莱辛倡导的民族文学精神影响下步入文坛。他对德意志民族语言、文学的研究使他成为推动德意志民族文学发展的重要人物。他论述语言、文学、民歌方面的理论成为狂飙突进运动反对封建专制的有力武器。

席勒（Johann Christoph Friedrich von Schiller，1759—1805 年）是享誉世界的德国伟大诗人和剧作家，尽管他是在狂飙突进运动后期才出现在德国文坛，但其成就和影响巨大。《强盗》和《阴谋与爱情》是享有盛名的两部剧作。《强盗》描写的是一个侠义青年因不甘封建社会对他的羞辱，痛恨贵族家庭对他的猜疑，加入了盗寇团伙，杀富济贫，替天行道的故事。反抗暴君是剧作向人们传达的信息，如果联系作者在剧本的扉页上写下的“药不治者，铁治之；铁不治者，火治之”的词句，显然作者已经把斗争的矛

赫尔德像

头指向统治者。该剧本一经上演便造成巨大轰动，席勒亦一举成名。《阴谋与爱情》对腐朽黑暗的封建主义的抨击更为深刻。该剧讲述的是一贵族青年与一平民女子相爱，却遭到担任宰相的父亲的反对，最后这一对男女终因门不当户不对，死于父亲及其帮凶秘书设下的阴谋之中的故事。青年男子尽管在新思想的影响下藐视封建等级观念并具有叛逆精神，却无法摆脱阶级偏见，成为阴谋的牺牲品。全剧情节紧凑、感人，人物刻画典型，是一部反封建专制的作品，包含了启蒙运动所要宣扬的思想，为狂飙突进运动所颂扬的叛逆精神增添了光彩。

（三）俄国启蒙文学的发展

俄国文学在这期间走出了古代的阴影，向着新内容和新形式过渡。在法国古典主义的影响下，俄国文坛出现了第一批真正意义上的作家。他们在遵循古典主义创作原则的同时，力图开创自己的文学风格。这些作家大都从民族历史和生活中汲取创作题材，注重文学语言的提炼和文学的社会功能，强调爱国思想和科学文化的启迪作用。涌现出的有影响作家包括康捷米尔、罗蒙诺索夫、苏马罗科夫等人。而罗蒙诺索夫（Mikhail Vasilyevich Lomonosov，1711—1765年）是这一时期俄国的最重要文学家。罗蒙诺索夫出生在农民家庭，

罗蒙诺索夫像

青年时代努力求学，进入圣彼得堡学院学习，后被派送德国学习自然科学，成为俄国科学界的著名科学家。回国后，在进行科学活动的同时，从事语言研究和文学创作活动，并成为莫斯科大学的创办人。他的文学创作成就主要在诗歌方面，颂扬英雄、表达爱国情怀是其诗歌的主色调。《伊丽莎白女皇登基颂》表达了他希望国家富强的愿望。他的文学创作为俄国诗歌开创了新的表现形式和韵律。

18 世纪后期，冯维辛、拉吉舍夫等人为俄国文学的发展作出了积极贡献。冯维辛（DenisIvanovieh Fonvizin，1745—1792 年）是著名的剧作家。在启蒙思想影响下，他以文学为武器抨击社会的黑暗和弊端，成为俄国讽刺文学的代表。其代表作《纨绔少年》是一部讽刺喜剧，通过对一个贵族家庭的无知和愚昧的描写抨击了俄国实行的农奴制的黑暗以及希望祖国走上理性和德行的启蒙之路的愿望。拉吉舍夫（Aleksandra Nikolayevich Radishchev，1749—1802 年）是 18 世纪俄国具有民主主义思想的思想家和文学家。尽管他出生在贵族家庭，但青年时代受到卢梭等启蒙思想家影响，对沙皇的专制主义持批评态度，坚决站在人民一边。他发表了一系列政论文章和哲学著作，其《从彼得堡到莫斯科旅行记》代表和反映了他的启蒙思想。作品以假想的旅行为线索，描写了俄国社会的黑暗、贵族的残忍、人民的不幸，揭露了专制主义和封建农奴制的罪恶，把批判的矛头直指沙皇统治者。作者因此在作品出版后即遭到迫害。

近代西方文化

1848 年欧洲革命

1848 年欧洲革命是指 1848—1849 年主要发生在法国、德意志、奥地利、意大利、匈牙利等欧洲国家的资产阶级民主民族革命。

1848 年欧洲革命爆发的原因主要有三点：第一，新兴的工业资产阶级力量随着资本主义的发展而日益强大。他们要求争取更多的权利，进一步扫除资本主义发展的障碍。第二，遭受外来压迫的东南欧各国要求独立。第三，欧洲各地相继出现了农业歉收和经济危机，阶级矛盾尖锐。总之，1848 年欧洲革命的爆发，是欧洲社会经济和政治发展的必然结果。

（一）法国 1848 年革命

革命前夕，在法国掌握政权的金融贵族集团推行有利于本集团的内外政策，反对任何政治、经济改革。1848 年 2 月 22 日，巴黎工人和群众举行大规模示威游行，冲向总理基佐的官邸。24 日晨，工人和群众占领了巴黎所有的兵营和武器库，并向杜伊勒里宫进攻。国王路易・菲利浦逃往英国。资产阶级独占了胜利果实。2 月 24 日晚组成了临时政府。拉马丁任外交部长，实际上控制着政府的权力。在无产阶级和人民群众的强烈要求下，临时政府被迫于 2 月 25 日宣布成立法兰西共和国，史称“法兰西第二共和国”。

巴黎二月革命胜利后，资产阶级为了对付无产阶级，下令解散国家工场，把工场中的工人编入军队或赶到外省做苦工，巴黎无产阶级被迫举行了“六月起义”（6 月 23~26 日），但被镇压。此后政权转入卡芬雅克将军（1802—1857 年）手中，开始了资产阶级共和派的统治时期。1848 年 11 月 12 日，制宪议会公布了宪法，即《1848 年宪法》。12 月 10 日举行总统选举，路易・拿破仑・波拿巴当选总统。1852 年 12 月 2 日，波拿巴即皇帝位，称拿破仑三世，史称“法兰西第二帝国”。

（二）德意志 1848 年革命

革命前夕，德意志是一个四分五裂的邦联，德意志邦联由 35 个邦和 4 个自由市组成。分裂状态严重地阻碍着资本主义的发展。南德的巴登公国首先发难，迅速波及德国西部和西南诸邦，相继成立了资产阶级自由派内阁政府，3 月 13~16 日，普鲁士首都柏林的工人、市民和大学生连续举行示威游行，并同政府军展开战斗。国王腓特烈・威廉四世（1840—1861 年在位）调动大批军队，向起义中心地区进攻。经过激烈的战斗，起义人民取得了胜利。国王被迫把军队撤出柏林，同意召开有资产阶级参加的议会，并于 3 月 29 日任命资产阶级自由派首领康普豪森组阁，柏林三月革命的胜利果实落入大资产阶级手中。

德意志各邦革命的胜利，并没有解决德意志的统一问题。资产阶级以解决德意志统一为名，于5月18日在法兰克福召开国民议会。参加法兰克福国民议会的都是资产阶级代表人物。会议没有取得任何实际结果。6月29日，议会选举奥地利帝国的约翰大公为德意志帝国摄政，并组成了帝国政府。1849年3月，议会通过帝国宪法，确定某些自由、民主权利，选举普鲁士国王腓特烈·威廉四世为统一的德意志帝国皇帝。但威廉拒绝加冕，普鲁士和奥地利各邦君主也不接受国民议会通过的宪法。同年5月，德意志西南各邦人民发动起义，掀起维护帝国宪法的斗争，结果失败。这期间，大多数议员被各自的邦政府召回，剩下的议员迁到斯图加特，最后于6月18日被符腾堡的军队驱散。7月，法兰克福国民议会瓦解，德国1848年革命结束。

（三）奥地利1848年革命

19世纪中叶，奥地利仍是一个多民族的封建专制国家。在法国二月革命影响下，1848年3月13日，奥地利首都维也纳爆发了推翻梅特涅政府的示威游行，示威群众筑起街垒与政府军展开战斗。限令奥皇立即解除梅特涅的职务。在人民的压力下，奥皇被迫让步，于3月17日改组内阁。4月25日颁布帝国宪法。但新内阁继续推行反人民的政策。5月15日和26日维也纳人民再次起义，迫使奥皇及其皇室逃出维也纳。

9月29日，匈牙利国民自卫军在同奥军的决战中，击溃了奥军主力，并于10月10日直逼奥地利边境。奥皇调兵增援。维也纳居民为反对奥皇入侵匈牙利举行了“十月起义”。10月31日起义被镇压，11月1日维也纳陷落，奥地利革命最终失败。

（四）意大利1848年革命

1848年革命前，意大利处于封建分裂状态，各封建专制小国都直接或间接地受制于奥地利，严重阻碍意大利资本主义的发展和社会进步。1848年1月，西西里岛首府巴勒莫人民首举义旗，击败了国王的军队，建立了资产阶级自由派的临时政府。米兰、威尼斯等地相继爆发起义。撒丁王国、那不勒斯、托斯卡纳的封建统治者被迫对奥地利宣战。由于各国君主和资产阶级自由派的妥协，反奥战争遭受挫折。当资产阶级自由派脱离革命而资产阶级民主派成为革命的领导者后，出现了以罗马为中心的革命新高潮。1849年2月9日，以马志尼为首的罗马共和国宣告成立。4月3日，法国、奥地利和西西里王国的反动联军颠覆了

裴多菲雕塑

罗马共和国。8 月 22 日威尼斯陷落，意大利 1848 年革命失败。

（五）匈牙利 1848 年革命

1848 年革命前，匈牙利仍处于奥地利哈布斯堡王朝统治之下。1848 年 3 月 15 日，佩斯（今布达佩斯）的革命者在裴多菲（1823—1849 年）的领导下，通过了实行资产阶级改革的政治纲领，即《十二条》。强迫市长签字。中午，革命群众控制了整个首都，成立了公安委员会。奥皇被迫同意成立匈牙利责任内阁，并于 3 月 17 日授权资产阶级化贵族温和派的代表包贾尼·拉约什（1806—1849 年）组阁。维也纳“十月起义”失败后，12 月奥皇调集军队向匈牙利进攻。1849 年 1 月 5 日，佩斯陷落。不久，匈牙利军队展开反攻，连续取得胜利。4 月 14 日匈牙利议会通过《独立宣言》，废除哈布斯堡王朝的统治，宣布匈牙利独立。5 月 21 日，匈牙利军队攻克佩斯。为了镇压匈牙利革命，俄国于 5 月 27 日出动 14 万大军入侵匈牙利。在 7 月 7 日和 11 日的科马罗姆会战中，匈牙利军队惨败。9 月 27 日科马罗姆要塞陷落，匈牙利革命最终失败。匈牙利革命的失败标志着欧洲 1848 年革命告终。

这场革命迅速席卷欧洲，但又迅速失败，其失败的原因之一是以沙皇俄国为代表的欧洲各封建君主疯狂镇压革命。而这场革命失败的更重要原因是由于资产阶级的背叛和无产阶级在政治上、组织上的软弱。1848 年欧洲革命虽然属于资产阶级革命，但这时的工人阶级已经作为独立的政治力量登上政治舞台，并且一直走在革命的最前列。资产阶级十分害怕工人阶级，因而它的革命性不断减弱，直至最后背叛了革命。另外，这个时期是资本主义经济继续发展的时期，远没有成熟到足以废除资本主义生产方式的程度。当时工人阶级还不够成熟，还没有建立自己的政党，缺乏斗争经验。巴黎工人“六月起义”被资产阶级残酷镇压，充分说明了这一点。在法国，“二月革命”之后由于作为两大基本对立阶级的无产阶级和资产阶级因为互相斗争而削弱了，法国资产阶级为了保持自己的统治，把政权交给了狡诈虚伪的路易·拿破仑。因此，导致革命失败。

1848 年的欧洲革命虽然失败了，但它打击了欧洲各国的封建专制制度，摧毁了反动的神圣同盟和维也纳体系，为资本主义的发展扫清了道路；它锻炼了法、德等国的无产阶级以及革命群众，丰富了科学社会主义的理论，对于马克思主义和后来欧洲工人运动以及社会主义运动的发展有着深远的影响。

现代西方国家体制的形成与发展

（一）现代西方政治原则的形成

西方社会经历了 17 世纪英国革命与 18 世纪法国大革命的剧烈冲击之后，才基本确立了现代社会的政治原则。经过 2 个多世纪的发展，虽然社会政治变化剧烈，而且经历了帝国主义与殖民主义的海外扩张、法西斯主义战争与民族独立运动等重大历史运动，但政治基本原则保持了稳定，没有大的变化。我们认为，西方社会政治的基本原则可以表述为以下方面：

首先是社会民主政治制度的建设，这种民主制度是近代资产阶级民主的继续发展。多党政治制度是相当重要的内容，其中最为典型的形态是两党制，现在已经是西方多数国家的主要政党制度。最早实行两党制的是英国，虽然早在 17 世纪革命中，托利党与辉格党的斗争已经具有两党制度的一些基本特征，但是尚未能形成政党政治，这两个党派分别代表了土地贵族与资产阶级。19 世纪中期，这两个党逐渐发展成为保守党与自由党，成立了议会党团，建立了各级组织与领导核心，从事竞选活动，正式形成两党制度。两党有不同的政治主张与立场，自由党以民主改革为宗旨，保守党则代表了资产阶级中持相对保守态度阶层的立场，以后自由党被工党所取代。在英国政坛上，保守党与工党两党竞争，轮流执政，为西方现代政党政治树立了样本。美国两党政治也经历了长期的演变，早在 1787 年围绕宪法的争论中，就出现了以汉密尔顿为首的联邦党与以杰弗逊为代表的反联邦党的斗争。1854 年前后，美国共和党与民主党两党政治格局形成。美国政党政治的特色恰是两党政治主张区分不明显，相对来说，民主党比较接近改革立场，与知识分子与少数族裔之间的关系密切，而共和党略显保守。其他

美国第16任总统、共和党人林肯像

西欧国家政党政治情况大致与英美相近，只不过是多党制较多，也有一党制。如法国、德国与意大利等都是多党政治，这种情况下，可能会出现多党联合执政的局面。此外，扩大选举权是民主政治的一个重要方面，欧洲国家陆续进行选举制度改革，向全民投票的方向发展。英国19世纪进行了一系列的选举改革，使工人、农业工人与社会各阶层逐渐有了选举权。美国20世纪初的“进步运动”中，也把扩大选举权等作为主要措施。近年来，西方的所谓“全民公决”等形式越来越多，也代表了这一方面的发展趋势。

其次，通过议会制度改革，使民众意愿与政府决策之间产生制约与平衡。1911年，英国实行议会改革，将每届议会期限从7年改为5年，同时实行下议院议员薪金制度。在此之前，下议院议员没有薪金，这些下议院议员中相当一批人经济上并不宽裕，更没有政治活动经费，薪金制度的实行，对于他们积极反映下层人民意见很有帮助。英国上议院由贵族组成，他们政治态度保守，是英国政治改革的主要阻力，他们甚至否决下议院通过的预算案，阻止社会改革。1911年英国两院通过阿斯奎斯法案，法案规定：下议院的财政法案提交上议院1个月后，自动生效成为法律，无论上议院是否通过。同时，其他法律，如果下议院连续通过三次后，并在第一次讨论之后两年，即自动成为法律，而无论上议院是否同意。英国的议会改革从法制上保障了社会改革。美国国会经过多次改革，具有相当重要的地位，可以对总统进行弹劾直至以各种形式罢免总统，极大地限制了总统的权力，从政治制度上防止独裁与专制。

再次，加强法律的制定与执行，以法律为准则，使现代社会政治有可靠的基础。英国从19世纪起制定一系列法律来保障民主，防止贪污，如1883年的《取缔选举舞弊及非法行为法》等。从1874年到1911年，英国颁布了大量关于禁止使用童工、保护女工、规定最低工资、工伤赔偿、劳资关系等方面的法律。美国也相当重视劳动法、反不正当竞争法、女工与童工法、反种族歧视法等法律的建立。

保护人权与个人自由，尊重个人权利，反对种族歧视，维护少数族裔的利益，也是西方社会政治的一个重要方面，但是在这方面，各个国家在不同时期有不同的表现。总体来说仍然有相当多的缺陷与不合理之处，例如直到近年来，美国等国仍多次出现以妨害国家安全的名义，对少数族裔科学家进行迫害的现象。

此外，西方现代政治中，各种社会监督机制建立起来，代表民众对政府进行监督。新闻机关及其他社会力量也成为社会监督的重要组成部分。相当多的国家建立了社会福利与保障制度，有的国家实行全民福利制度，老弱病残等弱势人群从经济上得到保障，这些都是西方现代政治制度建设的重要方面。

值得注意的是，西方现代政治虽然标榜自由平等，其实是极其虚伪的。美国政府与地方政府，多次迫害共产党等组织，敌视进步人士，镇压工人罢工。20世纪50~60年代，美国黑人民权运动风起云涌，1963年8月28日，美国各界群众在首都华盛顿举行争取自由的“自由进军”活动，黑人领袖马丁·路德·金在林肯纪念堂前发表了《我有一个梦》的讲演，使全国为之震动，黑人民权运动势不可挡。1968年4月4日，马丁·路德·金被种族主义者所暗杀，这一卑鄙行径引起全国人民的愤怒，美国100多座城市展开反抗斗争，使黑人的社会地位得到了一定程度的提高。但是，直至今日，种族不平等仍然是美国社会中的严重问题。

19世纪之后，各国普遍加强了政权的控制能力，强化国家机器，扩充军队与警察，对付反政府力量。1907年，英国建立警察部队，代替了原来的义务保安队。1894年，美国改组陆军，加强了各州的民兵队伍。1908年，美国成立联邦调查局，扩大警察队伍。其他欧洲各国也纷纷扩充军队与警察，增强统治力量。20世纪后期，美国军费开支浩大，引起国内外不安。冷战结束以后，美国成为世界军事超级大国。特别是1991年海湾战争的胜利，不仅使美国在中东地区的影响加大，也滋长了其用武力解决政治争端的信心。2001年发生在美国纽约的“9．11”恐怖袭击事件举世震惊，美国总统乔治·布什称其为“国家的悲剧”。近年来的阿富汗战争（2001年）和伊拉克战争（2003年），不断引起国内外的强烈反响，这也标志着，美国及其政治盟国在全球化时代，政治与军事发展正面临着新的考验。

全球化时代的到来，使西方政治的基本趋势呈现出多元化与一体化并进的特点。21世纪初期，酝酿已久的欧洲共同体终于形成，这意味着从13世纪就开始的欧洲封建民族国家的建立与民族主义运动现在开始向相反方向发展。新世纪中，欧洲各国流通的货币统一为欧元，虽然语言尚没有统一，但是共同市场的组建意义深远。

我们可以以英美两国为例来分析西方现代社会政治制度的实质，从中观察其国家机关的构成与作用。

（二）英国议会制君主立宪制度

英国议会制的君主立宪制度，体现了三权分立思想：议会行使立法权，并且正如孟德斯鸠所说，议会由上院与下院组成，分别代表不同社会阶层的利益。立法是关系到国家体制及发展方向的大事。由总理（首相）为首长的内阁行使行政权，而司法则由法院与司法机构进行。

所谓君主立宪，是指根据英国宪法规定，英国国王是国家的世袭元首，是立法机关的组成与法院首领，是武装部队总司令与国教的世俗领袖。国王有权任命内阁首相、政府大臣、高级法官及各属地的总督，这里的属地也包括昔日的殖民地即现在的英联邦国家。国王有权指挥军队，对外宣布战争状态，有加封贵族与授予荣誉、批准法律的权力。国家的一切重要行为都要用国王的名义来宣布。所以英国习惯使用“皇家空军”、“国王的名义”等用法。但是实际上国王并不能决定国家大事。国家大事的决定权要由国会下院来行使，下院产生以首相为首的内阁。英国国王是世袭的，其即位的各个细节都有详细规定。国王虽然没有实际权力，但具有检查、听取汇报的权力。

议会是英国的最高立法机构，由国王和上院（贵族院）及下院（众议院）组成，其中起决定性作用的是下院。议会的主要工作就是制定法律，并且以立法方式来通过财政预算，检查政府的政策和工作，向选民报告国内外有关情况。

议会下院也就是平民院，也称众议院。议员由选举产生，每5年进行一次大选，法定人数40人，每年平均开会时间为175天左右。下院主要职权是立法，但是议案必须由两院通过和国王批准后，才能成为法案。下院的另一项职责是监督政府，内阁受议会监督并对议会负责。下院有权对政府财政进行监督。政府有权决定提前大选。目前英国共有635个选区，每个选区负责推选一名议员，选举中得票最多者当选。大选中取得多数议席的政党为执政党，其领袖由国王任命为首相，首相任命内阁，内阁可以是一党内阁，也可以组成多党内阁。所谓反对党就是在下院中得票第二多的政党，这是法定的，反对党可以组织预备内阁。执政党提名并经反对党同意选出议长，议长可以是执政党成员，也可以是反对党成员。议长是议会的发言人兼大会主席。

英国议会大厦

议会中的上院就是贵族院，由王室成员、世袭贵族与终身贵族担任，终身贵族就是非世袭的贵族。上院主要工作之一是研究通过下院的法案，但是其权力是十分有限的，因为法律规定，上院对于下院的法案只能否定一次，如下院再次提交同一法案，上院有义务通过此法案。从首次提交法案到第二次提交，中间要间隔一年时间。英国的上院其实已经有些名存实亡的意味，目前上院共有 1000 多人，但经常参加会议的只有 200 多人，其余多为高龄议员，并不经常到会。

英国设有枢密院，从 15 世纪亨利六世开始设立，主要为国王提供咨询意见。以后演变为协助国王处理各种事务的组织，可以看成是国王的秘书班子，也可以看成是国王与国会之间的一种协调与配合的机构。在内阁出现之后，枢密院已经失去了作用，其实目前只有法律上的名义。

由内阁首相、枢密官与各位内阁大臣所组成的政府领导机构，其人数没有严格规定。内阁就是国家的最高行政机关，它的使命就是行使行政权力，包括外交、军事、警察等，制定并执行一切政策。政府的法案主要是由内阁提出的，每个内阁大臣在形成决议之后不得违反，否则就要辞职。首相由下院多数党领袖担任，必须经过国王任命。内阁首相同时兼任首席财政大臣，也是国家所有文官的首领。内阁由首相提名组成，主要包括外交、财政、国防、内政等大臣，大法官与枢密院院长、掌玺大臣、英格兰事务大臣和威尔士事务大臣等，人数根据情况具体确定。首相有权任免大臣或是改组政府，贵族的称号、爵位、荣誉称号等须由首相提名再请国王授予。英国首相的权力比较大，而国王其实并不亲自出面来主持朝政。这就是君主立宪制度的一个特点，与共和制度相比较各有不同，共和制度中以总统来处理国事，国务卿只是协助总统，权力掌握在总统手中，只有国会才能在一定程度上限制总统的权力。

英国的政府官员主要分为两种，一种是政务官员，一种是文职官员。所谓政务官员只包括大臣、国务大臣与政务次官。政务次官就是部长的助理。这些人员是内阁的领导层，但他们会受到内阁改变的影响，他们可能会随着内阁人事变动作出相应的改变。而绝大多数的政府工作人员是文职官员，相当于我们所说的公务员。文官的选拔有严格的手续，经过公开考试才能录用，主要从事行政、科学与管理工作，当然也包括一些事务性工作的人员。文官是政府最稳定的工作成员，不受政府变化的影响，更不会因为个别人的好恶受到牵连，他们工作效率较高，熟悉本职的专业工作，使政府工作的连续性得以保持。

各级地方政府的组织原则仿效中央政府，市区与乡镇都设有议会，市议会的会长称为市长，全都是经过选举产生。

英国是典型的法治国家，具有悠久的法治传统，从大宪章开始，英国的法治就走上了稳定与求实的发展道路。英国司法的原则是法律与政治分离，法官不参与政治或是自称为“中立”，政府不得干预司法。法官多是由牛津、剑桥等著名大学毕业的学生担任，法官一般很难被免职，薪金很高，大多数是终身制，尤其大法官的薪金与首相相同，由此可见英国政府对于法律的重视。但英国司法系统工作程序繁杂，审理期限长，也是其多年的传统，早在 19 世纪英国小说家狄更斯等人的小说中，就可以看到这种弊端，可以说至今仍没有大的改变。

英国的司法工作主要是由法院承担，法院分为两级，即中央法院与地方法院。上院是司法的最高机构。但是一般的上院议员与司法无关，只是由国王任命的相关议员来行使司法权。法官不是选举的，而是经过任命的。权力最大的是大法官，其同时也是上院议长。

英国实行两党政治，这使多种政党可以平等参加政治活动。两大主要政党是保守党与工党，多年以来，两党轮流执政，它们是通过选举获得在议会中的多数席位来取得执政权力的。

英国国家制度一直是西方政治制度的样板，作为一种君主立宪的民主制度，它通过议会、政府与王室三者之间的平衡，既继承了欧洲古老的政治传统，又体现了与时俱进的民主精神。它与法兰西共和国、德意志共和国等国家的政治体制一起，在保持各自特点的同时，共同构成了欧洲丰富多彩的政治体系。

但是毋庸讳言，这种西方资本主义制度从本质上来说是不可能实现真正民主的，所谓的民主只能是资产阶级的民主，不可能是全民的民主。对此，马克思主义的伟大导师与革命领袖都有相当多的深刻论述，我们这里就不再赘述了。

（三）北美联邦制度

18 世纪，北美的两个国家美利坚合众国与加拿大创立了联邦制度，这是继欧洲政治制度改革之后另一个重要创举。联邦制度作为一种与欧洲文明有直接联系，但同时具有鲜明的美洲特色的政治制度，经过两个世纪的风雨，它的成与败，正在吸引世界的目光。当然，确切地说，美国与加拿大虽然同属于联邦制，但两者之间仍然是不同的。加拿大受到英国政治制度的影响与限制相对比较大，尊英国女王为国家元首，政权归于英国女王，并且设有总督一职，20 世纪中期之前，这一职位一直由英国王室亲属或是贵族担任，之后才有所改变。不过，加拿大政体仍然属于联邦制度，并且其目前形势也相当明确地朝着加强联邦制度方向发展。

美洲原有的文明属于印第安文明，被西班牙征服后，欧洲移民首先是按照欧洲的政治法律传统来组织社会的，这就是殖民时代的社会政治。1776 年 7 月 4 日，大陆会议通过了《独立宣言》，其内容充满了反对殖民主义的精神，它所依据的是法国启蒙主义者的天赋人权与社会契约学说。它的主导精神与英国的大宪章之间其实是有相当大的差异的，这一宣言，对英国政府的殖民主义进行了严正声讨，其所主张的独立自由和民主精神，与英国政治传统并不一致。直到 1783 年《巴黎和约》签订，北美 13 个州独立，美国的政治制度并没有一幅现成的蓝图，而只是充满了对于未来新型共和国制度的憧憬。所以最初的联邦制度比较简单，强调各州的独立性，唯恐中央集权会削弱各邦的独立性。

1787 年在费城召开的制宪会议通过的联邦宪法，即《1787 年宪法》，首次把三权分立制度与联邦制度结合了起来。美国宪法规定宪法高于一切法律，各州平等，互相尊重；宣布联邦政治是中央政府，但是各州政治相对独立。从美洲的历史与现状出发，宪法主张分权而治，联邦政府不具有集权性，但是已经明确规定，联邦设国会，国会分参众两院，行使立法权。行政权力归总统，总统是国家元首兼政府首脑。最高司法机构是最高法院。宪法规定了三权分立与互相制衡的机制。从美国宪法产生以来，已经经历了数十次的修宪，主要是增加了反对歧视黑人与妇女等方面的内容。从美国政治总进程来看，美国政府克服了联邦制度行使初期的权力过于分散的局面，加强了国家权力。美国宪法其实是世界上第一部作为独立统一国家的成文宪法，它的历史意义在于明确提出以总统来取代王室，以人民可以掌握的力量来取代世袭的皇家权力。相对于传统民主形式的英国与欧洲其他国家政治制度来说，美国政府不但是更新的，也是更为进步的，更富于民主精神的。

合众国有别于共和国，其中心是强调国家的联邦性质，各州与联邦政府之间的独立与从属的复杂关系，不同于一般共和国如法国等国家与各地方行政之间的从属关系。

美国宪法明确规定三权分立原则，主张以宪法为国家大法。国会行使立法权力，其由参众两院组成，基本上与英国是一样的；总统行使行政权力，这一点与英国不同，美国没有王室，总统的权力要大于一般的首相；司法权则由最高法院与国会法院行使。三种权力之间互相制约以取得公正，其最终目的仍然是启蒙主义者 200 年前的目标：避免独裁与专制。

由于具体的历史环境，美国的历届总统都是世界关注的人物。总统由全国选举产生，任期为 4 年，连任不得超过两届。美国历史上曾经有过富兰克林·罗斯福四次当选总统的先例，这种情况可能与第二次世界大战等特殊历史状况有关，但在 1951 年通过的美国宪法修正案第 22 条中仍然作了明文规定，美国总统连任不得超过两届，这显示了美国民众限制政府首脑权力与个人长期任职的民主精神之深厚基础。美国总统必须是从出生于美国的、并且在美国居住超过 14 年的、年满 35 周岁的公民中选举产生。美国总统选举是全国最隆重的大事，每 4 年选举一次，虽然参加选举的人数非常多，但美国总统不是直接选举，它是由各州选举人所组成的选举团选举产生的，而各州的选举人则是由各州的选民投票产生。所以这种选举仍然是不可能代表全民意见的，特别是选举中各种政治力量的违法操作、舞弊营私、接受贿赂等现象屡禁不止，各级选举经常成为一种闹剧。不但总统选举如此，其他各级选举也存在同样的问题。美国著名作家马克·吐温著名的短篇小说《竞选州长》，辛辣地讽刺了美国的选举制度，为了争夺州长职位，各种势力不惜采用各种手段，造谣污蔑，栽赃陷害，甚至直接迫害候选人，从中可以看出美国各级政府民主选举中的阴暗面。

美国行使行政权的总统与国会之间关系复杂，我们先看一下美国国会的产生与运作，再来分析它们之间的关系。

美国国会大厦

美国的国会也是两院制，分为参议院与众议院。与英国不同，美国没有贵族，所以参议院并不是真正意义上的代表贵族利益的，两院议员都是选民直接选举产生。参议员 100 名，任期 6 年，每两年改选 1 / 3；众议院议员 435 名，任期 2 年，任期完成之后，全部要进行改选。关于两院议员资格的规定最重要的是，政府任职人员在任职期间不具有被选举的资格。这一点与英国相近但又有所不同，比英国法律规定更加明确与严格。参议员年龄不得低于 30 岁并且要成为美国公民 9 年以上，众议员年龄不得低于 25 岁，并且要成为美国公民 7 年以上，这些要求具有这个移民大国的色彩。参众两院的分工十分明确，每年 1 月 3 日开会。国会的权限相当广泛，包括征收赋税、偿还国家债务、货币铸造与度量衡标准的制定、招募与训练军队等，具有对外宣布战争的权力、制定与修改宪法的权力等。众议会由议长主持，其特有权力包括提交征税的法案，有权对总统及所有政府官员因各种犯罪进行弹劾，如果在总统大选时，没有一个人能得到绝对多数票，可以由其推选出一位总统。参议院也有其特权，它可以批准总统与外国缔结的一切条约，批准总统提名的高级官员，审定弹劾议案，如果在总统选举中，没有一个人能获得绝对多数票时,其有权选出一名副总统。美国政府包括 13 个院部,由总统领导,所以也称总统内阁，这种建制是与英国内阁不同的。它包括国务院、财政部、国防部、司法部、内政部、农业部、商业部、劳工部、卫生与人民服务部、房屋与城市发展部、交通部、能源部、教育部。另有总统办公厅、白宫办公人员、管理与预算局、经济顾问委员会、国家安全委员会等机构。

美国总统官邸——美国白宫

从以上有关规定可以看出，美国宪法对于国会与总统的规定是相当明确的，但为防止万一，仍然作出多种规定。总统并不对国会负责，而是对全民负责。如总统不能履行职责，则由副总统来负责。宪法规定行政权力属于总统，他有权管理国家事务与联邦事务，选任所有部院署局等数百名高级联邦官员，不过这一任命要得到参议院的同意。作为国家武装部队的总司令,总统可以召集国民警卫队,在战争期间，总统可以行使特殊权力，以保护国家安全。总统可以使用否决权来否决国会法案，但如果参众两院有 2 / 3 以上多数反对则无效。总统有权召集国会特别会议，向国会建议立法。总统有权任命联邦高级司法官员，可以提名包括联邦最高法官在内的各级法官，但要征求参议院同意。总统有赦免大权，可以全部或部分行使这一权力。总统全面负责对外关系，包括任命大使及各级外交官员，具有同外国缔约的权力，但要经过参议院2／3多数的批准。

美国自认为是最崇尚法制的国家，早在欧洲移民乘坐的第一艘名为“五月花”号的船登上美洲大陆之前，船上的移民们就相约在新大陆要共同遵守法律。但实际上，这些移民都是来自欧洲，所以他们关于法律的理解也是欧洲的法律。美国司法的权力归于最高法院以及其他法院。全国划分多个区，每个区内都设立了联邦法院，目前有最高法院、11个上诉法院、91个地方法院与3个具有特别裁判权的法院。最高法院是宪法规定的唯一法院，这个法院是国会所无权取消的。最高法院由首席法官与8名法官所组成，开庭时最少要有6名法官出席才有效，判决以投票结果决定，多数票为决议，最高法院的判决不能在其他法院上诉。美国的最高法院有一项重要的职能，就是监督立法。它可以用违宪的名义来宣布相关法令的无效。

最基层的法院是联邦地方法院，它负责审判发生于某一所辖区内的案件，其设有两个陪审团，大陪审团负责起诉，小陪审团进行判决。如果不服判决，可以上诉至上诉法院。上诉法院又称为巡回法院，美国在11个上诉区内均设有上诉法院，这种法院的主要工作是受理上诉判决，或是复审地方法院判决。一般来说，上诉法院的判决就是最终判决，但有例外，就是当上诉法院认为有必要提交给最高法院审核时，可以不作出最终判决。此外，如必要时，国会可以根据有关法令而建立特别法庭，以审判一些复杂的事项。

美国法律制度虽然表面上是公正的，但是如同其他资本主义国家法律制度一样，是受一定法律思想支配，并且为一定的社会阶层利益服务的。美国法律主要是维护资产阶级既得利益的，对于广大下层社会成员的利益从来没有真正的关心。此外，美国法律虽然相当烦琐，其实并不能真正起到民主监督的作用，如美国总统权力过大，历届总统中经常出现总统滥用职权、否定国会提案的情况，甚至可能会发展到发动战争，危害美国与世界人民利益的地步，这是必须警惕的。

西方初等教育的发展

所谓初等教育主要由初级学校完成，也有国家称这种学校为“基础学校”

（Primary School）。这种学校的类型可以分为私立的与公立的，但一般以公立学校为主。有的学校是由教会承办的，称为教会学校，教会学校除了关于宗教方面的一些特殊要求之外，一般没有其他特殊要求，它所学习的内容与一般初级学校是相同的。西方最早的学校就是由教会兴办的，大约从 9 世纪的加洛林王朝起，查理大帝就开始兴办学校，一开始以宫廷学校为主，教育对象是王室与贵族子弟，以后范围逐渐扩大。西欧经济复兴之后，各修道院与教堂开始设立旨在宣传神学的学堂，世俗学校就是在教会学校的基础上产生的。

西方传统意义上的中学是所谓的文科中学，其主要特点是要学习希腊文与拉丁文这两种古代语言。但是这种学校早在 18 世纪就已经被新的中学所代替，新的中学制度在欧洲已经基本普及。欧洲中学一般为 6 年，其中 3 年为初级中学。中学生入学年龄各国不太一致，如德国一般在 10 岁左右，而法国则为 11 岁，荷兰为 12 岁，丹麦 14 岁，等等。中学开设课程包括自然科学基础的数学、自然知识、体力与手工劳动基础、本国语与现代外国语、历史、地理与古典文学等。19 世纪到 20 世纪，欧洲各国曾经不同程度地对中等教育进行改革，主要是开设了

一群在学校草坪留影的英国中学生

针对社会生产需要的人才培养，如工业技术学校与专业学校。但是，它的办学思想与方式也受到质疑，直到今天仍然处于改革之中。

义务教育制度在西方国家中普遍实行，最常见的是9年制义务教育。以丹麦为例，从1814年就开始实行了义务教育制度，1973年又开始推行9年制义务教育，7至16岁的少年儿童都要接受这种教育。它的中学分为高级中学与职业中学两大类，只有大约1/3的学生接受高级中学教育，而多数学生接受工业技术与商业方面的教育。在欧洲与美国，多数中学生可以进入大学，一般采取入学考试的方式或是依据中等学校成绩录取的方式。

英国的基础教育则是另有一番景象，义务教育要求儿童5岁必须入学，实行全日制教学。经过11年学习后，年满16岁方可离开学校。中小学都分公立与私立两种，私立学校师资与条件比公立要好，但收费也较高。公立学校不但不收费，而且可以供应免费午餐。小学开设的课程有基督教教育、英语、数学、历史、地理、自然、卫生、手工、美术、音乐和体育等。英国小学毕业要参加“11岁大考”，虽然从学制上来看，这种考试只相当于我国的小学升初中的考试，但是，对于英国小学生来说，它的意义非同一般。只有少数成绩优秀者可以进入英国的“文法中学”学习，以便将来进入大学学习，而多数学生则进入一般中学或是专业技术学校，毕业后直接进入社会工作。所以，这种考试实际上是一种分水岭式的考试，颇有“一考定终生”、“朝为田舍郎，暮登天子堂”的意味，其重要性甚至远远超过其他国家中的高等学校入学考试。对此，考生及家长们无不重视有加，视为决定人生贤愚之分的关键，竭尽全力进行准备。其实，这种制度的弊端是显而易见的，最突出的是过早地对学生进行分类，既不科学，也不公平。当然对于英国教育的这种批评早已经引起英国政府与教育部门的重视，近年来，英国政府对教育进行了一定的改革，以适应现代社会的要求。

英国最高等的中学是所谓的“公学”，这并不是公立学校，而是高级中学，全部是私立，每年学费高达数千英镑，专为培养社会精英所设立，其地位高于所谓的“文法中学”，所以入学者其实只能是一些富裕家庭的子女，一般经济条件的家庭是无法企及的。这种公学历史久远，在英国地位相当高，如著名的伊顿、曼彻斯特、威斯敏斯特、勒格比、查特豪斯和哈罗6大公学，英国的政府首脑与文化名人中不少出于这类学校。

为什么英国的中等教育呈现出这种两极分化的现象？一些名校极受重视，成为培养社会中坚的主要基地，而其他一些普通学校则只为社会培养普通工人或其他普通劳动者。应当说，这种现象具有普遍性，并不只存在于英国，欧美国家中等教育中这种现象普遍存在，只不过在英国表现得最为突出而已。产生这种现象的根源在于西方社会的性质与特点。西方教育的目标是为社会培养两种主要人才：一种是为大企业培养的，受过严格的专业和职业训练，具有专业技能的工人。这种人才社会的需求量相当大，它并不要求受教育者具有高学历或高学位，而是注重掌握实际技能与解决问题的能力。另一种人才是为政府、科学教育机构或大企业所培养的，是所谓的“精英”人才，要求受过良好的教育，具有领导能力与专业知识，可以负责某一方面的工作。由于这种教育思想的影响，所以英国中等教育采用分类教育，并且推崇名校，维护传统，也就并不奇怪了。

西方高等教育的发展

（一）古代希腊学园

古代希腊时期，西方的高等教育就已经萌芽。公元前 5 世纪的雅典社会，学术风气浓厚，各种思想流派竞相发展，并开始进行教育活动，以普及自己的学说，培养学生。智者学派较早成立学校。他们的学生大约是十五六岁的青少年，一般进行 3 到 4 年的学习。主要学习课程为文法、逻辑与修辞，有的还讲授一些自然科学知识。这种学校是古代西方高等教育的最初形态。伊索克拉底于公元前 392 年创办了修辞学校，讲授内容增加了文学、历史、哲学与法律等。这所学校培养了不少希腊社会的名人，受到社会广泛重视。由于该学校专业划分明确，所以被认为是希腊最早的教授专业知识的高等学校。五年之后，由柏拉图主持的学园阿卡德米（Academy）成立，这是西方历史上最著名的古代高等学府。学校开设的课程全面，包括算术、几何、天文、音乐、哲学等，更为重要的是，学园提出了西方早期的教育思想，以培养学生通过学习来掌握永恒的理念世界，并不是只教授知识与技术。该学园延续达 900 年之久，“阿卡德米”一词的词义为“学术”与“研究院”，该词义一直沿用至今。

柏拉图学园成立之后，雅典城中开办学园蔚然成风。公元前 334 年，曾经在柏拉图学园里学习过的亚里士多德创办著名学园“吕克昂”，这所学校开办在雅典的阿波罗神庙附近。亚里士多德是一位百科全书式的学者，他研究的范围相当广泛，几乎涉及当时的自然科学与社会科学各个主要学科。在他的精心教授下，他的弟子也学识渊博，知识面宽广。亚里士多德与其弟子首先对西方学科进行划分，比如地理学、天文学、几何学、物理学等学科，再加上传统的逻辑学、修辞学等，形成了西方最早的完整学科体系。除了这些学园之处，伊壁鸠鲁学园、芝诺学园等也纷纷成立。

古代希腊的高等教育对于西方高等教育思想的形成有重要影响。以思想根源而论，古代希腊的教育思想是人文主义的，它形成了一种私人办学的传统，即尊重学术，主张学术自由。希腊高等教育重视对知识与真理的追求，这是西方文化的重要特征之一。

（二）中世纪大学的成立

欧洲中世纪时，大学开始出现。最早成立的是 11 世纪的意大利波洛尼亚大学与萨莱诺大学，12 世纪法国巴黎大学成立。这是欧洲最早的三所大学，故称欧洲大学之母。

中世纪后期，意大利经济繁荣发达，建立了一批文化生活丰富的城市，吸引了来自各地的杰出学者与优秀青年，从而为大学的产生创造了条件。当时的城市中，工商业与贸易兴旺，手工业者众多，各行各业成立自己的行会，维护自己的利益。这些行会之下又有多种多样的社团组织，这些社团组织研究技术与学术，举办各种类型的活动，逐渐形成了大学这样的教学与研究机构。具有医学背景的是萨莱诺大学，它大约成立于 1099 年，位于意大利南方名城那不勒斯附近的萨莱诺（Salerno）。这里是著名的疗养地，古代就已经建立了医学学校，为当地的疗养与医疗服务。希腊著名医学家希波克拉底等人的医学很早就传播到了这里，成为医学教育的内容。11 世纪初期，犹太医学家阿非利加诺（Constaninus Africanus）在这里行医与著书立说，传播医术，使这里成为著名的医学中心。1231 年，政府正式批准这里为大学，随后，一批医学类的学院与大学也模仿萨莱诺大学建立

萨莱诺大学旧址

起来。

另一所意大利大学是波洛尼亚大学，它位于意大利北部的城市波洛尼亚。这里是商业发达的地区，经常发生商业诉讼，因此当地法律学校相当著名。中世纪的大量法学家们聚集于此，进行研究与讲学，在对罗马法进行深入研究的基础上，发展了民法，并汇编各种法典。1158 年，弗里德里克一世正式颁布法令，将法律学校改为波洛尼亚大学。从此，这里成为中世纪学术研究的重镇，到 14 世纪中期，已经成为拥有法学、神学、医学、自然科学等多学科的大学。著名诗人彼特拉克、卡尔、帕斯克里，戏剧家哥尔多尼，诗人但丁，文学家塔索，天文学家哥白尼，发明了无线电的科学家马可尼，解剖学家马尔皮基等一大批科学文化杰出人才都出自这里。

最著名的欧洲中世纪大学是巴黎大学，其前身是诺丹（Notre Dame，巴黎圣母院）主教学校，成立于 12 世纪初期。巴黎大学成立之际，法国正处于王室与教廷、地方封建势力与政府之间激烈的斗争之中，它正是这一时代的产物，在它身上深深印上了时代的烙印。1180 年，刚成立的巴黎大学与市民之间发生冲突，法国国王路易七世看到了大学所具有的政治潜力，公开宣布承认巴黎大学，争取大学对王权的支持。以后，法国国王菲利浦·奥古斯都与大学对立，大学又取得了教皇西勒丁三世所给予的特权。1231 年，罗马教皇正式下令肯定大学自决权，从此，大学与教会一样，具有独立权力，对世俗政权可以抗命。从 13 世纪末期起，巴黎大学文学院院长当上了大学校长，学者掌握了学校的领导权。巴黎大学共有文学、神学、法学和医学 4 大学院，学生最多时达到 4 万多人，成为欧洲当时最大的大学。

在这三所大学影响之下，高等教育风起云涌，西欧各国纷纷成立大学。1168 年，英国牛津（Oxford）大学成立，1209 年剑桥（Cambridge）大学从牛津大学中分出，成为一所独立大学。1222 年意大利帕多瓦（Padova）大学成立，1224 年那不勒斯（Napoli）大学成立，1355 年亚勒索（Arezzo）大学成立。同时，葡萄牙的里斯大学、西班牙的帕伦西亚大学、萨拉曼卡大学也相继成立。教皇格列高利九世则创立了图卢兹大学、蒙彼利尔大学。13 世纪之后，布拉格大学、维也纳大学、爱尔福特大学、海德堡大学、科隆大学等纷纷成立。到 1600 年，全欧洲共有 105 所大学，我们现在所熟悉的欧洲著名大学，此时基本上已经全部成立。

英语中的大学 University 一词来自于拉丁文 Universitas，是“行会”与“组织”的意思，来源于中世纪各行业的行会与专业团体。中世纪大学的原名是“教师与学生的组织”（Universitas Magistrorum et Scholarium）。由于大学是专业学术团体，其所研究的文学、法学、神学与医学等都有相当普遍的社会性。同时，学校机构庞大，具有相当的社会影响，也无法不介入社会权力斗争。所以大学与教会、世俗政权之间经常发生摩擦。经过长期的斗争，大学最终发展为具有独立学术权力与自决权力的机构。欧洲大学历史悠久，纷争从未间断，历史上多次发生过与社会各阶层的冲突，导致学校的分校、迁校等行动，也正是在这种环境中，使欧洲大学建立了严格的学术与管理体系。

中世纪大学的基本单位是学院，最早的学院并不是按专业划分的，后起的大学才按专业划分了学院，其中文学院一般是基础教育，神学、法学、医学属于较高的专业教育。欧洲大学最早建立了规范的学位制度，这也是欧洲高等教育对世界的贡献。最初级的学位学士原本是一种学历证明，说明学生已经获得了可以从事教授的资格，以后逐渐发展为独立学位。硕士与博士原来只是同一级别的学位，但是考试与颁发学位的方式不同，以后则发展成为不同级别的学位。学位申请者都要经过两种考试，即个人考试与公开答辩，答辩之后，答辩委员会经过表决，申请者才可能获得学位。

中世纪大学是欧洲文化中一种重要现象，一方面它表现了基督教力量的强大，几乎所有的大学都不同程度受到教会控制，有的大学甚至论为教会的工具；另一方面，中世纪大学在争取学术独立与自由方面又有独特的贡献，大学特权与自决权是其重要表现。当时相当多的大学有自决权，即有权力设立法庭，校外人员与大学生发生争议，由大学进行审理。大学师生可以免服兵役与享受免赋税的特权。1385 年，洛伯特一世宣布，海德堡大学师生，包括学校相关人员，可以免除各种赋税。大学有权颁发专业证书与特许证，持大学证书就可以在各地任职任教。发证人原为教会，以后经过教师据理力争，相当多的大学以教师为发证人。很多大学规定大学教授执教一定年限可获得爵位，牛津、剑桥、巴黎、苏格兰等大学还在国会中有自己的席位。以上这些规定，都反映出当时大学的特殊地位。正因

英国牛津大学

为如此，大学里培养一批批优秀人才，杰出的学者如伽利略、加尔文、弗朗西斯·培根、牛顿等。可以说，中世纪以来欧洲科学、思想与艺术的发展，欧洲文化的进步，都与大学密不可分。

（三）现代高等教育体制的建立

文艺复兴运动兴起之后，西方大学面临强烈的冲击。一方面，欧洲大多数大学与教会关系密切，学校受教会资助，教会控制大学的领导权，神学思想在大学里泛滥。另一方面，大批的人文主义者身居大学之内，宣扬人文观念，反对宗教专制。也有一些大学如巴黎大学等，由于受基督教教会的影响，思想僵化，成为旧思想的堡垒。法国文艺复兴时期的思想家与文学家拉伯雷在名著《巨人传》中，就将巴黎大学描写成一个神学与经院哲学旧思想的堡垒，其教育观念陈腐，行为可笑。这是当时巴黎大学的真实写照，正因为其教育思想落后，所以受到了人文主义者的嘲弄。

18~19 世纪，海上环球航线开通之后，欧洲资本主义发展迅速，科学技术日新月异，旧大学体制再也难以维持下去。大学如果不改革，则将无法适应社会发展。在这种状况下，经过两个多世纪的时间，欧洲大学进行了深刻的改革。第一阶段是从 18 世纪到 19 世纪中期的大学体制革新，主要是从德国发起，以后推向全欧洲。第二阶段是从 19 世纪中期到 20 世纪中期，现代大学体制基本建立。第三阶段是 20 世纪后期，各国大学又进行了新的改革。短短两个世纪之中，全欧洲与美国基本实现了从传统大学向现代大学的过渡，建立了相对全面的现代大学体制，直到今日，世界范围里的大学教育改革方兴未艾。

首先进行改革的是德国大学。德国启蒙运动起步虽然晚，但是有自己的特色，启蒙思想与宗教改革密切结合，深深地影响了大学教育。欧洲古老的大学哥廷根大学与哈勒大学中，不再使用拉丁语作为教学语言，而使用德语讲授课程，大胆地改革神学，独立开设哲学课。数学与物理学等自然科学课程也在大学开设，传统的文学院被改为哲学院，增加了心理学、基础数学、应用数学、物理学等多种具有现代社会特色的课程。从 18 世纪初期到中期，德国重要的大学进行了两次大规模的改革，最终确立了大学独立进行科学研究与学术研究的办学宗旨。同时政府也向大学提供经费，委任教授，反对宗教迫害，提倡思想自由。19 世纪初期，德国大学进行了第三次重要改革，使德国大学完成改型，具备现代大学的雏形。著名语言学家与思想家威廉•洪堡创建了柏林大学，这所大学贯彻了全新的办学理念。这种新思想主要体现为以下方面：学术独立与学术思想自由是学校的基础，只有学术思想自由，才可能培养出具有独立思考精神的个人，只有具有独立思考精神的个人，才会是一个全面发展的、个性和谐的人；大学的最终目的是培养全面发展的人；大学必然以科学研究为重要任务，教学与研究结合为一，发展科学研究与培养人才结合起来。在这种办学精神的指引下，柏林大学这所成立时间不长的大学在欧洲众多古老大学中脱颖而出，成为时代先锋，它的教学理念与方式影响到欧洲各大学。由于高等教育的改革与大学的优秀传统相结合，德国大学在世界高等教育中享有盛誉，特别是一些古老的大学如海德堡大学、哥廷根大学等，集中了众多的世界著名学者。20 世纪后期，多达数十位诺贝尔科学奖得主汇集于这些学校，这使得这些大学与英国的牛津大学、剑桥大学，法国的巴黎大学一样，成为世界大学中的佼佼者。

德国大学的改革模式被欧美多数大学所接受，特别是在美国大学中得到广泛传播。由于受到国家历史的限制，美国大学比欧洲大学较晚建立，但是发展却相当快。科研资金雄厚，设备先进，是美国大学的优势。美国高等教育独具特色，一方面公立大学数量多，政府重视大学教育，每一个州都有州立大学，多数州还不只一所；另一方面，私立大学更为突出，优秀的私立大学进步相当快。19 世纪后期，美国哈佛大学、耶鲁大学、哥伦比亚大学等都加强科学研究，学习柏林大学的教学与科学研究模式。美国成为世界最富有与经济最发达的国家后，政府加大对高等教育的投资，使全国大学数量猛增，根据美国教育部 2001 年的统计数据，美国正规高校总数为 4 070 所，其中公立院校为 1 688 所，私立院校为 2 382 所，私立院校多于公立院校，这是美国大学教育的特点之一。大学生总数达到 1 450 万人以上，而且还在迅速递增，78%的高中毕业生可以直接升入大学学习。此外，美国高等教育中还有其他一些特色，例如，20 世纪后半期以来，美国社会反对种族歧视运动此起彼伏，政府通过了《AA 法案》(Affirmative Action，所谓《平权法案》)，相当多的大学招生时照顾黑人等少数族裔的学生，其中不乏哈佛大学等著名高校。

美国大学中最为知名的是一批所谓“常春藤联盟”的大学。这个名称起源于四所名校（哈佛大学、耶鲁大学、哥伦比亚大学与普林斯顿大学）的联合行动，因罗马数字Ⅳ的字形相似于英文中的“常春藤”，故人们用它来称呼这四所名校。20 世纪 40 年代，当时美国四所优秀大学有感于各校为了招收体育尖子学生而降低录取标准的现象严重，认为这样做不利于提高学校教学质量。四校经过协商，共同宣布取消专为体育项目而设立的奖学金，并且为了推动体育运动发展，在四校之间组织橄榄球赛联盟。1954 年，康乃尔大学、宾夕法尼亚大学、达特茅斯学院、布朗大学也加入了联盟，八校签订了协议，在各校之间举行各类体育比赛，互相支持。从此，这八所院校以“常春藤联盟”而声名远扬。这八所院校共同的特点在于：第一，它们全都是位于文化发达的美国东部地区的私立院校，以高质量的学术水平与优良的社会声誉闻名遐迩。第二，除了建立于 1868 年的康乃尔大学外，其余七校全都建立于 18 世纪，学校具有悠久的传统，校园风光旖旎，绿草如茵，古老的建筑上挂满了青碧的常春藤，颇为名副其实。

除此之外，美国其他一些著名大学如麻省理工学院、芝加哥大学、加州大学伯克利分校、密歇根大学等也都实力超群，它们的科研力量非常强，教师中有著名的科学家和相当数量的诺贝尔奖获得者。大量科研成果迅速转化为生产力，使美国科学技术特别是在新兴的电子科技、生命科学、航空航天、材料科学与环境科学等前沿科学中领先世界。

从 19 世纪中期到 20 世纪初期，世界大学教育围绕着是否为社会生产与建设

美国麻省理工学院

服务展开了新一轮的争论。洪堡等人的人文主义教育观念强调大学对于个人精神的培养，主张以理性与个性的自由发展为其精神，这是一种自由主义的大学教育观。另一种以大学服务于社会为观念，主张大学应当为社会生产建设提供知识与人才。这两种对立的观念在各国大学中都各有其根据地，但是，前一种观念实际上已经成为一种传统，后者则表现出一种与社会需要相结合的创新。所以在19世纪后期到20世纪，大学与社会现实的结合成为新型大学的方向。英国是工业化的起源地，新型大学建立较早。其特点在于，成立之初先采取以理工科为主的学院，以后转为大学。如曼彻斯特欧文斯学院（1880年转为曼彻斯特大学）、约克郡理工学院（1904年转为里兹大学）、伯明翰梅逊学院（1900年转为伯明翰大学）等。美国也开展了性质类似的教育改革，即所谓“赠地学院”运动的产生。美国总统林肯于1861年签署了《莫里尔法案》，法案规定：

联邦政府在每州至少资助一所从事农业和机械工艺教育的学院；按照1860年规定分配的名额，每州凡有国会议员一人，可分得三万英亩公用土地或相等的土地期票，出售公地所获资金，除10%可用于购买校址外，其余将设立捐赠基金，其利息不得低于5%；这笔捐赠如果五年内未能使用，将全部退还给联邦政府。联邦政府这一举措推动了美国高等教育与社会生产相结合的步伐，全国建立了 69 所“赠地学院”，这些学院以农业与机械为主要专业，培养了大批人才，直到今日，在美国许多州里，这种学院仍然是高等教育中的重要力量。

20 世纪中期之后，经济全球化步伐加快，在世界性的科学与高技术发展中，高等教育的作用受到了前所未有的重视。

最能体现 20 世纪高等教育特色的是高等教育的大众化。为了适应工业化社会中对科学技术人才急速增长的需要，各国都把大学的科学研究作为基础力量，这使得大学招生量不断扩大，新建高校不断增加。昔日只有少数人能够进入的高等学府，现在变成了大多数人学习的机构。第二次世界大战结束后，大量美国退伍军人进入大学，从 1946 年到 1947 年，美国进入高等院校的退伍军人每年都达到 100 万以上，政府为他们入学提供经济资助。到 20 世纪 50 年代初，美国高校每年招生总数达到 200 多万，到 20 世纪末期，美国在校大学生人数占到全国青年的 50%以上。欧洲各国入学率也大幅度增加，虽然没有美国那样高的入学率，但也今非昔比。英国大学入学率仅 60 年代就增加了一倍以上。

现代欧美高等教育的另一个重要特点是多样化的教育体系形成，促成这一变化的根本原因在于社会生产与生活对大学教育的要求越来越多样化。最先实行多种大学体制的仍然是美国，美国的社区学院是一种创造性的高等学校办学方式，这种学校一般是两学年制，在美国这种院校总数达到 1 000 多所，主要培养实用技术型人才，为当地经济生产服务。到 20 世纪 90 年代，这种社区学院竟达到了 1500 所，学生总数达到 567 万多人。美国大学还有一个特点，就是重视留学生教育，美国大学向世界各国开放，向各国优秀学生主要是研究生提供奖学金，这一举措使美国可以利用世界各国培养出的青年科学才俊，充实自己的科学研究队伍。尤其是在自然科学研究方面，包括物理学、化学与化工、航空航天、材料科学、能源科学、医学、生物学、生命科学、电子工程、机械与自动化等与国民经济密切相关的学科中，来到美国大学学习的各国研究生们在教授学者指导下，经常能取得相当突出的成就。这种高效率与高水平的科研成就与宏大的办学规模，使得美国高等教育稳居世界教育之前列。

近代科学的发展

18 世纪以后，随着西方工业化的深入，一次又一次的工业革命、产业革命、技术革命强烈冲击着科学研究。同时，科学研究也掀起了一次又一次的变革与革新，回应着社会生产的迅猛发展。现代西方科学体系取代了近代科学，从康德的宇宙理论到爱因斯坦的相对论，从达尔文的进化论到能量守恒定律，现代科学的思想基础建立在辩证认识论之上。

1755 年，康德出版《自然通史和天体论》，提出了太阳系起源的星云假说，并总结了人们对天体特别是“星云”的认识。在康德的理论提出之前，瑞典与英国的科学家们已经发现，宇宙中存在着无数个类似于银河系的恒星体系，但是这些宇宙物体是如何形成的，科学家们则见仁见智，说法不一。康德依据牛顿力学与开普勒的天文学，认为宇宙是无限的，宇宙中存在着无数个类似于太阳系的恒星系。其次，康德认为宇宙的天体并不是原来就有的，是由宇宙间的细小物质微粒在引力作用下形成的。从一个个行星到大的天体，都经历了这一过程。所有宇宙天体正在处于永恒的变化之中，有无数个类似太阳的天体在燃烧与消灭，这就是宇宙的发生与循环过程。最后，康德还预言，在宇宙的其他星球上可能也有人类居住。

法国科学家拉普拉斯像

1796 年法国著名科学家拉普拉斯（Laplace，1749—1827 年）发表《宇宙体系说》，支持康德的学说。作为一个杰出科学家支持一位哲学家所提出的假说，这种现象充分表现出西方科学家们尊重科学、追求真理的精神。

西方的化学是在古代炼金术中发展出来的，在近代科学中还没有重要的位置，但是随着社会生产的发展，化学与化学工业的地位日趋重要，化学科学因此而得到了长足发展。

1869 年，俄国彼得堡大学教授门捷列夫（1834—1907 年）的论文《元素性质与原子量的关系》在俄罗斯化学协会上被宣读。这篇论文中指出了元素的周期律，即按原子量排列起来的元素，在性质上呈现出明显的周期性，同时，化学元素的性质取决于原子量的大小。门捷列夫把当时已知的 63 种元素按原子量的大小列了周期表，并且根据原子量变化的规律，为尚未发现的 4 个元素留下了写有原子量的空缺位置。以后，他所留出空位的元素相继被发现，这些元素的原子量基本上与他所列的周期表相同。元素周期表是化学史上划时代的发现，它使化学真正成为一门科学，不只是从实践意义上，而且是从理论意义上。

早在 18 世纪末期，欧洲科学家已经发现，热能可以向机械能转换。19 世纪，科学家们先后发现，在各种运动中能量可以转换，在能量的转换过程中基本上遵守了能量守恒的定律。1847 年，英国科学家焦耳（James Prescott Joule，1818—1889）在英国科学年会上宣读了自己以前发表的一篇论文，这篇论文曾经在学术会议上宣读过，但是没有引起足够的注意。这篇论文认为：自然界的力量是不能毁灭的，哪里消灭了机械能，哪里就得到相应的热能。可惜的是这篇论文反响不够热烈，焦耳通过进一步努力，计算出热当量值是 428 克·米/卡。从此，能量守恒与转化的定律在自然界被正式承认。能量守恒与转化定律证明，自然界的事物与运动之间有普遍的联系，宇宙中的能量不可能创造也不可能消灭。人类社会应用的能量来自于自然，能量在自然中是可以被转换的，然而它是守恒的。

英国科学家达尔文像

19 世纪 40 年代，生物学家们发现细胞分裂过程，1879 年，德国生物学家发现细胞核内遗传物质的载体染色体，建立了细胞学说。英国科学家达尔文（Charles Robert Darwin，1809—1882 年）于 1859 年出版的巨著《物种起源》，论证了生物进化的原理。达尔文认为，自然界中的物种是在自然选择条件下进化的。以人类驯养的动物为例，它们的祖先并不具有原先就与之相同的先祖，而是从少数的几个野生动物进化生成的。物种具有遗传与变异的特性，有用的特性被人类选择而得以保存，无用的特性会被淘汰。自然界同样可以在更为广阔的范围里，以自然环境进行这种进化的选择，优存劣汰，不断产生能适应环境的物种。1871年，由于进化论已经被科学家们用于解释人类起源，达尔文出版了《人类的由来》一书，阐释自己关于人类起源的看法。他认为，人类是与某些较低级的物种一起，从同一个祖先进化来的，人类的这些近亲现在已经灭绝了。进化论提出后，遭到相当多的人反对，特别是因为进化论认为人类是由动物进化来的，而不像《圣经》上所说的那样是上帝所创造的。正是在反复的斗争与辩论中，进化论迅速推广开来，受到各个阶层有识之士的肯定，被认为是19世纪最伟大的科学理论之一。

近代技术革命

什么是近代技术革命？简单地说，就是以蒸汽动力为基础的、以机器应用为中心的生产技术进步。所以，近代技术革命是相对于古代手工业的人力生产模式而言，是一种机械化的观念。

欧洲较早就出现了以水为动力的水磨，以风为动力的风车等，欧洲还有精密

欧洲较早时期以水为动力的水磨

的钟表技术，这些发明与东方文明的创造一样，是技术的进步。众所周知，世界科学史上最早的发明创造相当多的是出于东方，如罗盘、印刷术、火药等发明都是出于中国。但是这些发明在中国并没有直接投入生产，没有产生巨大的经济作用，比如火药这样的重要发明虽然有明显的军事利用价值，也一直只用于烟花爆竹之中，不但没有广泛运用于军事之中（虽然最早的火铳等武器也曾出现，但未能发展出步枪等武器），连开山炸石这样重要的工程都没有利用火药。这就不能不引起我们的反思，其根本原因当然在于封建专制制度对于科学的排斥。在中国漫长的封建社会中，对科学的压迫与欧洲中世纪一样严酷。欧洲近代技术革命的意义就在于改变了封建制度下的落后生产力，以先进的机器工业为标志，向工业化社会前进。

技术革命从意大利发轫，在英国工业中得以大成。文艺复兴运动为意大利工业的兴起创造了思想与物质上的准备。15 世纪中，意大利首先应用了机械纺织机，纺纱机也实现了机械化，这使纺织工业在意大利成为国民经济的支柱产业。冶炼工业中，以水为动力的鼓风冶铁炉开始普及，它的发达有利于其他行各业的发展。同时，在造船、交通等方面，意大利也跃居前列。可惜的是，16 世纪之后，由于西方文明从地中海转向大西洋，意大利的地中海交通枢纽地位逐渐丧失其作用，同时由于周边国家与意大利的战争，国内宗教专制横行，这些因素使意大利的工业生产衰退。从 17 世纪开始，大西洋地区的中心国家英国取代了意大利的工业中心地位。英国不但有广大的海外殖民地与海外贸易的优势，更为重要的是有重要的科学技术发明，从培根到牛顿，英国著名科学家如雨后春笋般出现，使英国的科学研究实力稳居世界首位。同时，近代技术革命最重要的发明——蒸汽机在英国产生，使英国成为世界技术革命的中心。文明中心的转移是一种长期的历史积累，是多种历史条件所形成的必然趋势，绝非偶然。

纺织工业是最古老的工业，近代技术革命与大工业化生产不约而同都是先从这里开始。

世界上最早的纺织机极有可能是中国人与埃及人各自独立发明的，据亚·沃尔夫考察，埃及人公元前 12 世纪就已经发明了纺织机，一直到 18 世纪初，欧洲工业中所使用的纺织机仍然是 4 世纪从埃及传入的。

纺织机的大变革产生于英国工业革命之中。众所周知的是，1764 年詹姆斯·哈格里沃斯发明了珍妮纺纱机，这是一种只需要一个人管理的高效纺织机。1769 年理查·阿克莱发明了水力纺纱机。1776 年赛米尔·克伦普顿发明了骡机。

1787年卡特莱特博士发明了动力纺织机。大工业生产的需要使得技术革命像火山爆发一样威力无穷，同时，先进的技术又立即转变为巨大的生产力。

18世纪，英国引导世界工业革命潮流，实现从手工业向大工业的转变。大工业生产中，机械化当然是重要因素，但是，更为重要的是新动力与能源的发现。动力是能源的应用，能源是动力的来源与物质基础，两者其实是合一的。综观人类社会的历史，首先是在农牧业文明中，人类学会运用牛马等畜力，在农业与手工业生产中，牛马作为生产工具使社会成为文明社会。近代技术革命中，机械动力如蒸汽机的蒸汽动力取代了畜力与人力，使工业化社会降临。而大工业生产中，电力、石油动力、核动力等的应用，使人类进入新的时代。有新能源，就有新动力，有新动力就有新社会生产、新社会形态。

早在蒸汽机出现之前，由于欧洲大量使用风力与水力，多数国家的风车与水车及相关机械已经相当发达。1617年浮斯图斯·维兰齐奥的《新式机器》一书中已经收入了一些风车的细部结构、桥拱的拱架、吊桥以及疏浚设备等。商人贾科木·斯特拉达·迪·鲁斯贝格于1617年至1618年就出版了一部书，书名是《各种畜力和人工的风车、水车以及各种水泵和其他无须花多大劳力而提升水的发明的图解》。该书主要介绍了意大利16世纪的技术成果，特别是机械与动力方面的创造，这在一定程度上可以看成是文艺复兴时期技术成果的总结。文艺复兴的巨匠达·芬奇等人不但是艺术家，他们的才能是多方面的，即使是在机械设计方面也成果突出。达·芬奇绘制的机械图精确而且实用，他在世时所绘制的许多机械图纸，当时只是一种想象中的事物，几个世纪之后才开始在世界各地被人们所发明与应用。

蒸汽机发明的历史更为久远，西方科学家早在亚历山大时代就开始有了蒸汽机的最早构想。公元50年前后的希罗编纂过几部关于力学的书籍，其中就有一部谈到利用蒸汽来产生动能的装置。以后原始的蒸汽利用机械发明一直不断，从12世纪到18世纪，利用蒸汽作为动力一直是西方科学家的理想，其中有的已经真实运用于生产实践之中。1663年伍斯特侯爵就已经获得了一个专利，这个专利名称是“控水机”，主要用来抽干矿井中的积水，这是当时急需解决的生产问题。英国博物馆里至今还收藏着这种机器的图纸，这个机器运用了蒸汽的压力来抽水。最重要的是17世纪英国工程师托马斯·萨弗里所发明的蒸汽机，这种机器也是用于矿井坑道抽水，而且它的实际应用性非常强，1669年获得专利并且在英国皇家学会进行了模型演示。这个机器有一个副锅炉，可以不间断地给工作锅炉供水。

可见，在瓦特（James Watt，1736—1819 年）发明蒸汽机之前近一个世纪，英国的科学家与工程师们就一直在努力制造蒸汽机。

瓦特像

1768 年，瓦特试制成了可以大规模应用的蒸汽机。在现在的中小学课堂上，教师们经常向学生们讲这样的一个故事：1763 年，格林诺克的詹姆斯·瓦特博士看到水壶中水沸腾时，水蒸气冲开壶盖，灵机一动，发明了蒸汽机。事实上，蒸汽机动力是欧洲科学家特别是英国科学家们数百年来的梦想，经过几代人甚至十几代人的努力，才实现了这一梦想。从这里我们也可以看到，任何科学发明都是长期科学研究与历史积累的结果，尤其是推动一个时代前进的伟大发明，绝不是天才人物的灵机一动式的偶然发现。

蒸汽机一旦进入生产，就如同神话里见风就长的魔鬼，其力量无比巨大。1785 年瓦特在诺定昂县建立了第一个蒸汽机纺织厂，随后在阿克莱与克伦普顿建立起了一批使用蒸汽机的纺织厂。由于大量使用瓦特蒸汽机，生产效率大大提高，随着蒸汽机在全国工厂的广泛应用，英国工业进入高速发展时期。1770 年英国的籽棉输入不到 272 万千克，1800 年增至 2450 万千克，1836 年增至 16 330 万千克。机械化程度的提高，使得棉纺生产的其他工序如漂染、印花等工序也有较大的技术改进。1833 年英国生产了 1 026 400 万纱锭，总长度达到了 81 亿公里以上。当时的棉纺织厂达到 1300 家，纺织工人有 237 000 人，蒸汽织机 10 万台以上，手工织机 24 万台。棉纺织业的急速发展引起了连锁效应，英国的采矿业与其他工业也走上了高速发展的轨道，这同样是由于蒸汽机与水力机械的应用才形成的。原本是沉重的体力劳动为主的发展缓慢的工业，由于机械化而效率猛增。

英国的主要矿业是煤业与铁业，其煤炭储藏丰富，到了 19 世纪中叶，英格兰与苏格兰的所有煤矿都在开采。据恩格斯统计，仅在诺森伯兰与德勃穆的煤矿每年就有 500 万吨以上的煤出口，矿工人数达到四五万人。铁的生产在 1740

年不到 17 000 吨，到 1834 年就达到了 700 000 吨。钢铁工业是基础工业，它带动了化工、建筑等工业的发展。1788 年，英国约克郡出现了第一座铁桥，以后，伦敦在泰晤士河上修建了萨德克铁桥。英国成为了世界上第一个钢铁巨人。1830 年，从利物浦到曼彻斯特开通了第一条大铁路，随后几十年间，英国铁道联结起了所有大城市：伦敦、南安普顿、杜弗、科尔彻斯特、剑桥等地。交通运输历来是工业发展的大动脉，1818—1828 年仅仅十年时间，英国建成了欧洲最发达的公路网，英格兰和威尔士修建公路 1 610 千米，路面宽达 18 米。几乎就在同时，苏格兰修建 1450 千米公路，1000 多座桥梁。英国的荒山僻壤转瞬成为了交通便利的城镇，公路网四通八达。英国小说家瓦尔特·司各特（Walter Scott，1771—1832 年）的历史小说中曾经描绘了苏格兰地区的历史场景，那里原本盗匪丛生，人民生活贫困。但是到了 18 世纪二三十年代，苏格兰已经成为交通发达的地区，原本以盗猎为生的山民们，现在已经成为大工厂的工人或是矿工了。这里发生的一切巨变，并非个别人的能力，而是时代与社会的发展所造就的，是工业文明兴起的必然结果。

英国十九世纪铁路

英国本来是一个没有运河的国家，但是18世纪工业的需要使得运河成为英国主要的交通线路。英格兰开凿了运河3220千米，苏格兰开凿了凯利多尼亚运河，爱尔兰也开挖多条运河，一时之间，英国成为世界上运河运输最发达的国家之一。

工业化引起的变化涉及社会生活的所有方面，当年，人们关注的只是经济布局、工业动力等方面的变化，现在，人们可以更清楚地看到城市化进程是相当重要的因素，城市化是工业化所带来的必然结果。城市化是劳动力转移所带来的一种社会状态，农业生产的机械化使农村劳动力过剩，工业生产与第三产业则需要大量的劳动力，这就形成了农业劳动力向工业化城市集中。而工业化大生产需要相对的集中，工业生产首先在经济、运输条件相对好的城市集中起来，形成大城市，于是工业化与城市化进程同步进行。据米歇尔·博德统计，经过18世纪中期到19世纪中期的农村人口大转移，英国从以农村人口为主的国家变成了一个以城市人口为主的国家。1851年，英国总人口为1 800万，其中农村人口占48%，而城市人口已经占到总人口的52%，城市人口超过了农村人口。英国在当时是世界上唯一一个城市人口超过农村人口的国家，法国、美国、德国、俄国、意大利等国当时农村人口仍然多于城市人口。工业文明一定程度上就是城市文明。城市，虽然不可避免地产生对立与分化、贫民窟、交通拥挤、两极分化等现象，但它从根本上来说，却意味着财富的大量创造，人们生活方式与风格的改变，生活水平的提高。1835年根据“城市自治机构条例”，英国开始城市地方政府改革，城市市政机构通过选举，有力地推进了城市的地方民主化。工业化是社会生产方式的变革，城市化是生活观念与方式的转化，工业化与城市化相得益彰，使社会生活转型的文化意义得到全面呈现，这是古代城邦文明经过长期的封建社会之后，在工业文明时代中重新获得的一种新的历史意义。当然，无论工业化与城市化都不是西方的特权，现代社会发展证明，东方民族的工业化与城市化的进程同样不可阻挡，完全有可能与西方并驾齐驱，互相补益。

整个欧洲大陆的工业化是从1800年前后全面展开的。法国是从第一帝国到七月王朝期间完成了初期的开发，主要工业部门是纺织工业、冶金工业、采煤业、交通运输等，其发展模式与英国基本相似。但是有一个细节不容忽视，一般的欧洲国家工业化都是起于棉纺织业，只有法国例外，法国的丝织业当时相当发达，它对于初期工业化的作用是不可低估的。另外值得注意的是，法国的公路建设当时已经处于世界先进行列，它具有发达的筑路技术，使法国一直保持了自己的领先地位。正如亚·沃尔夫所指出：

法国是近代最早建立了一个令人满意的公共道路网的国家。于贝尔·戈蒂埃的《论道路建筑》于1693年出版，这部著作说明了行车路的筑造方法：建筑和夯筑密集大石块构成的路基，并加以夯槌。这种制式后来同特尔福德的名字联结在一起。1716年，成立了桥梁道路工程师协会（Corps des lngfmieus des Ponts et Chaussees）。在皮埃尔·特雷萨盖（1716—1796年）领导下，法国公路在欧洲独占鳌头。他沿用一种经过修改的古罗马方法：在平地上铺设石头路基，然后用大石铺一层厚厚的石座，上面再铺小石块。后来（1764年）他把基石竖放，并减少上面几层的厚度。

先进的筑路技术使得法国公路发展相当快，1850年法国国家总公路已经达到3500千米，相对于领土并不大的法国来说，公路交通网已经基本形成。法国公路中的国际公路占有相当比例，如法国到瑞士瓦蒂与意大利皮艾蒙特的欣浦隆通道，从法国里昂到意大利都灵的瑟尼山通道等，都是联结工业中心的重要公路，是法国对外的交通枢纽。但是从科学技术全面应用与工业发展速度来说，法国仍然显得缓慢得多，无法与英国并驾齐驱。第二帝国时期，法国工业进入另一个发展高潮。拿破仑三世关心工业化进程，圣西门等人的学说对他的思想有一定影响，他主张以国家经济为主体，国家以预算与分配等手段干预经济发展，同时，他还主张自由贸易。因此，这一时期工业、农业、商业与金融都有较快发展。1861—1869年，法国冶金工业总产量增长近3倍，生铁产量从41万吨增长到135万吨。钢产量从1.4万吨增长到了11万吨。煤炭产量从455万吨增加到了1350万吨。1869年法国全国铁路网建成，路线总长16 465千米。

法国的科学技术应用也成就突出，专利成果与发明大量涌现。其中最为重要的当数内燃机的发明，1860年到1862年，勒努阿和博·德·罗萨制成了内燃机，这种新动力的出现，不仅对法国工业，也促成了世界工业的飞跃。如果说，英国人发明了蒸汽机，开启了工业革命新阶段，那么，法国人发明了内燃机，继续推进了工业革命的新阶段发展，其历史功劳不在英国之下。从19世纪后期起，世界进入以电力与内燃机为主要动力的时代。法国人还有更多的新发明，如1861年索尔韦的新制碱法，1867年德里埃发明的制冷机，1869年贝尔热成功进行的水力发电等，都是具有世界意义的伟大发明，这些发明对于工业生产有巨大的推动作用。从1850年到1870年，20年时间里法国工业总产值翻了一番，从60亿法郎增加到了120亿法郎，法国成为世界工业强国，位于英国之后，居于世界第二位。

从理论上说，英国工业革命、法国大革命与德国宗教革命之间存在着思想上的联系，但是德国政治经济发展在当时相对滞后。实际上德国现代工业起步并不晚，18 世纪后期就已经有现代工业，但是受到封建政治制度的限制，发展缓慢，直到 19 世纪二三十年代才开始大发展。这个时期与新大陆的美国几乎同步。19 世纪中后期，德国工业进步很快，它的工业道路相当独特，与欧洲其他国家不同，德国工业革命并不是从轻工业特别是纺织工业起步，而是从铁路交通开始。大规模的铁路建设带动了冶金、采矿、煤炭等行业，所以德国重工业基础好，工业体系全面，这一布局对于德国工业有深远的影响。同时，德国重视发展新兴工业，这是德国工业的又一特点。在化工、机械等方面德国后来居上，甚至超过欧洲一些工业强国。

德国 19 世纪铁路

美国工业革命从 18 世纪末期开始，到 19 世纪 70 年代大致完成。在近一个世纪里，美国从一个新大陆国家成为世界工业强国。美国发展的特点是优先发展农业与铁路运输，引进英国先进技术，保护科学发明，实行知识产权与专利制度，这种具有远见卓识的发展策略，其实是美国民主自由主义思想与法制制度的产物，也是基本国策。也正因为如此，才使美国在以后成为世界强国。美国不同于欧洲国家，它土地广阔，资源丰富，并且有大量的移民劳动力，这是工业化的特有优势。同时，美国利用其他国家战争的机会，贩卖军火与短缺物资，从中牟取暴利。在历史上，美国通过贩卖黑奴与掠夺印第安人的土地，积累了大量财富，这些财富被转化为工业革命的资本，并使美国能够在短期内成为世界最富裕的国家之一。

近代西方文学

“近代文学”在西方主要是指资产阶级革命时期和资本主义社会初期的文学，在东方对绝大多数国家来说是指殖民地、半殖民地和半封建社会的文学（日本例外，它的近代文学是资产阶级革命和资本主义社会初期的文学）。主要原因是东西方国家在近代历史阶段所走的道路完全不同。到了近代，东方各国封建社会逐渐解体，西方各资本主义国家发展壮大并向帝国主义过渡。为寻求更多的原料产地，贸易市场和资本输出，西方加强了对东方的侵略和扩张，东方各国除日本外先后沦为殖民地、半殖民地或保护国。西欧列强对东方的瓜分奴役，使这些国家长期处于贫穷和落后状态，殖民者的入侵，破坏了东方的传统文化，阻碍了东方文化的正常发展。从文学自身发展来看，东方的封建文学在题材、内容及表观技巧上都已趋于陈旧、僵死，已无法适应新的历史要求，跟不上世界文学发展的步伐。而西方资本主义发展比较充分，资产阶级力量比较强大，当东方各国文学发展缓慢甚至陷入停滞不前状态时，西方近代文学迅速向前飞奔并取得了重大成就，多种文学流派纷呈迭起，产生了一大批优秀的作家和经典作品。近代东西方文学的发展形成了巨大的反差。

在欧洲，从 17 世纪至 19 世纪，各种文学思潮纷呈迭起，各种文学流派争相斗艳，但各时代文学主流主要是：17 世纪的古典主义文学，18 世纪的启蒙主义文学，18 世纪末 19 世纪初的浪漫主义文学，19 世纪 50 年代的现实主义文学。19 世纪末，自然主义兴起并广泛流行，象征主义和唯美主义异军突起。

17 世纪初期欧洲文坛上人文主义文学仍占相当重要的地位，但同时欧洲文学史上出现了新现象，这便是巴洛克风格和古典主义的兴起。巴洛克（Barocco）一词来源于葡萄牙语，原是畸形、矫饰之意，巴洛克文学的特点是思想上的悲观主义和艺术上的浮夸风格。17 世纪欧洲最主要的文学思潮是古典主义。17 世纪法国文坛混乱，有些作家提倡文艺创作应遵循统一的原则，服从王权支配，在王权扶植下，一种拥护专制政体，主张创作有法则、有规范，并以古代希腊罗马文

高乃依塑像

学为标准的文学流派迅速兴起。因为它把古希腊罗马古典文学奉为典范，故称“古典主义”。古典主义文学思潮的基本特征是：其一，拥护王权，维护国家统一；其二，崇尚理性原则；其三，模仿古代，重视格律。法国古典主义文学取得了很大的成就，出现了高乃依（1606—1684年）、拉辛（1639—1699年）等杰出的作家，达到了当时欧洲的最高水平。高乃依是法国古典主义悲剧的创始人，其作品《熙德》被认为是法国古典主义悲剧的奠基作。拉辛的代表作是《安德罗马克》和《赞德尔》，代表了古典主义悲剧的最高成就。莫里哀是法国古典主义文学中最富民主倾向的作家，作品《伪君子》以其深刻的思想性、强烈的战斗性和高度的艺术成就而被誉为欧洲古典戏剧的杰作。

18 世纪，欧洲发生了第二次全欧性的思想文化革命运动——启蒙运动，启蒙运动作为一个广泛的思想革命运动，影响到文学的发展。许多资产阶级文学家进行了新的探索和创造，出现了英国的现实主义小说、法国的哲理小说、严肃喜剧、法国的市民悲剧等文学形式，更好地表现了启蒙思想，形成了从内容到形式都是崭新的启蒙文学。启蒙文学的作家力图摆脱古典主义的陈规旧律，探索新的创作原则，他们的努力取得了巨大的成就，形成了 18 世纪文学的主流。启蒙文学在各国发展不尽相同，但具有某些共同特点：其一，反对封建专制，具有明确的政治倾向性；其二，塑造了新的人物形象——资产阶级的英雄典型和平民知识分子的形象；其三，创造了新的文学体裁；其四，具有强烈的政治性、战斗性和哲理性。

英国的启蒙文学在欧洲产生最早，其突出成就是现实主义小说。笛福（1660—1731 年）是英国现实小说的奠基人，他最重要的作品是《鲁滨孙漂流记》。斯威夫特（1667—1745 年）的代表作《格列佛游记》历来为文学史家所称道。菲尔丁（1707—1754 年）的代表作《汤姆 · 琼斯》是英国启蒙时期现实主义小说艺术成就最高的作品之一。启蒙文学是 18 世纪法国文学的主流。孟德斯鸠（1689—1755 年）是法国启蒙运动的先驱，《波斯人信札》是法国启蒙运动中第一部具有强烈战斗性的文学作品。伏尔泰（1694—1778 年）是法国启蒙运动的精神领袖，《老实人》是一部锋芒毕露地批判封建社会的作品。狄德罗（1713—1784 年）是法国唯物主义和无神论的杰出代表，他的文学成就主要是他的三部小说：《修女》《拉摩的侄儿》《宿命论者雅克》。卢梭（1712—1778 年）作为启蒙文学家，先后推出了《新爱洛绮丝》《爱弥儿》和《忏悔录》3 部各有特色的作品，对法国文学的发展作出了重要贡献。德国启蒙文学的代表人物是高特舍特（1700—1766 年）和莱辛（1729—1781 年），前者主要功绩是改革德国戏剧，后者的《汉堡评剧》是关于现实主义戏剧理论的重要文献。18 世纪七八十年代，德国发生了一场声势浩大的全国性文学运动——“狂飙突进运动”。“狂飙突进运动”的主要代表作家是歌德（1749—1832 年）和席勒（1759—1805 年），歌德的《铁手骑士葛兹·封·白利欣根》和《少年维特之烦恼》，席勒的《强盗》和《阴谋与爱情》是这一运动的代表作。

18 世纪末至 19 世纪初期，启蒙运动所宣扬“理性原则”的理想破灭了，社会剧烈动荡和贫富对立日益尖锐，各阶级强烈不满，于是喜欢幻想，追求新奇的社会心理状态形成，浪漫主义就是这种社会心理在文学上的反映。浪漫主义文学思潮最先产生于德国，英国浪漫主义文学成就最大，法国浪漫主义文学有其独特的内容。意大利、俄国、波兰、美国的浪漫主义文学也随后兴起，很快就发展成席卷全欧并波及美洲的文学主流。浪漫主义作为一种文学思潮有其共同特征：其一，表现作家主观理想，抒发强烈的个人感情。其二，向往大自然，歌颂大自然。其三，崇尚民间文学，反对古典主义的清规戒律。第四，采用夸张、对比的手法，追求强烈的艺术效果。

海涅像

德国早期浪漫派代表有奥古斯特·施莱格尔（1767—1845 年）、弗里德里希·施莱格尔（1772—1829 年）兄弟、诺瓦利斯（1772—1801 年）和蒂克（1773—1853 年）等人。后期浪漫派代表重要人物有布伦塔诺（1778—1842 年）、阿尔尼姆（1781—1831 年）等人。与上述流派不同的还有霍夫曼（1776—1822 年）和沙米尔（1781—1838 年），他们成就较大，有的还具有世界影响。

海涅（1797—1856 年）的《论浪漫派》的发表，完成了法国浪漫主义文学向民主主义文学的过渡，对德国文学和欧洲文学产生了积极的影响。英国浪漫主义文学代表 19 世纪欧洲文学最高成就。第一代浪漫主义诗人代表是华兹华斯（1770—1850 年）、柯勒律治（1772—1834 年）和骚塞（1774—1843 年），其中华兹华斯成就最高，影响最大。19 世纪初期，第二代浪漫主义诗人登上文坛，主要代表有拜伦（1788—1824 年）和雪莱（1792—1822 年）。前者的代表作品有《恰尔德·哈罗尔德游记》《东方叙事诗》《唐璜》等。后者的代表作品有《麦布女王》《解放了的普罗米修斯》《西风颂》和《致云雀》等。他们的创作不仅在英国，而且在整个欧洲都有广泛而深远的影响，推动了整个欧洲的浪漫主义文学运动。另一抒情诗人济慈（1795—1821 年）的作品《夜莺颂》《秋颂》等也是英国抒情诗中不朽的杰作。英国浪漫主义文学成就主要在诗歌领域，在小说方面主要代表是司各特（1771—1832 年），他善于把浪漫主义和现实主义方法结合起来进行创作，其代表作是《艾凡赫》。英国现实主义文学的代表奥斯丁（1775—1817 年）在浪漫主义文学思潮广泛流行时，坚持现实主义文学传统，她的代表作是《傲慢与偏见》。法国大革命后，政局动荡不安，王朝更替频繁，浪漫主义文学思潮与这一时期的社会斗争联系密切，具有鲜明的政治色彩。法国早期浪漫主义倡导者是夏多布里昂（1768—1848 年）和斯塔尔夫人（1766—1817 年），前者代表作是中篇小说《阿达拉》和《勒内》，《阿达拉》的发表，标志着法国浪漫主义文学的开始，后者两部重要的作品是长篇小说《黛尔菲娜》和《高丽娜》。18 世纪 20 年代中期，一批具有进步思想倾向的浪漫主义作家开始走上文坛，如雨果（1802—1885 年）、大仲马（1802—1870 年）、司汤达（1785—1842 年）等。雨果是法国浪漫主义文学运动中最杰出的代表，他的诗作《东方集》是 18 世纪 20 年代杰出的诗篇。1827 年，雨果发表《〈克伦威尔〉序言》，这是法国浪漫主义运动中的一件大事，成为团结浪漫主义文学力量并和古典主义公开决裂的宣言。

18 世纪 30 年代后，浪漫主义继续发展，形成同现实主义文学并驾齐驱的局面，雨果始终是这一运动的中心人物。另外，大仲马、梅里美（1803—1870 年）等也从不同方面对浪漫主义文学的发展作出了自己的贡献。俄国 19 世纪初期产生了第一个浪漫主义诗人茹科夫斯基（1783—1852 年），其代表作是故事诗《斯维特兰那》，但他思想保守，作品里充斥天命思想和神秘主义倾向。富有战斗精神的作家是十二月党人诗人普希金（1799—1873 年），普希金的代表作是诗体小说《叶甫盖尼·奥涅金》，它是“俄罗斯生活的百科全书”（别林斯基语），塑造了 19 世纪 20 年代俄国优秀贵族青年男女的典型，表现了贵族知识分子和人民关系的主题。《叶·甫盖尼·奥涅金》是俄国现实主义文学的奠基作品，对俄国文学的发展有着很大的影响。南欧和东欧等国的积极浪漫主义文学都表现了反对民族压迫、渴望民族独立的强烈的爱国主义思想，产生了一批代表作家及代表作品。

美国于 19 世纪初出现了浪漫主义文学，前期浪漫主义重要作家代表是欧文（1783—1859 年）和库柏（1789—1851 年），欧文被称为“美国文学之父”，代表作品是《见闻札记》。库柏有“美国的司各特”之称，他的代表作品是《皮袜子故事集》五部曲。30 年代后，以超验主义为思想基础的后期浪漫主义文学出现，美国文学逐步进入了成熟阶段。代表人物有爱默生（1803—1882 年）、霍桑（1804—1864 年）和朗费罗（1807—1882 年）。民主诗人惠特曼（1819—1892 年）代表作品《草叶集》代表着浪漫主义文学的最高成就，赞美自己、赞美劳动和劳动人民、歌颂祖国是《草叶集》三个重要主题。《草叶集》是美国诗歌史上的一座丰碑，对美国和世界文学产生了深刻的影响。

拉丁美洲的浪漫主义文学运动于19世纪初开始，前后分为两个时期。浪漫主义在阿根廷、乌拉圭、墨西哥、古巴、智利、巴西等国都得到了发展，产生了一批有影响的浪漫主义作家。前期代表作家有埃切维里亚（1805—1851年）、马莫尔（1817—1871年）等，其著名作品分别是《屠场》和《阿莫利亚》。后期浪漫主义作家有阿尔维斯（1847—1871年）、伊萨克斯（1837—1895年）和帕尔玛（1833—1919年），他们的代表作品分别是《黑奴船》、《玛丽娅》和《秘售传说》。

19世纪中叶，资本主义制度在欧洲逐步确立并巩固，但资本主义制度的多种弊病也日益显露，贫富分化加剧，拜金主义盛行和社会道德沦丧，人与人之间毫无温情。人们浪漫的热情和对"理性王国"幻想破灭了，终于不得不用冷静的眼光来看待他们的生活地位和相互关系，形成一种冷静、务实的社会心理。因此，现实主义文学取代浪漫主义文学在欧洲文坛上占据了主导地位。现实主义文学的基本特征是：其一，对现实的深刻揭露和批判；其二，追求艺术的真实模式，强调客观真实地反映生活；其三，重视人与社会环境关系的描写，塑造典型环境中的典型性格；其四，以叙事文学为主，小说创作特别是长篇小说走向了成熟与繁荣。

法国是欧洲现实主义文学的发源地。司汤达和巴尔扎克（1799—1850年）是法国现实主义的奠基人。前者作品《红与黑》的发表，标志着现实主义形成，后者的《人间喜剧》代表了西欧现实主义的最高成就。梅里美的代表作《嘉尔曼》塑造了个性鲜明的女性形象嘉尔曼；19世纪50年代，早期现实主义的社会批判精神有所削弱，现实主义文学转向纯客观的冷静的精确的描写与分析，福楼拜（1821—1880年）的创作突出地表现了这种变化，其代表作是《包法利夫人》。都德（1840—1897年）是法国19世纪后期一位带有自然主义倾向的现实主义小说家，长篇小说《小东西》是他的代表作。19世纪中后期出现的巴黎公社文学，是一种新颖的现实主义文学，包括公社成员在公社诞生前后20年间所写的关于公社革命活动的诗歌、小说、戏剧、回忆录等。它真实地反映了无产阶级和广大劳动人民的斗争生活，表现了无产者为理想而奋斗的革命激情。巴黎公社文学的代表性人物有鲍狄埃（1816—1887年）、米雪尔（1830—1905年）、瓦莱斯（1832—1885年）和克莱芒（1836—1903年）。巴黎公社文学为20世纪世界无产阶级文学的发展奠定了基础。

19世纪30至60年代，英国文学的主流是现实主义文学，尤其是现实主义小说，到四五十年代达到繁荣，产生了一批被马克思称赞为"现代英国一派出色的小说家”的作家，如狄更斯（1812—1870年）、萨克雷（1811—1863年）、盖斯凯尔夫人（1810—1865年）和夏洛蒂·勃朗特（1818—1855年）等人。狄更斯的代表作有《匹克威克先生外传》、《艰难时世》、《双城记》等。萨克雷的代表作是长篇小说《名利场》，这是一部现实主义杰作，奠定了萨克雷在英国文学史上的重要地位。夏洛蒂·勃朗特的《简·爱》塑造了简·爱这个追求心灵自由和人格独立、具有反抗精神的知识妇女形象。英国后期现实主义文学中代表性的作家有哈代（1840—1928年）和萧伯纳（1856—1950年）等，后者是主要展示20世纪的现实作家。哈代的代表作《德伯家的苔丝》通过对农村姑娘苔丝的悲惨遭遇的描写，批判了传统道德观念和宗教的虚伪冷酷，也展现了19世纪后期英国农村日益破败的历史图景。

德国早期现实主义文学的代表是海涅和毕希纳（1813—1837年）。海涅这一时期的代表作是长诗《德国——一个冬天的童话》，表达了诗人对德国封建专制统治以及维护封建制度的各种类型代表人物的揭露与讽刺。毕希纳的创作以戏剧为主，代表作是《丹东之死》。

19世纪上半期是俄国现实主义文学形成时期。普希金是俄国现实主义的奠基人。莱蒙托夫（1814—1841年）的代表作是长篇小说《当代英雄》。19世纪40年代，果戈理（1809—1852年）继承并发展了普希金和莱蒙托夫开创的现实主义传统，确立了俄国文学史上的“自然派”——俄国现实主义，长篇小说《死魂灵》是他的代表作。《死魂灵》的发表，标志着俄国现实主义进一步成熟。别林斯基（1811—1848年）在果戈理受到攻击时，挺身而出，从理论上阐发和捍卫了果戈理的现实主义传统。19世纪50、60年代俄国现实主义文学不断发展，出现了一大批卓有成就的作家。冈察洛夫（1812—1881年）的代表作《奥勃洛摩夫》塑造了俄国文学史上最后一个“多余人”奥勃洛摩夫形象。屠格涅夫（1818—1883年）的代表作《父与子》，通过父子两代人的冲突，表现了民主主义对贵族自由主义的胜利。车尔尼雪夫斯基（1828—1889年）的长篇小说《怎么办》、杜勃罗留波夫的著名论文《什么是奥勃洛摩夫性格》等富有战斗性、思想犀利的美学和文学论文，维护了普希金、果戈理和别林斯基开创的现实主义传统，推动了俄国现实主义文学的蓬勃发展。奥斯特洛夫斯基（1823—1886年）是俄国的戏剧家，著名戏剧《大雷雨》塑造了卡杰琳娜这一俄罗斯文学中十分动人的妇女形象。涅克拉索夫（1821—1878年）著有长诗《在俄罗斯谁能快乐而自由》。19世纪七八十年代，俄国现实主义文学达到鼎盛时期。列夫·托尔斯泰（1828

—1910 年）是俄国最伟大的现实主义作家，他的代表作《战争与和平》《安娜·卡列尼娜》《复活》，把俄国现实主义文学推向了顶峰。契诃夫（1860—1904 年）于 19 世纪 80 年代登上文坛，这一时期他的文学作品中短篇小说占有重要位置，如《乏味的故事》《第六号病房》《文学教师》等。90 年代是契诃夫创作的繁荣期，重要作品有《农民》、《套中人》等。

美国现实主义文学在 19 世纪 80 年代真正形成，产生了马克·吐温（1835—1910 年）、欧·亨利（1862—1910 年）、杰克·伦敦（1876—1916 年）等作家。马克·吐温是美国 19 世纪现实主义文学的杰出代表，一生著述颇丰：《竞选州长》、《镀金时代》、《哈克贝利·费恩历险记》、《败坏了赫德莱堡的人》、《傻瓜威尔逊》等。欧·亨利是著名的短篇小说家，代表性作品有《麦琪的礼物》、《最后一片藤叶》《警察与赞美诗》、《带家具出租的房间》等。杰克·伦敦是 19 世纪后期美国重要的现实主义作家，他来自下层，始终是资本主义社会的坚决批判者，他的作品对劳动人民的生活作了真切的描写，对人的勇敢、进取、刚毅、爱情、友谊等热情赞美。他的作品弥漫着强烈的大自然气息，呈现出美国鲜明的民族色彩。

《马丁·伊登》是杰克·伦敦的代表作，作品前半部带有自传性质，主要故事情节是虚构的。小说通过生动的形象批判了资产阶级社会的腐朽和空虚，同时也真实地描写了在这样的社会里一个忠于生活的作家的命运。

杰克·伦敦像

从 19 世纪 70 年代到 20 世纪初期，欧美文学思潮迭起，各种文学流派并存。自然主义兴起并广泛流行，象征主义和唯美主义异军突起，成为后来的现代主义的先导。

自然主义于 19 世纪 60 年代产生于法国，它主张文学反映自然，描绘客观现实生活的精确的图画，同时主张对他所描写的事物抱客观、中立、无动于衷的态度。自然主义认为生物界的规律同样决定着人的心理、性格、情欲和行为，文学应该用实验的方法来进行创作，把实验的结果记录下来，所以自然主义作品着重表现生理、遗传对人所产生的影响。佐拉（1840—1902 年）是自然主义的理论家和代表作家，也是自然主义的领袖。1877 年，他发表长篇小说《小酒店》一举成名后，一批作家聚集在他周围，结成所谓“梅塘集团”，自然主义运动形成一种国际性思潮。在德国，霍普特曼（1862—1946 年）发表了以自然主义手法再现德国社会矛盾的剧作《日出之前》。在英国，吉辛（1857—1903 年）和莫里森（1863—1945 年）的小说从遗传学和病理学的角度描写了英国贫民生活。在瑞典，斯特林堡（1849—1912 年）创作了《朱丽小姐》、《债主》等欧洲自然主义典范剧作。

唯美主义也产生于法国，最初由 19 世纪 60 年代的巴那斯派所提倡，后来英国一些作家积极响应。唯美派提出“为艺术而艺术”的口号，反对“为人生而艺术”，他们声称艺术本身就是目的，否定文学的倾向性、思想性和功利性，否定理性认识对文艺的作用。唯美主义代表作家有法国诗人戈蒂耶（1811—1872 年）、俄国的费特（1820—1892 年）和英国的王尔德（1856—1900 年）。王尔德的长篇小说《道林·格雷的画像》是唯美主义的代表作品，诗剧《莎乐美》是王尔德的又一代表作。王尔德认为现实社会是丑的，“美”才有永恒价值，艺术家不应受道德标准约束，艺术家的个性不应受到压抑，他的观点把唯美主义的文艺见解推向极端。

象征主义同样产生于 19 世纪四五十年代的法国，80 年代正式得到承认。象征主义反对描写客观世界，主张诗歌应当表现超现实的“理想世界”。“理想世界”存在于人们的意识和下意识之间，非人们的理性可以感知，唯有默悟才能达到，通过象征才能予以暗示。所以象征主义重主观幻觉而轻客观描写，重艺术想象而轻现实再现，重暗示启发而轻明确表达。19 世纪 90 年代，象征主义传到英、美、德、俄、西班牙等国。法国的波德莱尔（1821—1867 年）和美国艾德加·爱伦·坡（1809—1849 年）是象征主义先驱。代表作家另外还有法国的马拉梅（1842—1898 年）、魏尔兰（1844—1896 年）、兰波（1854—1891 年），比利时的梅特林克（1862—1949 年）和俄国的梅烈日柯夫斯基（1865—1911 年）等。一战后的象征主义，称为后象征主义，是现代派文学中的一个重要流派，20 世纪 20 年代至 40 年代盛极一时。

19 世纪西方哲学的发展

19 世纪的精神生活比以前任何时代的精神生活都要复杂。第一，有关的地区比以往扩大，欧洲人开始比以前更多地将注意力集中到了古代和近代的印度哲学上。第二，从 17 世纪以来一向是对社会发展起到推动作用的科学，继续取得新的胜利。第三，机器生产深深地改变了社会结构。第四，针对思想、政治和经济中的传统体系，一些哲学家和政治学家开始提出质疑，许多一向被看成是颠扑不破的信念和制度遭到了攻击。这一时期在西方社会涌现了无数著名的哲学家。

（一）卢梭

让·雅克·卢梭（1712—1778 年），法国 18 世纪下半期最杰出的启蒙运动思想家，激进的民主主义者，他出生于日内瓦一个钟表匠的家庭，没有受过系统的教育，完全依靠自学。可是他的成就很大。他的人民主权学说对于法国革命与后世都有深远的影响。

卢梭在哲学方面的著述颇丰。

1753 年，卢梭写了《论人类不平等的起源和基础》一文。文章明确地提出了“自然”与“文明”对立的观点。他认为，人类不平等的根源是私有财产制。在自然状态下的人类是平等的，后来有了私有财产才出现贫富差别，进而出现国家,发展为专制制度。卢梭用这样的观点作为批判封建社会的武器,有其进步意义。

卢梭像

1761 年，卢梭写了《社会契约论》一书。在这本书中，他提出了天赋人权、自由平等、主权在民的思想。而且认为：为了使人类摆脱不幸，必须推翻封建统治，建立以社会契约为基础的民主共和政体。他的这些思想表现出强烈的民主革命的精神，成为资产阶级革命和资产阶级政治思想的理论支柱。

1762 年，卢梭写了《爱弥儿》一书。《爱弥儿》是一部有关教育问题的哲理小说。作品写了教师“我”把一个贵族子弟培养成一个体魄健康、崇尚理性、没有“社会文明”偏见、吃苦耐劳、热爱自由、平等待人的“自然人”的故事。他把孩子放在远离城市的自然环境中，以“顺乎自然”的方法，按照学生身心成长的自然过程，启发孩子的善良天性，进行全面的教育。小说表现了卢梭的教育思想，同时涉及许多社会问题，实际是向贵族社会和宗教统治投去一把锋利的匕首。书中甚至发出社会即将变革，“富人要变穷人，贵族要变平民”“危机和革命的时代已经来临”的预言。这种强烈的反封建反宗教的精神使政府和教会不能容忍，书一问世，就遭到法国甚至全欧的反对势力的围攻。巴黎天主教即发出禁令，接着巴黎高等法院判决将书焚烧，并逮捕作者。议会议员扬言要烧死作者。卢梭不得不逃离巴黎，长期辗转国外，到过瑞士、普鲁士、圣彼埃尔岛，过着颠沛流离的逃亡生活。但是，到哪儿都是迫害，或烧书，或抓捕，或谩骂，或诬陷，使他无法容身。一些昔日的朋友也因观点的分歧而不和，有的甚至写书对他发动攻击。在种种压力下，心力交瘁的卢梭得了迫害妄想症。1767 年，卢梭化名潜回法国。1770 年，法国政府宣布赦免，他才得以返回巴黎，然而，统治阶级继续对他进行了监控。

在逃亡时期，他为了回答封建势力的污蔑和朋友的误解而开始写《忏悔录》，从 1765 年开始着手，到 1770 年完成。之后，他又写了《忏悔录》的续篇《一个孤独的散步者的遐想》。《忏悔录》是一部自传性的作品，其中记述了卢梭从出生到 1765 年流亡圣彼埃尔岛为止的一生。作品虽然以“忏悔”为名，实际是通过作者自己的经历和所受到的不公遭遇，对社会进行控诉。在书中，教会的伪善与丑恶，政府的强暴与凶狠，上流社会的腐化与堕落以及文人的无行、人情之淡薄，都在作者饱含悲愤之情的笔下，得到真实生动的展示。

《忏悔录》的特点是真诚和坦率，它在进行社会控诉的同时，真实地描写了作者自己，描写他与社会的冲突，也包括他的个性形成过程。卢梭认为，人的天性是善良的，由于罪恶社会的腐蚀而发生变异。在作品里，他为自己倔强高傲、不受屈辱的性格与行为而感到自豪，同时也不回避自己的错误。他相信，如果在上帝面前人人都袒露自己的内心，那么，没有一个人敢说自己比卢梭更好。

1778 年 7 月 20 日，卢梭在离巴黎 36 公里的艾梦农威尔病故。

（二）康德

康德（1724—1804 年），德国启蒙运动中涌现出的最伟大的思想家，德国古典主义哲学的开创人。康德所处的年代正好是德国启蒙运动的高潮时期，但他的一生主要是在书斋中伴随玄想度过的。康德早期主要研究自然哲学，提出了著名的宇宙形成的原始星云假说，突破了牛顿关于太阳系永恒不变的机械论自然观。1770年后，他主要研究认识哲学。他的研究对象是主观意识而不是客观存在，是对人对现实世界的认识功能和实践功能的研究。他涉及的研究领域主要是哲学、伦理学和美学三方面，建立起了自己的批判哲学体系。他的《纯粹理性批判》是一部论述形而上哲学的书，专门研究知识的功能，推论人类知识在什么条件下才是可能的。他宣称在认识中不是心灵去符合事物，而是事物要符合心灵。《实践理性批判》是论述伦理学的著作，专门研究意志的功能，研究人凭什么最高原则去指导道德行为。《判断力批判》是一本研究美学的书，专门探讨情感的功能，寻求人在什么条件下才感觉事物美和完善。

康德认为人在日常活动中可以通过知觉和理性的协同作用获得足够的真理，因此，他坚称人应该用自己的求知能力来了解自然，进而改造自然。在这一意义上，我们可以说康德的哲学保留了文艺复兴和启蒙运动以来西方哲学所提倡的以人为中心的特点。

（三）黑格尔

黑格尔（1770—1831年），德国哲学家，出生于今天德国西南部符腾堡州首府斯图加特。18岁时，他进入图宾根大学（符腾堡州的一所新教神学院）学习，在那里，他与荷尔德林、谢林成为朋友，同时，为斯宾诺莎、康德、卢梭等人的著作和法国大革命深深吸引。许多人认为，黑格尔的思想象征着十九世纪德国唯心主义哲学运动的顶峰，对后世哲学流派如存在主义和马克思的历史唯物主义都产生了深远的影响。更有甚者，由于黑格尔的政治思想兼具自由主义与保守主义两者之要义，因此，对于那些因看到自由主义在承认个人需求、体现人的基本价值方面的无能为力而觉得自由主义正面临挑战的人来说，他的哲学无疑是为自由主义提供了一条新的出路。

黑格尔与史诗诗人荷尔德林和客观唯心论者谢林同一时期就读于图宾根神学院。在深入观察了法国大革命的整个演进过程后，三人合作致力于对康德及其后继者费希特的唯心主义哲学的批判。黑格尔的第一部也是最重要的一部著作是精神现象学。他在世时出版的作品还有《哲学全书》、《逻辑学》和《权利的哲学》。其他有关历史哲学、宗教哲学、美学和哲学史的著作则是在他去世后，根据他当年演讲时他的学生所做的笔记汇编而成的。

黑格尔的著作以其覆盖面之深广而享有盛誉。他建立了一个庞大的体系来理

黑格尔像

解哲学的历史和我们身处的世界本身——在黑格尔看来，这个世界通常被看成是“一个历史的行进，其中每一个相继的运动都是为解决前一运动中的矛盾而出现的。”例如，他认为，法国大革命是人类有史以来第一次在西方社会中引入真正的自由。但正因为是绝对的初次，它也是绝对的激进的：在革命消灭了它的对立面后，革命所唤起的暴力高潮无法自我平抑，结局是无路可去的革命最终自食其果——得之不易的自由自毁于残暴的恐怖统治。然而，历史总是在对过失的自我学习中前行的：正是这种经验，也只能在有了这样的经验之后，一个由自由公民组成的既能行使理性政府的职责，又能实现自由、平等的革命理想的宪政政府才有可能得以出现。

（四）叔本华

叔本华（1788—1860 年）德国哲学家。他的哲学思想深受康德、柏拉图和印度哲学的影响。著有《充足理由律的四重根》《作为意志和表象的世界》《论自然意志》《伦理学的两个根本问题》等。

《作为意志和表象的世界》是他的代表作，最为集中地体现了他的哲学思想。在这本书中，叔本华认为，世界分为两部分：一方面是表象，一方面是意志。主体是认识一切而不被任何事物所认识的，是世界的支柱，我们每个个人正是这样一个主体。而客体则是我们通过时空范畴去认识的事物，比如我们的身体。主体和客体共同构成作为表象的世界，故而是不可分的。叔本华认为人们的先天认识只有时间、空间和因果律，而这些东西都只在表象间发挥作用、形成联系，和意志本身无关。感性、知性和意志之间不存在因果关系。所以一切表象的存在都是意志的客体化。他认为一切表象的存在源于两种完全不同的形式，其一是感性和知性，其二是意志。

叔本华像

在叔本华看来，人的一切行为是由意志活动和行为活动两方面构成的，两者具有同一性。意志活动不是感性和知性，因为这种活动属于表象和物体即意志无关。意志只在行为活动中使自己现身。意志是一种不能被克服的东西，我们每一行为都是意志的现身。

对于那些非生命体，纯粹物理的对象，意志似乎并不存在，但叔本华驳斥了这种观点。他认为在无机的自然中，意志在普遍的自然力中使自己获得客体化。就像人类行为一样，意志就在那往下掉落的石头中使自己现身。这样，作为意志最终呈现的问题被解决了，这一形而上学的概念就在无处不在又漫无目的永不满足的力中使得自己现身。意志实质上在叔本华那里就是控制我们所处的表象世界的外在因素。

（五）尼采

尼采（1844—1900年），德国著名哲学家。西方现代哲学的开创者，卓越的诗人和散文家。

尼采的哲学思想经历了三个时期：第一时期是从1870年至1876年，在此期间，尼采深受德国音乐家瓦格纳和哲学家叔本华的影响；第二时期是从1877年至1882年，尼采深受实证主义的影响，并渐渐对叔本华和瓦格纳感到不满；第三时期是从1883年至1889年，在此期间，尼采的哲学思想进入独创阶段。尼采著作颇丰，其主要著作有：《悲剧的诞生》（1872）、《人性的、太人性的》（1878）、《快乐的科学》（1882）、《查拉图斯特拉如是说》（1883—1891）、《超善恶》（1886）、《道德的谱系》（1887）、《偶像的黄昏》（1888）、《看哪这人》（1888）以及由他妹妹整理出版的遗稿《权力意志》。

尼采像

尼采哲学在当时曾经被当做一种“行动哲学”，一种声称要使个人的要求和欲望得到最大限度的发挥的哲学。他的哲学具有傲视一切，批判一切的气势。

对尼采来说，哲学思索是生活，生活就是哲学思索。他创立了不同以往的形态迥异的奇特哲学，展示自己的哲学思想。他的哲学无须推理论证，没有体系框架，根本不是什么理论体系，是他对人生痛苦与欢乐的直接感悟。尼采在他的第一部学术著作《悲剧的诞生》中，就已开始了对现代文明的批判。他指出，在资本主义社会里，尽管物质财富日益增多，人们并没有得到真正的自由和幸福。僵死的机械模式压抑人的个性，是人们失去自由思想的激情和创造文化的冲动，现代文化显得如此颓废，这是现代文明的病症，其根源是生命本能的萎缩。尼采指出，要医治现代疾病，必须恢复人的生命本能，并赋予它一个新的灵魂，对人生意义做出新的解释。

尼采猛烈揭露和批判传统的基督教道德和现代理性。在认识论上，尼采是极端的反理性主义者，他对任何理性哲学都进行了最彻底的批判。他认为，欧洲人两千年的精神生活是以信仰上帝为核心的，人是上帝的创造物，附属物。人生的价值，人的一切都寄托于上帝。虽然自启蒙运动以来，上帝存在的基础已开始瓦解，但是由于没有新的信仰，人们还是信仰上帝，崇拜上帝。尼采的一句名言“一声断喝——上帝死了”——是对上帝的无情无畏的批判。尼采认为，基督教伦理约束人的心灵，使人的本能受到压抑，要使人获得自由，必须“杀死上帝”。

尼采认为，在没有上帝的世界上，人们获得了空前的机会，必须建立新的价值观，以人的意志为中心的价值观。为此，要对传统道德价值进行清算。尼采认为，传统的道德观念是上帝的最后掩体，它深深地渗透于人们的日常生活之中，腐蚀人们的心灵。尼采自称是非道德主义者和反基督徒，他猛烈批判基督教的道德，基督教所崇尚的美德。

尼采对现代理性也持批判态度。他首先拿具有理性的哲学家开刀，他指出哲学家的第一特性是缺乏历史感，几千年来，凡是经哲学家处理的一切都变成了概念木乃伊。理性所起的作用无非是把流动的历史僵固化，用一些永恒的概念去框定活生生的现实，结果是扼杀了事物的生灭变化过程，扼杀了生命。他认为，这个世界是一个充满了偶然性的，动荡不定的，从而无法捉摸的世界。他说，实况是没有的，一切都是流动的，抓不住的，躲闪的。哲学家的第二个特性是“拒绝感官的证据”，颠倒了真正的世界和假象的世界。感性证据是真实的，可信的，只是对它们加工时才塞进了谎言。哲学家的第三个特性是混淆始末，他们否认生长过程，进化过程。哲学家的第四个特性是运用语言中的“理性”强制人们犯错误。“是”与“存在”混为一谈，弄假成真，弄真成假，蒙骗无知的人们。他认为，从苏格拉底到现代人都狂热地追崇理性，是很荒谬的。人类之所以崇尚理性，是指望它给人带来自由和幸福；然而结果恰恰相反，理性处处与人的本能为敌，造成人的更大痛苦。

尼采要建立新的哲学，将生命意志置于理性之上的哲学，非理性的哲学。为了对理性提出进一步的挑战，他提出了强力意志说。企图用强力意志取代上帝的地位和传统形而上学的地位。他的强力意志说的核心是肯定生命，肯定人生。他认为，强力意志不是世俗的权势，它是一种本能的，自发的，非理性的力量。它决定生命的本质，决定着人生的意义。尼采比较了强力意志和理性的不同特性，理性的特性是：冷静，精确，逻辑，生硬，节欲；强力意志的特性是：激情，欲望，狂放，活跃，争斗。尼采认为，强力意志源于生命，归于生命，它就是现实的人生。人生虽然短暂，只要具有强力意志，创造意志，成为精神上的强者，就能实现自己的价值。强力意志作为最高的价值尺度，一方面肯定了人生的价值，另一方面也为人世间的不平等作了辩护。在尼采看来，人类与自然的生命一样，都有强弱之分，强者总是少数，弱者是多数。历史与文化是少数强者创造的，他们理所当然是统治弱者。尼采推翻了神的等级制度，肯定了人的等级制度。

尼采还提出他的超人哲学，关于建构理想人生的哲学。超人是人生理想的象征，是尼采追求的理想目标和人生境界。尼采对现代人，现代生活感到很失望。他梦想改善人，造就新的人，即超人。超人不是具体的人，是一个虚幻的形象。超人具有大地、海洋、闪电那样的气势和风格。尼采认为，超人还没有现实的存在，它是未来人的理想形象；超人给现实的人生提出了价值目标；超人是人的自我超越。

尼采鼓吹人生的目的就是实现权力意志，扩张自我，成为驾驭一切的超人。超人是人的最高价值，应当藐视一切传统道德价值，为所欲为，通过奴役弱者、群氓来实现自我。同时，他特别反对男女平等、婚姻自由、女性解放，在他看来，人们对待妇女的方式就是“别忘了你的鞭子”。

尼采的唯意志论哲学价值具有两重性，一方面，尼采继承了启蒙运动的精髓，反映了现代意识的觉醒。对人生价值的积极肯定，引发了人们对人生意义、人生价值的思考；对理性和工业文明的否定性批判，开启了现代非理性主义思潮。另一方面，对理性的批判，对传统的否定也存在着片面性。他的伦理思想反映了正在形成的垄断资产阶级的利益。

（六）马克思

德国政治哲学家及社会理论家，马克思主义创始人，犹太人。主要著作有《资本论》，《共产党宣言》等。他是无产阶级的导师，共产主义运动的创始人。

马克思（1818—1883 年），生于德国莱茵省特里尔一个律师家庭，祖父马克思·列维是一名犹太人律法学家，他的父亲希尔舍·卡尔·马克思，后改名亨利希·马克思，生于 1782 年，同荷兰女子罕丽·普列斯堡结婚，生育多名子女，但从一确定继承人的文件中发现，只有卡尔·马克思和三个女儿索菲亚、爱米尔、路易莎存活。

1830 年 10 月，马克思进入特里尔中学。中学毕业后，进入波恩大学，后转学到柏林大学，并于 1841 年完成柏林大学学业，同年另以论文《德谟克利特的自然哲学和伊壁鸠鲁的自然哲学之区别》申请获得耶拿大学博士。毕业后担任莱茵报主编，后辞职。期间认识了弗里德里希·恩格斯。1843 年 6 月 19 日，马克思与苦等了他 7 年之久的生于 1814 年的贵族小姐燕尼结婚。

1845 年 12 月马克思宣布脱离普鲁士国籍，其后和恩格斯一起完成了《德意志意识形态》。书中批判了黑格尔的唯心主义，费尔巴哈唯物主义的不彻底。《德意志意识形态》第一次系统地阐述了他们所创立的历史唯物主义．明确提出无产阶级夺取政权的历史任务，为社会主义由空想到科学奠定了初步理论基础。后来马

马克思像

克思和恩格斯又编写了《共产党宣言》。

马克思认为哲学是人的解放的头脑，也就是说，它是解放者（无产阶级）的精神武器。他认为社会主义的出现是历史发展的必然趋势。为了证明它合规律性，哲学作为人的解放的头脑就应当承担这样的一个任务。在《共产党宣言》中马克思主张在无产阶级和资产阶级的斗争所经历的各个发展阶段上，共产党人始终代表整个运动的利益。因此，在实践方面，共产党人是各国工人政党中最坚决的、始终起推动作用的部分；在理论方面，他们胜过其余的无产阶级群众的地方在于他们了解无产阶级运动的条件、进程和一般结果。

从阶级及阶级斗争的理论出发，马克思认为私有制社会中对立阶级之间的斗争具有不可调和的特点，统治阶级需要用暴力来镇压被统治阶级的反抗。以保持阶级之间的平衡，把阶级关系维持在符合统治阶级利益的秩序和范围之内，那就是国家。这样，作为统治阶级统治工具的国家就应运而生。无产阶级要想获得自由的解放，就要必须团结起来，进行暴力革命，以推翻资产阶级的专政，建立起无产阶级专政的社会主义国家，直到消灭阶级和国家的共产主义高级阶段到来为止。

浪漫主义戏剧的发端

18 世纪末到 19 世纪初，在启蒙主义戏剧不断深入发展的时候，一种新的戏剧思潮正悄然产生，这就是波及整个欧洲的浪漫主义戏剧。

作为一种思想文化运动，浪漫主义反映了自法国大革命带来的社会大变动之后人们不满于社会现实而沉浸于个人理想的心理。由于剧作家的社会地位以致对待社会变革的态度不同，其作品也就呈现出不同的面貌。浪漫主义戏剧有积极与消极两大类。面对历史的进程，前者表现出战斗的热情，后者则充满了病态的恐惧，前者向往着带有空想色彩的前进，后者则幻想着倒退。

在浪漫主义戏剧取得最大成就的法国，占主导地位的是积极的浪漫主义。

1827 年，雨果在《克伦威尔》的“序”中批判了古典主义及其“三一律”，宣告一种合乎自然，美、丑和爱、憎对照鲜明的新戏剧的诞生，成为浪漫主义戏剧的宣言。法国另一位浪漫主义剧作家 A. de 缪塞在人物塑造的真实、情节设计的技巧等方面达到更高的水平。他的《罗朗萨丘》代表了浪漫主义戏剧艺术上的最高成就。

德国在 18 世纪末兴起的浪漫主义文学运动，是以反对启蒙运动思想的潮流而出现的。这个文学运动以理论家奥古斯特·施莱格尔和弗里德里希·施莱格尔兄弟为核心。这一时期的浪漫主义戏剧，有蒂克 (1773—1853 年) 的《神圣的格诺菲娃的生与死》《福尔吐纳特》《穿皮靴的雄猫》，克莱斯特 (1777—1811 年) 的《洪堡王子弗里德里希》，魏尔纳的《二月十四日》等。他们的剧作多取材于神话和历史传奇故事，表现出怀古遁世的倾向，并具有浓厚的神秘主义色彩。

英国浪漫主义的成就主要在诗歌。著名诗人拜伦、雪莱也写了一些浪漫主义的诗剧，如拜伦的《曼弗雷德》《该隐》，雪莱的《解放了的普罗米修斯》等。

（一）莱辛与德国民族戏剧

高特荷德·埃夫拉姆·莱辛 (1729—1781 年) 是德国启蒙运动的代表人物，也是德国民族主义戏剧的奠基者。

莱辛在德国文学史上堪称多面手，他长于文艺批评、美学论著和戏剧评论，也具有文艺创作天赋，他的戏剧作品与寓言在德国文学史上具有极高的地位，理论著作和创作实践都有一个明确的目标，即为建立德国的文学目标而努力奋斗。

他的论文集《汉堡剧评》是针对德国当时的社会现实和戏剧界的状况而发表的一系列评论。他强烈反对传播建立在封建专制思想意识上的法国古典主义戏剧，主张师法莎士比亚，因为莎士比亚的戏剧反映了丰富多彩的生活，具有人文主义浪漫思想。他要求戏剧忠实地反映现实生活，认为市民的命运比帝王贵族的命运更加激动人心，更容易触动人们的灵魂，引起人们的同情，因此，他提出了建立“民族戏剧”（市民悲剧）的主张，提倡写市民的生活，反映市民的情感和愿望。他的这一思想体现了启蒙运动的人道主义精神，为建立市民剧奠定了理论基础。莱辛的戏剧创作是他戏剧理论的实践，他的《萨拉·萨姆逊小姐》是德国的第一部市民悲剧。《爱米丽雅·迦洛蒂》是莱辛的代表作，具有强烈的反封建色彩。诗剧《智者纳单》大力提倡宗教宽容精神，具有反封建、反宗教偏见的启蒙思想。

《爱米丽雅·迦洛蒂》是莱辛最富代表性的悲剧，就其戏剧风格而言，浪漫的气息远胜过现实的揭示，故可将其视为德国民族戏剧天空中，那隐隐闪现的浪漫主义戏剧的启明之星。

莱辛写过很多艺术理论著作，如《拉奥孔》(1766 年) 和《汉堡剧评》(1767—1768 年) 等，他反对古典主义的对剧主张，并以自己对亚里士多德的《诗学》的研究心得，来驳斥古典主义者对情节的完整性、悲剧的作用以及人物性格问题的误解。

（二）歌德与《浮士德》

约翰·沃尔夫冈·冯·歌德 (1749—1832) 是德国著名的诗人和剧作家。歌德生于法兰克福一个富裕的资产阶级家庭。上大学时，他就研究斯宾诺莎唯物主义学说和法国启蒙主义思想家的著作，并结识了“狂飙突进”运动的作家，接受了先进思潮的影响。这期间他发表了一系列重要作品：有感情真挚、意境清新的抒情诗，有剧作《葛兹·封·伯利钦根》，有书信体小说《少年维特之烦恼》等。这些作品有强烈的反封建思想，体现了狂飙突进运动的反叛精神。

标志着歌德创作顶峰的作品是长篇诗剧《浮士德》(1773—1775 年初稿，1808—1832 年定稿)，这是他历经 60 余载，不断进行思想和艺术探索的结晶。诗剧共分上、下两部，计 12000 余行。

这部诗剧取材于民间传说，它由两个赌赛和五个阶段的探索组成。主人公浮士德的一生是自强不息、勇于实践、追求真理的一生。他的探索精神，表现了新兴资产阶级先进分子不满现状、积极进取的精神，宣传了摆脱中世纪愚昧状态、改造社会的坚强意志和创建理想的资产阶级国家的启蒙思想。

浮士德是欧洲资产阶级先进知识分子的典型形象。他学识渊博，有健全的理性和崇高的志向，是文艺复兴以来数百年间资产阶级人道主义者、启蒙思想和理性王国开明君主的象征。浮士德在探求真理的过程中也表现了思想上的矛盾性和资产阶级的两面性，但主要方面是他的积极进取精神和真理必胜的坚强信念。

《浮士德》不仅内容丰富，主题深刻，而且有高度的艺术成就。它是歌德一生艺术实践的结晶，是世界文学宝库中的瑰宝。它与荷马的史诗《伊利亚物》、但丁的《神曲》、莎士比亚的《哈姆莱特》并列为欧洲文学四大名著。

（三）席勒和《阴谋与爱情》

约翰·克里斯托夫·席勒 (1759—1805 年) 是德国 18 世纪时著名的剧作家和诗人。

席勒的戏剧创作，深受康德唯心主义哲学的影响，他注重戏剧的审美教育作用，认为通过美育可以实现社会改造。1794年席勒结识了歌德，此后，共同的艺术趣味，使他们成为亲密伙伴，二人合办《时代》杂志，一同领导魏玛剧院，创造了文人相惜、珠联璧合的一段佳话。

18世纪80年代以后，席勒的戏剧创作渐入佳境，先后写出了剧本《阴谋与爱情》(1784年)、《唐·卡洛斯》(1787年)、《华论斯坦》三部曲(1799年)、《奥尔良的姑娘》(1801年)、《威廉·退尔》(1804年)等。

约翰·克里斯托夫·席勒像

《强盗》是奠定了席勒在德国戏剧史上重要地位的剧作，它也是一曲显示着狂飙突进式的浪漫主义精神的慷慨悲歌。

席勒不会放下他手的笔，两年之后，他的又一部著名戏剧《阴谋与爱情》问世，它被恩格斯称为是德国“第一部有政治倾向的戏剧”。

《阴谋与爱情》通过阴谋对爱情的破坏，以及一切年轻情侣的不幸夭亡，展现了德国社会贵族阶层与平民阶层的深刻矛盾，猛烈地撞击了封建统治阶级的道德虚伪和人性的戕害，歌颂了年轻一代勇于追求理想、表现自我的叛逆精神。席勒以自己的艺术才华，将德国的市民悲剧提高到了一个崭新的高度。(参见P229席勒)

(四)雨果与法国浪漫主义戏剧

维克多·雨果(1802—1885年)。法国浪漫主义戏剧的代表人物。

雨果继承和发扬了法国大革命以来资产阶级的进步思想，具有民主思想和人道情怀。1827年，他完成了一部5幕韵文剧《克伦威尔》，这个剧本本身并不十分新奇，并因为不合舞台演出要求，人物众多，情节松散，而从未在舞台上上演。但是，雨果为这个剧本所写的长篇序言，即《克伦威尔序》，却成为浪漫主义戏剧理论的重要文献。

在戏剧艺术方面，雨果的重要性不仅在于他的创作实践，而更在于他系统地建立了浪漫主义戏剧的创作理论，给古典主义以全面的摧毁性的打击。在《克伦威尔》的序言里，他在说明古典主义的历史进步性的同时，对于他那个时代的古典主义的反动性作了深刻的批判。他指出这种古典主义是一种陈腔滥调、矫揉造作、充满虚伪的东西。它只有利于贵族阶级，不符合人民群众和当代生活的要求。这种东西如果不加摒弃，艺术就不可能得到发展。艺术必须反映“生活的真理”，具有高度的真实性、具体性和确切性。他认为，艺术的真实不同于生活的真实。

雨果的理论在他的戏剧创作中大都得到了贯彻。他喜欢从历史上吸取创作题材，运用浪漫主义的手法，表现并赞扬受屈辱和被压迫的人们，特别是统治阶级内部的反叛者。他在作品里所提出的政治问题和社会道德问题，都有着不同程度的现实意义，他的《欧那尼》(1830 年)、《逍遥王》(1832 年)、《吕依·布拉斯》(1838 年)，皆可视作浪漫主义戏剧精神的体现。

雨果像

雨果开创了浪漫主义戏剧道路之后，其思想意义迅速影响了法国文坛，然而作为一种戏剧潮流，他的发展却不是急流直下的，浪漫主义戏剧一枝独秀的时代很快就过去了。到了 1843 年，雨果的《城堡的公爵》上演失败，人们以此为依据，认为浪漫主义戏剧潮流，在法国已经完成了其历史使命。

除雨果之外，在法国，大仲马的私生子小仲马(1824—1895 年)，也被认为是浪漫主义戏剧的代表性剧作家，他的著名剧作《茶花女》(1852 年)，可以说是法国式的浪漫主义的延续。

犹太人文化对世界的影响

犹太人是《圣经（旧约）》的作者，又是基督教思想理论的奠基者，因此，我们如果要真正了解“基督教”文化对世界的影响，就要先从犹太人谈起。

从人口数量来看，犹太人无论是今天，还是在整个历史过程中，都只能算是一个小民族，而且长期没有自己的国家，散居在非洲、欧洲、西亚及美洲等地。就这么一个小小的民族，却对人类文明做出了不可估量的贡献。

著名的犹太学学者贺雄飞这样描述犹太人：“犹太人是世界上最聪明、最神秘、最富有的民族。从某种意义上说，不了解犹太人就不了解世界。

犹太人在家打个喷嚏，世界上所有银行都将连锁感冒；

五个犹太人凑在一起，便能控制整个人类的黄金市场；

犹太民族虽然只有 1400 万人口，但却执当今思想界、艺术界、经济界、科学界、政治界之牛耳！”

这些话虽然略显夸张，却很形象、生动地向我们说出了犹太人影响之大。

的确，犹太这个小小的民族不但为人类文明贡献出了马克思（Marx）、爱因斯坦（Einstein）、弗洛伊德（Freud）等一大批划时代的伟人，在思想、文学艺术、科学、商业等领域也贡献出了许许多多的杰出人物。据统计，自 1901 年设立诺贝尔奖以来（截止 2005 年），全世界共有 770 多位获奖者，而犹太裔获奖者就有 170 位。其中尤以生物医学和物理学两个领域最为突出，分别为 52 枚和 46 枚奖占本学科获奖总数的 28% 和 26%。如果单纯按比例来看，经济学领域的犹太人则更为突出，以 22 位获奖者而占获奖总数的 39%。若仅限于美国范围内，则犹太裔诺贝尔奖获得者占所有获奖者的 37%。同时，请不要忘记这样一个事实，即这一时期的犹太人总人口大约仅占全世界总人口的 0.25%，美籍犹太人的数量也只占到美国全部人口的2%。由此，犹太人对世界文明进步的贡献可见一斑。

犹太心理学家弗洛伊德像

然而，当我们津津乐道犹太人的伟大成就时，可曾想到过犹太人在近五千年的民族历史中，只有短短的几百年是以完整国家的形式存在于这个世界上。而其余时间里，他们要么流浪世界，饱受歧视和压迫；要么为人之奴，在自己的家园里手足相残。他们首先被埃及法老奴役，又于公元前586年沦为“巴比伦之囚”（The Babylonian Exile），公元前63年又遭到罗马帝国殖民。虽然他们举行了三次大规模起义，希望改变民族的命运，却在付出了150多万犹太人生命后无果而终。公元125年他们在罗马军队的毁灭性打击之后，被全部逐出了上帝许诺给他们的迦南（Cannan）圣地，从此开始了背井离乡，浪迹天涯的生活。在之后近两千年的流浪岁月里，犹太人经受了无数次反犹运动的迫害，付出了无数同胞的生命代价。仅二战期间，就有600万犹太人死在了纳粹集中营里，相当于战前全球犹太人口总量的一半。

挫折和困难并没有挡住犹太人的顽强不息、争取自由和平等的努力。1948年，犹太人最终实现了他们的复国梦——在那片上帝许诺的迦南圣地（今之巴勒斯坦），重新建起了一个犹太人自己的国家——以色列，这给他们提供了一个发挥自己才能的绝佳机会。在这片只有两万多平方公里的土地上，四百多万聪明的犹太人用他们的智慧和勤劳的双手创造了一个又一个奇迹，从而把一个三分之二国土都是沙漠和山地的贫穷小国建成了拥有世界顶尖科技水平的发达国家，这是其他任何一个中东国家所不能企及的。中东地区向来以其丰富的石油储备而享誉世界，以色列却滴油不产，资源极度匮乏，但犹太人却用自己的智慧和勤劳在这片弹丸之地上建成了一个发达的工业化国家。犹太人克服了淡水极度缺乏的困扰，发展起了世界上最先进的节水农业，在全国推行喷灌、滴灌以及微咸水灌溉等技术。同时面对能源的严重短缺，他们发展起了全球最先进的节能工业，并在全国范围内推广实行。以色列的高端科技在世界上也名列前茅，他们独立研制并成功发射多种卫星，从而跻身世界上为数不多的航天俱乐部。

犹太民族又是一个大公无私的世界性民族。他们用双手创造以色列奇迹的同时，并没有停止用他们的智慧来影响和改造世界——散居在世界各地的犹太裔人士继续在科学、文化、经济等领域为这个世界贡献着他们的力量。

（一）犹太民族对人类文明的贡献

有人说“不了解犹太人，就不了解世界”。这充分向我们说明了犹太民族对人类文明贡献的巨大及其在世界文明史中的重要地位：犹太人耶稣（Jesus）创立了基督教（Christianity）；马克思创立了改变世界几乎二分之一人口命运的共产主义学说（Communism）；爱因斯坦（Einstein）和玻尔（Bohr）的相对论（Theory of Relativity）和量子力学（Quantum Mechanics）奠定了第三次技术革命的理论基础；费米（Fermi）开创了原子物理学；奥本海默（Oppenheimer）和特勒（Teller）分别被称为原子弹和氢弹之父；冯·诺依曼（Von Neumann）是计算机之父；弗洛伊德（Freud）创立了精神分析学；毕加索（Picasso）创立了立体画派等这些都向我们证明了犹太人对整个世界贡献之大。他们不但在今天的世界舞台上扮演重要角色，整个历史过程，他们对西方文明的影响也无处不在。正如麻省理工学院哲学系教授休斯敦·史密斯（Huston Smith）在其所著《人的宗教：人类伟大的智慧传统》中所描述：“曾有人估计过，西方文明中有三分之一都带有犹太祖先的印记。”这也从西方文明的角度向我们肯定了犹太人对世界文明所做出的贡献。商业、政治、学术、文化……在所有领域，犹太人都取得了出类拔萃的成绩。下面，我们就从几个具体的方面来介绍犹太人对世界的贡献。

1. 对世界经济领域的贡献

“世界的钱装在美国人的口袋里，而美国人的钱却装在犹太人的口袋里。”这些话是对犹太人非凡商业智慧的盛赞，也正是凭着这种智慧和其在经济领域的出色表现，犹太人摘取了“世界第一商人”的美誉。

据《福布斯》报道，世界前400名亿万富翁中，有60位是犹太人；而美国目前的400个富豪家族中，犹太人占了23%，如果仅限于前40名的话，犹太人所占比例可高达40%；全世界最有钱的企业家中，犹太人就占到了一半。

犹太人对商业的重视在他们这个民族诞生之初就已经表现了出来。《创世纪》(Genesis)第23章记载了犹太人的始祖亚伯拉罕(Abraham)为埋葬妻子撒拉(Sarah),用400舍客勒(shekel)银子买下了幔利(Mature)前的麦比拉(Machpelah)洞。从此以后,“那块田和田间的洞,就籍着赫人定准,归于亚伯拉罕作坟地。”(The field and the cave that is in it passed from the Hittites into Abraham' spossession as a burying place.)这是犹太历史上最早的贸易行为。《圣经(旧约)》中还记载了所罗门王(Solomon)通过海上贸易,赚取大量金子的史实。除此之外,犹太人由于长期流亡世界各地,能非常敏锐地捕捉各种货物产地和销地之间的差价,从而寻找良好的商机。

同时,在犹太人的圣典《圣经(旧约)》和《塔木德》(Talmudh)中,对金钱重视和务实追求的教义也随处可见。“钱会给予我们向神购买礼物的机会。”“一旦钱币叮当作响,坏话便戛然而止。”“用钱去敲门,没有不开的。”这些都为犹太人重视商业和贸易打下了良好的思想基础。

正是这一系列因素造就了犹太人的经济才能,同时也造就了一批享誉世界的犹太经济巨人,在世界经济领域建立了惊人的成就,也为世界经济文明的发展和进步做出了巨大贡献。自1969年设立诺贝尔经济学奖以来,犹太人共摘得57枚总奖数中的22枚,占总获奖者的39%。下面,我们分别向大家介绍一些对世界经济产生过巨大影响的犹太经济巨匠。

犹太人中最会赚钱的代表当属十九世纪崛起于法国、后又控制世界黄金市场和欧洲经济命脉长达200年的罗斯柴尔德(Rothschild)家族。迈耶·罗斯柴尔德(Mayer Rothschild)靠古币生意起家,借战争财而爆发,后主要投资金融业,并相继控制了伦敦、巴黎、维也纳、那不勒斯、法兰克福、纽约和柏林的金融业,成为欧洲金融市场呼风唤雨、左右政局的最大力量。1833年,英国废除奴隶制,罗斯柴尔德家族拿出2000万英镑用以补偿奴隶主的损失;1850年,又借钱给罗马教皇,向罗马教廷提出拆除罗马犹太隔都的要求;1854年,英国政府与俄国在克里米亚交战,得到罗思柴尔德家族1600万英镑的贷款;到了19世纪60年代美国内战爆发时,罗斯柴尔德家族已成为当时联邦政府的主要财政来源;1872年,法国由于普法战争失败而向普鲁士支付的战争赔款中,有一半约25亿法郎来自罗斯柴尔德家族;1875年,英国购买苏伊士运河股份时资金不足,政府向罗斯柴尔德家族借款400万英镑;此外,欧洲的铁路也主要处于这个家族的控制之下。

另一位犹太经济巨人被誉为“财富象征”的洛克菲勒(Rockefeller)家族。

犹太企业家罗斯柴尔德像

洛克菲勒家族靠石油起家，形成了美国第一个大托拉斯垄断组织，垄断美国石油工业达 85 年之久。截至 1892 年，其美孚石油公司控制了美国炼油业 90%的产量，并在 100 多个国家建立分公司；同时，该家族还控制了美国花旗银行。洛克菲勒财团在美国初期的 60 个大财团中雄居榜首，而其创始人约翰·洛克菲勒则是资本主义世界第一个 10 亿富翁。今天，洛克菲勒名字的家喻户晓程度已远远超过了大部分美国总统。难怪比尔·盖茨会说："我心目中的英雄只有一个，那就是洛克菲勒。"

在对全球第一大石油公司——美孚石油公司顶礼膜拜的时候，让我们不要忽视紧随其后的英国壳牌石油公司（Shell Oil Company）。早期从事贝壳贸易，后凭借其聪明才智和毅力跻身石油领域的犹太青年马库斯·塞缪尔（Marcus Samuel）就是这个全球第二大石油集团的缔造者。壳牌石油公司在欧美等发达国家的石油市场中占了相当大的份额，它控制了委内瑞拉26%的石油产量；取得了伊朗、伊拉克石油开采、加工和销售14%和23.75%的份额；掌握了尼日利亚产油总量的60%；在墨西哥、阿根廷、海湾地区、文莱、新几内亚、印度尼西亚等国和地区都占有一席之地。

当中国政府和全国人民都在摩拳擦掌，筹备2008年北京奥运会的时候，我们可曾想到过1984年在美国洛杉矶举办的那场举世瞩目的第23届奥运会是由美国的犹太商人彼得·尤伯罗斯（Peter V. Ueberroth）一人承办的。他大胆的设想和缜密的经营使得这届奥运会成为历史上第一个赚钱的奥运会，结束了以往奥运会“赔本赚吆喝”的尴尬局面。在将2.5亿美元的利润收入囊中的同时，他还赚得了“奥运会企业赞助之父”的美称。他所开辟的现代奥运会市场化运作模式，导致了之后奥运会申办史无前例的激烈竞争，对现代奥林匹克运动的发展起到了极大促进作用。

南非盛产钻石，而商界却流传着“世界的钻石产在南非，卖在犹太人”，就是说，犹太人控制了南非，甚至世界上大部分的钻石贸易。英语中珠宝一词jewelry就是来源于犹太人Jew这个单词，可见犹太人与珠宝生意渊源之深。今天世界钻石行业从开采到加工、销售几乎都掌握在犹太商人手里。“钻石大王”亨利·彼得森（Henry Peterson）就是众多犹太钻石商人中的最典型代表。他和他所创立的“特色戒指公司”在美国几乎无人不知，无人不晓。

犹太人阿尔弗雷德·斯隆（Alfred P. Sloan）1923年出任通用汽车公司总裁，一手把通用从死亡线上拉回来，并打造成汽车行业的领头羊，其现代美国企业管理思想和概念也成了每个大企业的楷模。犹太人休·曼·赫夫纳（Hugh Man Herfna）和他所创立的“花花公子”如今已成为一个家喻户晓的品牌，与汽车、电脑共同被视为美国现代文化的“三驾马车”。犹太人史蒂夫·巴默尔（Steve Ballmer）是美国微软公司当之无愧的二号人物；全球最大的数据库软件公司“甲骨文（Oracle）公司”是由犹太人拉里·埃里森（Larry Ellison）所创立；犹太人安德鲁·格罗夫（Andrew Grove）是英特尔三个创始人之一。

从古代起就熟谙借贷之术的犹太人，在当代世界金融体系中更是如鱼得水，构成了世界金融体系的中枢神经，控制着世界金融系统的命脉，以至于人们长期以来把金融业视为犹太人的专有行业。

在所有犹太金融家中，开创了华尔街新纪元的约翰·皮尔庞德·摩根（John Pierpont Morgan），他是金融领域当之无愧的领袖，他所创立的摩根金融家族对美国历史产生了深远的影响。1901 年，摩根家族以 4 亿美元吞并了“钢铁大王”安德鲁·卡耐基（Andrew Carnegie）的“钢铁帝国”，随后又以 7500 万美元收购了洛克菲勒家族五大湖区的全美最大铁矿。摩根家族还在法国、英国、墨西哥、阿根廷等许多国家替政府发行巨额公债，解决他们的燃眉之急。到了 20 世纪初，摩根家族的总资产已达到 34 亿美元，成为名副其实的“世界债主”，而到 30 年代的大恐慌前夕，摩根体系已拥有 740 亿美元的总资产，相当于全美所有企业资本的 1 / 4。

“金融巨鳄”乔治·索罗斯（George Soros）的大名人们不会忘记，1992 年，他依靠成功地狙击英镑而一举成名，后又于 1997 掀起亚洲金融风暴而成为全球金融业的红星，创下了金融史上一年净赚 20 亿美元的最佳纪录。虽然对他的评价褒贬不一，但他在金融领域的成功显示出超人的操盘能力。另外一位金融领域的犹太幸运儿就是被人们称为“股神”的沃伦·巴菲特（Warren Buffet）。1995 年，他仅靠炒股就赚了 120 亿美元，登上了该年度福布斯美国个人财富榜的第二位。

瑞士华宝银行（瑞银华宝）（UBS Warburg）的创办者华宝（Sigmund Warburg）是从德国移居英国的犹太人，花旗银行的超级总裁，被杰克·韦尔奇称为“能用空气赚钱的人”桑迪·威尔（Sandy Weill）也是一位犹太人。

如果说犹太金融大腕们在金融领域的成功是依靠他们超人的操盘能力的话，那么前美联储主席，被称为“全球金融沙皇”的艾伦·格林斯潘（Alan Greenspan）则无疑是所有这些操盘手中最大、最成功的一位，因为他成功地操控了美国经济这个大盘近 20 年。在美国这个极为幽默的国度里，格林斯潘却从未在公众场合露过笑脸，有人对此提出的解释是“因为，如果格林斯潘笑一笑的话，全世界的股市都会迅速上涨”，由此可见其影响之大。

以上我们谈到的都是一些享誉全球的顶尖犹太金融大亨，还有许许多多的犹太金融家们我们无法一一列举，但他们同样也在用他们的智慧和才能为犹太民族的金融传奇添墨增彩，不断巩固和加强着犹太人在这一专属领域的领袖地位。

除了在金融领域的独尊地位外，犹太人在传媒和娱乐领域也具有不可撼动的地位。

美国新闻史上的传奇人物约瑟夫·普利策（Joseph Pulitzer），被称为“通信之王”的路透社创始人保罗·朱利叶·路透（Paul Julius Reutor），被称为“广播业大王”的哥伦比亚广播公司（CBS）创始人塞缪尔·佩利（Samuel Paley）以及被称为“无线电之父”和“现代电视事业奠基人”的全国广播公司（NBC）创始人戴维·萨尔诺夫（David Sarnoff）都是犹太民族贡献给世界新闻传播领域的划时代人物。

在影视界，犹太人也有着不凡的表现。喜剧大师查理·卓别林（Charlie Chaplin），“电影奇才”史蒂文·斯皮尔伯格（Steven Spielberg），蒙太奇（Montage）艺术手法的始祖谢尔盖·爱森斯坦（Sergei M. Eisenstein），迪士尼集团的总裁迈克尔·艾斯纳（Michael Eisner），华纳兄弟影业公司（Warner Bros.）的创始人华纳四兄弟，派拉蒙影业公司（Paramount Pictures，Inc.）的创始人阿道夫·祖柯（AdolfZuker），米高梅电影公司（Metro-Goldwyn-Mayer）创始人之一的路易斯·梅耶（Louis B. Mayer）携手编织了一个犹太人的世界影视网。

除此之外，世界新闻业的排头兵——纽约时报（New York Times）、华尔街日报（Wall Street Journal）以及华盛顿邮报（Washington Post）——也都是由犹太人创办或掌控的。另外，在美国传媒界还有大量的犹太从业人士占据着各个级别的重要岗位，以至于有人竟喊出了“犹太人控制着美国的媒体”。

犹太人在世界经济金融领域占有相当重要的一席之地，然而他们却并非人们所说的“一介商夫”，只懂赚钱，他们对经济理论的贡献也是非常令人钦佩的。

首先，洛克菲洛、摩根等这些大牌的创业家们在缔造和经营他们家族商业神话的同时，也在以身示范，向同时代的人们宣扬和展示他们的企业理念、创业模式以及管理策略。事实上，每一个犹太的成功商人都在向我们讲述着一个商业界的运作规律和经营宗旨。在犹太教契约精神的影响下，美国的犹太商人朱利叶斯·罗森沃尔德（Julius Rosenwald）在他的希尔斯·罗巴克（Sears Roebuck）百货公司提出了商业界首个“不满意可退货”的经营原则，刷新了商业界的经营理念。在犹太人霍华德·舒尔茨（Howard Schuhz）的推动下，全球最大的咖啡零售商、加工厂星巴克（Starbucks）成为世界上第一家为临时工提供完善医疗保健的私营企业。他同时第一次在咖啡店里销售音碟，以音乐咖啡店的形式来体现自己的品牌哲学。通用汽车公司的前总裁阿尔弗雷德·斯隆（Alfred P. Sloan）也依靠其超人的管理才能和创新的管理理论而使处于逆境的通用公司摆脱困境，并创造了新的奇迹。

其次，众多的犹太裔诺贝尔经济学奖获得者对经济理论的革新和突破也做出了巨大的贡献。1970 年获奖的保罗·安·萨缪尔森（Paul A. Samuelson）发展了数理和动态经济理论，将经济科学提高到新的水平；1971 年获奖的美国经济学家西蒙·库兹列茨（Simon Kuznets）在研究人口发展趋势及人口结构对经济增长和收入分配关系方面做出了巨大贡献；1972年美国的肯尼斯·约瑟夫·阿罗（Kenneth J. Arrow）对经济均衡理论和福利理论做了深入的研究；1975年的列奥尼德·康托罗为奇（Leonid V. Kantorovich）创立了享誉全球的线形规划要点，对资源最优分配理论做出了贡献；1976年获奖的米尔顿·弗里德曼（Milton Friedman）创立了货币主义理论，提出了永久性收入假说；1980年获奖的劳伦斯·克莱因（Lawrence R. Klein）建立起经济体制的数学模型；1987年的获奖者罗伯特·索洛（Robert M. Solow）提出长期的经济增长主要依靠技术进步，而不是依靠资本和劳动力的投入；1992年获奖的加里·贝克（Gary S. Becker）将微观经济理论扩展到对人类相互行为（包括市场行为）的分析；1994年获奖的约翰·海萨尼（John C. Harsanyi）在非合作博弈的均衡分析理论方面做出了开创性的贡献，对博弈论和经济学产生了重大影响；1997年的迈伦·斯科尔斯（Myron S. Seholes）提出了著名的布莱克—斯科尔斯期权定价公式，该法则已成为金融机构设计金融新产品的思想方法；2002年的获奖者丹尼尔—卡恩曼（Daniel Kahneman）第一次把心理学研究和经济学研究结合在一起，特别是与在不确定状况下的决策制定有关的研究；2005年的获奖者罗伯特·奥曼（Robert J. Aumann）对博弈论和其他许多经济理论的形成起到了不可或缺的作用；另外，还有其他多位犹太诺贝尔经济奖获得者都对世界经济发展做出了巨大的理论贡献。

除了以上获得诺贝尔经济学奖的犹太人外，还有如《资本论》的作者，提出剩余价值理论的犹太人卡尔·马克思（Karl Marx）也是经济领域数一数二的巨匠，他的理论对随后的世界产生了划时代的影响；另外一位犹太经济理论巨匠，古典政治经济学集大成者大卫·李嘉图（David Ricardo）创建了一个庞大的经济学理论体系，在亚当·斯密奠基的基础上正式建立起了古典经济学的大厦，他的比较优势理论也对于自由贸易做出了不朽的贡献；上面已经提到的萨缪尔森（Samuelson）被称为“经济学界最后一位通才”的天才人物，以一本《经济学》影响了无数人的思想，他主张的以市场经济运行为主体。同时施以凯恩斯主义宏观调控的新古典主义“混合经济”思想，至今仍是中国经济学界的主流思想以及中国经济政策制定的主要导向。

总之，无论是在商业领域还是在经济理论领域，犹太人都对世界做出了伟大的贡献，他们一面用自己的实践来证明自己的理论，又用理论来完善和指导实践，从而在世界经济界占有了一席不可或缺的地位。

爱因斯坦像

2. 对世界科学发展的贡献

在近现代世界科学史上，我们随处可以看到犹太科学家的名字。无论是提出相对论和光量子理论的超巨级科学家阿尔伯特·爱因斯坦（Albert Einstein），还是被称为“原子弹之父”的罗伯特·奥本海默（Robert Oppenheimer），或是“计算机之父”约翰·冯·诺依曼（John von Neumann），都是犹太民族贡献给世界的科学巨擘。在一百多年的诺贝尔奖历史中，犹太人共摘得科学类奖章 118 枚（截止 2005 年）（其中物理学 44 枚，生物医学 48 枚，化学 26 枚），可见其对世界科学贡献之大。

在物理学方面犹太人的贡献是非常巨大的。第一位值得我们大书特书的犹太物理学家当属那位以相对论改变整个 20 世纪物理学格局的阿尔伯特·爱因斯坦。在他所处的那个物理学发生剧烈变革的时代，爱因斯坦凭借其聪明才智和勤奋，在现代物理学许多领域里都做出了开拓性的重大贡献。1921 年，爱因斯坦因提出光量子理论而获得诺贝尔物理学奖，可事实上，很多科学家认为他至少应该在狭义相对论、质能相当性、广义相对论、光量子理论、宇宙学和布朗运动等方面获得 5 个诺贝尔奖。他的狭义相对论和广义相对论是支撑现代物理学大厦的重要支柱，并赋予了空间、时间和引力全新的完整概念，开创了现代物理学的新纪元。

在原子科学领域，犹太人几乎独自撑起了一片天地。“原子物理学之父”尼尔斯·波尔（Niels Bohr）提出了核裂变并释放巨大能量的“核反应模型”，揭示了原子结构和原子能释放的奥秘，开创了人类的原子时代，从而改变了世界的发展进程。微观物理学的一代宗师马克思·玻恩（Max Born）对量子力学的创立和发展做出了杰出的贡献。1926 年他提出的关于波函数的统计诠释，确立了非决定论思想，不仅带来量子力学的巨大发展，还引起了科学思想的一次重大革命，实现了人类认识史上又一次飞跃。20 世纪 40 年代以后出现的信息论、控制论、模糊数学等，都与玻恩的非决定论思想有着深刻的渊源。他还提出电子的准确位置不能精确测定学说，从而为“测不准关系”的建立奠定了理论基础，并与自己的学生海森堡合作，建立了矩阵力学。理论物理学罗马学派的创始人之一的恩里科·费米（Enrico Fermi）在美国主持了世界上第一座原子反应堆的设计、建造和试验工作，成功地实现了人类历史上第一次自持链式核反应，把人类对原子能的利用从理论阶段带入了实践阶段，原子弹的研制成功有他不可或缺的功劳。“原子弹之父”罗伯特·奥本海默（Robert Oppenheimer）是美国原子弹研究计划的总负责人和首席科学家，“氢弹之父”爱德华·特勒（Edward Teller）带领多位科学家在美国研制成功了世界上第一颗氢弹。

“原子弹之父”罗伯特·奥本海默像

在生物医学领域，犹太人的贡献也是举世瞩目的。德里希·古斯塔夫·亨勒（Friedrich Gustav Henle）被公认为解剖学和生理学的先驱，他的著作《系统解剖学手册》是解剖学研究的奠基之作，解剖学中至少有 12 种以他的名字命名的结构，如亨勒环、亨勒包膜、亨勒裂沟等。可的松出现前，用来治疗多种皮肤病的拉沙药膏就是以犹太皮肤病专家奥斯卡·拉沙的名字命名的。最早提出用汞盐治疗梅毒的安东尼奥·桑切斯（Antonio Sanchez）就是一位犹太医学专家。在桑切斯的基础上，细菌学家奥古斯特·冯·瓦塞尔曼（August von Wassermann）和生物化学家欧内斯特·钱恩（Ernest Chain）进一步努力，最终将这一疾病控制，而这二位也都是犹太人。青霉素虽然是非犹太裔的亚历山大·弗莱明（Alexander Fleming）最早发现的，却是在犹太人欧内斯特·钱恩（Ernest Chain）分离了化学混合物之后才适用于治疗的。与青霉素具有几乎同样地位的链霉素的发现则应主要归功于美国犹太微生物学家塞尔曼瓦克·斯曼（Waksman Selman），他也因此而获得 1952 年的诺贝尔生物医学奖。犹太生物化学家阿瑟·科恩伯格（Arthur

Kornberg）由于发现了赖氨酸的生物学合成结构即脱氧核糖核酸而获得 1959 年的诺贝尔生物医学奖。奥地利犹太生物化学家奥托·勒韦（Otto Loewi）通过青蛙的实验，证明了心脏跳动的频率与各种化学物质，尤其是乙酰胆碱在神经系统的释放有关。

在化学方面，犹太人同样凭借他们非凡的才能，做出了巨大的贡献。获得 1905 年诺贝尔化学奖的犹太化学家阿道夫·冯·拜尔（Adolf von Baeyer）通过自己的努力，将有机化学从化学学科中分离出来，使之成为一门独立的学科而存在、发展，同时，他对茜草色素的研究为整个德国的染料工业奠定了基础。德国犹太化学家理查德·威尔斯塔特（Richard Willstatter）在植物色素研究方面取得了卓越的成就，他还成功研制出了防毒面具。犹太化学家阿道夫·弗兰克（Adolf Frank）是德国碱工业的开拓者之一，他发明了制造溴化物、氨水和漂白粉的新方法。犹太人弗里茨·哈伯（Fritz Haber）是化学界一位著名的人物，他是最早研究用氢和氮合成氨的化学家。年轻的犹太化学家乔治·德·赫维西（George de Hevesy）则将他的注意力全部放在了"放射性同位素"的研究上，并使之成为以后化学和生物学研究的主要工具。

除此之外，在其他科学领域也有大批的犹太科学家做出了非常巨大的贡献。著名犹太数学家理查德·库朗（Richard Courant）组建了德国哥根廷大学数学研究所，后又创立了纽约大学数学科学研究所，使纽约大学一跃成为全美应用数学研究中心。被称为"计算机之父"的犹太人约翰·冯·诺伊曼（John von Neumann）在纯粹数学和应用数学方面都有杰出的贡献。二战期间他曾任研制原子弹的顾问，并参加研制计算机，他在研制第一台计算机过程中所确定的存储程序和二进制编码等至今仍被电子计算机设计者所遵循。犹太数学家诺伯特·维纳（Norbert Wiener）是控制论的创立者，他的理论对计算机技术、控制技术、通讯技术、自动化技术、生物学和医学理论都有不同程度的影响。

犹太数学家诺伯特·维纳像

犹太人对世界科学的贡献非常

巨大，我们很难想象如果没有这些犹太科学家，今天的世界会是什么样子。虽然，这些科学家大部分都遭到过不同程度的迫害，他们始终没有放弃作为科学家而对人类负有的责任，克服重重困难，把他们的智慧贡献给了人类。

3. 对思想领域的贡献

在思想领域，很少有其他民族能像犹太民族那样，向我们贡献了基督教的创始人耶稣（Jesus）、共产主义创始人卡尔·马克思（Karl Marx）、精神分析法创立者西格蒙德·弗洛伊德（Sigmund Freud）以及提出相对论的阿尔伯特·爱因斯坦（Albert Einsten）等划时代的思想大师。

犹太人对思想领域的贡献首先就是他们的犹太教以及其经典《圣经（旧约）》。犹太教是人类的第一个一神教，也是影响了整个西方社会两千多年基督教的蓝本，而犹太教的耶和华上帝（Jehovah）、弥赛亚（Messiah）等思想和内容则被基督教完全照搬。基督教对西方社会两千多年的影响，其实也就是犹太教潜移默化地影响西方世界。

基督教（Christianity）是一个由犹太人耶稣（Jesus）在犹太教基础上创立、影响范围覆盖了整个西方社会的一神宗教。耶稣巧妙地利用了犹太人在“巴比伦之囚（The Babylonian Exile）”时代所形成的“弥赛亚”观念，宣扬救世思想，帮助很多人摆脱了精神上的痛苦。而后，他的思想又被罗马帝国所利用，促生了一个统治整个西方社会的宗教形式。

被恩格斯称赞为“当代最伟大的思想家”的犹太裔思想巨人卡尔·马克思（Karl Marx），以他的共产主义、历史唯物史观以及经济理论深刻地影响着他之后的世界。由于它的理论贡献，世界历史为之而改变，正如他的学生梅林所说“他是一个从根本上扩大了人类认识限度的思想家”。

阿尔伯特·爱因斯坦（Albert Einstein）的理论不仅极大地推动了科学的发展，带来了物理学的春天，而且对于改变当代人类的认识有革命性的推动作用。他所提出的相对论对人们的宇宙观、时空观是一场伟大的革命。仅仅因此，我们把他列入带来人类思想领域变革的思想家行列是非常合适的。

奥地利的西格蒙德·弗洛伊德（Sigmund Freud）是精神分析学的创立者，当之无愧的“精神分析学之父”，他首次把无意识作为认识人精神的主体，从而真正揭示了人类心灵的奥秘。他的影响遍及其后的人文科学和文艺各领域，对塑造现代西方文化起了重要的作用，从他学说中所衍生出的意识流、超现实主义、表现主义等主导了20世纪30年代及以后的世界文学、艺术等领域。犹太人埃里希·

弗洛姆（Erich Fromm）是美国著名心理学家、哲学家和社会学家，是新精神分析学派的代表人物之一，他对精神分析的发展做出了重要贡献。他指出了弗洛伊德把人性仅仅归结为饿、渴、性等生理需求的片面性，提出了人性中还应包含属于社会过程的成分，从而把社会学和心理学巧妙地结合起来。

犹太哲学家卡尔·波普（Karl Popper）是当代西方最有影响力的哲学家之一。他的哲学理论体系庞大，包括科学哲学、历史哲学、社会政治哲学、伦理哲学和宇宙论等，并以严密的逻辑把各个部分融为一体。他的批判理性主义哲学对西方的科学哲学有很大影响，有人认为它占有“继往开来”的地位。德国犹太哲学家恩斯特·卡西尔（Ernst Cassirer）的研究范围几乎涉及当代西方哲学的各个领域，是西方学术界公认的20世纪以来最重要的哲学家之一，他最大的贡献就是创立了“文化哲学”体系。法国犹太社会学家埃米尔·杜尔克姆（Emile Durkheim）是当代西方社会学发展过程中里程碑式的人物。他提出的唯社会论、集体意识、社会整合、控制比较法以及社会解组等理论为社会学的发展奠定了稳固的基础。

相较于近现代的犹太思想大师，早期的犹太哲学家们则更具有民族的局限性，其影响也主要是针对犹太民族。800多年前的摩西·本·迈蒙（Moshe ben Maimon），即迈蒙尼德（Maimonides）就是犹太民族有史以来最伟大、最有影响力的学者和思想家。作为犹太民族伟大的医生、释经专家和宗教领袖，他的影响波及多个领域，从哲学到宗教，从宗教节律到信仰本质，从希腊到希伯来，横跨东西方，连接古今。他永不枯竭的智慧之思、永不疲惫的笔、永不屈服的灵魂以及满怀同情的仁爱之心世世代代影响着犹太民族，并间接地影响着基督教世界。另一位犹太民族伟大的哲学家就是与耶稣同时代的斐洛·尤迪厄斯（Philo Judaeus），他是公认的犹太哲学始祖。在他之前，犹太人虽然写成了《圣经（旧约）》，但却没有自己民族的系统哲学，斐洛将犹太传统和希腊文明完美地结合起来形成了犹太哲学，使犹太教理性化、希腊化。他的思想包含了大量古希腊哲学的内容，对后来基督教神学的发展也起到了非常大的影响，他的努力为基督教的发展和教父学的诞生开辟了一个方向，而且使当时流行的希腊哲学观点神学化，把哲学导入了神学。

除了以上我们详细介绍的犹太思想巨人外，还有如近代欧洲唯理论哲学的著名代表本托·德·斯宾诺莎（Bento de Spinoza）、生命哲学家亨利·帕格森（HenriBergson）、现象学大师爱德蒙·胡塞尔（Edmund Hussarl）、改变西方哲学方向的路德维希·维特根斯坦（Ludwig Wittgenstein）以及伟大的未来学家阿尔文·托夫勒（Alvin Toffler）等诸多的犹太人为人类的思想变革和发展做出了巨大贡献。

4. 对其他领域的贡献

除以上领域外，犹太人的贡献还涉及了音乐、艺术、文学、政治等其他领域。

犹太人在艺术领域可谓大师辈出，他们在绘画、音乐、电影等方面产生了一大批杰出代表人物，为人类文明做出了杰出的贡献，也为人类艺术宝库增添了一批无价的艺术珍品。

（二）犹太人取得伟大成就的原因

一个小小的犹太民族，对世界竟有如此巨大的贡献，让我们在无限敬佩的同时也禁不住思考促成这个民族成功的因素。

1. 对教育的重视和对智慧的崇尚

把犹太民族引向成功的最主要原因当属他们对教育的高度重视和对智慧的崇尚。犹太人把教育看得和宗教一样神圣，在他们眼中，学习就是对上帝的崇拜，

犹太学生

因为只有学习才能给予他们理解《圣经（旧约）》的能力，而《圣经（旧约）》是一部上帝思想的百科全书，所以只有学习才能真正实现对上帝的崇拜。即使在四处流浪的恶劣环境中，犹太人都从来没有忽视教育和学习，甚至将教育看做是头等大事，教育普及每一个人。与那些将教育局限于某些贵族或士大夫阶层的国家相比，犹太人的整体受教育程度要高出很多倍。犹太人的教育方式也是非常特别的。当一个犹太孩子开始懂事时，他的母亲就会翻开《圣经（旧约）》，滴上一滴蜂蜜，然后让孩子去吻书，让他从小就意识到书本是“甜”的，从小就爱书。

犹太人不但建立了良好的家庭教育风俗，而且在很早以前就形成了完善的学校教育体制。公元前 75 年，耶路撒冷犹太教公会就颁布法令，规定犹太社区必须资助公共教育，16 或 17 岁的青年都要接受正式教育，教师由耶路撒冷任命。这一传统以后一直为犹太人所继承，不管是流浪于世界的某个角落，还是居住在“许诺之地”，他们始终坚持教育的普及化，成为现代义务教育体制的先声。事实上，犹太人为了能够送孩子上学不惜倾家荡产，不少人为了缴纳学费而卖掉自己的最后一个枝形灯架或者仅有的枕头。

对教育的高度重视以及很早就形成的完备教育体制，为犹太人的教育普及奠定了良好的基础。据统计，犹太人的平均受教育程度是世界上最高的，而美国、以色列等地的犹太人学者、教授所占的比例与其他民族相比，要高出很多，而且，就连以色列的士兵，大学学历的比例也是世界上最高的。犹太人只占美国人口的 3%左右，但美国高等教育机构中的犹太学生却占到 10%多，美国犹太青年就读大学的比例是 62%，而其他群体则只有 26%左右。.

当然，犹太人重视教育并非对知识的简单追求，他们的最终目的是要使知识转化为智慧，因为只有智慧才能真正推动人类的不断发展。他们把仅有知识而没有智慧的人称为“背着很多书的驴子”，这样的人即使有一肚子知识，也丝毫派不上用场。对智慧的高度崇尚使犹太人可以忽略一个人出身门第的高低，因为一个人出身的高低并不等同于这个人能力的高低，在他们心中，学者才是最受尊敬的人，被置于一切人之上，甚至国王都要对学者毕恭毕敬，可见他们对教育和智慧的重视。

2. 强烈的危机意识

几千年来，犹太人长期流浪世界各地、寄人篱下，成为歧视和迫害的主要对象，在不同国家的各个历史时期曾受到过歧视、劫掠和残杀。从公元一世纪罗马人的残酷统治到中世纪十字军的劫掠、欧洲各国的歧视压抑，到二次世界大战中希特勒的大屠杀，犹太人经历了一次次的无限恐惧和悲惨结局。这些形成了犹太人强烈的危机意识，因为他们流浪在别人的国度，随时都可能受到迫害，他们的财产也随时会被掠夺、毁坏。这种强烈的危机意识在犹太人的心底转变成了一种奋发图强的巨大动力，期盼着建立自己的国家，永远地结束这种颠沛流离的痛苦生活。

强烈的危机意识使犹太民族长期存在，不断发展，并对人类历史做出巨大的贡献，这正是“生于忧患，死于安乐”的真实写照。

3. 开放的民族心态对其他文化兼收并蓄

犹太人有着很强的民族凝聚力，虽然长期流浪世界各地，他们却始终保持着非常完整的民族特色文化，但这并不代表犹太人就排斥其他民族的文化。相反，为了适应新的环境，他们时刻都在与其他民族的文化进行着沟通和交流，不断吸收精华，融进自己的民族文化，形成了独具特色的犹太文化。在整个历史过程中，犹太人都在学习和接受各民族的不同文化，并从这些内容中吸取最为精华的部分来满足他们的需要，不断提高自己民族的适应力。

犹太人是最早与其他民族交往的民族，《圣经（旧约）》中“巴别塔（Babel）”的故事就是一个证明。同时，犹太人还是与其他民族交往最频繁的民族，他们之所以能成为中东文明的集大成者，是因为犹太文化自诞生之日起，就在与迦南、埃及、亚述、腓尼基、巴比伦的相互接触、碰撞、融合中，吸收、整合了外部文明的种种特质及要素，丰富了自身的底蕴与内涵。“巴比伦之囚（The Babylonian Exile）”时期，犹太人就学习巴比伦人的生活方式和教育体制；在希腊化时期（Hellenic Period），犹太人在融合了古希腊哲学与古希伯来哲学的基础上形成了一种新的哲学——“犹太希腊化哲学”，不但深刻地影响了犹太人自己，对以后的西方文化也有很大的影响；进入大流散时期后，犹太人将希伯来文化与希腊文化巧妙地结合，从而促生了西方文化的源头之一——基督教文化，并随着基督教的传播，潜移默化地影响了西方文化及社会生活的方方面面。犹太文化正因为其“海纳百川”胸怀才成为一种真正具有“世界性特质”的博大精深思想体系。

犹太民族开放的心态和兼收并蓄的文化机制，使犹太人具有了很强的适应、生存能力，他们能够迅速适应新的文化习俗，能够掌握并娴熟运用两门以上的语言，能够很快融入一个国家的文化主流，并施展他们超人的才能。由于犹太人完美地遵循了“适者生存”的自然法则，他们也就能在几千年的历史长河中历波涛而不惊，镇静之余还为世界做出巨大贡献。

4. 犹太人被迫从事脑力劳动

当犹太人流浪世界各地时，他们一直在受迫害、受歧视和被剥夺权利的危险处境中，不能拥有土地，所以也就没有机会从事农业生产；由于政治上的歧视，他们也没有机会进入政府部门从事政治，更不能参军打仗。他们被圈定在特定的犹太人社区里，不能享受普通人的生活方式。在这样的条件下，他们中大部分人被迫从事最下贱的商业，甚至高利贷。而另一部分犹太人则希望能够通过学习和钻研提高社会地位，加上犹太民族原本就很崇尚教育，选择学习和钻研对他们来说就成了一条方便易行的出路。而且，从事钻研不像农业那样要求有必需生产资料，只要花上时间就可以了，所以犹太人在这些方面就有了一个平等发展的机会。

由于犹太人长期从事商业和脑力劳动，就很容易涌现出一大批著名的商业巨子和思想、科学伟人。犹太人从事商业，经济上的富足为他们的下一代接受良好教育提供了坚强的物质基础，当别的民族还把教育局限在贵族阶层的时候，教育已普及几乎每一个犹太家庭。

塞翁失马，焉知非福，当其他民族由于歧视而剥夺犹太人从事农业的资格时，他们哪里会想到这恰好促使犹太人选择脑力劳动。与体力劳动相比，脑力劳动更能推动世界的发展，犹太人也因此在世界文明的发展史上留下了许多伟人足迹。

除了以上的原因之外，还有比如宗教因素、犹太人的家庭长期保持稳定、由于受迫害而激发的强烈民族意识等因素也对犹太人的成功有很大的促进作用，还有长期的迫害使犹太人具备了强烈的反抗精神，他们总是尝试挣脱思想的束缚，也就能够大胆地提出一些超越时代局限的思想和理论。

20 世纪世界文化的发展

20 世纪初的西方文化生活

艺术文化是文化的最高形式，包括建筑、雕塑、绘画、小说、诗歌、音乐、舞蹈、戏剧和电影等的文学艺术，如果从描述生活或为人们的精神生活服务等方面来说，都能说明它在文化领域中是最高的形式了。其次就是文化本身，例如近年来盛行的种种“文化”，如桥文化、酒文化、茶文化、食文化等。这种“文化”已经把生活本身升华到一个层次，即“对象”已与真正的生活现实拉开了一个“距离”。而“文化”的最基层的，则就是生活本身，或者我们概括为“衣、食、住、行”。因此，当人类走向近现代，进入20世纪的时候，作为文化最基层的衣食住行，也就有必要重视它们的变革。

从1900年到第一次世界大战结束，这段时期在文化上称现代文化早期阶段，美国人通常称为“淳朴的时代”，而英国人则称为“爱德华七世时代”，它们都共同地反映了一个新生的20世纪文化和19世纪的传统搏斗的时期。尽管这一时期中19世纪的传统占了上风，但对于20世纪的新生活来说，也是十分重要的。

英国维多利亚女王

最能概括19世纪文化生活传统的就是维多利亚时代这个称呼。维多利亚时代指的是英国维多利亚女王在位时的63年时间，他于1901年去世。维多利亚时代是资本主义世界的繁荣时期，尤其是英国，是世界上的头号强国，工业生产居世界第一位，殖民地遍及全球，号称“日不落帝国”。因此，19世纪的欧洲和美国通常唯英国马首是瞻，在文化上也以模仿、学习英国为荣。历史上通常就以维多利亚时代这一称呼来概括19世纪中晚期欧洲和美国的基本状况。

维多利亚时代在文化上也具有它的固定的内涵。一般说来，维多利亚时代在科学思想上信奉牛顿的理论，在技术上主要以机械的和机器的进步为标志，而在哲学上则是理性主义的。19世纪的德国在政治经济上虽然较其他国家显得落后，但是它却为世界贡献了一批伟大的哲学家。黑格尔、康德的哲学就代表了这一时期资产阶级的最高思想成就。当时资产阶级和中产阶级热衷的是亚里士多德、黑格尔、斯宾诺莎和康德的著作，尽管这些著作晦涩难懂，但他们还是乐此不疲。

维多利亚时代的整个文化倾向是贵族化的，文化生活大都只限于上流社会，他们的思想交流场所通常是贵妇人举办的沙龙，娱乐一般也只在宫廷和剧院。当时人们信仰的是天主教，担任教职的是令人尊敬的神父，几乎每个礼拜天，人们都要去教堂参加宗教仪式。那时候男人的衣服都十分宽大，而且一本正经，有钱的妇女则穿着用钢丝撑起来的大裙子，而且必须盖过足踝。人们通常都乐观地认为这个世界是容易治理好的，因为上帝最终会拯救人类。当然，穷人并不这样想。

维多利亚时代的文化在20世纪留下了长长的尾巴，20世纪初，资产阶级几乎都遵循着维多利亚时代的世界观和生活方式。但是，这只是一个方面，而另一方面，由于科学技术的发展，社会思想的发展，在20世纪，一切都在悄悄地变化，这种变化有时是那么细微而平静，甚至难以觉察，但是隐藏在这种变化后面的，却是一场新旧文化的大搏斗。

首先，科学技术的发展对生活方式起了巨大的影响。这一时期，在欧洲和美国的许多地方，都可以看到汽车和马车并驾齐驱的情景，这几乎就是一个时代更替另一个时代的象征。在美国，当时有一幅著名的宣传画，题为《世纪的黎明》画中有一个美丽的科技女神，头顶灯泡，脚踩有翼的汽车轮胎，表现出科学技术发展的巨大力量。

科学技术对生活的影响是直接的，它首先使文化生活的参与者大众化了。在欧洲和美国，20世纪的头几年中享受音乐的人还只是极少数，他们必须有钱，在自家家中备有钢琴，要享受严肃音乐必须自己会弹奏。但是很快，爱迪生发明的留声机出现在各种场合，不仅在富人的客厅里，也在工人云集的小酒店和咖啡馆中。自从1905年以后，尤其是在美国，入场费仅为五分的电影院大量出现，到1908年，全美国已有这种电影院一万家，1910年的统计数字表明，美国平均每周的电影观众已达一千万人次了。在这些为数众多的电影观众中，鲜有上流社会的人士，而都是一般的工人，职员乃至贫困线以下的穷人。

美国电影院

1906年12月25日晚上8点多钟，停泊在英吉利海峡的船只上的无线电报务员，突然从耳机里收到一种声音，有人先读了一段圣经，然后又放了一段亨德尔的音乐，最后祝大家圣诞快乐。这就是无线电广播的开始。虽然无线电广播事业直到20世纪才全面展开，但是，无线电广播的诞生，已足以为20世纪初的文化生活增添了色彩。另外，那时候富人的体育活动之一就是驾驶汽车。但是，在1908年福特牌T型车问世之前，汽车的价格昂贵得吓人，直到售价大约为280美元的T型车投入市场后，中产阶级、职员和小农场主也有可能拥有汽车了。他们通常在一个春光明媚的日子里带着全家人去风景优美的郊外野餐。这种娱乐方式是20世纪初最令人羡慕的。

其次，文化的交流场所也起了很大的变化。一方面，代表维多利亚时代文化风格的贵族沙龙展示了它最后的，也是相当绚丽的一幕。而另一方面，文化的交流场所也日益世俗化了。在19世纪，作为西方文学艺术中心的巴黎，沙龙是一切文化的最重要交流场所。通常沙龙的主办人是有钱的贵族妇女，他们不仅起到了文化的联系人和组织者的作用，也充当了文化的评论者。通常一位有才华的年轻文人或者艺术家要想在事业上取得成功甚至进入法兰西学院，首先必须有资格进入当时道松维尔伯爵夫人或罗安公爵夫人举办的沙龙。这些沙龙的出席者大都是一些著名的政治家、文人、艺术家或者其他社会名流，能够进入这种沙龙完全为了显示一种社会地位。甚至有一两个沙龙还掌有文学授奖的生杀大权。20世纪初最有名的沙龙是巴黎格勒福赫伯爵夫人的文艺沙龙，伯爵夫人是法国上流社会的绝世佳人，著名的意识流小说家普鲁斯特就是伯爵夫人的挚友。格勒福赫伯爵夫人的沙龙对20世纪初法国的文化生活产生很大影响，她使人们接受了一种叫象征主义的绘画，还为俄罗斯芭蕾舞团在法国的演出做过热情的宣传。

19世纪末开始，另一种文化交流方式开始出现。在巴黎的拉丁区——工人的居住区，一些贫困的艺术家聚集在咖啡馆和小酒店里，喝着廉价而烈性的苦艾酒，开始了他们的文化交流。他们交换一些新的思想和对文艺作品的意见，并酝酿着成立现代主义流派。这种咖啡馆和小酒店里的文化交流不断发展，竟至成了一种时髦，冲击了沙龙。而新诞生的报纸和杂志，也日益替代了沙龙的文艺评论的功能。这种文化交流场所的变化，在19世纪末20世纪初的欧洲是十分普遍的，除了巴黎之外，伦敦、柏林、慕尼黑等地也都同时并存着这两种文化交流形式。直到第一次世界大战爆发以后，沙龙这种贵族文化的形式才宣告灭亡。

法国意识流小说家普鲁斯特像

对于19世纪末的那些思想先驱来说，20世纪初的岁月是不幸的，那些受过传统教育的绅士们根本就不能容忍尼采和弗洛伊德这些人对19世纪的挑战。尼采在孤独中死去，他的妹妹伊丽莎白整理出他的著作。遗憾的是伊丽莎白是一个极端的反犹分子，这样，尽管尼采呼出过“杀掉一切反犹分子！”的口号，但还是被他妹妹乔扮成一个反犹主义者。这就更激起了人们的愤怒，何况尼采对基督教的不敬也是众所周知的。而弗洛伊德，大约在1914年以前人们都认为他的理论是下流的，并且对他本人的品德也产生了怀疑。20世纪初的大多数西方人都是一些规规矩矩的基督教徒。

很多美国人之所以要把20世纪初的那些年叫做“淳朴的时代”，是因为当时在他们看来社会道德是比较高尚的。同样，英国人称之为“爱德华七世时代”的那些年中（1901—1910年），也为那时的道德风尚叫好。当时，社会道德的卫道士通常由基督教会来扮演。1893年，全美国的新教教会组织了一个美国反酒吧联盟，而且势力不断扩大，与其他要求禁酒的团体联合起来，在本地及全国推行禁酒运动。到1917年，美国已有三分之二的州实施禁烟，不到三年，禁酒成了美国联邦的法令。另外一些卫道士协会，例如“防止罪行协会”等，也大多从事焚毁黄色书刊等活动。

20世纪初，人们的生活方式也有所改变。在美国，妇女的裙子已经短到足踝和足踝之上，即使是在欧洲，带硬撑的裙子已成了落伍的东西了。当时妇女们的时髦是戴上一顶样子像圆面包的大帽子，黑色网眼的面纱从帽檐上垂下来。男人们通常也不穿那种拖有长长尾巴的燕尾服了，西服上装已经短到足够舒服的程度，而时髦青年的西服已经开始不那么肥大了。还有一批青年文人和艺术家在各国首都贫民区过着“波希米亚人”的生活。他们通常不敬神明，崇尚艺术中的唯美主义，思想激进而生活潦倒，穿着不合时宜，大多嗜烟酒如命，还常有一些风流韵事。

大众文化在美国已获初步发展。20世纪初，在纽约第五大街和第六大街之间的第28街成了流行音乐的中心，那里云集了一大批歌曲出版商行和音乐出版公司。那些地方有一个有趣的名字“叮呼巷”。（Tin Pan Alley）“叮呼巷”这个词是纽约《先驱报》的一个记者在1903年的一篇介绍这一地区情况的文章中首先使用的，此后，“叮呼巷”一词几乎成了第二次世界大战以前西方流行歌曲的代名词，那时候出自“叮呼巷”的最流行的一支歌叫做《在往日甜蜜的夏天里》，1903年一年中该歌的歌谱销出一百万份。“叮呼巷”歌曲中其他有名的还有《唉！我的宝贝》、《银色的月光下》等。

20世纪的第一批纨袴子弟在舞场上出尽风头。这些年轻人穿着白色的裤子，紧身的西服上装，理着小分头，大跳灰熊舞和火鸡舞，激动起来还爱喊一句：“你是一头熊”。实际上这种舞在当时看起来是很不规矩的。从前身穿燕尾服的贵族子弟跳的是严肃高雅的小步舞。但是到了1914年,这种灰熊舞和火鸡舞也过了时,这年夏季美国人普遍开始跳狐步舞和探戈舞。(以上内容摘自《二十世纪西方文化史掠影》,阿海著,北京师范学院出版社,1988年)

1914年,第一次世界大战爆发,人类最文明的国家之间开始最野蛮的互相残杀,这种不可思议的行为给文化蒙上了一层阴影,给文学家,艺术家带来许多不解之谜,他们纷纷以自己的感觉,以艺术的形式表达出他们对这个矛盾的现实的理解和态度。因此,战后的文化艺术面貌又变为另一种情形了,而对于人们的生活本身,则同样也要走向一个新时代,这就是饶有兴味的二三十年代文化,或叫两次大战之间的文化。

超现实主义文学的发展

超现实主义作为一个流派,不仅是艺术的,也是文学的。文学上的超现实主义,我们首先要说的是法国作家、理论家安德烈·布勒东(Andre Brefon,1896—1966年)。他早年在巴黎学医,第一次世界大战期间应征入伍,他服役于精神病院,所以接受了很多弗洛伊德的心理分析学说,这对后来他成为一位有名的超现实主义作家关系很大。

法国作家、理论家安德烈·布勒东像

1918年,大战近结束,他渐渐地转向文学。他和一位朋友,青年文学家苏波合写了一部“下意识创作”的小说《磁场》。同年六月,他的另一位好友,也是未来的著名超现实主义者路易·阿拉贡从第一次世界大战的战场上退役归来,布勒东和苏波前去火车站迎接,当场把装有《磁场》手稿的两个大口袋塞给阿拉贡,并且急不可耐地请求阿拉贡对《磁场》作出评价。阿拉贡的热血和他们一样沸腾，他毫不犹豫地承认《磁场》是一部地地道道的“下意识创作”。互相承认的喜悦使他们成为同道，从此他们经常在布勒东家中朗诵作品，在“勒拉西罗酒馆”畅谈艺术。1919 年 3 月，他们三个创办了一份《文学》杂志，刊登了《磁场》和类似于《磁场》的那种“下意识创作”的诗歌和小说。这时候，他们已经开始使用“超现实主义”这一名词来说明这种文学形式的特点了。

然而当时还不叫超现实主义，也没有这个流派。超现实主义一词（Surerealism）的最早提出，是法国诗人阿波利奈尔，他把自己的剧本定名为超现主义戏剧。他认为，超现实主义应当从自然中得到启发，但“不要照相式的模仿”。1918 年，阿波利奈尔去世，布勒东在悼词中再次运用了超现实主义这个词。在 1924 年的宣言中，布勒东认为，超现实主义是“纯粹心理上的无意识行为，通过它，人们或者用口头，或者用写作，或者用任何其他方式，企图不受一切理性的监督，在一切美学和道德的成见之外，表达思想的真正的作用”，把下意识作为创作的主要来源。该派崇尚弗洛伊德的心理分析学说。着重描写梦境、幻觉、本能、呓语、歇斯底里，并把它们视作表达的最高形式；该派又是彻底的象征派，意识流的崇拜者，也是后来的荒诞派之先驱。

超现实主义不单是一种文艺运动，它首先是一种哲学和生活的方式，文艺只是其表现手段。在不相信“良知”和逻辑，反对社会的成规和既定的准则方面，该派保留了某些达达派的态度。该派的首要任务在于阐明潜意识的存在方式，以及作为认识手段，以便“改变生活”、“改造世界”。因此，该派致力于把自己的头脑从日常的词汇和形象的束缚中解脱出来，从事“自动的写作”，“描写无意识的思想”，将头脑中闪现的片言只语和破碎形象任意拼凑，胡乱组合，穿凿附会许多别的意义；该派也注意客观事物，又经常歪曲它们的日常形态和作用，以便表现出今日的人类和个人内心的需要。

超现实主义文学主要在诗歌方面，像安德烈·布勒东就是一位代表者。他认为，诗人在创作之前什么也不要考虑，只是想我要写诗就行，而且也要认为写诗是难的一件事。然后，便不假思索，先写出诗的第一句。而诗的第二句，可以与第一句完全无关（完全不同于我国古诗中的起承转合形式）。如果实在想不出写什么，则可以写一个字母如 L，再从这个字母中联想出随便一句什么句子。这就是所谓的自动写作法。这种文艺创作的态度在布勒东看来是绝对神圣的。实质上说，超现实主义的写作方法是把两个互不相关的词连接起来，使之产生另一种意义。例如太阳和手指两者毫无关系，但可以把它们连成句子，成了“太阳的手指抚摸着皮肤”。这种写作技巧，被历史证明具有“较高的价值”，现在已经普遍用于现代诗歌了。超现实主义文学的创作手法，还在表现梦幻。超现实主义力图把握潜意识活动的内容，而梦境或幻觉则是潜意识中最具体的东西。根据弗洛伊德的理论，梦境通常带有象征色彩，这无疑是现代主义艺术的最好材料。

著名的超现实主义诗人很多，除布勒东外，还有路易·阿拉贡（Louis Aragon，1897—1982 年），他是一位法国诗人兼小说家，也是文艺评论家，生于巴黎。1914 年第一次世界大战爆发时，他也是个医生，也应征入伍，在陆军医院服役，结识布勒东和苏波。1917 年起在一些先锋派杂志上发表作品。1919 年复员，弃医从文，参加达达运动，和布勒东等创办《文学》杂志。1920 年发表第一部诗集《欢乐之火》，翌年出版小说《安尼赛》，都是超现实主义的作品。1924 年阿拉贡和朋友们办了一份新的杂志《超现实主义革命》，同年又发表论文集《梦幻的浪潮》，为超现实主义下了最初的定义。1926 年写的《巴黎的乡人》，一般认为它是超现实主义文学的代表作之一。1927 年加入法国共产党。1930 年参加在苏联的哈尔科夫举行的第二届革命作家代表大会，后与超现主义者决裂，转向“社会主义现实主义”，并进入“人道报”编辑部。第二次世界大战爆发，他又应征入伍，在军医部队中勇敢抢救伤员。法国沦陷后，他参加地下抵抗运动，以笔名发表诗集《断肠集》（1941 年）等，充满爱国主义的激情。1947 年至 1951 年间陆续出版六卷本小说《共产党人》，描述法国共产党员在反法西斯战争中的英雄行为。1954 年当选为法共中央委员。1957 年获苏联政府颁发的列宁和平奖金。

意识流小说的发端

意识流是西方现代派文学的一个小说流派，盛行于 20 世纪 20 年代至 40 年代。这个流派的创作道路，是受 19 世纪美国心理学家威廉·詹姆斯的“意识流”学说，奥地利精神病医生弗洛伊德的“精神分析”法，法国哲学家柏格森的“心理时间”论的直接影响，并借用詹姆斯首创的心理学术语“意识流”而称名。主要描写现代西方人离奇复杂、变化多端的感性活动，主张“作家退出小说”，要求人物直接表白他的思想意识，而打破由作家出面介绍人物，安排情节，或从旁描述等传统手法。写作的基本方法是心理分析，内心独白和自由联想，注重表现人物的各种意识过程，特别是潜意识领域，拓展了小说描写、刻画人物的天地。法国作家艾杜阿·杜夏丹的《月桂树被砍掉了》被认为是具有“意识流”特点的第一次尝试。先驱作家及代表作品有法国普鲁斯特的《追忆流水年华》，英国乔伊斯的自传体小说《青年艺术家肖像》与长篇小说《尤利西斯》，伍尔夫的长篇小说《达罗威夫人》、《到灯塔去》。另外美国福克纳的长篇小说《喧嚣与骚动》以及海明威的许多短篇小说等也是意识流小说的经典作品。

美国作家海明威像

意识流，导源于现代西方的动乱生活，也直接受到了现代心理学的影响。“意识流”这个名称首先见于美国心理学家威廉·詹姆斯的论文《论内省心理学所忽略的几个问题》（1884 年），后来又在《心理学原理》（1890 年）一书第九章中加以发挥。他认为人类的思维活动是一种斩不断的“流”，而不是片段的衔接，因此称之为“思想流、意识流、或主观生活之流”。他还认为这种“意识流”往往具有变化多端和错综复杂的特点。法国哲学家亨利·柏格森（Henri Bergson，1859—1941 年）提出“真实”存在于“意识的不可分割的波动之中”的见解，劝说小说家进入人物的内心中，跟着人物的意识流动来刻画人物。

这种理论很适合 19 世纪末、20 世纪初一些侧重描写人物内心生活的作家的需要。他们早就在探索怎样突破欧洲小说由作者从外部描写人物性格的框框，要让人物自己直接展示他的思想活动。法国小说家艾杜阿·杜夏丹在 1887 年所作的《月桂树被砍掉了》一书中首先运用了“内心独白”的写法，为后起的意识流小说开了先声。

20 世纪 20 年代起，意识流技巧在小说、诗歌和戏剧等领域得到了很大的发展，在小说方面更形成了一个独立的流派。这个流派的作家认为传统小说里，作者像一个全知全能的神，他控制一切，由他介绍人物的思想感情，编串故事情节，而且往往出头露面评论说教，而不让人物的精神世界——特别是深埋在内心的隐微活动——如实地、自发地展现出来。因此他们提出“作家退出小说”的口号，要

求人物直接表白他的思想意识，而不靠作家从旁描述。典型的意识流小说（如英国维吉尼亚·沃尔夫的《波浪》）中的人物上场时，不带任何身世介绍或环境描写，有的连名姓也不具备，而是通过独白讲自己的感受。这种写法带有自然主义的色彩，很难塑造出丰满的人物形象，但在局部的细节中，在展示人物的意识活动上，却可以达到相当的深度，取得一定的成效。

意识流小说所描写的对象是现代西方人——主要是艺术家、知识分子——离奇复杂、变化多端的感性活动，写作的基本方法是自由联想、内心独白和旁白等。由于联想带有很大的随意性和跳跃性，叙述方法也就显得突兀多变。维吉尼亚·活尔夫（Virginia Woolf,1882—1942 年）的第一篇意识流作品《墙上的斑点》（1919 年）写一妇女看到墙上一个斑点所引起的种种联想，她想到人生的无常，想到莎士比亚，想到法庭上的诉讼程序，最后又回到那个斑点本身。那个斑点实际上不过是个爬在墙上的蜗牛，它本身并无多大意义，重要的是在于借此显示人物头脑中意识流动的状况。她的著名小说《达罗威夫人》（1925 年）着力描绘主人公在某一天上街买花沿途所见事物如何引起她的联想，唤起她对往日的回忆和对未来的展望。当前的所见所闻只是一块跳板，主人公的意识不断地从这块跳板跃前退后，向未来或过去流动。

柏格森关于“心理时间”的说法极大地影响了意识流小说家对于时间的处理和结构的安排。他认为一般人所理解的时间，是用空间的概念来认识时间，把时间看做各个时刻依次延伸、表现宽度的数量概念；“心理时间”则是各个时刻相互渗透、表示强度的质量概念。在他看来，我们越是进入意识的深处，“心理时间”的概念就越适用。意识流小说家据此打破传统小说以时间为序的结构，而采用过去、现在和未来有时彼此颠倒，有时互相渗透的写法。这在美国小说家威廉·福克纳（William Faulkner，1897—1962 年）的著名作品《喧哗和骚动》（1931 年）描写白痴班吉的混乱意识的第一章里有很明显的表现。对于一个白痴说来，过去、现在和未来三种时式的区分是根本不存在的，他可以从当前的一种知觉跳回到过去某种相类似的知觉上去。这一章中的故事就在过去和现在之间扯来扯去，标题虽说只叙一天之事，实际上却涉及了班吉几十年经历。

由于意识流作家要使人物的内心活动得到自然流露，不受作者外来的干扰，他们经常采用“内心独白”的写法，让人物通过独白说出自己的心里话来。美国著名诗人托·史·艾略特（Thomas Steams Eliot，1888—1965 年）的《阿·普罗弗洛克的情歌》（1917 年）就是通篇运用这个手法来写的，一个颇有教养的、但神经过敏的知识分子在黄昏时分想去求爱，但又怕这怕那，踌躇不前。作者让他自己表白心情：“当真会有时间来怀疑：‘我敢吗？”我敢吗？’会有时间转回身，走下楼梯，我头发当秃了一小块——（他们会说：‘他的头发可真稀！’）我穿上晨礼服，脖子紧贴衣领，我的领带多彩而文静，夹着一枚普通别针——（他们会说：‘他的臂和腿可瘦得很’）我敢打扰这个宇宙吗？等一等，有时间做出决定，修改决定，一秒钟后又推翻决定。”这种自由的写法，把人物每一瞬间的思想变化，他瞻前顾后、想去又不敢去的心情和盘托出，比一般从作者的角度来间接描绘的手法，更真实生动地展示出人物的不断流动着的意识状态。这就是意识流作家宣称要创立的“心理现实主义”的创作技巧。

被西方文学界称为意识流小说大师的詹姆斯·乔伊斯（James Joyce，1882—1941年）更在语言形式上做了许多试验。使用不同的文体来影射性质不同的意识流就是其中之一。

他在《尤利西斯》（1922年）这部小说十八章所用文体是章章不同的。第八章用模仿肠胃蠕动节奏的文体来描写布罗姆在饭馆吃饭时的思想流，第十四章以英国历代散文体裁——从最早的盎格鲁撒克逊体到晚近的新闻体——来暗示胎儿的成长过程，第十五章以混淆主观印象和客观真实的手法描绘昏天黑地的妓院生活，最后一章则以只分段落不加标点的文体来象征毛莱睡意蒙胧的情态。这最后一章长达四十余页的独白是很出名的，我们不妨摘译一段：“一刻钟以后在这个早得很的时刻中国人该起身梳理他们的发辫了很快修

意识流小说大师詹姆斯·乔伊斯像

女们又该打起早祷的钟声来了她们倒不会有人打扰她们的睡眠除了一两个晚间还做祷告的古怪牧师以外隔壁那个闹钟鸡一叫就会大闹起来试试看我还睡不睡得着一二三四五他们创造出来的像星星一样的花朵龙巴街上的糊墙纸要好看得多他给我的裙子也是那个样儿……”这段独白有两个联想中心，前半段是时钟，后半段是花朵。毛莱从时间尚早想到惯于早起的中国人，想到修女的早祷和隔壁的闹钟。这时她忽然看见了糊墙纸上的花朵，就联想到龙巴街旧居糊墙纸上也有这类花朵以及她丈夫送她的裙子上的相似的花朵。作者用这种方法来描写朦胧的意识状态，取得一定的效果。

二次大战后，由于意识流技巧已为许多不同倾向的作家所采用，目前已不存在独立的意识流派别。战后兴起的西方新小说大量运用意识流手法。就思想内容来说，这类小说往往随着作家作品而异，有描写比较正常的思想意识的，也有描写错乱意识或颓废情绪的。值得我们注意的还是他们的艺术手段。像自由联想、内心独白和旁白等手法，只要运用在适当的场合，用得恰到好处，不超过艺术规律所许可的限度，是可以丰富我们的艺术表现手段的。一味滥用当然只能带来灾害。

这里需要描述一下意识流小说的鼻祖之一——著名的爱尔兰作家詹姆斯·乔伊斯（1882—1941年），他出生于都柏林的一个穷公务员的家庭，1898年进都柏林大学专攻现代语言，1902年毕业后学医，1903年开始写短篇小说。乔伊斯大半生流亡欧洲大陆，可是在他的小说中，题材与人物都集中在都柏林。他的第一部短篇小说集《都柏林人》（1914年）描写了形形色色的都柏林中下层市民。《青年艺术家的肖像》（1916年）是一部自传体中篇小说，作者运用内心独白的手法。通过主人公的内心活动来描绘他的经历和客观世界，并且以不同风格的语言表现幼年、童年、青少年等各个不同时期的思想感情。小说还提出了一套文艺理论，认为作家应该从作品中隐退，客观地反映生活，这理论对当代西方文学界产生了深刻的影响。乔伊斯用七年时间写成他的代表作《尤利西斯》（1922年），广泛采用“意识流”的创作手法，形成一种崭新的风格，成为现代派小说的先驱。小说不仅在遣词造句方面刻意创新，而且运用大量的典故、引语和神话。有些段落不加标号符号，以致有隐晦感。

《尤利西斯》一书和作者乔伊斯就是20世纪著名的现代主义文学流派——意识流小说的代表作品和代表作家。虽然今天人们说起爱尔兰作家乔伊斯时无不肃然起敬，但是当初的情形却实在糟糕，否则是不会引起那件著名的文学官司。

乔伊斯晚年几乎双目失明，但依然孜孜不倦地埋头写作，完成了最后一部长篇小说《为芬尼根守灵》，作者以他独特的梦的语言来写梦境，不仅把英语单词拆散，重新组合为混成词，赋予多种意义，而且以多种方式使用多种语言，综合构成复杂的意义群，因而使这部小说更加难懂。但他的这些努力，对意识流文学的发展却起了很大作用。

象征主义诗歌的发展

象征主义产生很早，在19世纪70年代就产生了。象征主义作为一种文艺流派，有绘画和诗歌等方面，我们这里说的是诗歌。象征主义诗歌到了20世纪20年代，又兴起了一个高潮，这时的象征主义流派，便被说成为后期象征主义。在这里，我们介绍几位后期象征主义诗人的代表者。

美国作家艾略特像

首先说托·斯·艾略特（Thomas steams Eliot，1888—1965年）。他出生在波士顿的一个砖瓦商人的家中，青年时代在哈佛大学读书，后来到了伦敦，与意象派诸诗人混在一起。当时诗人庞德被认为是这个诗歌流派的一位首领，所以当他从伦敦移到巴黎后，伦敦的象征派就比较冷落了。当时又由于贫困，所以只好在伦敦的一家银行里干活。后来被庞德知道了，出于爱才，他号召青年们伸出友谊之手帮助艾略特，后来庞德为帮助艾略特，把他的作品《荒原》送至《日晷》杂志上发表出来，从此，艾略特不但得到了稿费，而且名声大振，这时的日子就好过多了。从1926年起，艾略特在剑桥大学三一书院主持“克拉克”讲座，并长年主编《准则》杂志，创造了英美文艺理论中影响颇大的“新批评”派。1948年他获得了诺贝尔文学奖。他还于 1927 年加入了英国籍，从而成了英美两家编文学史时相互争抢的诗人。

艾略特的《荒原》，用象征和隐喻的手法，把整个资本主义世界描绘成了一片失去了宗教信仰的荒原，并努力呼唤宗教力量的重新降临，以治理这混乱不堪的世界。艾略特的艺术手法十分繁复，他借用了一个宗教传说作为象征旁征博引，洋洋洒洒写了达五章之多，还附有大量考据性极强的注解，全诗晦涩迷离，令人感到不堪卒读。这就明显反映了艾略特作品的特征：贵族主义倾向和繁文缛节。这种倾向也和他的为人紧密相连，他自己声称："政治上，我是个保皇党；宗教上，我是个英国天主教徒；文学上，我是个古典主义者。"正是他这种特征，50 年代以后，T，S• 艾略特式的诗歌风格在美国成了彻头彻尾的学院派文学，遭到了大多数美国诗人的攻击。在艾略特身上，我们还可以看到现代主义文学艺术的一些发展规律。

其次说法国诗人瓦莱里（Paul Valeru，1871—1945 年），他诞生于地中海海滨的塞特市。瓦莱里的早期诗歌，深受兰波和马拉美的影响。他在 1892 年从蒙彼利埃大学法学院毕业时曾放弃写诗，而是潜心去研究哲学，特别形而上学。从 1894 年起，定居巴黎，先后任国防部文稿起草人和哈瓦斯通讯社主持人勒贝的私人秘书。时隔 20 几年后，于 1917 年发表他的长诗《年轻的命运女神》，全诗描写一个意识在一夜之间的活动和变化，再现了微妙而不可捉摸的心理"过渡"，显得晦涩难解。1922 年又出版了新诗集《幻美集》，其中的诗篇大多是对感性与理性、灵与肉，变化与永恒，生与死冲突等哲理问题的思考，充满空灵、深奥的玄想，但却运用了有感染力的形象和语言。他和其他大多数现代派诗人不一样，不赞成自由诗体，基本上采用 14 行诗等格律形式。1926 年发表了作为他诗歌创作高峰的《海滨墓园》。作品以自我独白的形式，介入生活，面向未来的积极的主题。《海滨墓园》被译成世界上各大语种，瓦莱里的墓碑上就刻着《海滨墓园》第一节的最后二行。这首诗使他被誉为 20 世纪法国最大的诗人。

最后我们还要说奥地利诗人里尔克（Painer Maria Rilke，1876—1926 年），这是一位奥地利诗人。他生于布拉格。早年时他曾经在陆军军官学校读书，五年后，他曾一度经商弃学。而后来他在布拉格大学学习哲学、艺术史和文学史。早期诗集有《生活与诗歌》（1894）、《梦幻》（1897 年）等，富有布拉格的地方色彩和波希米亚民歌的风味；情调哀伤，缠绵、交织着神秘和梦幻。另有抒情散文诗《旗手克利斯朵夫·里尔克的爱与死之歌》（1906 年）。此后，去俄国、法国、意大利等地旅行。在俄国会见过列夫·托尔斯泰。1902 年起在巴黎定居一段时

奥地利诗人里尔克像

期，为他所敬仰的雕塑家罗丹当过八个月秘书（1905—1906 年）。这一时期的主要作品有《祈祷书》（1905 年）《新诗》两集（1907—1908 年）。前者带有宗教情绪，对资产阶级的精神没落表示不满，对人类平等互爱的乌托邦充满了单纯的憧憬，语言很精练，有一种音乐的旋律美；后者的诗风从前者音乐性的流动感变为雕塑性的凝结感，诗人的笔触也从主观情感转向客观事物，用对自然物的直觉形象来象征人生和表现自己的思想。1922 年，里尔克到达意大利亚得里亚海滨的杜伊诺，开始著名的《杜伊诺哀歌》的创作。第一次世界大战迫使创作中断，他被应征入伍。战后，从 1919 年直至逝世，一直居住瑞士。1923 年完成了他后期的两部代表作《杜伊诺哀歌》和《献给奥尔弗斯的十四行诗》两部诗集对人与世界存在的合理性，生与死的关系等，进行了痛苦的思索，交织着忏悔、怨诉和歌颂，抒写诗人自身的矛盾心理。

第二次世界大战

第二次世界大战是指 1939—1945 年期间以德国、意大利、日本“轴心国”为主的法西斯力量与以中国、苏联、美国、英国等“同盟国”为主的反法西斯力量之间在世界范围内进行的人类历史上规模空前的战争。

第二次世界大战的爆发，有其深刻的政治、经济、军事等多方面的原因。

第一次世界大战结束后，帝国主义时代所固有的各种基本矛盾一个也未解决，而又增加了战胜国与战败国的矛盾以及帝国主义战胜国之间的矛盾。随着帝国主义国家间经济、政治和军事发展不平衡的加剧，军事实力发展较快的德、意、日三国要求重新划分世界势力范围，使帝国主义之间的矛盾进一步尖锐起来。

经济上，一战后德国不甘心《凡尔赛条约》对其的严惩和限制，由于希特勒的政府干预经济政策，经济再度超过了英法；意大利在一战后经济衰落；日本侵略亚洲国家的同时，美英等国禁止向日本输送石油战略物资，导致日本经济发展受到阻碍。

政治上，1929—1933 年资本主义世界严重的经济危机引起了政治危机，德国和日本建立了法西斯专政，而英、法、美继续坚持资产阶级民主制度。为摆脱危机而走上帝国主义道路的德、意、日三国，相继发动了局部侵略战争，最后终于导致了第二次世界大战的爆发。

第二次世界大战最终以同盟国的胜利和轴心国的失败而结束。

第二次世界大战对人类的命运产生了巨大影响，是人类历史的重大转折点。第二次世界大战是由德、日、意法西斯国家集团发动的，它们的目的，不仅在于争夺殖民地，而且在于确立自己的世界霸权，奴役世界各国人民。反法西斯战争

二战中飞机的使用

的胜利，拯救了各国免于法西斯的奴役，挽救了世界文明的毁灭。这是不幸中的幸事。

第二次世界大战作为人类历史上最大的武装斗争，具有军事行动规模巨大、军事生产空前发展、人员物资损失惨重的特点。全面战争持续了 2194 天（6 年）；军事行动遍及欧、亚、非洲陆地和大西洋、北冰洋、太平洋、印度洋广阔水域；被征入伍者达 1.1 亿人。在战争年代，仅反希特勒同盟各国就生产飞机 58.8 万架，坦克 23.6 万辆，火炮 147.6 万门；德国生产飞机约 10.9 万架，坦克 4.6 万辆，火炮和迫击炮 43.5 万余门以及其他武器。

第二次世界大战是历史上破坏性最大的一次战争。仅在欧洲，战争破坏造成的物资损失（据不完全统计）即达 2600 亿美元（按 1938 年价值估算）；各交战国的直接军费支出占其国民总收入的 60%~70%。军队死亡 1690 余万人，居民死亡 3430 余万人，合计死亡 5120 余万人。这对人类物质文明是一次巨大摧残。

第二次世界大战首次使用了雷达和其他无线电电子器材、火箭炮、第一批喷气式飞机、飞航式导弹和弹道火箭，在战争的最后阶段使用了核武器和雷达等。空军、国土防空军、潜水舰队、空降兵兵团、工程兵和技术兵的作用增大了。这些对战后各国的军事思想、战争思想和军队建设都产生了深远而重大的影响。

“二战”后的文学流派——“迷惘的一代”

迷惘的一代是第一次世界大战后在美国和西欧出现的一个文学流派。但它并不是一个有组织、有共同纲领的团体，他们的相同之处是都厌恶帝国主义战争。这一派的作家大多响应政府号召，参加过帝国主义战争，亲眼目睹了战争的残酷。了解普通士兵的厌战情绪，自身也在肉体和心灵上留下了无法医治的创伤。他们的玫瑰色理想幻灭后，便通过小说来描述战争的丑恶，整个作品的基调是迷惘、彷徨、怀疑、失望的。海明威是这一派的代表作家，著有短篇小说《在我们的时代里》，长篇小说《太阳照常升起》、《永别了，武器》；还有多斯·帕索斯的《三个士兵》；爱·肯明斯的《巨大房间》；威廉·福克纳的《士兵的报酬》。

第一次世界大战结束后，许多西方青年艺术家聚集在巴黎，疯狂地投入到文学艺术之中。不仅有达达主义和超现实主义主张，而且还有讲究文学的，包括海明威、乔伊斯、菲茨杰拉德等从英美赶来的年轻人。其中有一位从美国移居巴黎的女作家格特鲁德·斯泰因起到了重要的作用，她住在巴黎弗勒吕斯路 27 号的公寓，是这些人的活动中心。斯泰因小姐来者不拒，和庞德们相交甚密。1924年夏的某一天，斯泰因小姐的福特牌T型汽车出了点毛病，而给他修车的小伙子竟马马虎虎了事，被她一状告到车铺老板那儿，车铺老板告诉斯泰因小姐："他们都是迷惘的一代。"斯泰因小姐后来和当时在巴黎的年青作家欧内斯特·海明威谈起这件事时，把这位老板的话也原封不动地抛给了海明威："你们这些在战争中当过兵的年轻人都一样。你们是迷惘的一代。"

到1926年，海明威的第一部长篇小说《太阳照常升起》出版，扉页上就用了斯泰因小姐的那句话："你们都是迷惘的一代"。从此，"迷惘的一代"这个名词就成了这个文学流派的代表者。他出生于芝加哥的一医生的家庭，中学毕业后当见习记者，第一次世界大战时参军，在意大利前线负重伤，后在巴黎刻苦学习写作，钻研怎样用最简洁的语言表达，逐步形成自己的风格。20年代发表了长篇小说《太阳照常升起》（1926年）和《永别了，武器》（1929年），描写一群参加欧战的青年，他们精神苦闷、生活漫无目的，心里都充满莫名的悲哀，这种彷徨空虚的情绪引起战后不少年轻人的共鸣。小说成了"迷惘的一代"的代表作。《永别了，武器》还带有明显的反对帝国主义战争的倾向。以后还写有长篇小说《有的和没有的》《丧钟为谁而鸣》，还写出不少以斗牛、猎渔为题材的"硬汉子性格"的小说。短篇小说《乞力马扎罗的雪》是意识流的小说的名篇。中篇小说《老人与海》（1952年）通过一个老渔民打鱼的故事表述了"你尽可以把他消灭掉，可就是打不败他"这样一种人的本质上的精神伟大。海明威近40年的创作形成独特风格，往往表现孤独的主人公及其内心独白，形象富于动作性，擅长缘情写景，语言极为自然、清新、精练、明澈，并善于从感觉、视觉、触觉着手刻画人物。他于1954年获诺贝尔文学奖。

走向科学技术新时代

进入20世纪之后，以物理学为代表，现代科学再次产生具有革命意义的巨变。牛顿力学作为经典物理学的地位一直受到新发现的挑战，最后终于被爱因斯坦的相对论与量子力学理论所取代，现代物理学在这新生的两大理论基础上取得了新进展。同时，粒子物理学中的夸克模型、宇宙学中的大爆炸理论、分子生物学中的DNA双螺旋模型、地质学中的板块模型理论，建立了20世纪理论科学中的四大模型理论。

量子理论是20世纪物理学理论的第一次重要革命。1895年伦琴（Wilhelm Conrad Rontgen，1845—1923年）发现了X射线，1897年科学家们发现超原子微粒，这标志着新的物理学与新的科学将要在20世纪出现。1900年，德国物理学家普朗克（Max Karl ErnstLudwig Planck，1858—1947年）提出了著名的量子学说，即物体在发射与吸收辐射时，能量的交换不是连续进行的，能量只是以一定的数值和它的整数倍数辐射或是吸收；正如物质是由单独的原子所组成的，能量也是由单独的每份“能量原子”所构成的。普朗克把每一份能量作为一个“参量子”，简称为“量子”。这种学说由他的《关于正常光谱能量分布定律的理论》论文进行论证，从此，量子理论正式产生。量子理论将传统的宏观的、外部的世界研究推向了微观的、内部世界的研究，这是科学新时代的理论转换。

德国科学家伦琴像

1905年，爱因斯坦发表《论运动物体的电动力学》，提出了狭义相对论的基本原理：其一，对于任何惯性体系，一切自然定律都同样适用，这就是相对性原理。即力学运动、电磁运动都具有相对性，这样就完全否定了绝对静止的参考系：绝对时间与绝对空间。其二，对于任何惯性系来说，自由空间中的光速都是相同的，它是物体运动的最大速度，也就是光速不变的原理。在这篇论文中，他以同时性的相对性否定了牛顿力学的基础。爱因斯坦指出，相对论的效应表现为：运动的尺度会缩短，运动的时钟将会变慢；物体的质量将会随着它的运动而发生变化；物质的质量m与能量E之间有$E=mc^2$的公式，所以当物体的质量发生Δm的变化，同时必然产生ΔE的能量的变化，反之亦然，这一公式为原子能的利用开辟了广阔的前景。1907 年，爱因斯坦发表论文《关于相对性原理和由此得出的结论》，提出了广义相对论。1916 年，爱因斯坦建立了广义相对论的引力场议程，论证了空间的结构和性质决定于物质分布的观点，首次论述了四维时空和物质的分布密度相联系的重要思想，认为物质及其运动决定时空的性质，而时空的性质反过来又决定物质的运动。

相对论与量子理论，是现代物理学的基本理论，它们互相配合，对物理学与哲学都产生了较大的作用。时间与空间是事物存在的基本形式，在传统观念中，时间与空间是固定的，有各自的存在维度。但是相对论指出，时空之间是相联系的，两者不可能单独发生变化。时空变化及其结构与物质运动状态不可分。这是一种新的时空观、运动观与物质观。由于人类活动的内容也就是对客观世界与人类社会的认识，这种理论必然会对人类的世界观产生相应的影响。

从 20 世纪 40 年代开始，人类进入“第三次技术革命”时期。“第三次技术革命”主要是指原子能利用、电子计算机技术、生物技术、空间技术、信息产生研究等新创造。

原子能的开发与利用是物理学一系列重大突破的结果。1896 年，法国物理学家贝克勒尔发现了铀元素的放射现象。1932 年，查德威克（J•Chadwick，1891—1974 年）发现了中子，同年，海森堡（W•Heisenberg，1901—1976 年）和伊万宁柯（D.D.Ubaheko，1904—？年）分别提出了原子核是由质子和中子构成的原理。1934 年，意大利科学家费米（E•Fermi，1901—1954 年）和他的助手们又发现了慢中子及其效应。1935 年，美国物理学家奥本海默 J.R.Oppenheime，1904—1967 年）解决了中子加速问题，高能中子很快被广泛用来引发核反应。中子的发现为解开原子核的奥秘奠定了基础。1938 年，奥地利物理学家梅特纳（L. Meimer，1878—1968 年）和她的侄子弗里什（D. R. Frisch，1904—? 年）明确作出了铀裂变的结论。不久，法国科学家弗雷德里克・约里奥—居里（F.Joliot-Curie，1900—1958 年）和妻子伊伦・约里奥—居里（I. Joliot-C，1897—1956 年）发现铀核裂变时，还可以放出两三个新中子。1939 年，费米进一步提出了链式反应的基本概念。原子核裂变链式反应的发现，从理论上打开了开发原子能宝库的大门，为原子能的利用开辟了道路。第二次世界大战期间，为了赶在纳粹分子之前掌握核武器，1939 年 8 月 2 日，爱因斯坦和一些科学家签署了给美国总统罗斯福（F.Roosevelt，1882—1945 年）的信件，建议美国立即制造原子弹。由于战争进一步扩大，同年 10 月 11 日，罗斯福采纳了爱因斯坦多人的建议，下令成立一

居里夫妇像

个“铀顾问委员会”，1942年6月，展开了代号为“曼哈顿工程”的原子弹研制计划。1942年12月2日，在著名科学家费米的主持下，世界上第一座核反应堆投入了运行，人类首次点燃了“核火”。

第一座核反应堆的建成，使人类开始进入利用原子能的时期。原子能亦称核能，是利用核裂变而获得的一种新能源。它具有巨大的潜力，从理论上讲，1克铀裂变产生的能量相当于3吨煤完全燃烧所释放的能量，其爆炸力相当于20吨黄色炸药。在原子反应堆中，如果把超过临界体积的裂变材料合在一起，不加以控制，这就是原子弹。1945年春，美国制成了3颗原子弹，其中一颗原子弹于1945年7月在美国西部沙漠地区首次试爆成功，另外两颗代号为“小男孩”和“胖子”的原子弹，于1945年8月6日和9日分别投至日本的广岛和长崎，致使两地人民遭到毁灭性的灾难。自此，这种威力巨大的核武器登上了历史的舞台。1949年9月，苏联的第一颗原子弹爆炸成功。1952年和1960年，英国和法国的原子弹试制成功。1964年，我国也研制成功了原子弹。

在研制原子弹的过程中，美国、前苏联、英国都建立了原子能反应堆，为和平利用原子能开辟了道路。二战后，原子能在军事上继续发展的同时，在民用方面则作为一种新的能源得以开发和利用。人们在研究核裂变的过程中发现，利用原子反应堆人为地控制核裂变的速度，使链式反应持续地、自动地维持下去，其释放出来的能量可以发电，这就是原子能电站。原子能电站的建立，标志着人们对原子能的利用开始向和平方向发展。1952年12月，美国进行了利用原子能发电的最初尝试；1954年6月，苏联在奥布宁斯克建成了世界上第一座小型核电站，其发电功率仅为5000千瓦；1956年，英国在考尔达豪尔建成了第一座天然铀石墨气冷（二氧化碳）堆核电站，其发电功率为6万千瓦；1957年，美国希平港1号核电站开始运行，其发电功率为14.1万千瓦；1958年，发电功率为10万千瓦的苏联西伯利亚核电站投入运行。核电站的迅速建立和发展标志着人们对核能的利用进入了新的阶段，20 世纪 70 年代中期以来，各国的核电站日趋成熟。实践表明，核电站的发电成本已普遍比火电站低，实际运行的负荷因此高于火电站。为此，一些国家加快了发展核电站的步伐，在不到 30 年的时间里，核能已成为世界能源构成中不可缺少的重要组成部分。核电站作为能源革命的新军，将是未来能源和动力的一个重要支柱。

核能作为一种优质的能源和动力，还被应用于船舶和航天方面。1954 年，美国建成了第一艘核动力潜艇“鹦鹉号”；1959 年，苏联大型核动力破冰船“列宁号”下水。在航天方面则出现了核动力卫星，还将有核动力火箭、飞船。对核能的开发和利用，将日益受到人们的重视。

电子计算机技术与空间科学、光电子信息技术、生物工程技术等新兴科学技术从 20 世纪 60 年代风起云涌。世界上第一台电子计算机于 20 世纪 40 年代出现于美国，从最早的电子管、晶体管到以后的集成电路与大规模集成电路，计算机技术不断更新换代，发展速度可谓一日千里。到 20 世纪 90 年代，在美国产生了信息高速公路，立即引发了世界各国新的一轮信息科学竞争。网络技术在世界普及，人们知道了一个新的名称：互联网或是因特网。全球的信息可以通过网络来传输与利用，遍布世界的光纤网络能够使得世界各个角落里的人们互通信息，其速度与效率远远超过了从古代到今天的邮政设施。从来没有一种技术令人感到世界是如此之小，“天涯若比邻”这句中国古诗得到了新的阐释。

飞机的发明使人类能够离开地面，但是人类还不能够离开地球，不能进入宇宙。1957 年 10 月，苏联的第一颗人造卫星成功发射，这是人类航天史上新的一页。1964 年，美国阿波罗 1 号飞船登上月球。从此，人类真正实现了古代神话中的飞天梦想。其后，载人航天器的试验成功，航天飞机、航天空间站、空间探测器等的使用，使得人类掌握宇宙的理想正在变为现实。

在探索宇宙及外部世界的同时，人类探索在自身与生物世界的秘密方面同样有了重大进步。1997 年 2 月 23 日，世界上第一只克隆绵羊多利在苏格兰诞生，克隆技术、人类基因工程成为生物工程中最引人注目的焦点。

2000 年 8 月，英国宣布将批准以医疗为目的的人体胚胎克隆试验。虽然政府强调，这种克隆技术只是一种“医疗目的”，而不是“繁殖克隆”，但是，意大利、法国、美国不断有科学家宣称，克隆人的试验可能已经正在进行之中。由于克隆人的技术与设备都并不复杂，所以克隆人的出现是完全可能的。克隆技术基于对干细胞的研究，所谓干细胞是指未成熟的细胞，它还没有完全分化，具有可以再生各种细胞和人体的功能，这就是医学界所说的“万能细胞”。人体的干细胞分为两种，一种是全功能干细胞，可以用于直接克隆人体。另一种是多功能干细胞，它可以用于复制各种器官与修复各种组织。这样，至少是通过干细胞的分离与体外培养，可以生成各种组织或器官，通过移植等手段进行疾病治疗。

世界第一只克隆绵羊多利

克隆技术的出现意味着人类可以制造出人本身，从西方文化意义上人类已经取代了上帝的位置。这一现象引起了伦理学的混乱。因为人类的生产从来是通过男女结合的生育，在西方宗教理论中，只有上帝才是创造人类的唯一造物主。克隆人的出现将会对社会道德和秩序产生极大的冲击，社会道德将面临新的考验。宗教界首先对这一现象表示坚决反对，教皇保罗二世就宣称，在道义上无法接受任何克隆人的计划。社会各界也反响不一，有反对者，也有支持者，聚说纷纭，各有说法。中国政府关于生物技术发展的态度是积极而慎重的，既要促进科学研究的进步，利用科学造福人类，同时也要防止危害人类社会共同利益与公众道德的行为发生。

当代西方文化生活

第二次世界大战以后的西方文化生活，我们先看一下这一时期的社会历史背景。这段历史的特点是近而且短，只有半个世纪，而且就在眼前。有人认为历史越靠近当代，越难写，因为有好多东西都还未完，还未定论。所以往往史实重于史学，当做新闻报道来对待。战后的这段历史，大体可以把它分为四个阶段。第一阶段是第二次世界大战结束到20世纪50年代中期。这是恢复时期，格局形成时期，在文化上同样也属恢复、探索时期。第二阶段是上世纪 50 年代中期到 70 年代初期。这是世界走向多元化时期。这一时期，新技术革命从美国和欧洲兴起，迅速全面地展开，硕果累累。发达国家的经济持续高速发展，为适应新的国际社会形象的变化，各国都在调整自己的经济、政治结构及政策。第三阶段是以 20 世纪 70 年代初期到 90 年代初。这个时期第三世界发展中国家为争取建立国际经济新秩序的斗争加强了，这个时期东西和南北之间的关系发展了，从世界范围来说，经济都有发展，社会形态的结构调整进一步加强，有人提出世界已进入了一个新时代，即信息时代。第四阶段是从上世纪 70 年代初至今。这个时期的最大事件是苏联的解体和东欧国家的体制改变；与此同时，国际格局发生了巨大的改变，已由原来的苏美对峙转而变化为西方与伊斯兰的对立，海湾战争使得这一矛盾典型化，由于这一时期离今天太近，有好多事情似乎都是昨天发生的那样，所以有的不需要多说了，有的也难以做出历史性的结论。

战后的文化生活，也可以分作几个发展阶段。1945 年第二次世界大战结束，需要有个恢复时期，所以在头五年中很少有新的文化生活出现，因此要到 20 世纪 50 年代才有新的文化生活出现。这一时期最有意思的当然是美国的文化生活（战争对它的影响最小）。而由于战争，所以虽然在社会经济上已恢复了过来，但人们的观念形态仍然受战争阴影的影响。所以这时的存在主义思想就应运而生。在巴黎和其他一些西方大城市，存在主义成了时髦的东西，甚至有的电影院名称就叫“存在主义影院”，还有什么“存在主义咖啡馆”，“存在主义时装店”等。但在美国却不同，人们并不像欧洲那样蒙上一层悲观主义的文化色彩，而且想过好日子，想享受，当时一些人有这样的观点；“只要共产主义不打进来，美国人就能过上好日子。”总之，当时美国充满着享受主义思想。

20 世纪 50 年代至 60 年代这段时期，西方人的文化生活也反映出了它的特点。一言以蔽之，50 年代前后的文化生活相对平静，基本上是战前传统的继续和发展。这个时期，人们对宗教的迷信又一次增强，祈求上帝保佑这个混乱不堪的世界的心理十分普遍，因此，这一时期新托马斯主义和人格主义这两种宗教哲学得到了广泛的影响。基督教也许是最受青睐的一种宗教，因为这种宗教教规行为十分简单，教义通情达理，宗教活动又带有很多人情味，宗教文化基本上已世俗化，而且有了这种宗教，人们的精神有了寄托。因此二次大战以后信基督教的人激增。在美国，信仰基督教的人数之多，只要看看《圣经》的销售量即可知。1952 年至 1954 年，新版《圣经》成了畅销书，除小说以外，数它最多。1957 年，著名传教士葛培理在纽约举行了长达16个星期的布道大会，与会人数共达200万之多。当时，大多数人过的都是很正常的生活，中产阶级的男子穿着质地考究的衣服，一本正经；妇女们的衣裙也长至膝盖。他们向往的是房子，汽车和珠宝，最

美国影星玛丽莲·梦露像

大的愿望是多生几个孩子。当时，有百分之五十的大学都是男女分校，未出嫁的姑娘看上去一副天真相。还有犹太教、信奉者也在增加。

在欧洲，情况有些两样，因为二次大战以后，欧洲人总有一种感觉，觉得美国文化在占领欧洲。例如，人们看的都是好莱坞电影；听的都是美国的爵士乐和摇滚乐，玩的是美国流行的网球和保龄球。当时，人们推崇女明星玛丽莲·梦露，认为她是最美、最性感的电影明星；但人们万万没有想到她会在 1962 年服安眠药去世。

在二次大战以后的娱乐生活中，我们还要提到一位名扬四海的歌星："猫王"。在这个时期，在享乐和忧虑相混杂的文化氛围中，出现了一批叛逆者，就是普雷斯利（"猫王"）披头士乐队。在英国，这些叛逆者被称为"台德"少年。他们穿着爱德华七世时代的裤子，梳着油光光的分头，上身西服紧身而下摆明显过长；他们经常三五成群地在电影院寻衅闹事。在美国，这些人被称为"垮掉的一代"，或"垮掉派"。"垮掉的一代"主要聚集在美国的西海岸，以旧金山作为最大的活动中心。这些人通常是那种小波希米亚人，虽然满口粗话，但行动的方式还是比较文雅的，他们没有去五角大楼游行也不会向国民警卫队投掷石块，但他们惊世骇俗，一群一群地混住在一起，建立什么"垮掉公社"，鼓吹吸毒和群居。"垮掉分子"中通常男的穿卡叽裤、拖鞋，蓄有长长的胡子（此时头发还不算太长），女的则头发蓬乱，穿着黑色的、无袖的、高领的紧身服装，虽然她们鄙视唇膏，但她们在眼圈周围化妆太浓，乍看上去像一头头浣熊。在"垮掉分子公社"里，他们睡地铺，周围堆满了不健康的书籍和唱片；他们不搞清洁卫生，连被褥也不叠，有的甚至连像样的床单都没有。

这个时候，好莱坞制片商们为了迎合某些人，拍出了一些以"垮掉派"为主角的影片，影响很大。当时著名的影片有《飞车党》和《阿飞正传》，许多青少年都模仿这些角色的傲慢神情，把头发向后梳成鸭屁股状，穿着骑摩托车的黑色短夹克和紧身的牛仔裤，满口都是学来的口头禅。

20 世纪 60 年代以后，西方人的文化生活再次发生严重的变化，尤其是青少年，从政治、宗教和道德的各个方面向社会和传统提出了进一步的挑战。60 年代，青少年的政治思想急速"左"倾。在欧洲，尤其是在法国，出现了一大批被人们称为"新左派"的青年人，他们接受的是法兰克福学派的观点，满脑子的"左"倾思想。当时巴黎街头不时可以看到一群游行队伍，他们高举着列宁、卢森堡和格瓦拉的巨幅画像，高呼"造反有理"等口号。他们同时把人的性解放看做是人类解放的前提，普遍鼓吹性解放，当时最著名的标语“我越是要造反，我越要谈恋爱！我越是要谈恋爱，我越要造反”。

基督教的美梦，好景不长，到了60年代中期，基督教全面崩溃了。当时，人们不仅大量地远离了基督教，而且还创造了许多新的“宗教”（当然都属胡编乱造），来与基督教对抗。1973年，在伦敦进行了一次民意测验，据说“约有70%的人认为宗教在英国人民的生活中，已丧失了原有的影响力；人们对上帝、天堂、地狱和魔鬼的存在，逐渐开始产生了怀疑。”与此同时，在美国和欧洲其他国家，旁门左道的宗教日益多了起来。据统计，现在美国有各种新兴的宗教3000多种，信徒约有300万之众。这些旁门左道的宗教一类属于从原来的基督教演变过来的，但内容却与基督教的原旨大相径庭，这类宗教著名的有“人民圣殿教”和“上帝之子教”，其特点是把《圣经》置之一边，而以教主的言论作为最高信条。这些宗教中大多鼓吹一夫多妻和乱交，甚至鼓吹乱伦。1978年，“人民圣殿教”的900多名教徒在拉丁美洲圭亚那的丛林里集体自杀，轰动了整个世界。另一类新兴的宗教则源自东方的伊斯兰教、佛教和锡克教，鼓吹东方神秘主义的信念。

时代发展到20世纪60年代，西方的文化活动和观念形态，又出现了新的动向。学术上的后现代主义（Post Modemism），影响到包括建筑、文学等文化艺术领域。而社会文化出现了形形色色的怪圈。当时人们称之为“反文化”。在美国，“垮掉的一代”渐渐变成了“嬉皮士”。这种现象首先起于大学校园，后来又影响到社会上的青少年们。“嬉皮士”也称“戴花少年”，初期主要活动在美国的东西两海岸。这一时期，男的不仅留着长须，而且长着一头蓬乱的长发；男男女女们额上还系着一条发带，发带上插着鲜花，象征他们对爱情的热衷，他们上身穿着紧身的套头衫，或者宽松的丝质衣服，下面则大多数穿着牛仔裤。这种打着许多铜钉的紧身帆布裤子最初流行于60年代。当时美国著名影星詹姆斯，迪安和马龙·白兰度穿着它主演了《伊甸园的东方》和《野种》两部影片，牛仔裤很快就流行起来了。但到了60年代，牛仔裤已成为一种区分人们观点激进与否的标志了。“嬉皮士”们不仅爱穿牛仔裤，而且喜欢裤管口破烂不堪，垂有条条丝缕。这就使得牛仔裤生产商往往要把新裤弄破了再出售。“嬉皮士”们通常反对战争，崇尚爱情与和平，也崇尚带有“酸性”的一切。他们热衷的是做爱和参加规模巨大的摇滚音乐会。在旧金山，“嬉皮士”们还拥有自己的刊物，定期向人们抛售他们爱情至上论。“嬉皮士”运动终于像瘟疫一样地蔓延开来了，并迅速影响到了欧洲，一直到现在，欧洲各国仍有许多“嬉皮士”的群居村。在联邦德国，这样的群居村大约有 11 万个；在丹麦首都哥本哈根的市郊，有一个北欧最大的“自由村”，村民们都是青年男女，他们抛弃一切现代文明。到 20 世纪 60 年代末，甚至在大学生中兴起一种裸体游行运动，几千名男女大学生赤身裸体地游行，旁若无人。

这一时期，社会风气每况愈下。人们不仅崇尚享乐，而且直接地追求感官刺激。电影开始出现分等级的影片，凡是 X 级的均为色情的影片，X 越多，内容也就越色情。1963 年，美国色情刊物《花花公子》每星期收到 50 封年轻妇女的申请书，要求把他们的裸体照片刊登在它的折叠扉页里。60 年代初期，妇女的裙子刚刚短到膝盖以上，但时间一年一年过去，裙子也越来越短，后来的超短裙已经短到大腿根了。这一时期，一种被称为“比基尼”的泳装开始出现，也就是俗称“三点式”的游泳衣。当时，一种新的毒品被吹得神乎其神，这种毒品的学名叫麦角酸二乙基酰胺，简称 LSD，LSD 是一种能够产生幻觉的毒品，服用后神思恍惚，眼前出现五颜六色的幻象。

身着“比基尼”的泳装的美国女性

“呼啦圈”运动起于 60 年代中期。当时，年轻的一代与上一辈的关系越来越僵化，他们爱与同龄人在一起。1967 年 3 月 26 日（复活节），大约有一万名青少年聚集在纽约中央公园的牧羊草地上向爱情致敬；他们放风筝、抛飞盘，手拉手组成“呼啦圈”（意为“爱之圈”）互相在脸上涂抹色彩，单调重复地喊着：“香蕉！香蕉！”

20 世纪 70 年代以后，这种情况才慢慢稳定下来，以前的“嬉皮士”们现在迷上了迪斯科舞，青年们也不怎么喊反对政府的政治口号了。这一时期，牛仔裤也不再具有反叛意义了，人人都穿上了它，甚至美国总统卡特穿着它竞选总统。在很多地方，总有一些人在喊：“嬉皮士死了”！或“性革命完了！”现在有很多年轻人习惯和父母住在一起，既能捞得实惠，又不显得叛逆。

20 世纪 70 年代，这些青年人变得成熟起来，但也功利起来。时代这东西也许的确有些难以捉摸，80 年代以后，人们忙于社会生活，忙于接受新事物。为了不被信息时代所淘汰，他们的生活是很充实的。而当人们干得实在筋疲力尽时，于是就想“积极”地休息，他们除了唱歌跳舞看戏和体育外，很大一部分人是去旅游。另一方面由于经济的发展，上班时间减少了，每周有两天的休息时间，于是可以去远游，去到风景秀美的地方活动。如巴黎、罗马等城市一到假日，当地人出走了，但外地人来了。旅游像一股强大的浪潮充实着现代文化生活。

在现代文化生活中，家庭结构形态也在改变着。有许多人不愿结婚，一直独身着，有的人结了婚甚至有了孩子也要离婚不愿再嫁娶，所以家庭形态中又多了一种“单亲”形式。这种现象甚至有增无减。未来的社会结构如何，还是个谜。

在这里，我们引用美国《人口通报》1992 年第 8 期阿尔伯格（D. A. Ahlbury）和德维塔（C. J. Devita）的《美国家庭的新现实》中的一些资料。文章说：“家庭单位的形式是美国社会的政策的基础，而家庭的经济安康往往是衡量国家安康的晴雨表，”而 70 年代以后美国家庭产生了前所未有的结构变化，“从 1970 年到 1990 年，结婚率下降近 30%；在同一时期，而离婚率上升约 40%；在 1990 年出生的孩子中，有四分之一以上为未婚母所生，孩子必将在单亲家庭中过部分童年。”这种家庭的结构性变化，影响着一代人的性格和文化倾向。

该人还对美国现当代家庭作了分类分析，共有三种主要的家庭类型：

有孩子的已婚夫妇。但有 19%家庭有一个或一个以上的继子女，2%的家庭有一个或一个以上的收养孩子（被父母遗弃），这就出现了越来越多的“混合家庭”。

没有孩子的已婚夫妇。1991 年统计，约占 42%。这有两种情况，一种是不愿生儿育女，另一种是孩子离家。

单亲家庭。1991 年约有八分之一的家庭是单亲家庭，这个比例是 1970 年的两倍。1991 年，妇女单独维持一个家庭的可能性是男人的 5 倍，而非洲裔美国人成为独身父母的可能性几乎是白人家庭的 3 倍。单亲家庭代表五分之一有孩子的白人家庭、五分之一有孩子的西班牙家庭、五分之三有孩子的黑人家庭。正在变化的结婚、离婚、再婚模式以及未婚妇女生育率的提高是造成单亲家庭增加的原因。

由于这种家庭结构性的变化，因此美国现当代的整个生活也起了很大的变化，据俄国《社会学研究》杂志 1993 年 3 月号美国沃尔夫（A. Wolfe）撰文《美国生活中的十七种变化》，概括了美国现当代的生活变化：

①居民结构的变化形成了美国的人口新局面。

②随着人口的变化，政治上也正在发生相应的变化。

③社会的基本价值观念和文化不再取决于自英国人那儿继承而来的美国佬意识。

④纵向流动在两个方面都有了增强，至少在大多数美国人的感觉中是如此。

⑤劳动条件也几乎完全改变了。

⑥家庭中夫妇俩都工作的现实形势改变了 20 世纪 50 年代的家庭原则和家庭关系。

⑦儿童和成年成了极有争议的社会领域。

⑧对许多家庭来说，住房问题以全新面目出现。

⑨住房保障方面的变化只是美国经济与世界经济的相互关系发生变化的表现之一。

⑩在美国人中间，目前对帝国情绪占优势，虽然他们最终没有把自己看做前帝国的人。

⑪美国人是否将其注意中心从世界性问题移到了别的方面，就这个题尚可以争论一番。

⑫社会变化和工艺创新不一定彼此巩固和充实。

⑬由于缺乏对地方性社会共同体的传统理解，美国人在当地居住小区进行一次又一次的新试验。

⑭由于美国人在新的度量体系中生活和行动，并遵循新的原则，他们不再相信自己能够对现实作出解释，更不用说替别人说明现实了。

⑮美国人对其相互关系的理解也在改变。

⑯从某种意义上说，美国人中没有人会不服从现存的行为准则。

⑰社会科学虽然不属于美国社会的主要机制之列，也经受到变化。

从以上的十七种变化特征来看，美国现当代的社会文化的倾向性有些茫然，他们的乐趣一是建立在人际关系上，二是对于艺术文化的要求也显得变迁不定。在这种文化的“背景”中，如果看一看美国现当代的艺术文化，则不足为奇。在这里我们通过电影和音乐这两个直接影响现实生活文化活动的领域进行分析。

首先说电影，美国的好莱坞则是公认的西方电影文化的最典型代表。近年来，人们普遍认为好莱坞（对电影文化来说）走向下坡，甚至走向堕落。据英国《星期日泰晤士报》1993 年 3 月 7 日的梅德韦德（M. Medved）的文章《治疗好莱坞的药方》一文，我们约略可以认识到现当代的西方电影文化的情况。在这里我们摘录一些。

世界著名的电影城美国好莱坞街景

“1991 年 11 月 4 日和 5 日，一家主要的美国企业伯格·金公司在美国各地数百家报纸上刊登《致美国人民的公开信》。‘伯格·金公司希望公开表明见解，在电视上支持传统的美国价值观念，尤其是家庭的重要性，’该广告声称。‘我们相信，美国人民渴望看到反映他们努力在其子女身上灌输的价值观念的电视节目。我们保证用我们的广告美元支持这些节目’。”

“这半页的报纸广告是对‘拥护有责任感电视的基督教领导人’的扬言抵制的反应，该组织在 5 月的评级行动中把伯格·金公司列为‘电视网的性、暴力、渎神和反基督教偏见的主要赞助商’。‘我们刚获悉抵制，就开始与‘拥护有责任感电视的基督教领导人’的代表会晤，’伯格·金公司告诉《洛杉矶时报》。该公司接着向该监察团保证，它将审计赞助的节目，避免支持可能令人不快的素材的节目。”

《洛杉矶时报》著名的电视评论家罗森堡（H. Rosenbreg）谴责这次智者的

会晤，并批评因之刊登的广告是‘重复 50 年代初开始的效忠宣誓的腔调’。‘通过怯懦地屈服于一个压力集团，这件事具有一家公司选择利润高于原则的一切标记，’罗森堡写道，甚至没有提及他希望伯格·金公司维护的更高原则。罗森堡的抱怨反映出好莱坞的共同臆断：观众参与有组织地努力与传播媒介的过量的暴力和性进行斗争的任何尝试都是危险的和法西斯主义的。可是，宪法上没有一处写到，电视观众必须安坐在沙发上，被动地接受电视业选择播送的任何东西。

“好莱坞在其对待当代某些最重要的问题的态度上是可以改变的。对待毒品的态度的改变提供了最明显的例子。在 1984 年前，好莱坞制作了大量描述吸食大麻、甚至可卡因是引起性欲的和令人兴奋的、完全可从中得到乐趣的节目。在电影上，甚至在少数电视节目中，感情解放和性兴奋都是角色吸食大麻后出现的。80 年代中期，娱乐业的态度大体上与全国的舆论和习俗一起发生了实质性变化。大多数毒品贩子和吸毒者突然成了反面人物和失败者。好莱坞甚至摄制了一系列包含强有力的和发人深省的反毒寓意的影片。

“经过各种团体对好莱坞执意宣传吸毒和酗酒的多年抱怨，这一信息终于被接受了。贝内特（W. Bennett）是前联邦反毒品权威领导人，最近回忆说：‘好莱坞在某些事情上可以说服的。他们在毒品问题上是可以说服的。他们大体上停止了摄制赞美吸毒的影片。在《漂亮女人》中，在影片开头有一个十分重要的场景，当时朱莉娅·罗伯茨把什么东西放在背后，而理查德·盖尔对她说，如果那是可卡因，他和她毫无关系可言。结果她拿的是牙刷。潜意识的信息是，如果你需要一个像理查德·盖尔那样的家伙，就不能拿可卡因开玩笑。’

“生态责任成了娱乐业首府的最新时尚。雨林正在世界各地消失，除了银幕上：《葱翠的森林》（1985 年）、《天堂游戏》（1991 年）、《巫医》（1992 年）、《弗恩古利：最后的雨林》（1992 年）的特色全部是强烈的“拯救雨林”主题。尽管这些影片的每一部在票房收入上都彻底失败，一些主要的电影制片厂都作出了高尚、无私（和有勇无谋）的承诺，在今后两年内根据同样的主题制作至少 12 部以上的影片。从某种程度上说，这些计划证明了于 1988 年开始其有组织地影响好莱坞的努力的环境保护积极分子的惊人效率。‘环境传媒协会’将其策略建立在导演、编剧、制片人、代理人和明星提供的无数：概况介绍会’的基础之上。好莱坞重要人物会晤各种专家，讨论污染的海洋，有害的浪费或核动力的危险。环境保护主义者们从不尝试推荐电影或电视节目的故事情节或主题，但他们始终把他们自己作为信息来源。”

文章引用安南伯格传播学校前校长格布纳（C•Gerbner）的话："我们需要的是一场新的文化环境运动，我们在这场运动中实现某种程度的公民参与文化决策。这种情况以前从未发生过"。

这篇文章最后，引用20世纪60年代的一条意味深长的标语："战争对儿童以及其他人来说是有害身心的。"今天，人们可以同样宣称，"通俗文化对儿童以及其他人说是有害身心的。"这就说明他们对现当代电影文化的忧虑，盼望着能有新的，符合现当代文化需求的好作品。

美国摇滚青年

再说音乐。我们同样引用一篇题为《摇滚乐的堕落》的文章［英，梅德韦德（M. Medved）撰写，载于《星期日泰晤士报》1993年2月28日］：

"在概述好莱坞对正当价值观念攻击时，我着重于电影，但同样的信息通过大众文化的其他渠道、尤其是音乐不断得到强化。

"以宗教为例，自从列农（J. Lenon）的暗示甲壳虫乐队比耶稣更受人欢迎、从而触发愤怒的抗议以来，摇滚乐走过了漫长的路程。1966年，因之发生的骚乱迫使列农公开道歉。这位改邪归正的明星在一次挤满人群的记者招待会上说：'说真的，我对我所说的话感到内疚。我不反对上帝，不反对基督，也不反对宗教。'如今，类似列农的评论再也不可能引起争议；主流派的流行音乐表演者几乎都会表示对宗教的鄙视态度。

"其他无数表演者企图通过把宗教因素注入自己的放肆行为引人注目，以诸如'耶稣毒瘾'、'不再信仰'、'耶稣与玛丽·钱恩'等名称引起公众注意。

"许多流行音乐最具有破坏性的方面或许与赞扬性冒险主义和强调肉体快乐的目的本身有关。通俗音乐是一个具有令人吃惊的全球影响的强大行业，几乎将其全部力量都用于无休止地颂扬性欲的原动力。例如，看一下有影响的摇滚乐队"枪与玫瑰"，他们或许是世界上最受崇拜的音乐家。他们1987年的唱片《破坏欲》仅在美国就总计销售了惊人的1200多万张，足以使近半数的美国青少年人手一张。

“‘枪与玫瑰’乐队的唱片《利用你的幻想》作为1991年的最畅销品在摇滚乐每周流行唱片上始终占据主要地位，并提供了更多同样的东西。《关系相当密切》描述一个渴望得到乐队全体成员的鞭打和虐待的‘荡妇’：‘没有一点疼痛她就不会感到满足，星期五夜里她的内心又感到不知所措’。在其歌曲《你是我所需的一切》中，另一个广受欢迎的重金属乐队‘杂色克鲁’使这些施虐狂的冲动有一个符合逻辑的结论：‘无情地要了你的命，现在我们俩都很孤独，但杀死你帮助我把你留在家中’。

“这种素材的辩护者们坚持认为，这是一种粗俗无意义的幽默，而不是当真激励施虐欲。然而，摇滚乐评论家希金斯（T. Hig-gins）在《芝加哥论坛报》上写道：‘我认为，年轻人对待歌词要比这些乐队中的某些人更认真得多。如果我有一个十四五岁的孩子听了不少这种内容，我不相信他会有正确的观点。’

“反色情积极分子之一，美国前副总统的妻子戈尔（T. Gore）早已指出，在当今音乐的残暴主题与大型音乐会上日益不稳和险恶的气氛之间存在联系。破坏

美国“枪与玫瑰”乐队

财产已变得司空见惯，损失总计达数百万美元，而骚乱的危险也从来没有高于今天。摇滚乐最忠实的歌迷已开始把歌曲中的侵犯性信息吸收融化为自我意识的一部分，并在行动上表现出来。1988 年，霍克曼（S. Hochmml）在《洛杉矶时报》上写道：‘还记得摇滚音乐会的最大问题是入场券倒卖者的时候吗？……现在摇滚乐迷面临另一种不幸是不可避免的忧虑——人身安全。’

“这一切到何处才是尽头？曾创作 70 年代一些令人难忘和充满诗意的流行音乐的歌唱家和作曲家米切尔（J. Mitchell）正是一个对她的行业的方向不再抱有幻想的音乐老手。1991 年，她对《滚石》杂志说：‘在过去几年中，音乐变成了滑稽歌舞杂剧，这是由电视录像造成的。每一代势必比上一代更糟糕……我们的国家将因此而完蛋。这是烂到了心。’米切尔的评论承认，在今天的歌曲所包含的信息与过去的流行音乐的内容之间，存在巨大差距。过去的流行音乐偶像或许以其反叛态度和近乎色情的表演使父母感到忧虑，但与诸如‘枪和玫瑰’乐队和玛多娜相比，他们则完全是浪漫主义者。

“1991 年 11 月 14 日，福克斯电视网、音乐电视台和黑人娱乐电视台同时首映杰克逊（M. Jackson）的唱片《危险》中的《黑与白》一歌的音乐录像。那天夜里，约有 4000 万人观看了这首由导演兰迪斯（J. Landis）耗费空前的 720 万美元制作的 11 分钟狂曲。”

“在这个电视节目播出后，音乐电视台、福克斯电视网及其所有下属电视网的电话总机立即充满义愤填膺的抗议。福克斯电视网的一个高级职员评论说：‘在我的全部电视生涯中，我从未见过任何类似的事情。我们不可能猜到这种规模或激烈程度。这像是一次海啸。’杰克逊的制作公司证实，否定的反馈从‘四面八方’传到他们那儿。”

“这些惊人事件的教训反映了 3 个主要论点。首先，杰克逊的彻底失败证明，好莱坞一些最有力、高收入和广受尊敬的巨人令人绝望地脱离了他们努力接近的公众。他们根本不理解美国家庭的价值观念，也不理解对其子女所遭受的不健康影响感到担心的典型父母的特殊忧虑。其次，杰克逊事件显然表明，美国人民懂得传播媒介的形象影响现实生活中的行为。娱乐业或许会否认其自己的影响，但普通公民知道得更清楚。他们完全知道，如果千百万年轻人一再观看杰克逊欢快地用撬棍捣毁汽车，那么他们自己的汽车就更有可能尝试捣毁点什么。这种假定的逻辑十分明显和必然，只有最厚颜无耻的娱乐业决策者及其雇佣的学究式专家才会甚至企图对此表示异议。第三，《黑与白》争端的结果证明，愤怒的观念能够迫使娱乐业的甚至是最有实力的人物作出变化。作为公众自发的强烈抗议的结果，杰克逊及其伙伴同意了难堪和昂贵的权宜之计——从其 11 分钟的录像节目中剪去有问题的 4 分钟。持久和协调地对美国娱乐业的一系列问题施加类似的压力，就能够改变大众文化的整个方向。”

然而，现代西方文化生活从总的整体的系统来看，仍然显得迷惘，他们寻找着多种刺激，各种出路。但社会结构（包括家庭结构）的不稳定，影响观念形态和人的精神支柱的确定，文化定向就有困难。现在，又面临世纪之交，也许人们希望着新文化与新世纪一齐到来，新世纪的文化格局将是如何的呢？但有一点也许可以断定，科学技术和社会经济，将会在大格局上左右文化和艺术，特别是在一些重大的时代变革时期更是如此。